丛书主编　谢清果　钟海连

经典与传播研究丛书

庄子的传播思想

谢清果　等　　著

九 州 出 版 社 | 全国百佳图书出版单位
JIUZHOUPRESS

图书在版编目（CIP）数据

庄子的传播思想 / 谢清果等著. —— 北京：九州出版社，2019.12
ISBN 978-7-5108-8583-9

Ⅰ．①庄… Ⅱ．①谢… Ⅲ．①庄周（前369-前286）
－传播学－思想评论 Ⅳ．①B223.55②G206-092

中国版本图书馆CIP数据核字(2019)第272960号

庄子的传播思想

作　　者	谢清果等 著
出版发行	九州出版社
地　　址	北京市西城区阜外大街甲 35 号 (100037)
发行电话	(010)68992190/3/5/6
网　　址	www.jiuzhoupress.com
电子信箱	jiuzhou@jiuzhoupress.com
印　　刷	北京九州迅驰传媒文化有限公司
开　　本	720 毫米 ×1020 毫米　16 开
印　　张	20.25
字　　数	330 千字
版　　次	2019 年 12 月第 1 版
印　　次	2019 年 12 月第 1 次印刷
书　　号	ISBN 978-7-5108-8583-9
定　　价	52.00 元

福建省省级专业学位研究生导师团队建设项目"华夏文明传播研究团队"资助

厦门大学 2019 年一流本科课程建设计划"华夏传播概论"资助

厦门大学 2019 年"课程思政"示范课程建设计划"华夏传播概论"资助

总序

　　经典通常指经过长时间传播且被社会或特定领域广泛认可的作品，尤其指著作。经是有刊之论的含义，亦即世代传习的恒定文本。刘勰的《文心雕龙》称"经"为"恒久之至道"，因此，"经"有指称永恒真理的意思。"典"指典籍。《尔雅·释言》："典，经也。"因此，"经典"一词乃是近义词重叠以强调文本之重要。经典通常乃圣人之所作，以供后人学习的范本。《汉书·孙宝传》："周公上圣，召公大贤。尚犹有不相说，著于经典，两不相损。"唐代刘知几《史通·叙事》："自圣贤述作，是曰经典。"这些言论都强调典籍的神圣性。而在当下社会，经典狭义而言可指传统文化典籍，如四书五经之类的作品；广义而言指各行各业具有权威性的作品。作品当然可以是艺术作品，未必是著作。不过，本丛书所谓的"经典"主要包括三个层面的著作，其一是中国传统文化中的经史子籍，凡是能够流传于世的典籍都是经典，如孔孟老庄的作品；也包括西方文化中的重要典籍，如柏拉图的《理想国》、亚里士多德的《修辞学》。只不过，都要求从传播学的视角加以研究。其二是传播学领域中被公认的优秀作品，如彼得斯的《对空言说》、伊尼斯的《帝国与传播》等，对此类作品进行研究，以梳理与阐发它们的深刻思想；其三便是中西经典的传播学对话或比较研究，可以是经典作品间的比较研究，也可以是对经典所呈现的传播学命题开展系统探讨的作品。这便是"经典与传播研究丛书"的立意所在。

　　传播是什么？传播即沟通、交流，也就是说，本丛书关注的是人类社会的传播现象，当然也包括人类对自然传播现象的利用，但不专门研究自然传播问题。传播即社会，无社会不传播，无传播不社会，这是杜威的基本观点。传播研究是理解社会运作的基础，社会网络因传播而生成，也因传播而变化。不同媒介时代，都推动着社会的深刻变革，犹如当下的新媒体时代，社会关系就时时刻刻都处于被重构与建构之间，人不断地被裹胁于媒介化社会中。可以说，不在媒介化社会中崛起，便为媒介化社会所吞噬。这已不是危言耸听的问题。因此，传播素养已然成为当代人的基本生存能力。文化即传播，当然也可以说传播即文化。无文化不传播，无传播不文化。文化在传播中生成，又在传播中发展，这里的传播当然包括域内与域外。而人类的传播，说到底是人的生活方式的传播，不同的文化在传播中彰显自己的存在，又在传播（沟通）中丰富与发展自己的文化，当然，文化也可能在传播中灭亡，比如作为文化表现形态之一的战争，战争既可以推动文化融合，又可能急剧地变化自身或他者的文化，导致不适应的文化形态走向消亡，而生存下来的文化也会以新的形态发展下去。封闭的文化往往会趋向停滞，变革是文化发展的动力，而一切变革均因"传播"所致，无论是一个社会内部传播技术或传播思想（两者是紧密相关的），还是社会外部的交往，都会给本文化带来巨大冲突。比如晚清时期的西学东渐给中华文化带来的巨大冲击，由此带来了"科学"与"民主"的新气象，以至于历经文明再造的中国接受了来自西方的马克思主义，从此开辟了历史新纪元。

本丛书的用意在于推动传播学中国化进程。因为我们认为传播学中国化应当包括三个方面的工作：其一，理解西方文化经典，尤其是充分汲取西方的传播思想；其二，把握西方的传播经典，作为后发传播学的国家，中国自然不能不理会西方传播经典而关起门自娱自乐，因为文化传播的基本规律是交流互鉴。其三，挖掘中华民族的文化经典的传播思想，提炼基于本民族历史实践与当代现实的传播观念与传播理论是建构华夏传播学（或中华传播学），或称传播学"中华学派"的必由之路。本丛书的思路是基于中华文化元典，根植中国社会历史与现实，探讨贯通于中国人的思想与行动的传播智慧，生发富有中国特色、中国风格、中国气派的华夏传播理论。①

2018 年 9 月，华夏传播研究会正式成立。厦门大学传播研究所作为秘书处，继续发扬传统，努力开拓华夏传播研究的新局面。众所周知，20 世纪 90 年代，厦门大学传播研究所作为推动机构，不仅召开了大陆最早的华夏传播方面的研讨会，出版了论文集《从零开始》，而且也组织了"华夏传播研究项目"的招标工作，推动了《华夏传播研究丛书》和概括性著作《华夏传播论》的出版，此后，厦门大

---

① 之所以不称为"中国传播学"或"中国传播理论"，因为这个提法还包括与中国历史传统不太相关的新的传播学研究领域，如健康传播、环境传播、风险传播、新媒体传播等，而华夏传播学或华夏传播理论则是致力于探讨基于有史以来的中国文化传统而内生的中国传播观念、传播机制、传播原理、传播方法，并且能够在当代社会实践中继续加以继承与发展的方面。因此，不能将中国传播学与华夏传播学等同起来。可以说，中国传播学是中国境内的传播学各领域研究的总称，而华夏传播学则是侧重于中华文化立场的传播学，当然可以有全球传播视野。而且在某些方面也有可能是交叉的。比如，即便是侧重于研究公共医疗场景下的健康传播，如果在追溯和建构中国自己的健康传播研究，那么也可以向中华历史延伸，探讨中国历代公共医疗的组织机构、相关思想与运作的方方面面。因此，当代新兴的传播学研究领域可以与华夏传播紧密相关，从这个意义上讲，发展华夏传播学是建构中国传播学的基础，脱离了中国历史文化根基的各领域传播学，是注定无法中国化，或者实现中国化发展。这正是当代推进华夏传播研究的历史使命，即为推动中国传播学科向纵深发展奠定基础。基础不牢，地动山摇。中国化的传播学必须根植于华夏传播学，这是中国传播学长久发展的正道。

学传播研究所就成为推动传播学中国化研究的重要基地。进入 21 世纪以来，在郑学檬、许清茂、陈培爱、黄星民等前辈学者的大力推动下，厦门大学新闻传播系（现升格为学院）开出了《中国传播思想史》《媒介发展史》《华夏传播研究》《华夏传播概论》《中国传播理论》等课程，逐步建立起本、硕、博一体化的华夏传播研究的教学与科研体系，推出了《华夏文明传播研究文库》《华夏传播研究论丛》《华夏传播学文丛》等系列丛书，进一步扩大影响力。

2013 年与 2018 年，厦门大学传播研究所先后创办了《中华文化与传播研究》和《华夏传播研究》，从此华夏传播研究有自己专门的学术交流平台。同时，研究所还下设了华夏文明传播研究中心、老子道学传播与研究中心、传播与社会发展研究中心、传播与心理研究中心等机构，力争在各个领域推动传播学理论创新，建设"华夏文明传播研究团队"，推动"华夏传播学的理论建构"的教学改革研究，深入探讨中国人的传播观念与传播理论，联合海内外专家学者共同建设"华夏传播学"，以为传播学中国化的深入开展提供思想资源与理论支撑。

主编：谢清果、钟海连

2019 年 9 月 14 日

序

    对《庄子》一书进行传播思想取向的研究是厦门大学传播研究所近年来继续推进传播学中国化研究的重要成果。而这一成果直接得益于研究所每学期开展的"经典与传播读书会",因为读书会的内容是坚持对中华文化经典与西方传播学经典作品进行对读,具体要求是在读中华文化经典的时候,必须从传播学的视角加以思考,经典是否直接或间接表达了哪些与传播学相关的思想观点。虽然传播学在西方的确立,也不过百年,传入中国通常被认为才40年,但是,传播作为人类社会形成发展的内在机制,一直与人类相伴随。从这个意义上讲,与传播相关的思想观点,便在人类的一切文明创造成果中体现出来,文化经典自然是其中最直接、最集中的体现。孔子的"民可使由之,不可使知之"思想一定程度上体现出阶级社会传播的等级性,那时信息传播的控制权掌握在统治阶级手里;庄子的"可传不可受"观念突出了精神观念这些高阶信息的传递中会产生解码与编码的偏离情况;《韩非子·说难》则是战国时期说服实践的最高理论概括;《鬼谷子》一书更是全面深刻系统地阐述了古代中国以"纵横捭阖"形式出现的公共传播学雏形;《吕氏春秋·察传》更是直接指出口头传播会导致信息多次传播失真的情况……总而言之,我们不能简单地认为传播学我们古已有之,或者如同康熙时代坚持的"西学东源"说那样妄自尊大,但我们一定不能妄自菲薄地认为,中国历来没有传播思想,而简单以中国古代乃封建专制社会,哪有公共领域,哪有信息公开自由的传播,而一概加以否定。顺便提及的是,我们读书会曾读过《中庸》,出了本《中庸的传播思想》,已收录到《华夏文明传播研究文库》中,并正式出版。此外,读书会还读过《论语》《周易》等典籍,随后也将有专书出版。敬请期待!

    作为传播学人,我们当"不忘初心"。这个"初心",是和通天下。在数千年中华文明传播中,中华先贤一代代为探索人类如何能够更加和平安宁地共处于地球上做了许多的宝贵努力。例如中华文明所展现出的"和而不同"的和谐传播思想,便是先辈们奉献给世界的"中国方案",这一方案无疑对推动人类文明交流互鉴有着正面的价值。修齐治平是中国先贤们一以贯之的价值追求,无论是"内求诸己"的修身自觉,还是齐家治国的"以和为贵"的行动规范,抑或是"天下太平"的终极追求，都呈现出中华文明"尊道贵德"的行为圭臬，行必有道，为必合德，克己复礼，忠恕为要。正是这种自我节制的文明精神，使我们的民族能够行中庸之道，尽精微之妙，达广大之境，并以"人类命运共同体"为理想来建构和谐社会、和谐世界。

作为传播学人，我们当"牢记使命"。这个"使命"，是继往开来。一代代的学人都把握传承与发展中华民族的优良传统作为自己终身的使命，这个传统便是"心传天下"，其精神实质是共生交往观。以天下为大格局，以共生为着力点，将和谐理念传播天下，让不同的文明形态在相互激荡中，相互学习，共同进步，并努力消解不同文明的缺陷与不足，让所有文明都得到自由全面发展作为每一种文明自身自由且全面发展的条件，并以此为共同目标，这正是人类命运共同体的应有之意。正因如此，厦门大学传播研究所的"经典与传播读书会"才坚持读经典，谈传播，传文明。努力通过对经典作品的研读来修身养性，来增强民族文化自信，来砥砺思想，增长才干，来夯实华夏传播学的根基。我们深信，要建构与美国传播学派、欧洲传播学派相媲美的中华传播学派，就需要从我们的文化入手，运用我们的传播话语，建构我们的传播学学科体系与学术体系。其中最重要的是建构"华夏传播学"，进而推动传播学说中国话，让传播学在中华大地自然和谐地成长。

庄子及其作品《庄子》一般认为是庄子及其后学的思想总集。本书将《庄子》视为一个整体，只是将庄子作为共同的符号来表述庄子学派的整体传播思想，不去，也没有必要去追究哪篇是庄子本人所作，哪篇是其后学所著。本书的预设立场是《庄子》是有传播思想的，或者说所有的中华文化元典都是有传播思想的，包括《尚书》《左传》《礼记》等。这里的传播思想是指对传播即人们交往活动的基本看法与观念。

虽然也有个别学者曾经质疑过庄子有没有传播思想，但是经过学术争鸣，我认为他们大体上接受了庄子有传播思想这一观点。只不过，提醒学者要谨慎对《庄子》进行现代意义上的传播思想诠释，尤其要注意避免对文本的过度解读，解读要有训诂知识，要结合时代背景。这次难得的学术争鸣成果，本书经作者授权荣幸地将四篇商榷文章收录其中，成为本书"中篇"的内容，这也是本书的一大亮点。

本书的成书过程直接源于我们的读书会。2018年的读书会我们以《庄子》为基本经典，同时阅读彼得斯的《对空言说》，两者交替着阅读，其目的就是希望让中外的思想能够在学习中产生碰撞的火花。作为读书会的主持人，我要求参与者都要围绕"庄子的传播思想"这一主题来思考，然后提出自己兴趣的研究切入点，比如从言语传播、内向传播、身体传播、寓言传播、情感传播、组织传播、说服传播等角度展开研究，形成独立的学术论文，构成书的章节，这便是本书"上篇"

的主体部分。同时为了更好地展现庄子传播研究的代表性成果，本书"上篇"还收录了邵培仁、姚锦云、李红、王琛、张兢等校外学者的成果，以飨读者。需要特别说明的是，由于学者们的论文写于不同时间，所依据的《庄子》版本有所不同。但这不影响读者的阅读，所以本书尊重原作者的习惯，不再统一版本。

而本书的下篇则注重中西传播思想对话，我们选取彼得斯与庄子在对"交流失败"这一人类交流的永恒命题进行了跨越时空的对话，竭力分析了两者的共同与差异点，这是中西传播思想对话的一次宝贵尝试，因为长期以来传播学者要么研究西方传播思想，要么纯粹探讨中国传播思想，很少进行中西对话。而同时我们也关注彼得斯《奇云》一书中的"媒介即自然"的观点，并将之与《庄子》的自然观进行对比研究，也具有开研究新风气的意义。

这便是我们筹划本书的缘由与经过，是以为序！

谢清果
2019 年中秋于若水居

目　录

附　录

上篇：传通庄周

篇首语

　　本篇意在从传播学的视角探讨《庄子》文本中蕴藏着的深刻传播思想。《庄子》一书无疑直面了人类传播困境，那就是人类交往必定拘于特定的时间、空间和教育程度，其实，传播的丰富性也正在于不同个体独特的具身性，不同个体凭借身体感知来开展自身与世界，与他者的交往实践。《庄子》一书难能可贵的是，对人类自身的局限性抱有清醒的认识，尤其是希望世人能够跳出自我，与道相通，用一种齐物论的视野来达到"逍遥游"的境界。因为"自由"是人类永恒的主题，"不自由，勿宁死"。人类的尊严正在于不断脱越自我，不断调适自我，以实现与自然，与他人，与社会的和谐相通，以达"相忘于江湖"。

　　本篇从人类交往困境出发，探讨语言与意义的关系，追问如何通过心灵的超越，庄子善于运用寓言等叙事手法，启人心智，以获得整全的人生意义，从而安顿自身的性灵；也从梦与醒的关系，探讨自我传播问题，期盼人类能够通过"吾丧我"的路径，克服人世的隔阂，从而从方法论上为自我与他人的和谐提供了可能，而梦则是自我觉醒的一个重要路径，庄子在梦与醒之间，启发世人切勿停留在自己编织的梦境中而不自觉；情感是人的存在方式，但又是阻碍人自我超越的关键因素，为情所困是人的共性，庄子的至情无情观别具匠心，以忘情而超脱俗情的束缚，以获得无情有真情的佳境。

　　本篇还关注在治世方面，《庄子》书尤其是《人间世》中涉及许多政治情境下的劝服活动，或可称之为组织沟通。这说明庄子学派并不是不关心世事，而是真因为明白人世如罗网，使人们在诸多关系中失去了自由，或丧于名，或毁于利，何不在"无何有之乡"找到心灵的归宿！

　　我们的知道或许浅薄，但是我们都有着理解《庄子》的心灵，期盼自身在庄子学派思想境界中获得片刻的宁静，则为学之乐，足矣！

第一章　成心与真心：庄子对传播困境的破解

庄子以如椽之笔，对完美传播的图景进行了勾勒，对人类认识的有限性以及由此产生的"成心之见"进行了批评与反思，对于语言文字的先天局限性进行了分析与阐述。在此基础上对传播活动提出了诸多建议与忠告。庄子认为，人类陷入传播困境的原因有两个：一是因认识有限而生发"成心"，因"成心"而有"成心之言"。如此相摩相荡，使传播活动陷于成见之境难以摆脱。二是语言是静止的、有限的，以此静止有限的语言来表达无限变动的客观世界时，便会陷入传播困境。基于此，他提出，对于以撒播真理为使命的传播者而言，应该怀有"精诚之心"，理性看待认识的有限性，确立高远的传播主体境界观，这样才有可能从传播困境的泥淖中摆脱出来。这些深邃的洞见至今依然具有振聋发聩的力量。

人类不能不传播。然而人类传播从一开始便陷入了一种无奈的困境之中。即使在媒介技术高度发达的当下，人们依然没有从这一困境中摆脱出来。西方学界注意到这一问题并进行深入讨论的是彼得斯。他在《交流的无奈》中不无悲观地说道："'交流'是现代人诸多渴望的记录簿。它召唤的是一个理想的乌托邦。"① 事实上，早在两千多年前，庄子已经洞察到这一"暗而不明，郁而不发"的重要问题。那么，何谓传播困境？我们何以陷溺于传播困境之中？我们有无摆脱传播困境的可能性？本章将沿着庄子的心灵轨迹对这些问题展开探讨。

第一节　庄子笔下的传播困境

《外物》说："荃者所以在鱼，得鱼而忘荃；蹄者所以在兔，得兔而忘蹄；言者所以在意，得意而忘言。"② 语言和"荃""蹄"一样，本质上是一种工具。人类

---

① 〔美〕彼得斯：《交流的无奈——传播思想史》，何道宽译，北京：华夏出版社，2003 年，第 2 页。

② 郭庆藩：《庄子集释》，北京：中华书局，2012 年，第 936 页。

使用语言这种工具，在于表达和传递"意"；如果"言"已经充分表达了"意"，且此"意"被无遗漏地接收，语言自可遗忘。在这里，庄子虽然将"得意忘言"与"得鱼忘筌""得蹄忘兔"相提并论，却有着重要区别。"在鱼""得鱼"和"在兔""得兔"指向的是同一个行为主体，而"在意""得意"的行为主体是两个："在意"指向传播者，"言者在意"就是传播者通过语言表达"意"，或者说赋予语言以"意"；"得意"指向受传者，"得意忘言"就是受传者充分地、无遗漏地体悟到语言中含藏的"意"。就此而言，传播活动就是传播者和受传者双方对于"意"的体认、表达与分享。然而，这个"意"所指为何呢？《天道》说："语之所贵者，意也，意有所随。"对此，成玄英解释说："随，从也。意之所出，从道而来。"① 即是说，庄子反复陈说的这个"意"，指的就是他孜孜以求的"道"，或者说就是他心目中至高无上的真理。准此，我们认为，庄子眼中的传播就是以语言为工具撒播与分享真理（"道"）。完美的传播状态就是他所描述的"相视一笑，莫逆于心"，② 即传播者赋予语言的"意"被受传者完完整整、毫无遗漏的接收与理解（"得"）。这种完美传播被彼得斯称之为"天使般的交流"："天使的交流是精神交流，无声无息，不需要语言或者物质的手段。"③

然而，庄子一方面宣称传播的使命在于撒播真理、分享真理，另一方面又反复强调"道不可言"："道不可闻，闻而非也；道不可见，见而非也；道不可言，言而非也"；④ 一方面渴望"莫逆于心"式的完美交流，另一方面又用"子非我，安知我不知鱼之乐"⑤ 的说辞颠覆了完美交流的可能性。这样，传播活动便陷入一种难以摆脱的困境之中。

在"轮扁斫轮"中，庄子集中表达了传播的无力性。⑥ 庄子借轮扁之口强调了真理的不可言传性，同时将真理的横向传播与纵向传播的可能性一并封死："臣不能以喻臣之子"是对真理横向传播的否定，即真理无法从一个人传至另一个人，无法从此地传至彼地；"古之人与其不可传也死矣"是对真理纵向传播与积累的否定，即真理难以代代相传。与此相关，对于"莫逆于心"式的完美传播，庄子虽然心生向往，但更多持有的是一种悲观姿态。在他看来，"莫逆于心"式的完美传播并非传播的常态。常人之间的交流，更多的是误解、曲解与不解，就像他在"濠梁之辩"中所说的："子非我，安知我不知鱼之乐？"这种姿态得到了施拉姆的响

---

① 郭庆藩：《庄子集释》，第 492 页。
② 郭庆藩：《庄子集释》，第 263、269 页。
③ 〔美〕彼得斯：《交流的无奈——传播思想史》，何道宽译，第 70 页。
④ 郭庆藩：《庄子集释》，第 753 页。
⑤ 郭庆藩：《庄子集释》，第 606 页。
⑥ 郭庆藩：《庄子集释》，第 493—494 页。

应,他引述约翰逊的话说:"我们永远不能肯定我们'知道'另一个人的感受。"①
人与人之间非但不能做到心心相印,彼此相通,即使最基本的共识恐怕也难以达
成。面对诸子纷起、相互争辩的局面,庄子提出了著名的"辩无胜"的观点。②他
认为各个思想流派之间的辩论是徒劳无益的,因为在辩论中根本无法确立共识,
故此他悲观地宣称:"天下非有公是也"。③

　　根据以上陈述笔者认为,传播困境就是对完美传播难以实现这一境况的指陈。
问题在于,我们何以陷溺于此传播困境之中? 是主观作祟还是有着难以克服的客
观因素? 我们有无摆脱传播困境的可能性呢? 这是庄子深入挖掘、刻意阐述的
问题。

第二节　从认识有限性到"成心之见"

　　人类总是有种致命的自负,认为自己可以认识一切,宰制一切。对此,庄子
抱有高度的警觉。《养生主》说:"吾生也有涯,而知也无涯。以有涯随无涯,殆
已;已而为知者,殆而已矣。"④人的生命与苍茫悠远的宇宙过程相比,就像"白
驹过隙,忽然而已",人在一生当中所知道的总不及所不知道的。人生有限而宇
宙无限,认识主体的有限性与认识客体的无限性之间存在着深刻矛盾。《秋水》中
说:"井蛙不可以语于海者,拘于虚也;夏虫不可以语于冰也,笃于时也;曲士不
可以语于道者,束于教也。"⑤井蛙生存在狭小的水域空间,其所知不外乎于此。生
活空间决定了它们认知的宽广度,这是空间环境对认知的限制。在夏虫、朝菌、
蟪蛄身上,则体现了时间对认识的框限。对夏虫而言,冰封雪冻是永远无法理解
的,对朝菌而言,黄昏及夜间发生的事情它们永远无法知道;同样的,在春生夏
死、夏生秋死的寒蝉眼中,一年不过两季而已。生命的短暂决定了认识的时间长
度。所谓"曲士",就是《天下》中指称的"一曲之士",即笃信某派思想的读书
人。"曲士"之所以无法和他们论道,是因为所受教育蒙蔽了他们的心灵,偏于一
端,固执己见,无法参悟道的真谛。

---

　　① 〔美〕威尔伯·施拉姆、威廉·波特:《传播学概论》(第二版),何道宽译,北京:中国人民
大学出版社,2010年,第66页。
　　② 在《齐物论》中,庄子对辩论的徒劳与无果进行了深入阐述,后世学者将其观点概括为"辩
无胜"。具体可参阅:郭庆藩:《庄子集释》,北京:中华书局,2012年,第112—113页。
　　③ 郭庆藩:《庄子集释》,第831页。
　　④ 郭庆藩:《庄子集释》,第121页。
　　⑤ 郭庆藩:《庄子集释》,第562页。

生活空间、生命时间和教育背景等因素禁锢着人们的认识，但是人们对此毫无自省，依然故我。这种认知被庄子称为"俗知"，其结果便是"是非之彰也，道之所以亏也"，[①]爱恶情感占据上风，真理分崩离析，人渐渐被"成心"左右。

"成心"是有我之心。心中意识到自我的存在，同时也就意识到了非我，以致形成了我与非我的隔阂与对立。或者说，"成心"是被"妄我"控制和主宰的精神状态。[②]在"妄我"的宰控下，心灵便呈现出异样的状态：睡觉时精神错乱，醒来时形体不宁；面临人事，好恶之情涌上心头，钩心斗角，不能暂止；面对功名利禄，百般计较，患得患失，片刻不得安宁。

在"成心"支配下发而为言，则是"成心之见"或者"成心之言"。"成心之见"的表现有种种。择其大者，约略有三：第一，"成心之见"形成于事物发生或变动之先，主观片面。人出生以后，便被灌输了诸多排他的是非观念。这些观念内化于心，成为判断事物的恒定标准。当事物发生或者变动之际，不顾其具体情境和复杂情状，妄作道德评判，妄下是非结论。大鹏"绝云气负青天"的行为，对"腾跃而上不过数仞"的斥鷃而言，显然是难以理解和接受的，因此对大鹏的行为加以质疑和嘲讽。斥鷃的质疑与嘲讽，便是"成心之见"。第二，以自己的观点为确论，以异己的观点为谬说。"自彼则不见，自是则知之"，[③]人们往往基于片面的成见进行争辩，且武断地认为自己是真理的拥有者。正因为如此，才有了以儒墨为代表的诸子百家的是非之争。他们肯定对方所否定的而非议对方所肯定的。真理在纷纷攘攘、此起彼伏的浮华言辞中被遮蔽，公议、共识难以确立。第三，强求一律。各家各派均以真理代言者自居，企图以自己的真理观作为绳墨天下的标准。然而在庄子看来，是非标准具有强烈的主观性和相对性，因人、因事、因时而异。人睡在潮湿的地方会腰疼偏瘫，而这样的处所却是泥鳅最适宜的居住环境；人爬上高树会惊惧不安，猴子在树上攀缘腾跃却感觉自由自在；这三种动物谁的生活习惯才正确呢？人吃肉类，麋鹿吃草，蜈蚣吃蛇，猫头鹰和乌鸦喜欢吃老鼠，这四种动物谁的饮食习惯最佳呢？毛嫱与西施是世人公认的美女，然而鱼见了她们潜入水底，鸟儿见了她们飞向高空，麋鹿见了她们骤然奔逃，什么才是美的标准呢？因此庄子总结说："以我观之，仁义之端，是非之涂，樊然殽乱，吾

---

① 郭庆藩：《庄子集释》，第 80 页。

② 方东美先生认为，庄子的"自我"包含五种含义：一是"躯壳之我"，二是"心理之我"，三是"心机之我"，此三者集结而成"妄我"。自我还包括自发精神之"本性"和永恒常在之"常心"，这两种是真正的自我。参阅方东美：《中国哲学精神及其发展》，北京：中华书局，2012 年，第 141—142 页。

③ 此句原本是"自彼则不见，自知则知之"，陈鼓应先生根据严灵峰之说校改为"自彼则不见，自是则知之"。参阅陈鼓应：《庄子今注今译》，北京：中华书局，2009 年，第 63 页注释 2。

恶能知其辩！”①

因认识有限而生发"成心"，因"成心"而有"成心之言"，如此相摩相荡，相因相循，使传播活动深陷于成见之境难以摆脱。在"成心"支配的言辞竞赛中，真实的意涵被忽视，思想的辉光被遮蔽，社会共识也蜕变成为权力宰控的幻象，多元观点与自由言论退隐至边缘。真理在成见的喧嚣中遭到肢解与切割。

第三节　难以克服的语言之限

庄子认为，语言具有先天局限性。语言的局限性首先表现在语言文字是凝固静止的。"夫道未始有封，言未始有常。"② 客观世界原本是混沌的整体，事物之间并无差别与界限。语言最初也不过是形、声、义的自然结合体，就像小鸟破壳之前出乎本能的嘤嘤鸣叫，其本身并无确切的意义。正如成玄英所说："道理虚通，既无限域，故言教随物亦无常定也。"③ 然而，为了争夺话语权，人们限于无休止的是非争辩之中，于是便有了上下左右之分、亲疏远近之别、尊卑贵贱之等级、善恶美丑之差异。语言将世间万物强行区分为非此即彼的畛域：说大就不是小，说长寿就不是夭折；说生便同时否定了死，说美就排除了丑；善是恶的对立面，黑与白不相容……这些非此即彼的认识和判断，是对浑然一体、变动不居的客观世界的强行切割。这不仅使人们陷入认识困境，也陷入了表达与交流的困境。

其次，语言是有限的。"夫言非吹也。言者有言，其所言者特未定也。"④ "吹"是风吹万种窍穴发出的声响。窍穴的形状千差万别，发出的声响也迥然不同。风起时，万窍怒号，相呼应和，彼此交鸣，构成了生动而丰富的大地奏鸣曲。然而当用语言描述时，"万种窍穴"被抽象为"似鼻、似口、似耳、似枅、似圈、似臼、似洼者、似污者"，万种声响被简化为"激者，謞者，叱者，吸者，叫者，譹者，宎者，咬者"，风也被区分为泠风、飘风和厉风。与自然相比，语言显得何其单调、有限。这里涉及"言"与"所言者"的关系问题。"言"就是语言文字，"所言者"是传播对象。客观世界是变化多端、难以确定的（"特未定"），语言则是有限的。人们用语言所呈现的世界是不是那个本然自在的世界呢？或者说语言文字能否表达客观世界呢？这是十分值得怀疑的。退一步而言，即使语言文字可以表达客观

---

① 郭庆藩：《庄子集释》，第98—99页。
② 郭庆藩：《庄子集释》，第89页。
③ 郭庆藩：《庄子集释》，第90页。
④ 郭庆藩：《庄子集释》，第24页。

世界，它所表达的也仅仅是客观世界的轮廓而已。《秋水》说："可以言论者，物之粗也；可以意致者，物之精也。言之所不能论，意之所不能察致者，不期精粗也。"[①]语言可以表达事物粗浅的表象，事物细微幽隐的部分也可以通过人心加以体悟。但是，还有一种事物，语言难以表达，意念不可达致，这个超言绝象的事物便是"道"。因此庄子感叹道："视而可见者，形与色也；听而可闻者，名与声也。悲夫，世人以形色名声为足以得彼之情！"[②]形色名声所呈现的只是一个有形世界，世人误以为把握了这个有形世界就把握了世界的本相，就拥有真理，这实在是可悲的。

最后，语言的意义具有不可控性。"言者风波也，行者实丧也。夫风波易以动，实丧易以危。"[③]语言传播如同风的播散：风播散之处会激起不同回响，语言播散之处也会产生不同的回响。万物对于风的回响完全是自然而然的，没有丝毫的隐瞒与猜忌，然而，人类对于接收到的符号的解读与回应却难以预测。在此情况下，传播者极易陷于危险境地而不自知。"颜回见仲尼请行"一章对此有深刻阐述。[④]卫国国君年轻气盛，骄横跋扈，"轻用其国""轻用民死"，颜回怀抱救世之心，意欲劝谏卫君，于是向孔子请行，孔子却劈头盖脸说了一句："你这是去送死啊！"随即为颜回做了分析。孔子认为，颜回德性淳厚，信誉卓著，劝谏动机大公无私，孔子本人对此深信不疑。但是颜回的德性信誉尚未产生足够的影响力（"未达人气""未达人心"），在此情况下，贸然以仁义道德这样的高标言论劝谏卫君，会使卫君对其劝谏动机深感怀疑，以为颜回是有意借贬损别人来抬高自己，在世人面前博得美名，这样的人是害人的人（"灾人"）。害人的人必然为他人所害。因此孔子认为颜回此行凶多吉少。在这里我们看到，意义不受传播者控制的原因大体有二：一是传播者自身的品德、信誉度、影响力等因素会影响其本意的实现，二是受传者的秉性、地位、行为方式等决定了对意义理解的方向。受传者的理解方向可能与传播者期待的方向一致，也可能完全相反，或者在二者之间。总之，语言一经发出，意义便不受控制，极易产生"夫子以为孟浪之言，而我以为妙道之行也"[⑤]这样的情况。

语言是静止的，语言是有限的，以此静止有限的语言来表达无限变动的客观世界时，便会陷入传播困境。同时，语言一经传播，便如同风的播散，难以停歇。

---

① 郭庆藩：《庄子集释》，第571—572页。
② 郭庆藩：《庄子集释》，第492页。
③ 郭庆藩：《庄子集释》，第166页。
④ 郭庆藩：《庄子集释》，第137—154页。
⑤ 郭庆藩：《庄子集释》，第103页。

任何接收到的人都会做出自己的解读。其结果是传播得越多，距离事物的本来面目越来越远。

第四节　超越传播困境

传播中的人，是进入藩篱套上枷锁的人：欲望的诱惑，功利的逐求，各种成见的围追堵截，使传播活动越来越偏离其本意。功利逐求者可以嘲笑单纯欲望满足者的无知与浅薄，成见笃信者可以蔑视功利逐求者的低级与庸俗。对于以撒播真理为使命的传播者而言，应该以"真"作为传播活动的至上追求，如此才有可能从传播困境的泥淖中摆脱出来。

传播以真，首先要有一颗"精诚之心"。"精诚之心"就是清明澄净之心，不沾染一丝主观成见，就像一面镜子，可以映照事物的本来面目。"鉴明则尘垢不止"[①]"至人用心若镜，不将不迎，应而不藏"，[②]庄子喜欢以镜喻心，这使我们想起了西方现代哲人库利提出的"镜中我"概念。[③]不同的是，库利以镜作喻是为了观照自我，庄子不仅要用镜子观照自我，还要关照他物。当以镜观心（或曰以心观心）之际，就要时刻不停地擦拭，不使它染上尘埃，永远保持其清明澄澈、纯粹不杂。当以心观物之时，既真实客观，又公平超然。任何物事，只要来到镜子面前，就会得到如实反映，毫无隐瞒保留，毫不回避躲藏，所以真实；世间百态，尽摄其中，不刻意筛选，不妄加评议，所以客观；不因身份尊贵而迎来送往，不因身份卑微冷漠睥睨，不增加一分，也不减少一分，所以公平；物来则应，物去则静，不牵累，不动情，所以超然。

"精诚之心"内在于心，当表露于外，发而为言，便有难以抵抗的感染力和说服力："真悲无声而哀，真怒未发而威，真亲未笑而和。"[④]反之，虚情假意，矫情伪作，即使演技再完美，手段再高明，语言再花哨煽情，也不会打动人心，甚至因为"以人灭天"而适得其反。有此"精诚之心"，成心之见便无立锥之地。"精诚之心"是对成心、成见的彻底扫除，从而以达观的心境看待物是人非，不自以为是，不画地为牢，如此方能冲破传播困境，开创传播新天地。

---

①　郭庆藩：《庄子集释》，第 203 页。

②　郭庆藩：《庄子集释》，第 313 页。

③　"镜中我"（the looking glass self，也称"镜中自我"）为库利提出，意指他人的姿态充当了镜子，从中可以看到并衡量自身，正如他们在社会环境中看待和衡量其他事物一样。参阅〔美〕乔纳森·H.特纳：《社会学理论的结构》，邱泽奇、张茂元等译，北京：华夏出版社，2006 年，第 325 页。

④　郭庆藩：《庄子集释》，第 1027 页。

其次，传播以真，就是要理性看待认识的有限性，为传播找到一个切实的立足点。"知天之所为，知人之所为，至矣。"①三景晦明，四时生杀，云行雨施，川源岳渎……这是天的所为。天的所为绝非人力所能为。认识到人类所知所为的有限性，便不会自陷于以有涯随无涯的"迷乱"与"危殆"之中，也才能为人生事业找到一个切实的立足点。"终其天年而不中道夭者，是知之盛也。"②生命是知识探求的中心。人类探求知识的目的是为了让生命有尊严，有活力。以此推至人类传播，则有两方面的意涵：第一，要清醒地认识到传播可以做什么，不可以做什么，为人类传播找到恰当的定位。庄子认为，儒家倡导并大肆宣扬的"仁义圣智"，是"乱人之性"的行为。所有厚此薄彼、诉诸感官的传播内容，都是对深不可测的欲望的唤醒、刺激与强化。欲望苏醒，便有满足欲望的强烈动机和实际行为，缺德败性、战争杀戮由此产生，人类也将陷于无尽的灾难之中。因此，传播当以培植人的本心本性为旨归，不应以声色犬马、名利欲望等传播内容惑乱人的本性。第二，传播当以生命为核心。生命并无高低贵贱之分，也无肤色、种族、国家之异，传播应无差别地对待所有生命，应将生命作为关注的焦点。生命的快乐与幸福，生命的挣扎与哀号，生命的抗争与沉沦，生命的摧残与杀戮，都应得到真实而全面地呈现。这才是传播的"知之盛"。

最后，传播以真，更要确立高远的传播主体境界观。这就是庄子所谓的"真人"境界。何谓"真人"？真人志向高远而不浮华、心胸如天地般辽阔广大，真人对事物的流变性有充分体认，任由事物发展变化而横加干涉；真人对现象世界的相对性洞察于心，不固执己见，不主观偏私；真人超越了一切外在的束缚，"知者不得说，美人不得滥，盗人不得劫。"③

传播主体境界的完成，绝非一蹴而就，而是要经历一个艰难的培蓄过程，要不断检省自身，以超脱的姿态面对万事万物。

第一，去除常见的八种传播痼疾，即"八疵"：④摠、佞、谄、谀、谗、贼、慝、险。四处打探非分之事，道听途说，以讹传讹，叫作摠；不管他人感受，强行进言，叫作佞；引用圣哲名言，讨取他人欢心，叫作谄；不辨是非曲直，一味迎合对方，叫作谀；散播他人过错丑闻，暗地里诋毁他人，叫作谗；离间亲友，叫作贼；诋毁与己疏远的善者，称誉与己亲近的恶者，奸诈虚伪，叫作慝；善恶两方，都不得罪，左右逢源，虚与委蛇，暗中窃取私利，叫作险。这八种传播痼

① 郭庆藩：《庄子集释》，第229页。
② 郭庆藩：《庄子集释》，第229页。
③ 郭庆藩：《庄子集释》，第724页。
④ 郭庆藩：《庄子集释》，第1023—1024页。

疾的后果是恶劣的：当其表露于外生发实际的传播行为，则混淆视听，惑乱民心，诱发人际冲突和社会危机；当其深藏于心，则伤身败性，不利于传播者的身心健康。因此，无论对于个体生命而言，还是对于人际传播和社会秩序而言，这八种传播痼疾必须去除。

第二，去除遮蔽心灵的种种因素。《庚桑楚》说："彻志之勃，解心之谬，去德之累，达道之塞。"①功名利禄、权势地位会侵蚀人的心志，声色犬马、患得患失会扰乱心灵的宁静，喜怒哀乐、憎恶爱欲会左右是非判断，贪婪施与、知虑伎能会阻碍对真相的探求。唯有彻除妨碍认知、阻塞心灵的种种因素，方能以清澈洞明之心看待万事万物。

第三，"心斋"是抵达高远的精神境界的唯一之途。"心斋"是"吾丧我"的过程，或者说是"吾"与"我"对话的过程。"我"即小我、妄我，是以私我为中心、排斥或者隔绝异己思想的自我。"吾"即大我、真我，是消弭了一切偏私、一切主观、一切滞碍的自我。"吾丧我"就是抛弃小我回复大我，是"同于大通"的过程。当其完成时，便映现出"精神的灵光"，它"逐步贯彻了一切宇宙的层级，揭露了宇宙一切的秘密，同时也把黑暗都驱遣掉，而照耀出来成为普遍的真理。"②

综上所述，自有人类，便有传播。传播之于人类，犹如水和空气。人类对于传播问题的探求，也从未停歇。无论世道人心如何盛衰升沉，无论科学技术如何发达腾跃，也无论传播媒介如何迭代进化，人类传播至少在两个方面从未发生过变化：一是传播就是使用可视可感可听可闻的语言文字等符号表情达意的实践活动，二是传播是人类认识客观世界的认识活动，尤其是传播者的价值立场、思想取向、爱恶情感会极大地左右受传者的认识乃至行动。就此而言，庄子对于人类认识有限性以及由此产生的"成心之见"的批评与反思，对于语言文字的先天性局限的分析与阐述，并在此基础上提出的诸多建议与忠告，这些深邃的洞见对古代中国的传播活动产生着重要影响，至今依然具有振聋发聩的力量，值得认真研究深入讨论。本章勉强使用"传播困境"一语，试图对庄子传播思想的一个侧面进行梳理与诠释。这种梳理是初步性的，可能挂一漏万；诠释也可能主观偏颇，难免错讹，希望大方之家批评指正。

（作者简介：张兢，西北民族大学新闻传播学院副教授、副院长，主要研究方向：传播思想史、符号传播学。）

---

① 郭庆藩：《庄子集释》，第804页。
② 陈鼓应：《庄子今注今译》，北京：中华书局，2009年，第55页。

第二章 贵言与忘言：庄子对语言沟通的超越

《庄子》书中充溢着人类语言沟通的智慧，本章以剖析"轮扁斫轮"的故事为切入点，全面阐述庄子学派的语言观，以洞悉其内在对于语言沟通的基本观点：一方面反对贵书贵言，追求"得意而忘言"之境；另一方面又巧妙地使用寓言、重言、忘言等语言沟通方法，以达到诗意栖息于世上的目的。总之，庄子学派既明白人类语言沟通的困境，又提出了超越这种困境的思想方法，以使自我生命以逍遥的方式安顿于天地之间。

第一节 庄子语言观研究的学术回顾

春秋战国时期是中国文化发展的轴心时代。台湾的朱传誉在《先秦唐宋明清传播事业论集》一书指出"先秦传播方法以口传为主，虽然很幼稚，但是很多上古记录，赖口传而保存，不管是周代的官方教育和春秋以后的私人讲学，也都是以口传为教学方法。战国之所以能成为我国历史上学术思想的黄金时代，可以说是靠口传之功。"① 可见，先秦是言语沟通十分活跃的时代，因此也是对言语沟通有过深入原创性探讨的时代。前辈学者对此已有相当的研究成果。例如朱传誉的《先秦传播事业概要》一书从新闻起源、民意起源、先秦传播活动三方面展开，作者认为，当时"在民族融合和文化融合的过程中，交通扮演很重要的角色……如果没有周和春秋初期所发展的完备交通制度，春秋战国时的征战和外交活动就将大大的减少，游士、商旅都将裹足。消息、知识的传递，也将为之停滞。"② 台湾的张玉法《先秦的传播活动及其影响》一书从传播符号、阶级间传播、区域间的传播角度，得出当时传播工具愈先进，传播活跃促进平民社会的形成以及增进列国沟通，为秦统一奠定基础。③ 此二书为我们指出了先秦所以言语沟通如此兴盛的政治、

---

① 朱传誉：《先秦唐宋明清传播事业论集》，台北：台湾商务印书馆，1988 年，第 98 页。
② 朱传誉：《先秦传播事业概要》，台北：台湾商务印书馆，1970 年，第 125 页。
③ 张玉法：《先秦的传播活动及其影响》，台北：台湾商务印书馆，1993 年，第 4 页。

经济、社会和文化背景。而吴东权先生为先秦战国时期的雄辩家的口语传播艺术所折服，于是从《战国策》《左传》等书中撷取许多相关史料，以期"从他们的口才与惊人的贡献中，可以发现在先秦时代口语传播的昌盛与影响力"。[①] 吴东权先生的研究为我们直观展示了当时言语沟通的无穷魅力。

《庄子》一书作为战国口语传播盛行时代的产物，蕴藏着丰富的语言沟通智慧。对此，关绍箕在《中国传播思想史》一书中单列"庄子的传播思想"一节，其中也有探究《庄子》一书的语言规范方面的内容。[②] 对《庄子》从语言哲学的角度进行探讨，尤其是探讨道与言说的关系，成果迭出，马德邻的《道何以言》[③] 一书便是代表。学术论文方面主要有以下几个层面的研究成果：其一，对庄子的语言观持批判态度。例如，李恕豪的《论庄子的语言观》从庄子"无名论"出发，得出庄子贬低否定语言的结论。[④] 其二，对庄子的语言观持同意性理解。安育苗的《论庄子的言语策略》[⑤] 一文认为庄子是语言有限论者，他的言语策略有告喻、答问、劝说、辩说四大类，对言语实践和人际交往有着积极作用。徐克谦提出"庄子的语言怀疑论"观点，进而评析到："庄子的语言怀疑论有助于人们破除对既有话语体系的盲从与迷信，启发人们怀疑既有思想体系与常规，大胆进行创新和探索。但他根本否定语言之说的客观性和普遍意义，则又难免导致彻底的虚无主义。"[⑥] 其三，将庄子的语言观与西方哲学家的思想进行比较研究。例如，那薇的《庄子的无心之言与海德格尔对语言的诠释》以海德格尔的原初语言观解释了庄子的无心之言。[⑦] 潘世东的《语言哲学视野下的庄子和德里达之比较》一文认为庄子与德里达在语言哲学上存在着似同实异的差别：德里达是彻底的真理和理性的颠覆者，而庄子则是真理和理性的探寻者和捍卫者。[⑧] 其四，就庄子的语言观本身加以剖析。梁徐宁的《论庄子的语言观》一文认为应从庄子的哲学背景理解庄子的语言观。[⑨] 刘泽民以西方语言哲学为参照，庄子对语言的符号本质作了深刻的揭示，对语言的局限性和人类使用语言时的失误有了充分的认识，并提出了理解活动中的"意

---

① 吴东权：《先秦的口语传播》，台北：台湾"行政院文化建设委员会"，1991 年，第 4 页。
② 关绍箕：《中国传播思想史》，台北：正中书局，2000 年，第 108—116 页。
③ 马德邻：《道何以言——兼论中国古代道家哲学的语言学问题》，上海：三联出版社，2014 年。
④ 李恕豪：《论庄子的语言观》，《天府新论》1988 年第 4 期第 37—41 页。
⑤ 安育苗：《论庄子的言语策略》，《青海师范大学学报》（哲学社会科学版）2014 年第 3 期第 110—144 页。
⑥ 徐克谦：《论庄子的语言怀疑论》，《现代哲学》2006 年第 1 期第 103—107 页。
⑦ 那薇：《庄子的无心之言与海德格尔对语言的诠释》，《福建师范大学学报》（哲学社会科学版）2004 年第 5 期第 30—31 页。
⑧ 潘世东：《语言哲学视野下的庄子和德里达之比较》，《解放军外国语学院学报》2002 年第 1 期第 87—90 页。
⑨ 梁徐宁：《论庄子的语言观》，《社会科学辑刊》2000 年第 4 期第 26—29 页。

义中心论"。① 其五，还有从文学语言艺术的视角加以考察的。如谭耀炬的《庄子语言风格初探》一文认为庄子语言风格特点有：意出尘外，怪生笔端；洒脱诙谐，情思邈远；含蓄蕴藉，言简意赅；或诗或歌，音韵铿锵。② 刁生虎的《论庄子哲学语言的诗化特征》一文认为庄子哲学语言具有模糊性、召唤性、象征性、跳跃性、情感性以及音乐性等特征。③

从如上文献回顾，我们不难得知，庄子学派对日常的语言文字表达了深刻的怀疑，进而导向"不言"和"无言"。在此过程中，也阐述许多有关语言传播现象与本质的见解，本章侧重解释《庄子》一书对语言（口语与文字）沟通困境的理性思考，进而探讨如何超越这种困难，以获得自我的自由与解放。换句话说，本章不寻求在"道"与"言"的关系上过多着墨，而是重在分析庄子在人类日常一般性的言语交流中出现语言与意义的悖论，发现庄子的语言沟通智慧目的在于实现自我诗意地栖息这一生存智慧。因此，本章选择从"轮扁斫轮"这一日常的生活故事着手，阐述庄子学派对语言交流的许多深刻认知。

第二节 庄子对人类语言交流困境的反思之路

《庄子·天道》有一则故事，借一位制作车轮的工匠轮扁之口表达了书所载圣人之言乃圣人之糟粕的观点。全文如下：

桓公读书于堂上，轮扁斫轮于堂下，释椎凿而上，问桓公曰：敢问公之所读者何言邪？

公曰：圣人之言也。

曰：圣人在乎？

公曰：已死矣。

曰：然则君之所读者，古人之糟魄已夫！

桓公曰：寡人读书，轮人安得议乎？有说则可，无说则死。

轮扁曰：臣也以臣之事观之。斫轮，徐则甘而不固，疾则苦而不入。不徐不

---

① 刘泽民：《庄子的语言观》，《兰州大学学报》1995 年第 1 期第 125—131 页。

② 谭耀炬：《庄子语言风格初探》，《赣南师范学院学报》（哲学社会科学版）1987 年第 2 期第 14—17 页。

③ 刁生虎：《论庄子哲学语言的诗化特征》，《海南大学学报》（人文社会科学版）2006 年第 2 期第 172—178 页。

疾，得之于手而应于心，口不能言，有数存焉于其间。臣不能以喻臣之子，臣之
子亦不能受之于臣，是以行年七十而老斫轮。古之人与其不可传也死矣，然则君
之所读者，古人之糟魄已夫！①

此则故事直观地呈现了庄子学派对书面语言与口头语言在人类交流中的意义
与困境。故事本身就是一种语言表述的重要方式——寓言。因此，我们着重力求
通过对故事的剖析来深思庄子学派的语言观。

一、表达了对世人"贵言传书"做法的质疑

黑格尔曾云："语言实质上只能表达普通的东西，但人们所想的只是特殊的东
西，因此不能用语言表达人们所想的东西。"②这一点与庄子在此故事所表达的观
点是共同的。

（一）意之所随者，不可以言传

庄子"意不言传"的理论依据是故事之前所阐述的观点："世之所贵道者，书
也。书不过语，语有贵也。语之所贵者，意也，意有所随。意之所随者，不可以
言传也，而世因贵言传书。世虽贵之哉，我犹不足贵也，为其贵非其贵也。"③庄
子认为书中所载的语言文字有难能可贵的地方在于其所承载的意义。从这一点来
看，庄子还是承认语言文字是能够表情达意的。但是问题的关键是意义是被寄寓
于文字之上，而意义的寄寓过程却是"不可以言传"的。换句话说，书中所载的
语言文字固然是由作者所书写，然后由于文字背后的意义并不固定，或者说，并
不完全固定，因此，有时差之毫厘，谬以千里。《庄子·天运》表达了类似的思想：
"夫六经，先王之陈迹也，岂其所以迹我！今子之所言，犹迹也。夫迹，履之所出，
而迹岂履哉！"④庄子认为六经不过是先王的遗迹，而这个遗迹如同脚印一般，并不
是脚本身。因此，不能简单把脚印当成脚。所以作者表达了自己不同于世人的观
点是：贵言传书是不足贵的，因为没有"贵非其贵"。"故视而可见者，形与色也；
听而可闻者，名与声也。悲夫，世人以形色名声为足以得彼之情！夫形色名声果
不足以得彼之情，则知者不言，言者不知，而世岂识之哉？"⑤在庄子学派看来，
世人所贵的是可视、可听的形色名声，以为这样可以获得道的真实情景，然而可

① 方勇、陆永品：《庄子诠评（增订新版）》，成都：巴蜀书社，2007 年，第 434 页。
② 童庆炳：《中国古代心理诗学》，台北：中华书局，1992 年，第 79 页。
③ 方勇、陆永品：《庄子诠评（增订新版）》，第 433—434 页。
④ 方勇、陆永品：《庄子诠评（增订新版）》，第 477 页。
⑤ 方勇、陆永品：《庄子诠评（增订新版）》，第 434 页。

视、可听的形色名声其实却是不足以表征道的本质。至此，作者借此回应了老子"知者不言，言者不知"的观点。也就是说智慧的人是不轻易去"言"；轻易去"言"的人并不一定是智慧的。值得强调的是"不"字非全称否定，而是强调对真实情景有所偏离之意。换句话评，"知者"与"言"、"言者"与"知"都不存在必然的联系，不能画等号。以此回应书中所载的"圣人之言"与作为智者的"圣人"并不能等同的观点。而历史上曾经存在过的"圣人"，他们保有自身丰富生动的治国理政实践，而一旦他们离世，徒留下些许言论。这些言论或可管窥他们的领导经验和智慧。但是，他们的这些经验与智慧是建立于无数的鲜活事例之中，离开了这些事例，经验智慧就显得虚无缥缈。此正所谓"古之人与其不可传也死矣"。①

（二）言意之所尽，极物而已

庄子学派对语言认知功能的有限性有着深刻思考，认为"言之所尽，知之所至，极物而已。"②语言所达到的尽头，认识所能达到的极致，不过是说明事物而已。从根本上讲，是无法通达对道的认识。或者说，对道的认识不能仅靠语言来实现。这是因为"可以言论者，物之粗也；可以意致者，物之精也；言之所不能论，意之所不能察致者，不期精粗焉。③就人类认识而言，庄子学派认为能可以用言语表达的只是事物粗糙的方面；而通过意识（理性）而实现的认识可以深入到事物的精细方面；在此之外，还有言语无法阐论的，意识无法探查到的方面，就不仅限于精与粗。或者可以说，道始终在语言之外，语言及其运用语言加以思维的意识活动都无法直接通达对"道"的把握。这里的"道"可以是玄远的大道本体，也可以是日常生活世界中的具体的一次次的沟通中语言背后的"意义"。

海德格尔曾说："语言总是把敞开出来的在者保持为说出来者和所说者与还可再说者。所说者可以被重复说以及继续说下去。保持在此中的真理传播开去而且是这样传播，即不是每次传播时那原始地在采集中敞开出来了的在者本身都特地被体验到。在被继续说下去者中真理好似脱离了在者。"④《庄子·则阳》篇亦曰："可言可意，言而愈疏。"⑤这说明庄子学派不反对言论，也不反对意识思维，但强调对"道"而言，我们不妨把"道"暂且理解为终极真理，那么人的一切活动都可以认识世界的每一个侧面，却永远无法认识世界整体。维特根斯坦就认为"世界是我的世界，这表现在语言（我所唯一理解的语言）的界限就意味着我的世界

---

① 方勇、陆永品：《庄子诠评（增订新版）》，第434页。
② 方勇、陆永品：《庄子诠评（增订新版）》，第860页。
③ 方勇、陆永品：《庄子诠评（增订新版）》，第513页。
④ 〔德〕海德格尔：《形而上学导论》，熊伟、王庆节译，北京：商务印书馆，1996年，第185页。
⑤ 方勇、陆永品：《庄子诠评（增订新版）》，第860页。

的界限。"①

二、传达了"得手应心，口不能言"的实践领悟观

轮扁以自身斫轮为例，他斫轮数十年能够做到"不徐不疾"。其境界正所谓"得之于手而应于心"，斫轮经磨炼可"得手"，即工具椎与凿相互响应，美妙地配合。当然作者明白"得手"必"应于心"，即心之神能够自然地驾取工具，达到目的。不过，这种得手的"状态"，这种心的领悟却是"口不能言"，意思是说作者想要表达的是口语无法表达这种妙境。而更让人心焦的是轮扁肯定在自身精妙斫轮的过程必定是"有数存焉于其间"。这里的"数"犹如恰到好处的黄金分割点，是种高超的技艺，在那个手工的时代诚然是难以表达。"臣不能以喻臣之子，臣之子亦不能受之于臣。"②轮扁无法清晰明白地晓喻自己的儿子，而自己的儿子也无法直接从他口中接受下来。不过，值得注意的是，从理论上讲，轮扁无法以语言的方式，通过直接告知的方式来让他儿子明白其中的道理。但是正如康德所言，理论是灰色的，而生活之树常青。他的儿子斫轮虽未必直接通过看书或者从父亲口中直接达到"得心应手"之境，但是这不妨碍他的儿子也可以以自己的方式经过数十年的磨炼而实现。值得注意的是这里不提"得心应手"而提"得手应心"，其中正说明经验生活是深切领悟语言文字功能与价值的唯一路径。正所谓"纸上得来终觉浅，绝知此事须躬行"。方勇先生指出"以心应手，说明自己的心智尚且不能预知双手实践活动，更何况想用语言把这一系列实践活动奥妙之理传授给人家呢？"③

三、体现了对言语实践的深切反思

对言语实践的深切反思是庄子一脉作为道家学派的一贯特色。笔者认为庄子学派所以如此警觉"言""语"对意义完整性的影响。或许跟他们对名家当时"白马非马"的论辩保持一定的距离有相当的关联。对其他诸子百家以言辩扰乱是非做法的拒斥。例如儒家子贡凭借自己的三寸不烂之舌"存鲁，乱齐，破吴，强晋而霸越"。④"言语"作为"孔门四科"（德行、言语、政事、文学）之一，其实，就是专为训练学生口才而设的，子贡是这方面的杰出代表。而庄子学派所以对"言语"有如此态度，是因为在他们看来"言者，风波也；行者，实丧也。夫风波易

① 〔英〕维特根斯坦：《逻辑哲学论》，贺绍甲译，北京：商务印书馆，2009年。
② 方勇、陆永品：《庄子诠评（增订新版）》，第434页。
③ 方勇、陆永品：《庄子诠评（增订新版）》，第435页。
④ 司马迁：《史记·仲尼弟子列传》，北京：北京时代华文书局，2014年，第146页。

以动，实丧易以危。"① 言语凭虚而生，如同风波忽起忽灭，不可捉摸。因此，一旦言语表达出来，就必然有些实情被遮蔽了。《庄子·齐物论》强调：

> 夫言非吹也。言者有言，其所言者特未定也。果有言邪？其未尝有言邪？……道恶乎隐而有真伪？言恶乎隐而有是非？道恶乎往而不存？言恶乎存而不可？道隐于小成，言隐于荣华。故有儒墨之是非，以是其所非而非其所是。欲是其所非而非其所是，则莫若以明。②

庄子学派崇尚自然，自然之风吹而产生的天籁之音，无以名状。而人类的"言语"却不如此。言说者各有自己的说法，他们所说的东西绝没有一个定准。那么他们果真说什么，还是没说什么？道是怎样被遮蔽而有真伪？言语又是怎样被遮蔽而有是非之争？道常被一孔之见所遮蔽；言语常被华丽的辞藻所遮蔽。所以儒墨的是非分别不过是以肯定对方否定的方面来反对对方所肯定的方面，如此这般，还不如以空明之心观照事物的本来面貌。

庄子学派并非不要言语，而是言语必当效法道的存在方式。《庄子·齐物论》指出："夫道未始有封，言未始有常，为是而有畛也。"③ 其意思是说，道是没有彼此边界的，言语也未尝有恒常不变的意义，而一定确定了，就有了边界。其实也就陷于是非之辩中。接着，庄子学派认为"大道不称，大辩不言……道昭而不道，言辩而不及，……孰知不言之辩，不道之道？若有能知，此之谓天府。注焉而不满，酌焉而不竭，知其所由来，此之谓葆光。"④ 与大道相称的是至言，道性自身昭然明了，而一旦给予指称之后，反而"不及"了，因此，对于道的了悟只能以不言之言的方式，如果能够明白这一点，那么就能达到言道合一，即"言而足，则终日言而尽道；言而不足，则终日言而尽物。"人们言说时能够充分整全则一切的言说都在说道；否则表达的都是具体的事物。"言无言，终身言，未尝言；终身不言，未尝不言。"⑤ 当言说不被限定的时候，那么终身言说，似乎不尝言说；终身没说，似乎未尝没说。伽达默尔说得好："我们生存于其中的语言世界并不是一道挡住对存在本身之认识的屏障，而是从根本上包裹了我们的洞识得以扩张深入的一切"。⑥ 关键在于我们能够恰当地运用语言这种工具而实现对事物本真的把握。道

---

① 方勇、陆永品：《庄子诠评（增订新版）》，第140—141页。
② 方勇、陆永品：《庄子诠评（增订新版）》，第56页。
③ 方勇、陆永品：《庄子诠评（增订新版）》，第72页。
④ 方勇、陆永品：《庄子诠评（增订新版）》，第72—73页。
⑤ 方勇、陆永品：《庄子诠评（增订新版）》，第905页。
⑥ 〔德〕伽达默尔：《真理与方法》，纽约：克罗斯罗德出版公司，1975年，第450页。

无所不在，无时不有。对道的洞察其实，就在日常语言的切身体悟之中，而不在此之外。

英国汉学家葛瑞汉曾分析说："他们（道家）只是明智地提醒我们语言的局限，他们用此把我们指向关于世界的变化的视域与生活技艺。他们用故事、散文、格言，任何可以掌握的语言手段来指明这个方向。远非不需要语言，他们需要全部文学艺术的有用资源，……"① 那么这里面存在的悖论是，既然现实生活是人们的交流不可能离开语言文字，而语言文字却有着天然的局限，因为语言在范围意义的过程中，又失去更多的意义，因为人类交流除了固然需要语言，但言语过程却是语言与非语言符号综合起作用的，割裂了语言与生活，言语就成为干巴巴的文字，所以就成了糟粕。其实正是在这种悖论中语言文字才成为其自身，防止我们把语言文字的价值提高到过分的程度，以至于忽视了鲜活的生活本身。

四、言论的自由是言语恰当发挥的重要条件

故事中提到的一个情节值得我们关注。故事建构的场景是轮扁与桓公共处于一堂，不过一人在堂上读书，一人在堂下从事斫轮技术实践。有趣的是，轮扁在没有得到桓公的允许下能够自由地放下椎与凿直接上前去问桓公读的是什么内容。这种场景的建构不论是作者有心，还是无意，一定程度上说明在春秋战国时代，虽然有等级差异，但是尊重知识，尊重人才的氛围还是有的。轮扁凭借其斫轮之神技服务于宫廷多年，当时他应具有类似于"士"的水平与地位。这一点正与当时"处士横议"（《孟子·滕文公下》）的时代背景相符合。陈水云先生认为："'士'的内在构成的复杂性，决定着它具有传播的品质；它不受政治宗教及其他外在因素的影响，而是以出卖知识为职业，有恒心无恒产，具有职业自由人的品格；从士的活动范围看，他们既可上与王侯对话，下也可与庶人交流，他们涉及的领域十分广泛，在当时几乎所有的领域里都能找到他们的身影。"② 轮扁的地位可以说与墨家学派一样不仅有技艺，而且还具有相当的文化素养。下可驾驭各类工具，上可议论朝政。他们的地位比中国历史上任何时代都要高。著名学者刘泽华分析得好：

人格相对独主是自由思考的前提，而自由思考的程度又是人格独立的标志之一。战国时期是中国古代之上绝无仅有的知识分子的自由时期。战国时期并不是所有的人都获得人格相对独立和思考自由的机会，只有一少部分人，即士人，借

---

① 〔英〕葛瑞汉：《论道者：中国古代哲学论辩》，北京：中国社会科学出版社，2003 年。
② 陈水云：《"士"与战国时期的传播艺术》，《中南民族学院学报》2001 年第 1 期第 87—91 页。

用现代话说即知识分子才获得。士人数量虽然不大，但其影响与作用却波及到整个社会，而他们相对独立人格的形成与思想自由的宽度与深度是互相促进的。①

其实，庄子本人或其弟子当中不乏熟悉或者精通当时的一些工艺的人才。据研究，庄子曾为漆园吏，对漆器等相关制作当有相当体验。《庄子》书中的许多能工巧匠的事例也能在一定程度上说明庄子学派并不是游离当时社会的知识分子，而是对人民生活有着深切体会的百姓思想家。他们或许生活困顿，但是思想却是自由的，并能自觉地与政治保持相当的距离，从而能够对人们"日用而不知"的语言展开了独特的思考，并以此期待人生与社会都能在言语中合道，在合道中言语，从而实现人生幸福，社会安宁。

第三节　庄子对语言文字交流障碍的超越之道

庄子学派在认识语言传播有限性问题的同时，也在一定程度上探讨了解决语言传播障碍的方法。

一、忘言之言和以天倪

言语实践虽然给人的现实生活带来困扰，但是熟练地运用语言，让自己的语言实践尽可能地合乎自然，循于本真，本心，逐渐地进入化境，即忘言之言，言必合道，言必有道，道必中矩，道必和乐。因此，不能因为语言的有限性，而忽视了语言也能打开无限时空。只要自我能够保持清静自然的境界，语言便成为自我诗意生活的无限源泉。

尽管庄子学派对语言与意义的关联性表示了怀疑，但他们依然并没有彻底否定语言的作用，只是希望语言不要成为人类对更深刻意义的体悟的障碍，因此他们倡导在不能言语的时候，保持沉默，超越语言，甚至忘记了语言，进入了沉浸之境。所以《庄子·外物》有言："言者所以在意，得意而忘言。吾安得夫忘言之人而与之言哉？"②忘言并不是不要语言，而是"忘"掉语言，而进入主客交融的状态。因为有"言"，便有他者，有了彼此，有了对待，就了阻碍。从这个意义上讲，庄子学派才提出"至言去言，至为去为"③的观点，认为"至言"就是要去掉

---

① 刘泽华：《士人与社会（先秦卷）》，天津：天津人民出版社，1988年，第20页。
② 方勇、陆永品：《庄子诠评（增订新版）》，第893—894页。
③ 方勇、陆永品：《庄子诠评（增订新版）》，第730页。

言语的痕迹，而至为就是要去掉行动的痕迹。在庄子学派看来，道不可言，所能言的都不是"道"。所谓"道不可闻，闻而非也；道不可见，见而非也；道不可言，言而非也。知形形之不形乎！道不当名"。[①]因为正如上文已言语言所能表达的是形名，而形名所指称的是物，而道是物物者，是形形之不形者，因此，拘泥于语言是会束缚住意义，使意义无法向深邃的大道延伸。而"道"虽然不能为任何言行所把握，却可以因为言论而开启。陈鼓应认为，"庄子的'道'，并非陈述事理的语言，乃是表达心灵境界的语言"。[②]庄子学派真知语言的苍白，因此也在不断地变化言语的方式，甚至提出寓言、重言、卮言等，力求不同于一般语言直接去界定事物，而是借助他物、他人或自然间接地表达，去试探。例如"卮言日出，和以天倪，因以曼衍，所以穷年"。[③]这种"卮言"能够因应自然变化，合乎自然分际的无心之言，这种言说似乎是言自在言，是道在言，是物在言，它日出日新，无所用心，无所人为，似乎是一种接近于大道的言说方式。其实，正是心与物相合的一种生活妙境。语言毕竟只是工具，生活的手段，它应当是服务于生活，而不是给生活带来困扰的，因此，应当是穿着腰带而忘记它的存在一般，让人舒适。

二、目击道存，以象言道

庄子学派正是体会到了语言的局限性，却也能巧妙地以多种方式运用语言，尤其是将一些非言语符号与言语活动相配合，比如"象"，从而通达了"意义"。

《庄子·天地》有则寓言：

黄帝游乎赤水之北，登乎昆仑之丘而南望，还归，遗其玄珠。使知索之而不得，使离朱索之而不得，使喫诟索之而不得也。乃使象罔，象罔得之。黄帝曰："异哉！象罔乃可以得之乎？"[④]

这里"玄珠"喻指"玄妙之道"；"离朱"即"目"，意指"有形"；"知"，即"致诟"，意指"有分"；"喫诟"即"言辩"，意指"有名"。玄妙之道，混沌无形，而"象罔"则是对前三者的否定，它是"无形无名无分"，浑沌不分，故通于道。[⑤]

---

① 方勇、陆永品：《庄子诠评（增订新版）》，第721—722页。
② 陈鼓应：《庄子浅说》，北京：生活·读书·新知三联书店，2014年，第86页。
③ 方勇、陆永品：《庄子诠评（增订新版）》，第905页。
④ 方勇、陆永品：《庄子诠评（增订新版）》，第365页。
⑤ 赵奎英：《"道不可言"与"境生象外"——庄子语言哲学及其对意境论的影响》，《山东师范大学学报》（人文社会科学版）2007年3期第15—21页。

老子亦言："大象无形，道隐无名。"① 既然道隐而不显，世人自然无法通过显现的有形之物的认识去获得大道。"所谓'道隐无名'只是表达真理的一半，真理的另一半为庄子所昭示：语言延请了道的出场和亮相，语言之光照亮了被事物遮蔽的道的本真面目。"②

既然语言无法直接通达大道，那么庄子学派其实提出立象尽意的方式来更进一步去探索"道"蕴。借用刘禹锡"境生象外"的观点，道也在象外，但可因象而悟道。王弼在注解《周易》时将《庄子》书中的"得意忘言"的思想进行了发挥，在言与意之间加入了"象"，提出"得象在忘言"说。王弼一方面说："夫象者，出意者也；言者，明象者也。尽意莫若象，尽象莫若言。"另一方面又说："象生于意而存象焉，则所存者乃非其象也；言生于象而存言焉，则所存者乃非其言也。""然则，忘象者，乃得意者也；忘言者，乃得象者也。得意在忘象，得象在忘言。"③ 这里，王弼一方面深刻剖析了"言"的功能性作用，指出言能够"明象"，即刻画出事物的形象，然后透过这个形象，人们产生对意义的感知，究其实质正是通过"象"来实现对意义的召唤。例如《庄子·田子方》有言："目击而道存矣，亦不可以容声矣。"④ 要把握对象的本质，不用语言，而可以通过对形象的感知，而直通意义。"象"相对语言而言，有更多的诠释空间，而更少的意义限定，因此，"象"成为"忘言"的替代性手段，由"具象"进而感悟"大象"，犹如艺术创作那般。正如叶维廉所说："一旦了悟到人在万物自放中的角色，我们自然不会重视滔滔欲言的自我，而调整我们的观、感角度与语言表式，转向无言而能独化、活泼地自生自发的万物万象。"⑤

综上所述，其实，庄子学派不仅意识到正是"说"使说者与被说者同时进场，而且也明白"说"也是人存在的一种方式。只是这种方式常常成为人们通达大道（终极真理）的障碍，为了解决这一问题，需要反思与超越。而反思与超越的目的在于安乐地生活于这个世界。

（作者简介：陈巧玲，厦门大学翻译专业硕士，现任集美大学外国语学院翻译系主任、副教授；谢清果，厦门大学新闻传播学院教授，博士生导师，从事华夏文明传播与媒介学研究。）

---

① （魏）王弼注：《老子道德经校释·楼宇烈校释》，北京：中华书局，2008 年，第 113 页。
② 颜翔林：《工具和本体：庄子美学的语言观》，《文艺理论研究》2013 年第 5 期第 163—168 页。
③ 楼宇烈：《王弼集校释》，北京：中华书局，1980 年，第 906 页。
④ 方勇、陆永品：《庄子诠评（增订新版）》，第 658 页。
⑤ 叶维廉：《叶维廉文集（第 1 卷）》，合肥：安徽教育出版社，2002 年，第 136 页。

第三章　疏瀹与澡雪：庄子对传播大道的追问

　　《庄子》对于交流的障碍有深刻的认识。它指出个体在时间、空间及智识上的本位局限是形成交流屏障的主要原因。要实现沟通，须走出个人本位的限制，摆脱用自己的框架去衡量他者，而应从不同的立场和不同的角度来认识问题和进行价值判断。在超越了本位思维之后，《庄子》推崇一种"精神的四达并流"的沟通境界，与天地万物精神往来。与儒家和法家注重社会结构的传播观念相比，庄子立足于个体性，以跳出人本位的姿态、多角度的思维方式、相对价值的观念和共存开放的胸襟，为世俗中的人提供了一条超越世俗禁锢、心灵解放、超越结构社会的路径。

　　在中国传播史的研究中，庄子及道家给人以观念保守、无为、甚至"反传播"的印象，虽然也有一些研究肯定了庄子的语言传播技巧及对语言符号的独到认识，但总的看来对庄子传播观念的研究还显得比较薄弱。道家思想是中国文化的根柢（鲁迅语），研究中国传播史和传播学本土化，庄子研究是不可或缺的重要部分。本章试图从传播学角度审视《庄子》①（下引该书只注篇名）一书，剖析其传播观念及在中国传播史上的独特价值。

第一节　交流的屏障："本位"局限

　　约翰·彼得斯在《交流的无奈：传播思想史》中指出，交流是一个理想的乌托邦，完美的交流是不可能实现的。在信息技术日趋发达的当代，人们却如同处在"不同的频道上"，"我们在这里得到的，就是交流的失败"。②交流的渴望不仅困扰着现代人，对于交流的困境以及交流障碍的思考，我国古代的庄子早已有深刻的

---

① （清）郭庆藩：《庄子集释》，王孝鱼点校，北京：中华书局，2004 年。
② 〔美〕彼得斯：《交流的无奈：传播思想史》，何道宽译，北京：华夏出版社，2003 年，第 2 页。

体会和认识。庄子的学说在当时并不为人们所理解，被认为"怪诞"，惠子曾言，"今子之言大而无用，众所同去也。"但庄子并不以为然。他觉得"小知不及大知"，不被世人理解是因为智识境界的不同。

从沟通的角度看，《庄子·秋水》中"井蛙不可以语于海者，拘于虚也；夏虫不可以语于冰者，限于时也；曲士不可以语于道者，束于教也"一段话，概括出了无法实现沟通的三种情况，也就是说，庄子认为造成沟通障碍的原因主要有三种：首先是时间的限制带来的认识局限，就像只生存在夏天的虫子无法理解冬天的冰一样，亦如"朝菌不知晦朔，蟪蛄不知春秋"（《逍遥游》）一样，人很难真切认识自身经历以外的事情，也不容易真正了解自己生命时段以外的事情。这会形成交流沟通的屏障；其次是空间的限制带来的认知局限。其实每个人也都像"井底之蛙"一样，生活在一己的生存语境里，对自我空间以外的世界和事物难以真正了解；再次是个体所受教育带来的认知局限。教育是个体最重要的社会化途径之一，教育模塑人的思维方式，并造成不同个体认知境界的差异，如庄子所言"小知不及大知"。对于个体而言，上述三个因素是联系在一起的，它们共同构成个体在社会化过程中的环境。人们会因自身经验及兴趣、立场、阅历和接受教育程度的不同而有不同的认识能力和体悟境界，进而成为影响交流的障碍。

庄子还指出，人的劣根性、偏私与利害争执也会影响人们对事物的正确认知与沟通态度，造成无法沟通。庄子最为摒弃的便是这些人性的疵垢：《渔父》篇中指出"人有八疵""事有四患"，其所谓希意道言，谓之谄；不择是非而言，谓之谀；好言人之恶，谓之谗等人性中的恶劣普遍存在于人际日常交往中。

最后，语言作为表达工具的有限性也是制约完美沟通的瓶颈。庄子在这方面的论述是深刻的："可以言论者，物之粗也；可以意致者，物之精也"（《秋水》），最微妙精准的认识是无可言喻的，只能"得之于手应于心，口不能言，有数存焉于其间"（《天道》）。庄子还借"轮人"之口说桓公所读之书是"古人之糟粕"，固然不免偏激，但他对于语言工具常常"文不逮意"的认识在当时是独到的。

第二节　出于崖涘，可与语大理

交流的障碍无形地存在着，无论是时空的限制，还是所受教育带来的认知能力的局限，这些都成为个体与外界和他人沟通交流的屏障。在《秋水》篇中，庄子借北海若之口评价河伯说，"今尔出于崖涘，观于大海，乃知尔丑，尔将可与语大理矣"。当河伯走出自己的固有空间，看到另一番境界的大海，进而意识到自己的狭隘之后，才可以跟与之谈论。这段话无疑表达了庄子的一种思想认识，即个人本位的视角是有局限的，会阻碍理解和交流，如果不能走出自我的立场和本位，就无法真正了悟身外之事物；要想达到真正的沟通，必须"出于崖涘"，穿越原来的"本位"，即一个人的思考立场和思维框架。就个体来说，固然无法穿越时空隧道，与不同时代的人交流，但当他通过阅读进行交流时，如果他无法体会写作者的感受与内心的话，仍交流失败；一个人固然可以像河流一样通过迁移流动来跨越地理空间，但如果他仍据守原有的思维观念，还是无法领略不同空间的文化境界。

超越本位，必须抛弃以自我的价值标准来衡量他人的思维习惯。庄子旗帜鲜明地否定世间存在绝对的标准，《齐物论》中庄子发出一连串的反问：

民湿寝则腰疾偏死，鳅然乎哉？木处则惴栗恂惧，猨猴然乎哉？三者孰知正处？民食刍豢，麋鹿食荐，蝍蛆甘带，鸱鸦耆鼠，四者孰知正味？猨猵狙以为雌，麋与鹿交，鳅与鱼游。毛嫱丽姬，人之所美也，鱼见之深入，鸟见之高飞，麋鹿见之决骤。四者孰知天下之正色哉？

人与其他自然万物一样，"不一其能，不同其事"，各有其生活环境及与环境相适应的自然习性与生存方式，这些特点能帮助它们更好的生存和适应。对一者有用的，不一定对他者适用，所谓"鱼处水而生，人处水而死"（《至乐》），但谁又能说自己的方式比别人的更正确呢？他否定把人类的标准视为"正统"，通过批评鲁侯"以己养养鸟，非以鸟养养鸟"，庄子指出人类不应该以自我为中心来衡量事物，而应尊重万物自身的"自然之道"。"有用"和"无用"的标准也是从人的角度来设置的，有用之树生命遭到了夭折，而无用的大树却可以享尽天年，庄子慨叹："人皆知有用之用，而莫知无用之用也！"（《人间世》）。有用之"用"是人类的角度，无用之"用"是树的角度与立场。通过这些寓言，庄子意欲表明的是，标准是相对的，人类的标准只是从人类的角度出发来制定的，它不是绝对的标准。再如"贵贱"："以道观之，物无贵贱。以物观之，自贵而相贱。以俗观之，贵贱不在己"（《秋水》）。意思是说，从"道"的观点来看，世间万物本无所谓贵与贱，是自在而平等的；就物本身而言，则往往会"自贵而相贱"；而世俗人类是以人在社会上的地位、阶级来分别高低贵贱，因此"贵贱不在己"。

相应地，每个人也都有其立场和标准，它同样是相对的。要达到见解观点的沟通，只能抛弃个人本位的狭隘标准，因为不同的角度会带来不同的理解。跳出以人类自我为本位的思维圈子，使庄子能够从多方变换角度思考问题。相反，如果不能跳出自我的立场和本位去理解他人的立场和观点，则思维固执而局限，其结果只能是争论不休，诸子各家的争论便是这样："故有儒墨之是非，以是其所非而非其所是"（《秋水》），各以其"个体本位"的观点去否定他人，"与己同则应，异于己则反。同于己为是之，异于己为非之"（《寓言》）。各派均秉持自己的一孔之见，肯定对方否定的东西，否定对方肯定的东西，既失之片面而不能观照事物的本来面目，又无法达到真正的理解与沟通。庄子推崇的"天籁"境界是："夫天籁者吹万不同，而使其自己也，咸其自取，怒者其谁邪？"（《齐物论》）天籁者，各个不同，但本乎自然，而非强加。今天看来，庄子的"天籁观"是否具有些费孝通先生所说的"各美其美，美人之美、美美与共、天下大同"的气质和胸襟？在《交流的无奈》中，彼得斯为走出交流失败的梦魇而寻找的办法是，建议人们以追求彼此的关爱来代替追求完美的交流，与其追求不可能实现的交流，不如相互关爱，公正而宽厚地彼此相待："我们的任务是认识他者的特性，而不是按照自己的喜好和形象去改造他人"。① 可以说，《庄子》中体现出的是毫不逊色的沟通观。从这一点来看，庄子是先秦最具有双向平等沟通意识的思想家。

第三节 始于言而终于无言：和之以是非

庄子认为，从自己角度去打量别人是不可能达到有效沟通的，因而主张走出自己本位局限，从不同的立场和不同的角度来认识问题和进行价值判断。站在这样的高度上，他激烈地反对、批评当时的杨朱、墨翟等学派及一些辩士。论辩之盛在当时堪称"显学"，《庄子》书中多处对当时的辩士们进行了批评。

首先，"辩也者，有不见也"（《齐物论》），他认为各派都是站在自己的本位上，会囿于一己之偏见而表现出认识的不全面，"物无非彼，物无非是，自彼则不见，自是则知之"（《齐物论》），从不同的角度看问题，会得出迥然不同的结论，就像瞎子摸象一样，看到一点而不及其余，以部分为整体。因而这样的辩论就流于穿凿文句："骈于辩者，累瓦结绳窜句，游心于坚白同异之间，而敝跬誉无用之言非乎？而杨墨是已。故此皆多骈旁枝之道，非天下之至正业"（《骈拇篇》）。在各执一端的偏执中，"道隐于小成，言隐于荣华"（《齐物论》），道消失了，言论也在浮华的辞藻下失去了真正的意义。

① 〔美〕彼得斯：《交流的无奈：传播思想史》，何道宽译，北京：华夏出版社，2003年，第2页。

其次，当彼此看法的交流沦为口舌之辩，当辩论成为一种夸耀和张扬显示时，这样的争辩常常伤和气，造成人际关系紧张，更是庄子所不赞成的。他指出，当时的一些辩士，为虚名而骋口舌之快，摆出挑战常理的辩论姿态，"然不然，可不可"，常识认为不然者，彼然之；常识以为然者，彼不然之，"治怪说，玩琦辞"，乐在其中，这是"饰人之心，易人之意，能胜人之口，不能服人之心，辩者之囿也"（《天下》）。庄子曾尖锐地批评惠施在争论中，"不辞而应，不虑而对，偏为万物说，说而不休，多而无已，犹以为寡，益之以怪。以反人之实而欲以胜人之名，是以与众不适也"（《天下》）。惠施不假思考，逞口舌之强以超过别人获取名声，这样的结果就是和众人不相调适，难以融洽。所以庄子惋惜他"弱于德，强于物"，"卒以善辩为名"，没有达到更高的境界。正是因为看到不同立场带来的观点"罗生门"，庄子主张调和是非："是以圣人和之以是非而休乎天钧；是之谓两行"（《齐物论》）。"不敖倪于万物，不谴是非，以与世俗处"是他追求的境界。

此外，庄子推崇"真"，主张"名止于实，义设于适"，深恶人情的奸诈与虚伪。语言不实、卖弄口舌、制造事端，这样于己于人都祸患无穷。《人间世》曰：

> 夫两喜必多溢美之言，两怒必多溢恶之言……言者，风波也；行者，实丧也。夫风波易以动，实丧易以危。故忿设无由，巧言偏辞。

"溢美之言""溢恶之言"都是不实之词，而带来灾难、引起忿怒的，往往就是这些花言巧语或恶言恶语。若能"名止于实，义设于适，是之谓条达而福持"（《至乐》）。相应地，庄子又极其推重"真"："真者，精诚之至也。不精不诚，不能动人。故强哭者虽悲不哀，强怒者虽严不威，强亲者虽笑不和。真悲无声而哀，真怒未发而威，真亲未笑而和。真在内者，神动于外，是所以贵真也。"（《渔父》）真正具有打动人力量的，是言语背后的真诚。

在庄子看来，这些汲汲于口舌之辩的人是目光狭小、缺乏大智慧的，一旦遇到真正的"知者"，就会无言以对。公孙龙虽自言能"困百家之知，穷众口之辩，吾自以为至达矣"，却被庄子辩得说不出话，这是因为"井底之蛙"的小聪明难以抗衡庄子的境界："欲观庄子之容，是犹使蚊负山，商蚷驰河也，必不胜任矣"（《秋水》）。而庄子的学问"始于玄冥，反于大通"，那些自矜其辩者欲"索与之辩，是直用管窥天，用锥之地也，不亦小乎"（《秋水》）。个人对待不同观念的正确态度应该是，"自外入者，有主而不执；由中出者，有正而不距"（《则阳》）。庄子正是在透彻地认识到个体本位的局限并清醒地看到当时论辩的流弊的基础上，否定那些是非不清、互相攻讦的争辩，提出"大道不称，大辩不言"（《齐物论》）"夫知者不言，言者不知"，（《知北游》）的观点。冯友兰先生曾指出："庄子则于言之外，又言'无言'；于知之外，又言'无知'""庄学实始于言而终于无言，始于辩而终于无辩，超乎'是非'之境而'反于大通'"，[1] 准确地概括了庄子的精神实质。

第四节　沟通的境界：精神四达并流

传播作为信息的流动，广泛地存在于人类社会和自然界中。在人类社会信息系统中，信息的获取与流动不仅存在于人与人、人与社会之间，人类沟通的对象还包括人类生活于其间的自然环境。人与自然的沟通，接受天地自然的讯息，这同样构成了人类精神文化的一个重要来源及组成部分。庄子洞悉人性的局限后，追求一种博大恒久的境界。他师法自然，从自然中获取对他而言是真正有价值的信息。《庄子》展现的也是一种与天地自然万物沟通的鲜明姿态：

芴漠无形，变化无常，死与生与，天地并与，神明往与！芒乎何之，忽乎何适，万物毕罗，莫足以归。古之道术有在于是者，庄周闻其风而悦之……独与天地精神往来而不敖倪于万物，不遣是非，以与世俗处。（《天下》）

庄子闻而悦之的是一种与天地并存、与神明同往、无所不包、也不知所终的学问；他追求与天地精神往来、"上与造物者游，而下与外生死无始终者为友"（《天下》），与自然万物进行交游。

在人际交往中，我们需要利用、甚至延伸我们的感官去观察获取信息，但与"大美无言"的天地自然进行沟通交流，只能是"收视反听"，故庄子提出了"心斋"与"坐忘"：

若一志，无听之以耳，而听之以心，无听之以心而听之以气！听止于耳；心止于符。气也者，虚而待物者也。唯道集虚。虚者，心斋也。（《人间世》）

仲尼蹴然曰："何谓坐忘？"颜回曰："堕肢体，黜聪明。离形去知，同于大通。此为坐忘。"（《大宗师》）

心志要高度专一，对外界事物不要用耳朵去听而要用心灵去领会，不要用心

---

① 冯友兰：《中国哲学史》，上海：华东师范大学出版社，2000年，第154页。

灵去领会而要用声气去感应。耳朵只能聆听外物之声，心灵只能感应外物的概念，只有"气"才能以纯净空虚的状态去容纳万物。达到这种纯净空明的"虚"的境界，才叫"心斋"。而"坐忘"，也是要抛弃属于人的欲望与智识才能"同于大通"。庄子所谓"至人无己，神人无功，圣人无名"（《逍遥游》），实际上也就是摈弃人世所看重的功名利禄与熙攘纷争，以虚静之心去蔽、去障、去除自我中心，超越人的本位，以空灵的心境去观照事物的本来面目，达到"精神四达并流"（《刻意》）的境界。

第五节　澡雪精神：返归自我沟通

某种程度上，人类是作为自然的对立面而存在的。人类在其发展过程中，在大自然中建构了一个"文明世界"，离自然越来越远，越来越背离。"天之小人，人之君子；人之君子，天之小人也。"（《大宗师》）庄子不仅深刻地揭示了人类社会的反自然性质，更使之成为人类反思自我的一面镜子。因此，庄子与自然进行沟通的实质和最终归宿在于人的内在沟通、自我沟通。

第一，庄子揭示、发阐了天地自然大美大爱与和谐的精神内质，使世人在面对尘世污浊纷扰与功名的困扰时，能反观自然，"疏瀹而心，澡雪而精神"，保持一份心灵的精神自守。人生状态有得意与失意，失意时人的情绪更倾向于逃离人类社会而走向自然，自然大爱无疆，包容平等，无论贵贱贤愚，都秉受同样的阳光山水。此后，我国古代士大夫在不得意时，往往放浪江湖，恣情山水，在自然中寻找人生的意义。典型如苏轼的《前赤壁赋》就贴切地发挥了庄子的思想，也生动地表现了失意时的人生转向。通过对比自然与人世，《庄子》突出了自然的博美，最终让心灵与自然相浑契，心无系累，心无滞碍，在自然中进行心灵的呼吸、修复与超越，使心灵、心态、心境与自然时空同其空阔无边、虚静而跃动。某种意义上说，庄子为古代知识分子提供了一个心灵的过渡仪式。

第二，转换角度的思维方式。多角度看问题，开阔而不狭隘，使人在多个角度的比较与思考中，化解心灵冲突，实现自我的沟通，进而达到内在的心理超越。试看《秋水》篇：

计四海之在天地之间，不似礨空之在大泽乎？计中国之在海内，不似稊米之在大仓乎？号物之数谓之万，人处一焉；人卒九州，谷食之所生，舟车之所通，人处一焉。此其比万物也，不似毫末之在马体乎？五帝之所运，三王之所争，仁人之所忧，任士之所劳，尽此矣。

在角度不断抬升、视野放大的同时，人世就显得渺小不堪，而人世的欲求与苦难、功名利禄的烦恼也随之消解。苏东坡在被贬黄州的挫折期间完成了心灵对现实的"突围"，他所用的办法就是庄子的思维方式，其《前赤壁赋》中一番"变"与"不变"道理的阐发就体现了同样思维过程。思维角度的调整可以使人从内心里消解人生所无可奈何的问题。这的确如冯友兰所指出，"它（指庄子思想）不能解决问题，但它能使人有一种精神境界。对于有这种精神境界的人，这些问题就不成问题了，它不能解决问题，但能取消问题。人生之中有些问题是不可能解决而只能取消的"。^①这无疑是一个很内在地自我沟通过程，"横看成岭侧成峰"，取消问题的关键就在于思维角度的调整与变换。

第六节　心灵解放：传播史上的贡献

传播是人类社会的基本构成方式，人与人之间正是通过各种形式的传播才建立连接、形成凝聚，在实现个体社会化的同时，建构出社会群体的认同。因此，传播是将社会上无数个体凝结为一体的结构性手段。

在我国古代关于传播的理论观念中，儒家和法家即属于这种结构性的理论。儒家的礼法观念就是要利用人际交流来构筑严密的社会网络，而法家也提出了对于社会舆论进行甄别和控制的理论。进而，从维护统治的角度，正如吴予敏先生指出的，儒家以"概念驾驭传播"的思想观念，将传播行为制约于道德伦理教化的大前提之下，法家则谋求传播与专制政治的结合，开辟了将传播与政治体制直接等同的传统，对我国古代封建社会政治传播的影响很大。^②可以说，儒家和法家的传播观念是立足于集体性和社会结构意义上的，他们强调传播对于社会的控制与维系作用。

但是另一方面，与这种结构性的传播相对的、强调个体价值的自我内在传播的意义也不应被忽略。与结构性的社会约束相对立的，是个体的能动性实践。个体性是"文化的一项基本事实"，按照里奇的说法，人类的本质，是怨恨他人的控

---

① 冯友兰：《庄子的主观唯心主义体系：道家哲学向唯心主义的进一步的发展》，胡道静编：《十家论庄》，上海：上海人民出版社，2004年，第77页。

② 吴予敏：《从"礼治"到"法治"：传的观念》，余也鲁等编著：《从零开始：首届海峡两岸中国传统文化中传的探索座谈会论文集》，厦门：厦门大学出版社，1994年，第57页。

制和现存结构的控制。[①] 总有个体命定是"独自"地与他者互动，以非预先设定的方式抵抗来自传统的约束，反抗既有体系。社会由个体组成却又凌驾于个体之上，然个体所具有的自身驱动和解放的力量的确又能构成对人类本质的修正。庄子的传播观是立足于个体性上的，他为那些具有"灵性"的个体馈赠了打破规则的思想火花，具有明确的"反结构"意味。庄子认识到人类及生命的局限和困境，他以跳出人本位的姿态、多角度的思维方式、相对价值的观念和共存开放的胸襟，为世俗中的人提供了一条超越世俗禁锢、心灵解放、超越结构社会的路径。从与万物沟通始而终达自我沟通与个体价值的实现，庄子建构了一个完整而有效的个体自我传播机制，这也是庄子在传播史上最重要的价值。

（作者简介：王琛，深圳大学传播学院。研究领域：中国传播史。）

---

① Leach，E.R，Custom，Law and Terrorist Violence，Edinburgh：Edinburgh University Press，1977，p.19-22.

第四章　丧我与真我：
庄子对主体趋近世界传播路径的揭示

西方传播学研究是在主体预设的前提下展开的，而庄子的"吾丧我"却体现了不一样的主体性消解的逻辑，这是华夏传播研究可以为世界传播研究提供的贡献。庄子认识到，主体在世界中总是存在一种"无可奈何"的疏离感，与世界总是存在某种"间距"。而又由于"物"总是被赋予价值而被客体化，因而使得主体常常陷落其中而无法获得自由、开放与敞开。正是通过语言的反思，附着在客体上的价值被清除，主体便摆脱了客体的纠缠而实现了自由。最根本的，还是通过"心斋""坐忘""凝志"等方式实现"吾丧我"，即通过主体性的消解以实现主体的敞开，最终实现"物化"式的主客交融，以克服传播的沟壑。

本章的核心问题是：庄子如何通过"吾""我"等主体人称代词的思考来处理人与世界的关系，从而获得主体趋近世界的路径。这是一种不同于西方传播学主体支配下的逻辑，因为"在西方传播学的传统中，人都是一个核心主体，而人的存在又是通过他人或世界而得以形成的，他人或世界就成为讨论的重点；这看起来试图确立主体的地位，然而主体其实以不可追问的方式被隐藏了起来。"① 无论是传播管理学派体现的主体控制世界的欲望，还是批判学派追求主体解放的取向，以及马丁·布伯的"我—你"的对话关系和"我—它"的主客模式，都是在主体的基础上开始发问的，即其中主体性都是一种不加追问的设定。约翰·杜翰姆·彼得斯（John Durham Peters）认为"交流注定充满沟壑"，② 其解决办法则是深具基督教信仰背景的关爱和宽恕，体现的也是主体的施与。很显然，彼得斯的观点在交流的障碍与解决的办法之间，存在着明显的逻辑跳跃。其原因也许在于，基于基督教信仰的兜底信念，"关爱"和"宽恕"是从主体这里直接生发出来而不是逻

---

① 李红：《老子思想的符号逻辑及其传播伦理》，《暨南学报》（哲学社会科学版）2016 年第 10 期。

② 〔美〕约翰·杜翰姆·彼得斯：《对空言说：传播的观念史》，邓建国译，上海：上海译文出版社，2017 年，第 377 页。

辑延伸出来的。而华夏传播思想中则存在着运思上的巨大差异，常常采用的是老子的"损"、孔子的"克"、王阳明的"磨"、佛教的"斩"等等"内敛"的主体性消解逻辑，并以此获主体得趋近世界的路径。庄子的逻辑则体现在"吾丧我"①（《齐物论》：35）这一表述当中，其中就包括"心斋""坐忘""无己""虚己""忘己""忘我""外生"等主体性消解的功夫。他试图通过主体性的消解（"丧我"）实现主体的完全敞开，找寻到主体趋近世界的路径，以处理主体与自我、与他人以及与万物的关系问题，最终实现"和以天倪""道通为一""万物皆一"的传播圆融状态。这种超越主体运思的局限性，并将人与自我、人与人、人与物的关系皆纳入进行平等讨论的思路，使得传播研究获得了前所未有的广阔视野，可以很好地回应当下社会中的心态问题、社会冲突问题和生态破坏问题。

第一节　可传不可受：主体的疏离与传播的焦虑

在庄子的思想深处，总是存在着"我是谁"的深深的主体疏离感，主体总是处在一种缺乏掌控感的自我漂浮之中。这就为庄子思考主体问题，以及主体与他人、与万物等传播问题奠定了起点。也正是这种疏离感，使得能庄子超脱于主体之外，从另外一个更加宏阔的视野来看待人、他人、人类与万物，而不再纠缠于主体的界域。这种宏阔视野的获得，也正是基于对传播的焦虑的克服，即主体疏离背景下一种"知其不可奈何而安之若命"的自修。而这种自修并不是"为我"，而是通过"吾丧我"的主体性消解之后实现"以天合天"，从而达致主体与世界的趋近。

一是自我无法掌控自身，自我与生命、身体、器官、能力以及世界之间存在着深深的疏离感，这是一种无可奈何的主体性极弱的存在状态。一个人的身体、生命、本性和子孙都是天地给予的，并不是自己所能拥有的，不在自己的掌控范围（《知北游》：595—596）；人的生命最多也不过百岁，而且总是充满生老病死与忧患（《盗跖》：807）。这就使得庄子常常发出"吾生也有涯，而知也无涯"的感叹（《庄子·养生主》：94）。身体当中也没有一个主宰者，因而总是被裹挟到周围的世界当中：身体器官之间不存在支配与亲疏的关系，人的生命总在奔波中消耗，总是不得不与外在的环境相对立、相适应、相磨合，由此奔忙一生而无法

① 本章《庄子》原文及其注疏所依据版本为：刘文典：《庄子补证》，中华书局 2015 年版。引用格式为"《篇名》：页数"；成玄英注疏则标注为"《篇名》成玄英疏：页数"；郭象注则标注为"《篇名》郭象注：页数"。

停止（《齐物论》：45—47）。人类的认知能力也总是受到身体所在时间、空间和语境的严重限制，因为"井鼃不可以语于海者，拘于虚也；夏虫不可以语于冰者，笃于时也；曲士不可以语于道者，束于教也"（《秋水》：455）。自我之外的世界万物，更加是不可知和不可控的在先、在外的状态，即"物已死生方圆，莫知其根也，扁然而万物，自古以固存"（《知北游》：595—596）。社会人事中也有很多不可逃避的事情，庄子借"仲尼"之口将其归纳为两种"大戒"，即"其一，命也；其二，义也。子之爱亲，命也，不可解于心；臣之事君，义也，无适而非君也，无所逃于天地之间"（《人间世》：125—126）。庄子在文章中塑造了各种"残缺意象"，即王骀、叔山无趾、哀骀它、支离疏、佝偻丈人等身体残疾和形貌丑陋的人，试图将主体置于一种与身体疏离的语境中进行讨论，由此获得一种对于主体的新的认知。当主体在面对这些无可奈何的局面的时候，总有一种深深的焦虑，一种人类的无力感。这是一种扑面而来的"势"，一种难以摆脱的困局，如此，那种充满主体意识（主体性）的传播努力便显得勉为其难。

二是世界更多是不可知，而"知"总是暂时的、相对的，人类的认知对此将无能为力。在庄子看来，世界是一种"大"的状态，这总是会让俗世之人感到困惑，比如天地是很大的，它支撑着世界的运转，这就是庄子说"大块噫气"，一般人是看不到、听不到、感知不到的（《齐物论》：36—39）；而人又总是昧于众俗，故而"大惑者终身不解，大愚者终身不灵"（《天地》：363），"高言不止于众人之心"（《天地》：365），人们跳脱不出世俗的窠臼；甚而"窃钩者诛，窃国者为诸侯"（《胠箧》：287），当窃国者连度量、仁义等评价标准也都通通重构，普通人是无法洞察的。庄子将不质疑的人称之为"芒者"，其中"芒"为"闇昧也"，是"举世皆惑"的一种状态（《齐物论》成玄英疏：48），而圣人的"明"则是明确地意识到这种"芒"。人类的无知往往是始于自我中心主义，常常"是其所非而非其所是"，因为"自彼则不见，自知则知之"（《齐物论》51—52）；人类总是处于既有的思维定式当中，"人皆知有用之用，而莫知无用之用也"（《大宗师》：149），因而看不见"不材之木""不龟手之药""大瓠之种"等的"大用"。故而，从认知的角度来看，人类总是处于"其所言者特未定"的不确定状态，无论是说还是不说，人言还是鸟语，都很难有一个根本的支撑（《齐物论》：49—50）；不可知也是世界的常态，因而常常体现为一种混、泯、寂、漠、无言、茫然等状态。这就打破了一种以自我为中心的本体论（Ontology）假设，从而回到一种整体境域中进行认知，承认世界远远超越于自身的认知能力，保持一种"无知"而"旷然无不任"（《齐物论》郭象注：74）的态度才是最高境界。

三是人与人、人与物作为相互差异的实体，其沟通将存在种种无法逾越的障碍。人类世界总是处于"我—你—它"人称代词的关系状态当中，彼此之间是一种相互外在的存在；只不过人与人之间可以通过语言进行沟通，人与物之间则缺少语言的沟通。庄周与惠施的"濠梁之辩"讨论的正是人是否能够知道鱼的快乐的问题，可分为两个层次：一个层次是人与人（庄周与惠施）是否能明白对方的快乐；另一个层次是人与物（庄周与鱼）是否能明白能体察鱼的快乐（《秋水》：492）。叶公子高在承担外交事务的时候就面临着传播的焦虑，因为外交事务事关重大，而且对方表面恭敬而内心怠慢。这导致他担心不成功会面临人祸；成功了也会经受身心煎熬。而"仲尼"给出建议是"传其常情，无传其溢言"，因为过分的言辞必然导致喜怒而产生怀疑，而言辞是最容易片面失当的，因而主张"托不得已以养中"（《庄子人间世》：123—131）。对于基于"不得已"的"安命"态度而获得的"养中"境界，其效应被郭象注曰"接物之至者也"，被成玄英也疏为"应物之至妙者乎"。对于卫灵公太子这样残暴成性的统治者，作为老师的颜阖该如何对他进行引导？放纵他会危害国家，而试图规范他则自身会遭到危险。对此，遽伯玉提出的解决办法也类似于前述"仲尼"的意见，那就是"形莫若就，心莫若和"；不过仍然需要保持分寸，不能太过，即"就不欲入，和不欲出"，如此才能做到通达（"达"）而行动上没有过失（"无疵"）（《人间世》：132—133）。至于对具体话语内容的体悟，无论是读书还是传授技艺，都是很难通过以言传意的，因为"视而可见者，形与色也；听而可闻者，名与声也"，因而古人之书不过是"糟粕"。做车轮的工匠"轮扁"也很难将自己的技艺传授给自己的儿子。因为，形、色、名、声只不过是感官层面的符号能指，要进入到符号所指中，则是微妙玄通的；就砍削车轮的技艺而言，其中动作的轻重缓急，则需要"得之手而应于心，口不能言，有数存焉于其间"（《天道》：394—396）。而具体而微妙的意义（"道"）是超越于话语层面而存在的，是"可传而不可受，可得而不可见"的（《大宗师》：198）。无论是从人与人以及人与物的相互外在性，还是传播中的复杂关系对人构成的压迫，以及意义传递的困难，都可以看到传播主体的疏离性困惑。

总之，人类处于这个先在于它的世界，总是被诸多因素所决定而处于一种无可奈何的困局当中，人的主体性显现是极为有限的。对于人的认知能力来说，世界更多呈现为不可知的状态，因而意识到自己的无知也是一种大智慧，而承认"无知"正是一种主体性消解的状态。就具体的传播实践来说，主体之间总是存在着各种间距（écart），而且具体的意义是微妙而不可传递的，因而传播常常处于只能意会而不能言传的玄妙状态。那到底是什么在阻碍主体与世界的趋近呢？

第二节　外重与内拙：客体纠缠与主体冲突

在庄子看来，主体总是处于攫、攫宁、摇、荡等不安定的状态；也会呈现出物、役、陷、溺、累等主体陷落的状态；主体间也常常出现争、斗、辩、夺等冲突状态，因而呈现出"道术将为天下裂"的局面（《天下》：869）。在此，主客之间和主体之间总是坚实地彼此对立，并且互相纠缠，这反而给彼此带来了危害。那么，主客体之间以及主体之间到底是如何纠缠在一起的呢？

一是作为一种世俗的观念，"以貌取人"常常使得人们陷入肉身表象的纠缠里，从而阻碍彼此的宽容与接纳。即使是那些自称追求高贵精神的人，也总是会被无意识地卷入到世俗的价值观里。郑国大夫子产总是看不起他那残疾的同门申徒嘉，从而违背了自己追求的"形骸之内"的精神交往原则，由此而落入到以貌取人的"形骸之外"的庸俗境界里（《德充符》：158—162）。而实际上，人类是一种精神性的存在而不是肉体，庄子使用一个寓言对此进行推理：一群猪仔吮吸刚刚死去的母猪的奶汁，不一会就惊散逃离，因为它们意识到母猪已经死了，可见，小猪们爱它们的母亲，并不是爱它的肉体，而是爱它的精神（《德充符》：168—169）。美并不是肉体性的，而是精神性的。对于朝夕相处的店老板的"妾"，周围的人们已经是美的看不见美，丑的看不见丑，因为"其美者自美，吾不知其美也；其恶者自恶，吾不知其恶也"（《山木》：567），即天长日久，肉体的美与丑都会习焉不察，精神性的东西反而得以彰显。与此类似，庄子讲述了很多身体残疾的人，精神上却很迷人的故事，阐述了"德有所长而形有所忘"（《德充符》：174）的道理，明确倡导人类交往的核心其实就是"精神交往"，并以此克服肉体的障碍。肉体是一种客体化的存在，它并不是主体的根本性存在，但是却始终在那里搅扰着人的安宁，并影响着相互间的关系。只有"精神"才会"四达并流，无所不极"（《刻意》：440），以此穿透主体间的心灵，涵纳万物的存在。

二是传播主体之间的相互客体化，也会导致彼此关系的纠缠不清，从而导致冲突。因此庄子说"故有人者累，见有于人者忧"（《山木》：547），并举例说，自己的船被另一艘空船相撞，即使心急的人也不会生气；但是假如那艘船上有人，则必然会大声呵斥责骂。生气和不生气的原因，仅仅就在于有人和无人。在此，主体并没有将"空船"纳入客体范围进行意向性投注，因而不以为意；而"人"的存在却无可回避地在那里纠缠着主体的情绪，彼此之间非要争执个是非对错，因而呈现了一种彼此试图压制的局面。当然，在庄子的逻辑里，不但有自我被客体化他人所"累"的一面，也还有一种自我客体化以迎合他人的"忧"的一面。主体之间的疏离程度，也决定着语言使用的多少和客体化的程度，比如，踩了陌生人的脚，需要道歉认错；踩了兄弟的脚，稍稍安慰一下即可；踩到父母亲的脚则不需一言（《庚桑楚》：652）。越是主体融入的至亲关系，越不需要言辞；越是陌生的主客关系，越需要言辞以维系，因而庄子说"至仁无亲"，即亲人之间是一种主体融入而不是主客分离的状态。人们对于"功""名"的追求也是主体被客体化的诱因，比如孔子被围困于陈蔡之地，皆因其门徒众多而被误认为是阳虎（《山木》550），孔子与此类似故事还有"伐树于宋""削迹于卫""穷商周"等，其社会困境的根源在于"功"与"名"；同样的例子"龙逢斩，比干剖，苌弘胣，子胥靡，故四子之贤，而身不免乎戮"，灾祸的根源正在于其汲汲于"贤"，因而被客体化地加以处置（"戮"）（《胠箧》：282）。

三是诸多的客体也总在吸引着人，搅扰着人心，并造成人与人的冲突，成为某种欲望的"价值客体"（objects devaleur）。因为"在获取意义的路途上我们所遇见的只能是规定客体的价值，而不是客体本身"，[①] 客体只是价值的载体而已，故称其为"价值客体"（objects devaleur）。在"螳螂捕蝉，黄雀在后"的故事中，庄周也试图在栗园中手持弹弓打鸟，因此没有发现园主人已经到了跟前，由此被唾骂和驱赶（《山木》：563—565）。在此，行动者相互之间彼此欲望着，并由于欲望的对象而忽视了自身的危险处境，即蝉欲望着树荫，螳螂欲望着蝉，黄雀欲望着螳螂，庄周欲望着黄雀，最终彼此都忽视了自身的危险处境。其原因在于"物固相累，二类相召也"，成玄英疏曰"故知物相利者，必有累忧""有欲于物者，物亦欲之也"（《山木》成玄英疏：565）。实际上，客体的价值不一样，对人往往会产生不同的影响，比如"以瓦注者巧，以钩注者惮，以黄金注者惛"，因为"有所矜则重外也。凡外重者内拙"（《达生》：521）。正是因为赋予了瓦片、钩带、黄金不同的价值位阶，故而其对于人以及人与人之间的关系就构成了巨大影响。这些都是通过价值添加的方式导致的问题，假如能够做到对待生死、断足、钱财等价值客体"视丧其足犹遗土"（《德充符》：154），那客体也就不会对人自身以及人与人之间的关系构成任何影响。

四是对于其他诸子尤其是儒家提出的一套关于智慧、道德、仁义、名声等价值观，庄子也将其作为社会混乱的根源加以批判。故而"德荡乎名，知出乎争。名也者，相轧也；知也者，争之器也。二者凶器，非所以尽行也。且德厚信矼，

---

① 〔立陶宛〕A.J.格雷马斯：《论意义（下）》，冯学俊、吴泓缈译，天津：百花文艺出版社，2005年，第19页。

未达人气，名闻不争，未达人心"（《人间世》：110）。面对暴君的说服就存在两个方面的问题：其一，"德""知""名"等价值正是灾祸根源；其二，对方不信任，在心理上不接纳，反而会陷于被动。因此只有做到"心斋"之后的"虚室生白"才能实现"吉祥止止""鬼神将来舍"（《人间世》：122）的"镜照"效应，做到"物来而顺应"。① 这并不是一种骑墙派，而是遵循自然之性的"有主而不执"（《则阳》：728），即不能执于是非、对错、道德、仁义等价值说服，因为对方也存在"执而不化"（《人间世》：115）的问题，两种价值之"执"的对撞是无法协调的。那种强制地以某种价值改造社会的做法，犹如"待钩绳规矩而正者，是削其性者也"，因为"凫胫虽短，续之则忧；鹤胫虽长，断之则悲。故性长非所断，性短非所续，无所去忧也"（《骈拇》：259）。正是诸子百家学说的价值纷乱，导致"天下大乱，贤圣不明，道德不一，天下多得一，察焉以自好"，而且"百家往而不反，必不合也"（《天下》：867、869），由此造成了辩、争、斗、夺等冲突不止的局面，最终破坏了"性""自然""天""道"等原初起点的根本性和完满性。

总之，主体并不是完全自足的，而是被客体或者其他主体所规定和纠缠。黑格尔就认为自我意识"本质上是从他物的回归"，② 不过，这种回归是通过"发现它自身是另外一个东西"的自我丧失和"在对方中看见它自己本身"③ 的扬弃的双重性而得以实现的。拉康也认为主体是一种无意识的主体，是像语言一样被结构的，"无意识，就是他者的话语"；④ 马丁·布伯也认为"'我'不能独立存在，它或附属于'我—你'或附属于'我—它'"，⑤ 即"我"是被"你"和"它"所决定的。对于客体的纠缠，庄子一方面看到了客体的价值性及其虚妄性，这是一种认知层面的洞识；另一方面则看到了主体性层面的阻碍，即主体总是被客体吸引而出现了认知的偏执，从而阻碍着彼此的接纳。因而它主张采取的是"不累于俗，不饰于物，不苟于人，不忮于众"（《天下》：876）的顺应姿态，最终通过主体性消解的逻辑做到"乘天地之正"（《逍遥游》：16）"和以天倪"（《寓言》：758）和合状态。

---

① 程颢：《答横渠张子厚先生书》，《二程集》，北京：中华书局，2004年，第460页。
② 〔德〕黑格尔：《精神现象学（上卷）》，贺麟、王玖兴译，北京：商务印书馆，1979年，第116页。
③ 〔德〕黑格尔：《精神现象学（上卷）》，贺麟、王玖兴译，北京：商务印书馆，1979年，第123页。
④ 黄作：《不思之说——拉康主体理论研究》，北京：人民出版社，2005年，第268页。
⑤ 〔奥地利〕马丁·布伯：《我与你》，徐胤译，天津：天津人民出版社，2018年，第1—2页。

第三节　齐物与见独：解除客体纠缠的路径

客体往往是依赖于主体观看的角度而被意识到的，故而"以道观之，物无贵贱；以物观之，自贵而相贱；以俗观之，贵贱不在己"（《秋水》：465）。但是，主体往往陷于一定的时间、空间、观念、符号等局限而无法洞察"万物齐一"道理，因而就会陷于无限的是非、对错、美丑、道德、仁义等的评判当中，而这种评判则是一种"分""判""析""察"。持有这种观念的，也就仅仅只是"不该不遍"的"一曲之士也"而已，"寡能备于天地之美，称神明之容"（《天下》：868—869）。如此将客体片面化处理，正是导致客体"杂""乱""骈""淫""偏""蔽"等"失道"状态的根源。在此，客体已经从它所属的整体世界中被离析出来，仅仅是为了主体认知和控制的需要而失去了其生命的活力，因而"其分也，成也；其成也，毁也"（《齐物论》：57）。

针对主体与自我、与自然、与世界、与他人的关系，庄子发现了客体总在那里纠缠不清，因而庄子解决问题的办法就是"齐物"，即齐万物、齐生死、齐是非、齐贵贱、齐大小。而物之"不齐"的原因正在于语言，因此说"物谓之而然"（《齐物论》：55），即是非、美丑、生死、贵贱等正是在语言二元切分基础上"可乎可""然于然"的结果。因而，庄周说"不言则齐，齐与言不齐，言与齐不齐也，故曰无言"（《寓言》：760），庄周在这里主张通过"无言"以破除语言的束缚（"荃"），以能做到"齐物"。

当然，"无言"并不可能真的是离开语言，而只是一种批判逻辑下的语言反思而已；庄周使用的语言就包括"寓言""重言"和"卮言"，其中，"以卮言为曼衍，以重言为真，以寓言为广"，这也被其称之为"以谬悠之说，荒唐之言，无端崖之辞"（《天下》：888—889），正是利用这种非常规语言以突破常规语言的局限性，从而实现对于客体的准确把握。另外，庄子还提到两种语言逻辑，即"反衍"和"谢施"。"反衍"是为"贵者反贱，贱者复贵"；"谢施"是为"物或聚少以成多，或散多以为少，故施用代谢，无常定也"（《秋水》成玄英疏：472）；与此相对，"曼衍"则被郭象注为"无极"，成玄英疏为"犹变化也"（《齐物论》郭注、成疏：88），是一种类似于阳光生生不息的无穷涵摄力（"卮言日出"）。上述语言并不是一种逻辑的语言，而是一种充满想象力的语言，"要把握万物相通的整体，就要靠想象；否则，在场的与不在场的之间、显现的与隐蔽的之间、过去的与今天的之间就永远相互隔绝"；①中国画论里的"出—没""掩—映""有—无"的审美方式，正是在通过符号引发的想象抵达无限的世界。庄子正是试图通过充满想象的语言的使用，使得主体能够超越客体的纠缠，返回到一种自然、无待的自由状态。

庄子认为，在世俗的生活当中，辩论或者理智并不能够获得真知，而仅仅是为了争胜，反而遮蔽了人们的认知，导致传播问题丛生。主体其实总是处于一种"芒"的状态，所谓的认知也不过就是"随其成心而师之"，故而人人都以为掌握了真知；而没有内心的标准（"未成乎心"）的话，也是无法进行判断的。无论有无内心的标准，都是不行的。言语并不像自然天籁那样有个天在那里主宰，因而是是非非都是不确定的，所谓的辩论，也就与小鸟的鸣叫没有什么区别。"道"正是被世俗道德、偏见、功名以及言辞所遮蔽，因此出现了儒墨等百家争鸣的"是其所非而非其所是"相互攻击的局面。从本体论的角度来看，"事物"就是其本身，根本上是"天"作用的结果，所谓彼此，无非就是视角不一样，即生与死、可与不可、是与非等实际上皆为一体（《齐物论》：48—52）。

死生这样看起来界限分明的"事实"，在庄子看来都是语言切分的结果：生死不过就像白天黑夜（《大宗师》：193；《至乐》：500），生死无非就是从"无"（未生）到"有"（生）又回归于"无"（死）的自然一体过程（《大宗师》：206）。生与死无非就是语言强行将这个一体过程分为两个阶段；而好生恶死导致的喜怒哀乐，更是人类自以为是地给"生"添加正面价值而给"死"添加负面价值的结果。庄子正是明白了这个道理，因此能够做到妻子死了仍然能够"鼓盆而歌"（《至乐》：498）而"死生无变于己"（《齐物论》：78）。首先，死生不在自己控制范围，而是"死生，命也"（《大宗师》：193），是"造化"作用的结果；其次，死是不可知的，我们怎么知道生不是"惑"而死不是"弱丧"呢（《齐物论》：83）。因此"死生存亡，穷达贫富，贤与不肖毁誉，饥渴寒暑，是事之变，命之行也"，假如能够做到"不足以滑和，不可入于灵府"，便能做到"才全"（德全）（《德充符》：170）。这种文化符号二分的"价值客体"建构常常导致欲望的唤起，而"其嗜欲深，其天机浅"（《大宗师》：184），欲望必然遮蔽人类的视野和认知，主体便很容易被卷入其中而无法自拔，从而导致传播问题丛生。一旦做到了"外天下—外物—外生"之后的"朝彻"，便能够"见独"（《大宗师》：203）；所谓"见独"即"无与为对"之"道"，②"莫得其偶""德其环中"（《齐物论》：53—54）。这就抛弃了文化的禁锢从而洞察世界的根本，最终做到"安时而处顺，哀乐不能入"的

---

① 张世英：《进入澄明之境：哲学的新方向》，北京：商务印书馆，1999年，第12页。
② 钟泰：《庄子发微》，上海：上海古籍出版社，2002年，第147页。

"悬解"（释文："无所系"）而不再"物有结之"（钟泰："物情缠绕"）（《大宗师》：209）。这就获得了无待、开放而自由的主体心灵以面对世界，做到"指与物化而不以心稽，故其灵台一而不桎"（《达生》：536）的心与物、心与心的圆融状态。

正是因为主体不被客体所纠缠，反而增进了主体间的关系，因此"百里奚爵禄不入于心"而受到秦穆公的赏识；"有虞氏死生不入于心，故足以动人"；不拘小节的画家反而是真画家；姜子牙无钩而钓，反而得到文王重用（《田子方》：582—583）。客体作为一种中介，总是在阻碍主体与主体、主体与客体的趋近与交融，因而"君子之交淡如水，小人之交甘如醴；君子淡以亲，小人甘以绝。彼无故以合者，则无故以离"（《山木》：555—556）。同样，传播实践当中，当对象被作为亲人、朋友、熟人、陌生人、敌人等"身份"方式加以"外在"地、"经验"地对待的时候，它已经被客体化了；按照马丁·布伯的观念，这就是一种"我—它"主客关系而不是"我—你"的主体间对话关系。[1]故而庄子说，要说"仁"，则虎狼也有"仁"，它们也懂得爱自己的孩子；而庄子所认为的"至仁"则是建立在"忘"的基础上的"至仁无亲"，因为"至仁尚矣，孝固不足以言之。此非过孝之言也，不及孝之言也"；因此"以敬孝易，以爱孝难，以爱孝易，以忘亲难；忘亲易，使亲忘我难；使亲忘我易，兼忘天下难；兼忘天下易，使天下兼忘我难"；再推而广之则"至贵，国爵并焉；至富，国财并焉；至显，名誉并焉。是以道不渝"（《天运》：401—404）。当通过"忘""无""捐""取"等功夫，使得功名、财富、亲疏等价值不被赋予客体当中，客体也就不成其为"客体"，因为它没有了特殊的价值，也就不入于胸中，欲望也就无由产生，也就不会出现主体与世界的疏离，最终便会达致"入兽不乱群，入鸟不乱行"（《山木》：554），"登高不栗，入水不濡，入火不热"的与天地和合的"真人"境界（《大宗师》：183）。同样的道理被马丁·布伯表述为"一切媒介皆是阻碍。唯有摒弃一切媒介，相遇才会发生"。[2]

第四节　坐忘与物化：主体性的消解与主客交融

客体以及客体价值的消解当然是主体趋近世界的重要方式，但在庄子看来还不是根本的方式；而"吾丧我"中对"我"的消解才是最为根本的，如此才能实现主体与客体的交融，即通过"坐忘"实现"物化"。所谓"坐忘"，即为"堕肢

① 〔奥地利〕马丁·布伯：《我与你》，徐胤译，第3—4页。
② 〔奥地利〕马丁·布伯：《我与你》，徐胤译，第10页。

体，黜聪明，离形去知，同于大通"（《大宗师》：229），这是一种对于自我的身体、耳目、智慧等现实存在方式的主动消解，准确的表述应该是"吾丧我"的一种"忘我"。这也就是对主体性的消解，即通过掏空主体性而实现主体的完全自由与敞开。

综合前面小节的论述，这种"忘"是从客体之"忘"而最终实现"吾丧我"的"忘我"而实现的。它经历的是"外天下—外物—外生"（《大宗师》：203）；"忘仁义—忘礼乐—坐忘"（《大宗师》：228—229）；不敢怀"庆赏爵禄—非誉巧拙—四枝形体"（《达生》：534）等方式逐步推展开来的过程，最终落到对"我"的消解上。有学者认为"我"是现实中被物论所遮蔽的自我（小我，俗我，识神），而"吾"则是人本来面目的本我（大我，道我，元神）；而俗我类似于米德的"主我"（I），而"道我"类似于"客我"（me）。[①]但是，米德（George Herbert Mead）认为"其他人的态度构成了有组织的'客我'"，而"主我"则是通过对"客我"的"反应"或"反作用"而得到界定的。[②]因此，米德的"客我"是社会性和经验性的自我，它更接近的是庄子"我"（俗我）而不是"吾"（道我），而"吾"也不是像米德所说的那样是"主我"对"客我"的反应，而是对"形态的我"和"情态的我"的无限纠缠的消解。因为"只有通过'丧我'，使'吾'透显，才能宽容，才能自在—自由"；[③]它是不同于"丧己于物，失性于俗"（《缮性》：452）的主体陷落（reification），而是保持"物物而不物于物"（《山木》：543）"不与物迁"（《德充符》：152）的独立、自由与无待。

首先，是对于感官之"我"的消解，如此才能摆脱感官对象对于主体的扰动。客体对主体的干扰：一方面是因为客体被赋予价值；另一方面则是因为主体的某种感官性存在。其中，从人之常情来看，"目欲视色，耳欲听声，口欲察味，志气欲盈"（《盗跖》：807），有感官必有"欲"的产生，但是，耳、目、心因"有意则无涯"（郭象注），即因其意向投注而被裹挟进客体，由此造成诸多问题（"怠"：419）（《徐无鬼》：699），比如"五色乱目，使目不明""五声乱耳，使耳不聪""五臭熏鼻，困惾中颡""五味浊口，使口厉爽""趣舍滑心，使性飞扬"（《天地》）。而感官消解就是需要通过"心斋""坐忘""凝神"等方式做到"形如槁木""遗物离人"（《齐物论》：35；《达生》：518；《田子方》：576）的身体疏离，以实现

---

① 谢清果：《内向传播视域下的〈庄子〉"吾丧我"思想新探》，《诸子学刊（第十辑）》，上海：上海古籍出版社，2014年，第61—76页。

② 〔美〕乔治·赫伯特·米德：《心灵、自我和社会》，霍桂桓译，南京：译林出版社，2005年，第193—194页。

③ 陈静：《"吾丧我"——庄子〈齐物论〉解读》，《哲学研究》2001年第5期。

能听见"天籁"(《齐物论》：36)"以神遇而不以目视，官知止而神欲行"(《养生主》：97—98) 的心灵自由之境。当然，日久天长的适应以及不断的熟练，也能够忘掉感官束缚，故而"忘足，屦之适也；忘要，带之适也；知忘是非，心之适也"(《达生》：536)；对于从小生活在水边的泳者，就能够做到"与齐俱入，与汨偕出，从水之道而不为私焉"(《达生》：532—533)。因此，通过感官的消解，一方面，主体获得了心灵自由之境；另一方面，主体得以充分融入客体当中，即"大同而无己"(《在宥》：313)，郭象将其注为："有己，则不能大同也"。

其次，就是通过欲望和智识的消除克服自我心灵的束缚，从而做到"圣人怀之"的包容性(《齐物论》：70)。欲望常常会阻碍人的认知能力，影响到心灵的开放，因为"其耆欲深者，其天机浅"(《大宗师》：184)；而庄子甚至拒绝机械对于人力的辅助，主要是警惕"机心"对人心的遮蔽，他借圃畦丈人之口说"有机械者，必有机事；有机事者，必有机心。机心存于胸中，则纯白不备；纯白不备，则神生不定；神生不定者，道之所不载也"(《天地》：352)。因而庄子提到的许多得道真人常常告诫，需要"洒心去欲""少私而寡欲"(《山木》：545—546)，"君子不可以不刳心焉"(《天地》：330) 才能开放心灵，获得趋近世界的根本之"道"。小我之"私"是一种"畛域"，它是无法做到"兼怀万物"，应而"无方"的，因此需要做到"无私德""无私福"以实现"无拘而志，与道大蹇"(《秋水》：472—473)。而"私"即是一种人为，它往往会造成对自然对象("天") 完整性的破坏("牛马四足，是谓天；落马首，穿牛鼻，是谓人")，故而要"反真"就需要做到"无以人灭天，无以故灭命，无以得殉名"，因为"天在内，人在外"，即人为是外在强加的，并不是天然如此("内")(《秋水》：476—477)。所谓"兼怀万物"可以从三个方面去理解：第一，是需要一种谨慎的态度，即"言察乎安危，宁于祸福，谨于去就，莫之能害也"，由此，各种神人具有的"火弗能热，水弗能溺，寒暑弗能害，禽兽弗能贼"等等神通便很好理解了；第二，采取的是一种"自我"逻辑在后的被动策略，而非"自我"逻辑在先的主体支配性位置，因而其处世的方式为"因""应""趁""凭""任""顺"等，做到"不为福先，不为祸始，感而后应""不思虑，不豫谋"(《刻意》：436—437)；第三，修养上需要做到虚静、恬淡、无为，才能"澹然无极，而众美从之"(《刻意》：434)，而通过心斋剔除坚实的自我才能实现"唯道集虚"，同时也是对于耳、心等感官信息接收方式的剔除而"听之以气"，才能做到"虚而待物"(《人间世》：119)。

再次，则是通过想象力的拓展以克服小"我"(主体性) 的狭隘性，以实现对于他人或者他物的无限接纳。《庄子》总是通过夸张、寓言、假设等修辞方式，使其行文充满着无穷的想象力；而这种想象力的展开，便使得其思考大大突破了经验和逻辑的局限性，从而看到广阔世界的可能性。当人类"自我"超越到经验和逻辑之外的时候，它便克服了小"我"的认知狭隘性，最终得以拥抱更加广阔的世界。比如人在万物和世界中的渺小，即为"号物之数谓之万，人处一焉；人卒九州，穀食之所生，舟车之所通，人处一焉；此其比万物也，不似毫末之在马体乎"（《秋水》：458）；从人类的角度去看蜗牛角上的两国战争，就会发现它们是可笑而无意义的，从宇宙的角度来看魏国与齐国的战争，不过也是如此（《则阳》：715）。因此，一旦参透"我"的渺小，战争的冲突、利益的争夺、彼此的控制都是可笑而无意义的。醉酒之人正因为意识不清醒，是一种"乘亦不知也，坠亦不知也"的忘我状态，故而"死生惊惧不入乎其胸中，是故遻（注：干触）物而不慴（注：恐惧）"，因而与外在的世界处于一种"不逆"的顺应之态；推而广之，则"圣人藏于天，故莫之能伤也"（《达生》：515—516）。再将视野推展开来，可以看到藏小于大则可以"遁"，但是"藏天下于天下而不得所遁"（《大宗师》：196）；当我们纠结人类或者个体的"我"的视角，则"自细视大者不尽，自大视细者不明"（《秋水》：462）。当剔除了人的视角，"我"甚至已经无限缩小以至于"无我"，主体便是一种虚空而敞开的"至大无边"状态，那么所谓的显与藏、大与小等词语便不再有效，这反而能够让他人、万物与主体能够和谐共处。

人与世界、万物以及他人之间的关系，在庄子看来是一种"物化"的过程，而这个过程是在对"我"的消解的基础上进行的，是一种"同于大化"的过程，即"古之畜天下者，无欲而天下足，无为而万物化，渊静而百姓定"（《天地》：330）。诸多解释者，始终在"对象"本体论角度来解释"物化"，比如成玄英认为是"新新变化，无物迁流"的"物理之变化"（《齐物论》成玄英疏：93）；陈鼓应认为是"万物之转化"；[1] 日本学者池田知久化则认为是"'物'的死与转生"；[2] 王向清、周蓉认为是"一体流变，更生成始"。[3] 实际上，认识"物"的变化并不是庄子的目的，而处理"人"与"物"（他人）的关系才是其目的，因为庄周梦蝶本质上谈的是庄周与蝴蝶不分的一体化问题（《齐物论》：93）；生死的"物化"谈的是如何融入宇宙万物的问题（《天道》：375）；巧匠工倕的"指与物化"即是一种人与物的冥合状态（《达生》：536）。因此，"物化"的问题更应该是"人"与"物"（他人）"间性"问题，而不仅仅是"物"的本体问题，因为从《庄子》整个思想脉络来看，是从真知论、齐物论到安命论、逍遥论，[4] 最终指向是一种"物我

① 陈鼓应：《庄子今注今译》，北京：中华书局，2011年，第102页。
② 〔日〕池田知久：《道家思想的新研究》，郑州：中州古籍出版社，2009年，第269页。
③ 王向清、周蓉：《〈庄子〉"物化"思想论析》，《哲学研究》2015年第6期。
④ 刘笑敢：《庄子哲学及其演变（修订版）》，北京：中国人民大学出版社，2010年，第142页。

交融""天人合一"的生命境界。①庄子所讲的"物化"不同于批判哲学里的"物化"（reification）；后者是一种"丧己于物"（《缮性》：452）的主体陷落状态，这恰恰是庄子需要通过"吾丧我"去除掉的。

第五节 "吾丧我"的传播学意蕴

正是通过"吾丧我"对"主体性"（"我"）的消解，客体不再纠缠主体，主体也不再把自己作为"客体"来坚守；当自我、他人与世界跳出"价值"束缚的时候，它们也便仅仅是"物"，所以彼此间"物化"的过程就是各美其美的"自化"过程，也是彼此融合的"道通为一"的过程，由此，传播的冲突也就不复存在了。而"物化"逻辑中，关键是如何看待"物"。这包括两个视角：第一个视角，是本章第二部分处理的价值消解的非客体化（"物"），从而使得主体避免陷落到客体当中，也避免将自我和他人作为客体来对待；第二个视角，是第四部分处理的通过"忘"去除人的身体、欲望、存在等对"我"的坚执，从而使得主体获得自由、开放与敞开的境界。"朝三暮四"寓言中，猴子看起来幼稚的原因在于，它们不知道"3+4"和"4+3"其实是一样的，而在人类的传播实践中，他们建立了数字基础上的可通约性，因而不会在两种组合上计较（"怒"）（《齐物论》：58—59）。当然，庄子并不是在数学同一性的抽象基础上讨论世界的可通约性，而是在"齐物"与"物化"的视角下展开的，在此也能看见世界的同一性。庄子正是通过"吾丧我"的过程，在"物"这个层面找到了主体与他人、世界的可通约性，所以才能实现"物化"。

当然，主体不等于人的身体、欲望和存在，而是通过对这些外在方式进行"吾丧我"操作之后，获得了一种"同于大化"的"物化"过程，在此，主体反而获得了一种无限敞开的生生不息的活力。其实，主体完全可以理解为"虚静、恬淡、寂漠、无为者"，是一种"圣人之心"的境界，这类似于"天地之鉴也，万物之镜也"（《天道》：371）。这个"镜子"隐喻总是经常出现在中国文化的哲学思考里，反映的正是因为主体不是什么，它才能照见万物，并让万物呈现出它们的本来面目，而不是通过主体去切割万物（他人）和支配万物（他人）。这与西方文化中的"镜像"隐喻通过镜子看到自己是截然不同的。而西方传播理论里的说服、解放、认同、移情、对话等等逻辑，其前提基本都是在主体性和主体间性展开的，体现

---

① 蒋丽梅：《物我感通，无为任化——庄子"物化"思想研究》，《中国哲学史》2015 年第 3 期。

的是一种主客对立思维模式，因为主体总是作为一种实体在那里坚实地存在，体现的是一种"有我之境"。而当主体的实体性（主体性）被破除，主体敞开了便是"无我之境"，这是一种"以物观物"而"不知何者为我，何者为物"的融合境界。①当西方传播理论执着于观照客体（管理、批判）和主体间性（对话）的时候，实际上是将"主体"作为一个前提预设不加追问了。而从中国文化的艺术上"忘我"之后进入艺术当中；从家庭中父母为孩子的无限"忘我"牺牲当中；从人与人之间强调为他人着想的"忘我"当中，我们都可以看到，正是"吾丧我"的逻辑使得主体融入世界当中，并以此实现其伟大与崇高。这正是华夏传播研究可以为世界传播研究提供的新的视野。

（作者简介：李红，西北师范大学副教授，从事视觉修辞、符号传播学和华夏传播研究。）

---

① 王国维：《人间词话》，上海：上海古籍出版社，1998年，第1页。

第五章　自我与超我：庄子对梦的内向传播阐释

《庄子》一书以梦喻道，托梦悟道，以启迪世人认识自我，忘掉自我，成就自我。本章以内向传播理论视角来观照《庄子》一书中的梦文化，发现庄子学派以梦与醒的"物化"立论，教导世人当放下物质自我、社会自我乃至精神自我，以至于"坐忘"，才能找到真正的快乐逍遥的自我；同时，也激励自我向超我（道我）努力，从而将本我与超我贯通，做到即我即道、梦醒不二，进入无待的自由状态。

引　言

认识自我，成就自我的永恒呼唤。

认识自我、超越自我、成就自我，是人类作为宇宙精灵的特殊之处。希腊阿波罗神庙墙上的箴言：'γνωθισεαυτ ν（认识你自己 Know yourself）'，中国哲圣老子亦提出"自知者明"，便是例证。文艺复兴时期法国思想家蒙田（Michelde Montagne，1533—1592）说："世界上最重要的事情就是认识自我"。甚至，"在各种不同哲学流派之间的一切争论中，这个目标始终未被改变和动摇过：它已被证明是阿基米德点，是一切思潮的牢固而不可动摇的中心。即使连最极端的怀疑论思想家也从不否认认识自我的可能性和必要性。"① 人类一切认识的出发点与归宿点本质上都是因为自己、依托自己、安顿自己。从这个意义上，自我也应当是传播研究的起点与终点。认识自我的重要性，可借罗洛·梅的名言来锚定："人类的自我意识是他最高品质的根源。它构成了人类区分'我'与世界这种能力的基础。它给予了人类留住时间的能力，这是一种超脱于当前、想象昨天或后天的自己的能力……是因为他能够站到一边，审视他的历史；因此他能够影响他自己作为一个人的发展，也能够在较小的程度上影响作为整体的民族和社会的历史进程。自我意识的能力还构成了人类使用符号这一能力的基础……使得我

---

① 〔德〕恩斯特·卡西尔：《人论》，甘阳译，上海：上海译文出版社，2003年，第31页。

们能够像他人看待我们那样来看待自己，并能够对他人进行移情……实现这些潜能就是成为一个人。"①人类不仅能够从自己的经历中学习，而且也能从他人，从历史的一切文本中学习。其实，学习，特别是那种思想领悟的学习过程，本身就是一个自我传播的过程。比如《庄子》一书中的梦文化，正是庄周之梦开启了一扇人类自我对话和隔空对话的大门。本研究的价值与意义可以表述为："个体的活动离不开自我，自我作为个体活动的觉察者、调节者与发动者，它可以使个体的活动具有独特性、一致性与共同性。不同的自我优势，会引起相应的自我评价与自我追求，进而达到理想化的自我实现。所有的自我行动，都是自我的外现，其意义在于保持个体的心理平衡，使个体与现实世界的关系和谐。"②

　　近年来，笔者已发表了《内向传播的视阈下老子的自我观探析》(2011)、《内向传播视域下的〈庄子〉"吾丧我"思想新探》(2014)、《作为儒家内向传播观念的"慎独"》(2016)、《内向传播视域中的佛教心性论》(2016)、《新子学之"新"：重建传统心性之学——以道家"见独"观念为例》(2017)等系列研究华夏内向传播的论文，试图从内向传播理论的视角重新解析中华文化，进而探索出一条传播学本土化研究的可能路径。本章即是从内向传播视角研究庄周之梦的新探索。

第一节　梦：一种内向传播的特殊形态

　　内向传播(intrapersonal communication)，又称自我传播、人内传播。美国科罗拉多大学的 Donnar . R . Vocate 曾在 intrapersonal communication：Differentvoice, differentminds 一书的序言中提到，1986 年查尔斯·罗伯特向当时的口语传播协会(SCA)提出成立一个内向传播专业委员会的申请，引起了不小的争论，从此内向传播开始进入传播学的研究视野。总的来说，内向传播探讨的是自我对话(self talk)，此时自我作为传播者，既是发送者与是接收者。③朱莉娅·伍德(Julia Wood)："自我传播(intrapersonal communication)是我们与自己进行的交流，或自言自语，或促使自己做某件特殊的事情或是决心不做……自我传播是在自身内部进行的认知过程。而且由于思考依赖于语言——用语言为现象命名、

① 〔美〕罗洛·梅：《人的自我寻求》，郭本禹、方红译，北京：中国人民大学出版社，2008年，第85—86页。
② 李海萍：《米德与庄子自我理论的现时代意义》，《太原城市职业技术学院学报》2011年第2期。
③ Donnar.R.Vocate, intrapersonal communication：Differentvoice, differentminds, Psychology Press，1994.p.3-31.

用语言表示现象，因此这就是一种传播。"①国内学者郭庆光、陈力丹等对内向传播都有一定研究，他们都把内向传播作为一切传播的起点，也是一切传播活动不可缺少的环节。例如，郭庆光在其《传播学教程》中就认为，内向传播是个人接受外部信息并在人体内部对信息进行处理的过程。国内华夏传播研究著名学者邵培仁和姚锦云认为，"庄子发现了人类'交流无奈'的内在之因，提出了人类交流理想的实现路径。交流不在于外'传'，而在于内'受'，思想学说的不可通约与其说是学理上的，不如说是主观认识上的，即'成心'。因此，交流过程需要付诸'接受主体性'的努力，达到'心斋'和'坐忘'的状态，从而恢复一个'真宰'的精神世界，如'天府'和'葆光'一般。"②两位学者从人际沟通的角度探索了人需要去"成心"以营造好的人际交往心理环境。而笔者则进一步研究主体内部是如何凭借自我对话从而实现内心的澄明、清静与彻悟。

一、解析与感悟：中西论梦之别

陈力丹多次撰文阐述"梦是一种内向传播形态"的观点。他说："每一个人的内心世界里都有一些白天不知道的经验和记忆储藏室，梦则打开了这扇通往自己世界的门。大多数梦使用象征语言编织而成。象征语言的逻辑不是由时空这些范畴来控制，而是由激情和联想来组织。这不是人们在清醒世界里所通用的语言编码。所以大部分梦就像是没有被启封的信，让我们好像在与自己交流，但又无法与自己交流。"③诚然斯言，梦本是不同于一般逻辑思维的另一种人类思维，而这种方式的运用往往在人的专注或焦虑之下产生。专注凝神下产生的梦可能是一种能够直达事物的本质如同门捷列夫发现苯六边体结构的领悟之梦那个过程一样，而焦虑之梦则带来生理与心理的不安。庄周梦蝶式的梦则是了悟万化流行、不拘不滞、物我一体的人生至高境界。

概而言之，西方对"梦"的研究，注重的是作为展现心理活动的一个窗口，"梦是对很多来自日常生活并全都符合逻辑秩序的思想的替代。"④尤其是在精神分析学、精神病理学方面，学者往往把梦当成一种精神分析与治疗的手段。因为"梦"通常被认为是人的潜意识的表现，是许多生理与心理问题的根源所在。如

---

① 〔美〕朱莉娅·伍德（Julia Wood）：《生活中的传播》，董璐译，北京：北京大学出版社，第22页。

② 邵培仁、姚锦云：《传播受体论：庄子、慧能与王阳明的"接受主体性"》，《新闻与传播研究》2014年第10期。

③ 陈力丹：《自我传播的渠道与方式》，《东南传播》2015年第9期。

④ 〔奥地利〕弗洛伊德：《梦的解析》，周艳红译，上海：上海三联出版社，2008年，第307—308页。

此，通过对"梦"的剖析可以掌握个体的心理状态与精神状况，这是西方科技理性的体现。即便是对东方心理学有深刻理解的瑞士心理学家卡尔·荣格也说："梦是一段不由自主的心理活动，它拥有的意识恰好用于清醒时的再复制。"[①] 与此不同的是，《庄子》书中的梦则更多视"梦"为通向道境、悟境、化境的路径，即"坐忘""心斋"之后的一种精神状态。庄周之梦不是普通的生理、心理抑或精神方面的问题，而是境界的升华术。虽然《庄子》书中也对梦产生的普遍性生理和心理有一定的阐述，但是核心不在于梦本身，而更在于以梦喻道，以梦悟道。相对而言，儒家则更多强调的是通过梦来进行道德自律，孔子的周公之梦便是典型。著名学者刘文英说过："在潜意识的层面上，由于自我意识不能控制梦，一切善的成分和恶的成分都会暴露无遗。由此，每天人都可以根据自己梦中的所作所为，对自己的道德尽量做出客观的评价。"[②] 总而言之，西方对梦的研究重在解析，中国对梦的研究重在感悟。就共通点而言，都希望通过对梦的探讨，更为充分地认识人的认知规律并加以引导，以实现身心健康与人格升华。陈力丹就指出："依然故我，是人内传播的一种良好状态，要能够始终知道自己是谁，自己要做什么，想什么，自己为了什么而做什么。"[③]

二、社会性与反身性：中西自我对话旨趣的殊异性

米德作为内向传播理论的创立者，在于他创造性地将自我区分为"主我"与"客我"。"客我"就是组织化的他者，是社会对自我期待的象征性表达。而主我则是当下的鲜活的个体存在，具有能动性去召唤"客我"。使此两者在对话中实现自我的社会化。不过，米德"主我""客我"观本是基于社会心理学层面上的观点。在中国情境下，"客我"（比如圣人）往往是先验的、固定的。当然也与经验相关，因为没有脱离经验的先验，先验只是在逻辑上存在，即逻辑的先在性。但在具体的情境中，先验也是可体验到、领悟到、感知到的，比如"道"，比如"圣人"。在任何时代下，圣人都是理想的客我，都是"道"在人间的体现，圣人是"道"的载体。世人通过圣人窥见"道"的意义与价值。这是因为先验的事物，离不开经验的基础，好比如哲学范畴的"道"，离不开作为路意义上的"道"，以及在具体事务中的"导"的功能。

---

① 〔瑞士〕维蕾娜·卡斯特：《梦：潜意识的神秘语言》，王青燕译，北京：国际文化出版公司，2008年，第14页。

② 刘文英：《孟子的良知说与道德潜意识》，《国际儒学研究》第10辑，北京：国际文化出版公司，2000年，第231页。

③ 陈力丹、陈俊妮：《论人内传播》，《当代传播》2010年第1期。

相比于米德社会心理学意义上的"主我""客我"的自我观，道家的自我观比较吊诡，往往不满足于当下的自我，例如对主我的认知上既警惕又依赖。警惕的是"主我"毕竟不是"客我"，不是"道我"，是存在不足的，是有七情六欲的，是还行进在通往圣人的路上的自我。但是自我却要依赖"主我"，因为"主我"是能够主动以"客我"为参照来规范自我，修正自我。离开了主我，客我就没有意义。而且任何人走向客我的道路都是独特的，虽然方向是一致的。这就因为主我注定是独特的，具体的，有情境的。因此，米德更亲赖于"主我"，认为"主我"富有主动性、创造性和独立性。

米德认为"客我"是建构性的，是"主我"不断建构出来的；道家认为"客我"（道我）更理想性和神圣性，甚至有着无穷的能力，等待"主我"去召唤，一旦召唤成功，"主我"就获得了超越，个体得以成就。相比而言，米德作为社会学家，关注的是自我的社会性。他提出的"主我""客我"的自我结构观，目的是关注自我如何在社会中自处、如何与社会互动，如何与自我内在进行互动，当然这两个互动本身也是互动的。可以说，周而复始地进行的。道家的自我观关心的是自我的精神超越，追求的是自我对社会的超然与超脱，并不侧重去追求社会价值的实现，而是追求个人性灵的安顿。这正是源于其自我内在结构设定的殊异性，道家认为人与道是同构的，具有道性的人是能够通达"道"，并成为"道"的自我；只有成为道的自我——"道我"，人才是完美的人，才是超人、真人。这一点在《庄子》书中对真人入火不烫、入水不溺、逍遥自适的描述中可见一斑。由此观之，道家自我的修行讲究的是对社会价值的超越与否定，如此才能在内心深处实现真正的完全的纯粹的自由，否则，就会成为进道的障碍。

梦是一种重要的自我启示路径，启发自我能够放下"主我"，关注"客我"，成就"真我"。梦，其实是自我内在结构中"主我"与"客我"矛盾张力的舒缓者、沟通桥梁者，因为梦具有直观洞察事物本质的功能。梦的直观性有助于摆脱日常事项的干扰，直达问题的本质。梦境本身往往是问题的直接展开，因此梦境的感悟是破解现实自我困境的方式。笛卡尔相信梦与现实一样具有真实性，并不是一切都需要"眼见为实"。梦中所见，亦是另外一种真实，不要执着于现实的真实，或许正是现实的真实阻碍了我们去了解和领悟另一种形态的真实，即无的真实。"人人都在梦中直接经验和感受过另一个我们并不能接触到实体的经验世界，梦使我们领悟到我们并不是在一个唯一的真实的实体世界中去感受事物，我们同样也在虚无的幻境中信以为真地去感觉。"①

---

① 高秉江：《梦与自我意识确定性》，《学术研究》2004 年第 2 期。

或许正如《黑客帝国》所呈现的那样，梦可能被偷，我们活在别人精心设计的梦境中而不自知。当代《盗梦空间》的科幻呈现表明梦的原型在于中外传统对梦的不懈探索中，只不过，电影用上了所谓高科技手段而已。庄周梦为蝶，还是蝶梦为庄周，一时间成为无解的问题。蝶有没有梦，是人没法体验的，人所能体验的是人的梦，蝶或有其自己的梦的形态，蝶与人之梦或许可以通约，世界本存在无限可能，比如神龟托梦于宋元君，龙王托梦于唐太宗。

梦与醒的矛盾，困扰人类数千年。笛卡尔提出"我思故我在"的命题，始终还是离不开"我在"，他强调了"我"能够自我怀疑这一点是不能怀疑的，从而确证了我的存在。道家并不执着于自我是否一定存在，认为也许人的最好归宿是消融于道之中而不自知。因为任何的"知"都可能会产生焦虑，只有不知之知，才是最后的了脱。有知还是"有"的状态，无知才是"无"的境界。一切只为找到真我，实现自我内在的统一，而不是人格分裂、人前人后不一样。此时，"个体感到自己是独一无二的、拥有充分的心理稳定性的、不因内部或外部变化而改变的整体。"① 庄周梦蝶式的梦正是一种找回自我的方式，以梦的方式实现自我觉醒。美国精神分析学家埃里希·弗罗姆（Erich Fromm，1900—1980）曾说："沉睡之际，我们就以另一种存在形式苏醒了。我们做梦。"② 梦能够折射自我的状态，梦甚至可以领悟自我的成长，梦本是我之梦，是为我而存在的。梦的属我特性，注定我们必须正视它、利用它、与它共生共存。西方学者越来越意识到，梦是人类反省的路径。"人们对于梦的认知有了重大转折：命运和上帝不再是决定性的因素，只有自身才是关键性的因素。梦属于做梦者，与其生活状态有关，对于自我反省者来讲，梦的作用不可忽视。"③

这里顺便提一下古人"梦"（夢）的释义。《说文解字》："梦，不明也"，字面含义是从夕，夕者月半见，日且冥而月且生矣。做梦大多在夜里，有夜长梦多一说。梦给人的印象是真真假假，难以说明。所谓"梦可道，非常梦"。陆德明《经典释文》称"夢，本又作瘳"，《说文》中"瘳"从"宀"从"爿""夢"声，"宀"，"覆也"，为梦者所居之处，"爿""倚着也"，为梦者所倚之物，这是强调做梦的场所。许慎说"瘳，寐而觉者也"，段注认为"瘳"字的"寐而觉"与"醒"字的"醉而觉同意"（段注说"醒"是"醉中有所觉悟即是醒也"）。李小兰认为这两则

① 〔瑞士〕维蕾娜·卡斯特：《依然故我》，刘沁卉译，北京：国际文化出版公司，2008 年，第 87 页。

② 〔美〕埃里希·弗罗姆：《被遗忘的语言》，郭乙瑶、宋晓萍译，北京：国际文化出版公司，2007 年，第 5 页。

③ 〔瑞士〕维蕾娜·卡斯特：《梦：潜意识的神秘语言》，第 14 页。

注无意中触到了梦的真谛：寐与觉或醉与醒的悖论式统一。[①] 周礼中得到六梦，第一个梦便是"正癏"，段注中曰："郑云。无所感动。平安自梦也。"显然是把祥和之梦称为正梦。如此看来，"庄周梦蝶"自然是"正梦"，而且是能够带来觉悟的梦。

第二节　庄子以"齐物"的方法重构梦境中的自我

如果说《逍遥游》是庄门的境界和人生追求的目标，那么，《庄子·齐物论》则应是庄门的心法，是通达逍遥的方法论。无论是齐—物论，还是齐物—论，其表达的含义是共通的，那就是要去掉"成心"，即去掉物我、他我之分别心、有待心，以"道通为一"的心态与方法来处理"有"的关系，具体可表述为"万物一齐，孰短孰长！"（《庄子·秋水》），"自其同者视之，万物皆一也。"（《庄子·德充符》）"万物一府，死生同状"（《庄子·天地》），总而言之，齐物是通道的方法。而齐物作为方法，说到底是一种思维的技术，是在思维或者说灵府，即在潜意识，无意识中，比如梦中能够没有阻碍地处理好"物化"的关系。从这个意义上讲，庄子之"梦"作为齐物的心路历程，是内向传播的一种特殊形式。笔者已在《内向传播视域中的〈庄子〉"吾丧我"探析》[②] 中探讨"吾丧我"的内向传播意蕴，本章则从"庄周梦蝶"等庄子的梦论中，继续讨论其独特的内向传播智慧。

《齐物论》的思路大体如下：庄周以"吾丧我"立论，提出物论纷呈，皆源于"我"执，当齐同而忘我。进而以天籁、地籁、人籁为喻，指明人类因其纷繁复杂的心理活动，陷于"其寐也魂交，其觉也形开，与接为构，日以心斗"的无限焦虑之中。进而分析认为，造成此焦虑的根源是"是非"作梗。"是非"的判断标准显然在于我："非彼无我，非我无所取"。人的身体百骸自有"真宰""真君"治之，何劳我操心。"我"所以操心，乃是因为"我"有"成心"，即心不虚。心所以不虚，乃是语言的，因为语言本身是遮蔽。"言非吹"，语言毕竟不是"天籁"，能够"吹万不同，而使自己，咸其自取"。因此，对待语言，应是"至言不言""终日言，未尝言"。如何摆脱这种"是其所非而非其所是"的困境，唯有"莫若以明"，即"用空明若镜的心灵来观照万物"。[③] 这种"以明"的自在自主，本质上是"不用而

---

① 李小兰：《怎一个"梦"字了得》，《光明日报》，2017年3月20日，第13版。
② 谢清果：《内向传播视域中的〈庄子〉"吾丧我"探析》，《诸子学刊》第9辑，上海：上海古籍出版社，2015年。
③ 方勇、陆永品：《庄子诠评》，成都：巴蜀书社，2007年，第58页。

寓诸庸"，是谓无所用心而心自定自主。具体说来，是"圣人和之以是非，而休乎天钧，是之谓两行"。这样的心境是"孰知不言之辩，不道之道？若有能知，此之谓天府。注焉而不满，酌焉而不竭，而不知其所由来，此之谓葆光。"总之，以无滞于物的超然心境，收放自如地因应物我关系，物来则应，物去不留。

一、庄周梦蝶乃是"忘适之适"的梦境

庄子梦论的殊异性在于他石破开惊地提醒人们，梦与醒并非截然分明，那种平常以为自己是清醒的，或许自己正处于梦中。处于梦中，尤其是祥和的梦中，正是不可多得的敞开之时，也是心灵向道的敞开之时，此时的自我或许正是最惬意自然的时刻，正是这种时刻的超越性和创造性，庄子才感叹，大梦谁先觉。人们或许以为梦是虚幻的，不真实的，觉醒时的自我才是真切的。其实，经验也告诉我们，觉醒时的自我正因为有我执，我见，遮蔽了对真常的洞察，人使用语言等各种符号，符号编织的意义之网，时常网罗了人自己，以至于看不到网外更广阔的世界。"梦"反而是放下自己的方式，在梦中超越的主体知觉的障碍，开启了在无意识或潜意识世界的无穷追问，那种更深层的意识往往是不被自我发觉的，改造自我，升华自我必须深入其中。《庄子·达生》有言：

> 工倕旋而盖规矩，指与物化而不以心稽，故其灵台一而不桎。忘足，履之适也；忘要，带之适也；（知）忘是非，心之适也；不内变，不外从，事会之适也。始乎适而未尝不适者，忘适之适也。

工倕的业务操作臻至化境，即"指与物化而不以心稽"，此时是"道也，进乎技"，手指与对象之间已没有分别，到底是"指"指向物，还是物追求"指"，彼此已相互转化。没有分别心于其中稽考。可知"化"境，是心泯，心死神活的状态。"心"，直白地讲，即是当下自我的意识。"心"最为合适的安顿是"知忘是非"，"知"是小知，即间间，而忘是非之"知"是大知，则是闲闲的，亦即安适的。"心"的最高层面当是"忘适之适"，这时的"心"的状态是"灵台一而不桎"，郑开解释说："'灵台'即深层意义上的心，'一而不桎'即非常地专注，没有束缚，非常活跃。"[1]"灵台"是人心最纯粹自然的状态，不过，"一"当是一心一意，即整体性的，整全的，通畅的，与物和谐迁移。这一境界《列子·黄帝》亦有分析："心凝开释，骨肉都融，不觉形之所倚，足之甩履，随风东西，犹木叶干壳。竟不

---

① 郑开：《庄子哲学讲记》，南宁：广西人民出版社，2016年，第223页。

知风乘我邪？我乘风乎？"奥秘就在于"不知"即"忘"，此时心凝而为一，自然天真，活泼自在，任我逍遥。亦可谓为"精通于灵府"，灵府乃精舍，是纯粹的灵能，它不是机心所在，而是常心之所居处。正所谓陶渊明所言"形迹凭化往，灵府常独闲"。这个灵府好比蜂巢中的蜂王，它是整群蜂的主心骨。但却时常安然不动，方能制群蜂之动。

苏轼的《书晁补之所藏与可画竹诗》慨然写道：

"与可画竹时，见竹不见人。

岂独不见人，嗒然遗其身。

其身与竹化，无穷出清新。"

此真所谓以艺进道，道寓于艺！两者相通处在于"遗身"，即忘身，是为化境，我画竹与竹画我已分不清了，正是这种分不清，方可"无穷出清新"，仿佛自然天成。此意境乃是"庄周梦蝶"的翻版。

二、"庄周梦蝶"喻示在"一成纯"中快乐自我

庄子学派继续了老子开创的"无"的智慧，不执于有，而以无的否定方式实现对自我的圆满自足，这其实也是庄子内向传播智慧的源泉所在。众人只看到正的一面，有的一面，而忽视了反的一面，无的一面。其实，此二者相反相成，不可缺少。把梦看作虚（无），而把醒看作实（有），"庄周梦蝶"的意蕴似乎就更清晰地呈现出来。虚虚实实，实实虚虚，不可执着。梦之虚却有悟境之实效，而醒之实亦有"分"之区隔，区隔正是为了下一次的打破。未有醒之下的种种省思与追问，亦难有梦之中的超越与否定。《齐物论》没有对人心之缦、窖、密等真实情境的把握，没有对人生"终身役役而不见其成功，茶然疲役而不知其所归"困境的忧思；没有对"物无非彼，物无非是"的人类思维的反身性、对象性的思考；没有对道与物关系的洞察，没有对道与我关系的贯通追求；没有人类认识（即"知"）有限性的自我反思；没有对"圣人愚芚，参万岁而一成纯"的敬意，等等，庄周虽只是一个漆园吏。但庄周注定成为中国文化史，思想史上的巨人，就在于他有着"念天地之悠悠，独怆然而泣下"的孤独感，又有着一颗终结世间一切苦难的雄心，因此，他又是神圣的，他仿佛就是人类自我觉醒的伟大导师，人类和谐相处智慧的奠基者。

在人类过于注重外求，过于注重索取的时代，庄子却反其道而行之，向内求，学会放下，学会舍去身心的负累，无论是有形无形的财富荣誉，还是想得到想不

到的成见偏见和争强好斗之心，人生才会获得自由与快乐。而自由与快乐才是人生的底色与本质。不要为身外之物而迷失自我，逐于物而成为物的奴隶。

第三节　庄周之梦：实现自我圆融自适的重要路径

《庄子》书中9篇11处提到"梦"，不过，限于篇幅，此处围绕大圣梦、孟孙氏梦和庄周梦蝶这三梦来展开论述。梦其实是人认识对象性的另一种表现。梦一定程度上也是认识自我的路径。当然，《庄子·大宗师》明言"古之真人，其寝不梦，其觉无忧"，作为道之究竟的载体——真人——是睡觉不做梦的，因为他安心放心。这一定程度上也是在说梦是意识活动的过程和对象，也是人向真人转化过程中的必然现象。此外，栎社之梦、髑髅之梦、白龟之梦都教导世人当放下有用无用的计较心和以我观之的人类中心主义的标准观；启迪世人放入生死之别，安顿爱生恶死的执着心；指导人们当意识到人的认识的局限性，不要固执着自我的理性，因为理性皆有所困。

一、梦如镜："大圣梦"的自我镜像

梦犹如镜子，可与其中看到自己幼稚可笑，领悟人生苦短与世事无常。《齐物论》有"大圣梦"情节：

> 梦饮酒者，旦而哭泣；梦哭泣者，旦而田猎。方其梦也，不知其梦也。梦之中又占其梦焉，觉而后知其梦也。且有大觉而后知此其大梦也，而愚者自以为觉，窃窃然知之。"君乎！牧乎！"固哉！丘也与女皆梦也，予谓女梦亦梦也。是其言也，其名为吊诡。万世之后而一遇大圣知其解者，是旦暮遇之也。

这个梦有好几层意义：

其一，梦与现实并不一致，梦中饮酒纵乐，醒来却因残酷的现实而哭泣；相反，梦中悲伤哭泣者，醒来或许遇上田猎之快事。或许因此，世人常说梦与现实是相反的。其实也不尽然。就现实性而言，梦有一致有不一致，这也正是梦的奇妙处，也是现实的多样性。

其二，更为复杂的是，在做梦之中，不知自己在做梦，而且梦中还梦到自己在做梦，似乎在梦中能够占问梦之究竟。直到觉醒后，才知道是一场梦。经验告诉我们，许多事情，醒着的时候未必想明白，然而在梦中想通了。由此看来，梦

与醒着实是可以转化的。其实，结合前文，我们可知，庄子其实已经设置了常人与至人的不同。常人则拘于自己的时空与教养，从自己的角度来判断（自我观之），因此未能把握正处、正味、正色。至人的神奇之处在于不仅保有外在的自由自在，即"乘云气，骑日月而游乎四海之外"，还"大泽焚而不能热，河汉沍而不寒，疾雷破而不能伤，飘风振海而不能惊。"其内在还可以"死生无变于己，而况利害之端乎！"换言之，至人之超越处在于他外生死，泯是非，忘利害，同尊卑。总之，道之境是"圣人不从事于务，不就利，不违害，不喜求，不缘道，无谓有谓，有谓无谓，而游乎尘垢之外。"（《齐物论》）

其三，大觉而后能知大梦，愚者自己为自己是觉者，沾沾自喜自己知道。这其实正是小知与大知的区别。愚者（小知）知其一斑以为全豹。而能知此者，需要"大觉"。大觉是对醒的否定，是对觉与梦的双重超越。既不自恃己之已知，又不否定梦可启人感悟，人生便在于梦与醒之中流转。大梦者，因梦而悟道者，大觉者，反省觉之局限，当下之困，而以梦启我心智，不轻易否定梦的启示，也不拘于梦的启示，只是顺势而趋罢了。

其四，孔丘因拘于礼教而对有道圣人的状态不解，以至于否定，从而堵住了自己的进道之阶。从这个意义上讲，孔丘的才智则如同梦一般，迷惑了自己，而自己却不知道自己活在自己建构的知识牢笼之中。而长梧子也自称自己如此评价孔丘其实也是一种执着、一种判断，凡为断言，便是迷误。因此，他自称与孔丘都做梦，都有局限。这正如黄帝问道的情节中所言的那样。知道是不知道，不知道是知道，这不觉得很怪异（吊诡）吗？

其五，庄子感叹曰："万世之后而一遇大圣知其解者，是旦暮遇之也。"梦与醒的界限果真如我们平常知道的那样吗？果真不是我们知道的那样吗？要冲破这种思想的牢笼，是需要大圣大智，或许需要万世之长如同旦暮之短那般的探索，方能解脱这一困扰，因为"人之迷，其日固久矣"。（《道德经》）我们在语言的家园中生活，语言似乎成为我们的空气与皮肤，我们能离得开吗？而我们不在一定程度上疏离言语，我们又不能走出自我，岂不悲哉！庄子开出的药方是"和以天倪，因之以曼衍……忘年忘义，振于无竟，故寓诸无竟。"（《庄子·齐物论》）说到底，就是要脱离"有待"的境地，有待便有所困，如同蝉对翅膀的依靠。而庄周梦蝶又何尝不是一种不得已的一种隐喻，即因为蝶也需要依靠于翅膀。而正在似乎"山重水复疑无路"之际，庄子却又有说出了"物化"的道理，可谓是"柳暗花明又一村"。物化者，陈鼓应先生解释为："物我界限消解，万物融化为一。"① 方勇先生

---

① 陈鼓应：《庄子今注今译》上册，北京：中华书局，1983 年，第 92 页。

解曰："一种泯灭事物差别，彼我浑然同化的和谐境界。"① 总之，与物同化，不分彼此，方是了悟。

汉学家爱莲心甚至认为此梦似乎较"庄周梦蝶"更有丰富的内涵。故事的情节确实更为丰富与曲折，喻义也更为深刻，当然少了份梦蝶的诗意与快意。"大圣梦"显得更为崇尚而严肃，话题有点沉重。或因如此，大道至简呀！梦蝶之流传更广泛深远。

二、寥天一："孟孙氏梦"的梦觉合一

《庄子·大宗师》中有借孔子与颜回之口谈论"孟孙氏之梦"：

颜回问仲尼曰：孟孙才，其母死，哭泣无涕，中心不戚，居丧不哀。无是三者，以善处丧盖鲁国，固有无其实而得其名者乎？回壹怪之。

仲尼曰：夫孟孙氏尽之矣，进于知矣。唯简之而不得，夫已有所简矣。孟孙氏不知所以生，不知所以死；不知就先，不知就后；若化为物，以待其所不知之化已乎！且方将化，恶知不化哉？方将不化，恶知已化哉？吾特与汝，其梦未始觉者邪？

且彼有骇形而无损心，有旦宅而无耗精。孟孙氏特觉，人哭亦哭，是自其所以乃。且也相与吾之耳矣，庸讵知吾所谓吾之非吾乎？且汝梦为鸟而厉乎天，梦为鱼而没于渊。不识今之言者，其觉者乎，其梦者乎？造适不及笑，献笑不及排，安排而去化，乃入于寥天一。

此例子亦是借"梦"言人当处理好自我与外物的关系问题，关键是顺物化而不为自我情绪所左右。庄子学派时常要走打破世人对梦与醒的执着，从而将自我从观念的束缚中解脱出来的自我升华之道。借助詹姆斯的物质自我、社会自我和精神自我的见解，庄子学派眼中的物质自我主要指人的形体及其与形体相关的各类财富；社会自我指人的各种身份和关系；精神自我比较特殊，不同于詹姆斯心中指人能够指导日常生活的精神理性和精神气质，以实现对社会生活的应对。具体说来：

其一，不化的精神自我。庄子的精神自我是自我的归宿，是一种精神，是对现实的超越，例如，生死不入于心中，最终实现的自我对自我的负责，而不是对社会的负责。在庄子看来，社会的名位是对自我的伤害，只有回避社会价值，回

---

① 方勇、陆永品：《庄子诠评》，成都：巴蜀书社，2007年，第96页。

到自我，自我精神才能得到安顿。以孟孙氏之梦的故事来看，与其说，孟孙氏在处理丧事，不如说是他在安顿自我，以顺应自然的方式安顿自我性灵的方面来安顿亡灵，本身才是最好的安顿。孟孙氏母亲过世，他"哭泣无涕，中心不戚，居丧不哀"。这里的哭泣其实也不是真的，因为他只是"人哭亦哭"，因顺人心，不给自己留下麻烦，此谓"人之所畏不可不畏"（《道德经》）。此是社会自我的顺应。值得注意的是，文中提到"且方将化，恶知不化哉？方将不化，恶知已化哉？吾特与汝，其梦未始觉者邪？"（《庄子·大宗师》）庄子借以告诉世人大化流行，人的知识有限，面对即将变化的情景，我们何以知道那不变化的情况？遭遇不化的境况，何以知道已然变化的情景？事物的变化何以多样，这是事物的常态，也是"道"的常态。于此，孔子感叹他俩执着于礼教之悲伤情感，固执于名实之别，而未能化。因此，相比于孟孙氏，他俩更像是在做梦还没醒过来呢！为何孔夫子明明跟颜回谈论孟孙氏的事情，又何以说自己是在梦中呢？此处之梦更倾向于从常规意义上表述，那就是不真实的、虚空的，因为他们只拘泥于形式，而没有把握本真，以人之规范束缚了自我的身心，是一种"困""累"，如同噩梦一般萦绕在其身上，不得欢乐。因此孔子希望速速从中"觉"起。因此"觉"是一种破迷而悟的觉境。孔子后文又强调如同做梦化为飞鸟而一飞冲天，化为鱼儿沉没于深渊，不知此时说话的我们是在梦中，还是在清醒状态？因为可能我们是做梦在一起说话，果真在一起说话了吗？最后作者表达了自己的看法："造适不及笑，献笑不及排，安排而去化，乃入于寥天一。"适，本身是一种身心安适的状态，这种状态不以情绪去表达，一落言诠，便不自然；不期然而笑，笑得那么自然，没有任何做作刻意安排于其中，总之，顺应自然的安排去变化，如此，便能进入寥远天然的纯一之境。无梦无觉，亦梦亦觉。

其二，"骇形旦宅"的物质我。我哭之时，旁人都以为这就是"我"，他们哪里知道"我"果真不是我。也就是说旁人看到的是人的形，而不是我的神。而他哭所以"无涕"乃是因为他不以心伤身，是谓"骇形而无损心，有旦宅而无耗精"。形可骇（变化）而心无损，有躯体的转化而没有精神的损耗。这种信念本是"通天下一气"的表现，此为庄子对形体我的态度，更不用说对财富名誉等均视为浮云，此为庄子的"物质我"。

其三，"是其所以乃"的社会我。孟氏的社会自我体现在"不知所以生，不知所以死；不知就先，不知就后"。（《庄子·大宗师》）常人的社会自我是有先后、生死所体现的利益关系的杯葛，而孟孙氏则"不知"，用现在的话说，他不把社会的规范内化为我自己的规范。生死之哀不起，先后之得失不较。此时状态就好比随顺事物的变化，以此处置那人力不可知的变化。

三、自我与超我："庄周梦蝶"的"物化"启示

《庄子·齐物论》结语曰：

昔者庄周梦为胡（蝴）蝶，栩栩然蝴蝶也，自喻适志与，不知周也。俄然觉，则蘧蘧然周也。不知周之梦为胡（蝴）蝶与，胡（蝴）蝶之梦为周与？周与胡（蝴）蝶则必有分矣。此之谓物化。

这一"庄周梦蝶"故事历来为世人传颂，也演化为世人追求自由快乐的一种符号表征，意义深远。

（一）"庄周梦蝶"：在本我与超我之的梦境

"庄周梦蝶"的情境是庄周式的，但做梦变为生物，如鸟、鱼、花之类的，则是人类的常态。然而此故事寥寥数语，却有无穷意境。其根源在于对人性的追问。蝴蝶其实是自我的镜像，深入而言之，是超我的表征，蝴蝶不是当下的自我，而是自我的究竟、自我的了脱。显而易见，"庄周梦蝶"直接表现的是庄周这个"自我"（ego），而蝴蝶则应是个"超我"的表征。当然，一定程度上也可以看作是本我（id），作为万物之一的"我"。因为庄周讲究的是物我两忘，当然，他反对以物役我，而是役物而不役于物，与物偕行。如此，我们则可以抽象地继承弗洛伊德的本我、自我和超我的自我观，但在内涵上加以改造，那就是，在庄周看来，本我是一种作为万物之一的"我"，没有人的特殊性，而具有物的共性，没有人的优势感与分别感。自我，则是处于社会情境中的"我"，是现实中操作的自我的提升与沉沦的"我"。超我，则是人作为类的存在的高尚性体现，抑或人作为文化的动物而产生的对终极真理的关怀与自我的永恒安顿的主体。其实，人作为进化中的过程存在物，时刻是本我、自我、超我共处于一身，本我的快乐原则易于迷失于众生之中，自我的现实原则则是在有时易于成为有违道义的下人与有时易于成为不食人间烟火的神人这两端之间摆动，而端赖于自己的灵能如何驱使自我。"庄周梦蝶"则意喻自我的提升与超越。

有学者富有创意地将蝴蝶视为本我，将庄周视为弗洛伊德的自我，并认为本我有走向死亡本能，自我则充满爱欲的力比多，展示求生的本能。庄周力图追求"本我（id）"对"自我"（ego）的战胜，这便是逍遥游。[①] 不过，笔者认为，梦蝶既然作为追求自由的象征，应当是"超我"的体现，而"庄周"则代表现实

---

① 马荟苓、王爱敏：《从弗洛伊德的精神分析解读庄周梦蝶》，《湖南第一师范学报》2010年第5期。

理性的自我。游之类的逍遥在庄子看来是可以实现的，那就是与道为一，也就是"物化"，亦即齐物，说到底是自我的消融，本我与超我的贯通。但不能因此说明自我是障碍，恰恰需要"自我"的操控，自我最终埋葬了自我，这是自我的最大归宿。自我遵循现实原则，一直探讨在本我的快乐原则与超我的自由原则的平衡。放纵快乐原则终究害人害己，而一味不安抚本我的快乐原则的，超我的实现是没有动力。本我与超我似乎是两极，其实，在庄子看来是相通的。这个相能的桥梁便是"道"。"道"是"率性之谓道"，"道"是性的本然实现，不过，性是"天命之谓性"，是天然的、纯粹的，而不是弗氏所强调充满性欲的本能。进而"修道之谓教"，是需要在修之中，不断去磨合自己的心性，将本我、自我与超我合一，并以超我为主导。道的存在虽然不以人的意志为转移，却是人的意志可以感通的。因此，我需要去"修"，这个"修"在庄子看来就是"心斋""坐忘"，正是逍遥游。正是万物相和之境，"无死地"（《道德经》）也。"庄周梦蝶"所以流行，正是其文本的象征意义深远，富有无穷的诠释空间。本我是原始的、非理性的、本能的。而超我则是理想的自我，是道德理念、是富有升华的、悟性的、超越性的。没有本我何来超我。"庄周梦蝶"，表面上只有庄周与蝴蝶两者，其实，还有"道"，亦即"道我"。因为一切都因为有我才有了意义。没有"庄周"这一现实的自我，蝴蝶和高远的道，没有任何意义。因此，笔者认为，蝴蝶与髑髅都是道的影子。

（二）梦：通向觉醒之知的媒介

庄周与蝴蝶之间所以关联是梦的接引。"梦"何以能接引，而发挥媒介的作用，则因主体必有所求。"求以得，以罪以免"的欲望实现，如同蝴蝶的自由飞翔，而这一切的前提是要进入梦（道）。蝴蝶作为物的存在都是有限、有形的、有名的、短暂的，而只有道才是永恒的、无名的、无形的。正如梦境一般神妙奇幻。物不化，则有阻隔。因为庄周之为庄周，他意识到物必有分，正因为物之分，则物之为物，而不能为物物之物的"道"。

1. 梦：开启沉层自我认知的按钮

"梦"的内向传播过程何来在，关系互动性何在？唯在一"化"中，蝴蝶本身就由毛毛虫转化而来，喻意"道"具有化腐朽为神奇的功能。经历由蛹到蝶的转变，这去茧的过程是孕育着新生命的过程，即化的过程。必须有所舍弃，才能实现超越。具体说来，"化"体现为"坐忘"，可以是"心斋"，可以是"吾丧我"。在此类情景下，庄周易于梦为蝴蝶，易于进入自我超越之境，在此心境下，自我易于退位，超我易于上位，本我则易于消隐转化，进而呈现"虚室生白，吉祥止止"的和谐场景。

吴光明的《尼采与庄子》一文认为：通过反思他的梦，庄子获得了一种觉醒之知：我们不能知道我们不变的身份。正是这种知，使做梦者（我们自己）从被客观实在论缠住的专横中解放出来。这是一种元知识，一种对自己无知的觉醒。这一觉醒的无知导致在本体论转化之流中的逍遥游。[1]

庄周梦蝶之梦所以是好梦，因为蝴蝶"栩栩然"生动活泼，而又"自喻适志"，心灵似乎在尽情地诉说志向的舒适实现即这种实现是不用付出代价的，是自然而然的。如同庖丁解牛一般，游刃有余，臻于舞曲之境。梦中之蝶已然不是现实中的蝶那样有生有死，而是不生不死的永恒自在，此时，蝴蝶的快乐是毋须条件，也是不需要等待的，是谓"无待"。无待，即消融了现实我与理想我的界线，即无我而有真我。"无待"本亦是"无"的一种形式，"无"是一种否定，更是一种超越。郑开亦解说："'无待'就是指我们所进入的独立且自由的状态。我们既不需要凭借某种东西，同时，又将所有的外部条件统统去除，进而，将真正的'我'释放、发挥出来，这便是'无待'思想的精义。"[2]或者，"无待"就是物我距离消融了，物我合一，蝶我合一，是谓"物化"，此时"出于无有，入于无间"（《道德经》），即谓"适志"，心想事成。依徐复观所言："惟有物化后的孤立的知觉，把自己与对象，都从时间与空间中切断了，自己与对象，自然会冥合而成为主客合一。……此时与环境、与世界得到大融合，得到大自由，此即庄子之所谓'和'，所谓'游'。"[3]

2. 醒：梦后的大觉

吴光明指出，"庄周梦蝶"还包含着梦与醒之外的第三个阶段——大醒。大醒即"从醒中醒"，即"庄周认为他不是蝴蝶为'醒'，庄周不确定他是庄周还是蝴蝶则代表他从这个醒中'醒来'。"[4]这种深沉的"大醒"，会带来"知不知"的认知转化。"知不知"的瞬间感悟，如同濒死体验一样，一下子便明白了活着时的迷昧而死时的明白。

庄周有名，成形了，则必有成心，蝴蝶没有具体的名，故而是整全的、没有分化的，乃是永恒的。"蝴蝶的精髓在于'栩栩然'的翩翩飞舞——它从一个思想飞向另一个思想，从一个事件飞向另一个事件……它不否认梦与醒、现实与幻想、

---

① 〔美〕爱莲心：《向往心灵转化的庄子：内篇分析》，周炽成译，南京：江苏人民出版社，2004年，第102页。

② 郑开：《庄子哲学讲记》，第207页。

③ 徐复观：《游心太玄》，刘桂荣译，北京：北京大学出版社，2009年，第98页。

④ Kuang-ming Wu, The Butterfly as Companion，NY: State University of New York Press, 1990, p.217.

知与无知……它所能确定的，只是它从此"飞"到彼的状态。"①蝴蝶是庄周力欲超脱的精神指称，是精神形式的庄周，即自喻其适的庄周，而"蘧蘧然"觉醒状态的庄周则是物质形式和社会形式的庄周。此二者是统一于庄周一身，又是分离的。因为精神状态的"我"是可以超越或忘记身体或关系形态的自我，故有"缸中之脑"一说。飞是一种穿越，从梦到醒到大醒，即悟，即由觉而悟，蝴蝶显然是庄周精神的投射。蝴蝶在别人看来可能是他者，但是蝴蝶在庄周看来则是从他者回归自身，进而反观自身，在这个过程中便是从与他者（蝴蝶）的对话（心灵感通）中，实现对自我与他者的同时"去蔽"，即同时实现对物化的顺应而齐一，最终实现通过关注他者而实现回归自我的完整齐一，即灵与肉的统一。

正如汉学家爱莲心所说的，蝴蝶这一意象的选择，无论是有心还是无意，它本身是"化"的现实表征。蝴蝶从毛毛虫到蛹，到蝴蝶，实现了华丽的转型（transformation）即"转型为蝴蝶必须蜕掉原有的皮。这点表明仅有旧事物让位于新事物时，转型才会实现。且此种转型是一种内部转变，不需要任何外在媒介"。②

梦蝶中所提到的"物化"，《天道》篇中这样表述："知天乐者，其生也天行，其死也物化。"相似的表达亦现于《刻意》中（"圣人之生也天行，其死也物化。"）既然天行与物化对举，那么其含义就应当是相对的。物化即天行，是天道自然而然的一种运动。人主动地进入天行物化之境，是圣人之为，其境界是"天乐"，本然的快乐，而为人欲之乐。庄子在"寐"和"觉"转变，其实亦即在"物化"中体会自身的酣畅淋漓。此正所谓"大醒"。庄子并不停滞于对觉中的懊恼，而是于这一转变中感悟到，自然之道不可违。唯与将自我与道相通，即主我与客我合一，才能形神俱妙，快意人生。以至于他以各类形体残缺，但精神圆满自足之人来进一步展现"齐物"的奥妙。即万物与我为一，"我"与万物在大化流行中互为主体，彼此相通相化，"物有分，化则一也。"③值得注意的是庄子学派在《知北游》篇中亦言"古之人外化而内不化，今之人内化而外不化，与物化者，一不化者也"，似乎是否定"物化"，不过，此处讲"与物化"，而非"物化"。罗勉道解得好："外化而内不

---

　　① 郭晨：《吴光明与爱莲心"庄周梦蝶"的阐释比较》，《漳州师范学院学报》（哲学社会科学版），2013 年第 3 期。

　　② Robert E.Allinson，Chuang-Tzu for Spiritual Transformation：An Analysis of the Inner Chapters，NY：State University of New York Press，1989.p.74.

　　③ 马其昶：《庄子故》，钱穆：《庄子纂笺》，北京：九州出版社，2011 年，第 23 页。

化者，应物而心不与之俱，内化而外不化者，心无定而为事物所撑触也，与物化者，外化也，一不化者，内不化也。"①"古之人"是人心纯朴之世下的人，亦即庄子心中的理想人物，他们"外化而内不化"，是"承认并随顺外界的变化，与之一起迁移，但却保持自己的真然本性，保持内心的真宰，保持内心之真，不'丧己于物'。"②

可见，"与物化者"，主体随着他者变化，丧失主体性，失去自由与自在，不由自主。"物化"则是表征物的齐一性与贯通性，物与物，我与物都紧密无间，没有分别。"生物者不生，化物者不化"。③ 物化是物之常，道之常。"天地固有常矣，日月固有明矣，星辰固有列矣，禽兽固有群矣，树木固有立矣。夫子亦放德而行，循道而趋，已至矣。"（《庄子·天道》）人顺道而为，与物无伤。"至德者，火弗能热，水弗能溺，寒暑弗能害，禽兽弗能贼。非谓其薄之也，言察乎安危，宁于祸福，谨于去就，莫之能害也。"（《庄子·秋水》）

"庄周梦蝶"寓言流露出，庄子有自我超越的意向，有对物我两忘境界的追求与向往，但他也批判物我二分的常规思想。正如弗洛姆所言，人的创造性工作是一种物我合一状态："在每一种创造性工作中，创造者同他的工作材料结合为一，工作材料代表了整个外部世界。无论是木匠做一张桌子，还是金匠打一件首饰；无论是农民种庄稼，还是画家作画——在所有这些创造性工作中，工作者与对象都合二为一，人在创造过程中将自己与世界结合起来。"④ 此所谓"道进乎技"，最彻底的创造性精神活动，便是自我的形与神的美妙统一，实现形之安顺，神之灵妙，梦当是其最贴切的表征。"庄周梦蝶"之梦不是精神狂乱之梦，身体狂躁之梦，而是形就神和之梦。此种吉祥之梦本身是身心放松的表现。

弗罗姆还认为："人——所有时代和所有文化之中的人——永远都面临着同一个问题和同一个方案，即：如何克服这种疏离感，如何实现与他人整合，如何超越个体的生命，如何找到同一。"⑤ 在庄子看来，人源于道（齐一），因此人从本性上有着向往"道"那齐一且永恒安顿的诉求。人总感觉自身是被抛到世上的孤独的存在者，生不却，死又不能止，亲人朋友也只是共同通向"一"的桥梁，更易于趋向以和谐为本质特征的"道"。庄子学派意识到人的内心深处有拘于形体的现实自我，追求现实原则，又有一个追求超越，不满当下，追求无形境界的超我。

---

① 罗勉道：《南华真经循本》，《道藏》第 16 册，上海：上海古籍出版社，1996 年，110 页。
② 奚彦辉、高申春：《心理学视角的〈庄子〉自我观探究》，《心理研究》2008 年第 2 期。
③ 杨伯峻：《列子集释》，北京：中华书局，1979 年，第 2 页。
④ 〔美〕弗洛姆：《爱的艺术》赵正国译，北京：国际文化出版公司，2004 年，第 22 页。
⑤ 〔美〕弗洛姆：《爱的艺术》，第 14 页。

正因为有超我，人本有为万物之灵的高贵所在。一般人追求的是物与我的分别，自我的殊异性；圣人则反之，消融物与我的差别，展现自我的高贵性。上文已言的"大圣梦"启示我们：梦是实现超越的媒介。因为（大）梦联系着醒（觉）与解。通常生活中的睡与醒的反复如同人处于"钧"之上，苦不堪言。庄周梦蝶式的大梦，消解睡与醒（觉）界限，不认为醒时才是真实的，而梦中是虚幻的。反而，正是因为有梦这一触媒，人可以放下执着，达到"悟"的境地。梦真乃造化的神奇表现。不过，白龟之梦表明物我可以感通，理性有穷困之虞。

刘文英指明，蝴蝶梦状态就是"与大道合二而一"的状态："从艺术形象来看，我们可以把蝴蝶梦中的蝴蝶，视为大道的象征性符号，而'梦为蝴蝶'则意味着庄子得道，与大道合二而一。若就思想境界而论，蝴蝶梦中的'不知周也'，亦即'至人无己'的形象化，表明庄子自认为他已达到至人的境界了。"[①] 故而，蝴蝶梦暗示主体精神的自由快适，其境界是"至人无己、神人无功、圣人无名"，是物我齐一的物化状态，是齐同物我状态下逍遥自得、无挂无碍的自由境界，是物化的最高境界。

综上所述，《庄子》书中的"梦"是通向自我内在结构（"主我"与"客我"）消融的重要方式，也是实现自我升华的路径。因此，引入内向传播的理论视角，有助于我们深入剖析《庄子》的自我观，进而实现中西内向传播理论的跨越时间的对话，意义深远！

（作者简介：谢清果，厦门大学新闻传播学院教授，博士生导师，从事华夏文明传播与媒介学研究。）

---

① 刘文英：《庄子蝴蝶梦的新解读》，《文史哲》2003 年第 5 期。

第六章　梦境与觉醒：
庄子对梦的自我传播本质再考察

在西方自我传播理论中，梦是自我传播的途径之一。华夏文化中，梦文化也是一块绚丽的瑰宝，而庄子的梦论在其中有着重要的地位。本章想从自我传播的视角来观照庄子梦论。本章从庄子梦中自我传播过程这一框架展开论述，阐述了庄子从世俗自我，通过对梦境的反思和本质认同完成心灵转化，进入圣人之境，达到"道通为一"这一终极目标的过程。同时本章试图论证"梦"与"觉"的关系在庄子自我传播梦论中的总领地位，为华夏自我传播研究提供一个切入点。

在西方自我传播理论中，梦作为自我传播的途径而占有重要地位。陈力丹先生在《自我传播的渠道与方式》一文中将潜意识的梦境作为第三种正常的自我传播方式。① 弗洛伊德在《梦的解析》中提出梦是"完全有效的精神现象——是欲望的满足"。② 梦是人们潜意识的体现，人们通过专业或者非专业的析梦，对自己进行反思，然后产生行为上相应的调整，从而完成自我传播。西方的自我传播梦论为我们提供了一个研究自我传播的角度。刘文英、曹田玉在《梦与中国文化》中梳理了华夏梦文化的脉络，从书中我们可以看到华夏梦文化绚丽多彩，发展变化丰富，与原始信仰、政治、经济、迷信风俗、宗教、理论学说、文学、哲学等都有着复杂的关联。

在中国传统哲学中，梦文化涉及天人关系、形神关系、鬼神有无、道德修养与人生意义等问题。中国哲学还对"梦中之事"和"世中之事"的关系作了探讨，也就是提出了梦的真实性与虚幻性的矛盾。③ 而"梦"与"觉"的关系，正是庄子梦论的旨要，庄子突破了在他之前"托梦"与"占梦"的两种说梦方式，消解了

① 陈力丹：《自我传播的渠道与方式》，《东南传播》2015 年第 9 期。
② 〔奥地利〕西格蒙德·弗洛伊德：《梦的解析》，孙名之、顾凯华、冯华英译，北京：国际文化出版公司，1999 年，第 124 页。
③ 刘文英、曹田玉：《梦与中国文化》，北京：人民出版社，2003 年，第 17 页。

梦境即是真实的说法，^①在华夏梦文化的纵向发展中占有重要地位。国内的华夏传播研究学者谢清果在《自我与超我的蝶变：内向传播视角下的庄子之梦新探》一文中指出了庄子之梦是"实现自我圆融自适的重要路径"，并在米德自我与超我的自我传播理论的观照下指出中西自我传播的差异。^②

综合上文所述，庄子梦论在自我传播领域和华夏梦文化领域都极具独特性和闪光点，而现有的研究对庄子梦中所主要涉及的自我传播过程和场域及其与西方理论的差异则有待探索。因此，本章将继续选取庄子梦论作为研究文本，从自我传播的角度观照庄子梦论，并着重分析庄子的占有特殊地位的"人生如梦"思想，为华夏自我传播理论的研究提供一个新的角度。

第一节　自我传播的起点：向往着得道的自我

庄子梦论的内容丰富瑰奇，有蝴蝶梦、髑髅梦、神木之梦、神龟梦等。需要指明的是：庄子真的做过这些梦吗？庄子是否真的梦到过蝴蝶，我们不得而知。庄子的梦，不如说是庄子"梦式"说理方式，^③本章即是从庄子的"梦式"说理来挖掘庄子梦中自我传播。那么为什么会做有特定内容的梦呢？我们的文化讲"日有所思，夜有所梦"，西方自我传播理论认为是"想象的潜意识活动在梦的建构过程中发挥了重要作用"，^④这两种说法虽然是从不同视角出发，但却有异曲同工之妙，都说明了做梦是有缘由的。那么庄子的那些梦，是否也遵从类似的心理机制呢？换句话说，庄子自我传播的起点是什么呢？

《庄子·人间世》云："天下有大戒二：其一，命也；其一，义也。子之爱亲，命也，不可解于心；臣之事君，义也，无适而非君也，无所逃于天地之间也。"可见庄子对世人无法摆脱血亲关系和群臣关系的现实看得透彻，他承认人行走于天地间，这是无法逃避的。从另一方面看，庄子把这二者列为"大戒"，这说明庄子虽立于天地间，但他仍追求着拓展心灵，接近"道"以致超然于物外的境界。而庄子所谈的梦境，充分体现着庄子的向往和追求。

《齐物论》中著名的蝴蝶梦展示了庄子的向往与入梦的逻辑关系：

---

① 陈静：《梦的隐喻：解读〈庄子〉之梦》，2013年9月1日，http://www.daoisms.org/artide/lundao/info-9437.html/。

② 谢清果：《自我与超我的蝶变——内向传播视角下的庄子之梦新探》，《诸子学刊》第17期。

③ 濮琦琳：《"庄子梦"阐释与接受研究》，硕士学位论文，华东师范大学，2016年。

④ 陈力丹：《自我传播的渠道与方式》，《东南传播》2015年第9期。

昔者庄周梦为胡蝶，栩栩然蝴蝶也，自喻适志与，不知周也。俄然觉，则蘧蘧然周也。不知周之梦为胡蝶与，胡蝶之梦为周与？周与胡蝶，则必有分矣。此之谓物化。

　　在现实清醒的时刻，自我"有所思"，却只能通过幻想来达成，但进入梦境却真的可以"自喻适志而不知周"，感受到变成蝴蝶的快乐。这种观点被张湛总结为"情化"说，他认为变成蝴蝶是庄子的"情之所化"，是情感在梦中的一种表现。庄子在现实中向往蝴蝶的逍遥自在，所以在梦中化为了蝴蝶。[1] 在张湛的理论基础上，后来者的学说如李覯的"心溺"说、陈士元的"情溢"说，还有熊伯龙的"忧乐存心"说都阐释入梦的心理机制：自我在梦中向着心之所"溺"产生梦像。[2]

　　从自我传播的视角看，向往得道的自我是心灵转化的原点，即是庄子梦中心灵转化的开始。所以在对庄子自我传播梦论的研究中，笔者认为自我对某物、某事或者某种状态的向往即是自我传播的起点。基于上文所述，自我因为情之所向进入梦境，向往蝴蝶的自适从而在梦中变成了蝴蝶，可以看出梦境的展开，在梦中与"得道"自我的接近，都围绕着入梦前现实中自我所向往的方向。所以本章认为向往是自我传播的起点，对于庄子来说，这个起点便是一个向往着"得道"、成圣的自我。

第二节　自我传播的过程：
心灵转化过程与自我传播完成场域的分析

　　西方社会心理学符号互动学派的创立人米德认为：在社会互动中，自我分为"主我"和"客我"，"主我"代表每个个体独一无二的自然属性，而"客我"则代表社会的内在化需要及个人对这种需要的理解。[3] "主我"与"客我"的互动就是自我社会化的过程，"主我"根据"客我"来对自己（"主我"）在社会互动中的意识和行为进行修正。[4] 而其中"主我"—"客我"—"主我"的互动过程便是自身

---

①　刘文英、曹田玉：《梦与中国文化》，第262—264页。
②　刘文英、曹田玉：《梦与中国文化》，第266页。
③　黄晓京：《符号互动理论——库利、米德、布鲁默》，《国外社会科学》1984年第12期。
④　〔美〕乔治·H.米德：《心灵、自我与社会》，上海：上海译文出版社，2008年，第208—217页。

的"符号互动"过程，在传播学视阈下则是自我传播的过程。梦是自我传播的方式之一，梦中自我传播同样遵循着"社会我"—"梦中我"—"社会我"的过程。"梦中我"与"社会我"的互动包含着做梦前"社会我"的需要和理解，梦境中"梦中我"和"社会我"的互动，以及梦醒后"社会我"对梦境的回想、理解、内化，从而对行为作出修正。

上文论述了庄子由于"情之所向，心之所溢"进入了梦境。他把自己的愿想寓于梦中，并通过心灵转化达成了对梦境的本质性认同，向着圣人之境靠近。换句话说，庄子不只是在梦中过了一把"得道"的瘾，而且通过自我传播，真正靠近了"得道"的自我。这一传播过程与西方侧重于精神分析的自我传播梦论的最大不同是自我传播完成的场域：庄子的梦即是自我传播完成的场域，在梦中庄子即完成了世俗我向得道我的转变；而西方自我传播理论中，醒来后"梦中我"完成与"社会我"的交流反馈，自我传播才算完成。下文通过庄子的三个梦像分析庄子心灵转化的过程。

一、突破"周"与"蝶"类的限制

《齐物论》中有一个著名的蝴蝶梦：

昔者庄周梦为胡蝶，栩栩然胡蝶也，自喻适志与，不知周也。俄然觉，则蘧蘧然周也。不知周之梦为胡蝶与，胡蝶之梦为周与？周与胡蝶，则必有分矣。此之谓物化。

意思是庄子梦到自己变成了一只翩翩飞舞的蝴蝶，逍遥自在，根本不知道自己原来是庄周。醒过来后，发现自己就是庄周，所以不知道是庄周做梦化作了蝴蝶，还是蝴蝶做梦化为庄周。庄周和蝴蝶必定是有所分别的，这种转变就叫作"物化"。[1]"物化"在这里的意思是"主体化为外物"，庄子在梦中体验到"物化"之流，打破了自我与外物的分别。[2]

西方梦论中重在通过所梦之情景来解析自我的潜意识。弗洛伊德认为梦的内容是由于意愿的形成，其目的在于满足意愿。[3]分析梦境是追本溯源，通过梦来窥探自我的意愿。而上文庄子与梦中我的自我互动不同于西方自我传播理论中"我为什么会梦到蝴蝶"这样的发问，庄子对自己的发问上升到了哲学层面："是我梦

① 陈鼓应：《庄子今注今译》，北京：商务印书馆，2007年，第109—110页。
② 刘文英：《庄子蝴蝶梦的新解读》，《文史哲》2003年第5期。
③ 〔奥地利〕西格蒙德·弗洛伊德：《梦的解析》，第35页。

到了蝴蝶，还是蝴蝶梦到了我？"庄周梦到了蝴蝶，然后"不知周"了，他真真切切地感受到了蝴蝶的快乐。庄周现实中向往蝴蝶的逍遥自适，蝴蝶在这个梦中即是"道我"，在梦中庄子不仅突破人类的限制，完成了"周"到"蝶"的转化，体验到了"万物与我为一"的境界，同时也完成了世俗自我到得道自我的心灵转化。按照庄子的讲述，这种体验只是在梦中，而一旦从梦中醒来，这种体验也就不复存在了，那么有没有在现实中实现这样的心灵转化的可能呢？在庄子看来，得道者是可能的。所以根据庄子"梦"与"觉"关系的观点，本章认为，梦中化蝶的时刻便是一般人短暂地接近了"道"，此部分在下文详述。

二、突破"生死"，更好地安顿生命

《庄子·至乐》中有一个庄子与髑髅讨论生死的梦：

庄子之楚，见空髑髅，髐然有形，撽以马捶，因而问之，曰："夫子贪生失理，而为此乎？将子有亡国之事，斧钺之诛，而为此乎？将子有不善之行，愧遗父母妻子之丑，而为此乎？将子有冻馁之患，而为此乎？将子之春秋故及此乎？"

于是语卒，援髑髅，枕而卧。夜半，髑髅见梦曰："子之谈者似辩士，视子所言，皆生人之累也，死则无此矣。子欲闻死之说乎？"

庄子曰："然。"

髑髅曰："死，无君于上，无臣于下；亦无四时之事，从然以天地为春秋，虽南面王乐，不能过也。"

庄子不信，曰："吾使司命复生子形，为子骨肉肌肤，反子父母妻子闾里知识，子欲之乎？"

髑髅深矉蹙頞曰："吾安能弃南面王乐而复为人间之劳顿乎？"

本篇以髑髅的一个反问结束，看似没有继续的对话，其实庄子早已将"生"与"死"的旨趣寓于梦中了。在庄子的梦中，髑髅是个思维清晰、论辩有序的形象，按常人的思维，人们见到髑髅该是避之不及，而庄子却能枕着它安然入睡，除了形象不同，死者（髑髅）和生者（庄子）并没有其他不同，可见庄子描述的"死"是与"生"平等的另一个真实可观的世界。髑髅说那边的世界没有君臣高下、四时春秋之分，可以享受南面为王的快乐。这并不是庄子弃生乐死，而是试图改变"死"与"生"的不平等地位，以致消融"生""死"的界线，进一步改变人们谈"死"色变的心理。另一个角度看，庄子也用"父母妻子闾里知识"安慰了"生"的世人，虽然"生"的世界充斥着等级秩序、政治动荡，但我们仍能在故乡与亲友为伴，知足才能更好地安顿身心。

最后骷髅"怎能抛弃国王般的快乐而回到人间的劳苦"的发问正是庄子心灵转换的关键，死者说他的快乐用人们最看重的亲友相伴也无法企及，这个回答是对已经建立好的现世价值的无情拷问，也是庄子在梦中对"生"与"死"界限的彻底消融。庄子在这一瞬突破了生死之界，完成了从向生惧死到无谓生死的转化，同时也是完成了从迷茫求索到超然的转化。这个梦中庄子是现世的独行者，他通过自我传播安顿了自己迷茫的内心。"生"就安于"生"，"死"就安于"死"，生者无须为死亡而焦虑，死者也无须为生而遗憾追悔。这样才能在这个乱世让心灵更加从容安定。

庄子"等生死"的生死观在其他篇目中也有很多体现。《知北游》曰："不以生生死，不以死死生。死生有待邪？皆有所一体。有先天地生者物邪？"庄子表达了生死一体，都是由"道"生发出的观点。《齐物论》曰："方生方死，方死方生；方可方不可，方不可方可；因是因非，因非因是。是以圣人不由，而照之于天，亦因是也。"是说它刚发生就死去，刚死去就发生，圣人不依循分辨是非的途径，而是照应于事物的天性。庄子劝诫人们不要只关注自己看到的一面，而去非议、去畏惧没看到的另一面，"死""生"等，让二者顺着自然天性发展。①

庄子通过梦骷髅，与骷髅的交流互动，实现了自我的心灵转化，自我在"道"的指导下"齐"生死，从而更加豁达、平静。同时这也是劝说人们在"生"也失意，"死"也将会来临的状态中不要过分焦虑，既生于天地间，要更好地安顿生命的一种说辞。

三、"梦"与"觉"的指导地位

西方自我传播理论认为做梦的首要前提就是睡眠。弗洛伊德认为梦显然是睡眠中的心理活动。②而在庄子的自我传播梦论中，却有一个与之相悖的话题，就是"梦"与"觉"之难辨难分。我认为"梦"与"觉"的关系实质上是最全面的、系统的，它关照着三个心灵转化过程，在庄子自我传播梦论中占有重要地位。

《齐物论》曰："梦饮酒者，旦而哭泣；梦哭泣者，旦而田猎。方其梦也，不知其梦也。梦之中又占其梦焉，觉而后知其梦也。且有大觉而后知其大梦也，而愚者自以为觉，窃窃然知之。"邹蕴博士在《〈齐物论〉中"梦"与"觉"释义》一文中提出，"知"（可以理解为知识、技能、知性）是区分"彼"与"我"，"梦"

---

① 文心工作室编著：《最美国学：庄子》，北京：中央编译出版社，2014年，第9页。
② 〔奥地利〕西格蒙德·弗洛伊德：《梦的解析》，1999年，第225页。

与"觉"的重要渠道。^①生活经验和直觉感受在我们的生活中往往是起着支配地位的，拥有一定"知"的能力的正常人都可以区分"梦"与"觉"。庄子说"当人在梦中，却不知道是在做梦，醒了以后才知道是在做梦。"可以看出他在清醒的时候也和我们一样可以很轻易地区分清醒的状态和做梦的状态。但庄子却能通过梦进行深入地反思和发问：我们在梦中以为我们是醒着的，并且又做了一个梦，那么我们怎么知道现在的清醒时刻实际上不是一场大梦呢？万世之后如果有"大觉"者，现世芸芸众生的漫长一生不过是梦中一瞬罢了。这样，"梦"与"觉"的界限就被消解了，但庄子的消解与中国古代的托梦、占梦不同，后者认为梦就是真实，梦到了有违人情伦理的事情，做梦者在现实中也要受到惩罚。可见，在托梦与占梦时代，梦与现实的因果联系是紧密的；而庄子先是用梦与现实的情绪相反证明了梦境与现实也可以是相反的，而后彻底消除了梦境和现实的边界，梦境与现实之分只是愚人的自我蒙蔽。现世价值之混乱，不足以证明其与不靠谱的梦境有什么分别。

"齐"了"梦"与"觉"，庄子完成心灵转化，全身心走入梦境，在其中安顿身心以等待着"大觉"的到来。那么"梦"与"觉"是如何统治庄子自我传播的过程呢？首先，庄子在梦中变成了蝴蝶，实现了逍遥自在，接近了"道"。人生若是一场大梦，梦中所达到的那种境界便是"周"与"蝶"与"道"合一的境界。第二点，庄子对于生死界限的消弭，实质上也指向"梦"与"觉"。在髑髅梦中，庄子劝导世人不要畏惧死亡，通过髑髅讲述了死者后悔生，死后没有现世的束缚，那么谁能说生活在现困顿中的生者不是处于一场"大梦"，而梦境中清明自在的死者不是处于"大觉"之中呢？^②现实中无法变成蝴蝶自由自在地飞舞，无法向死者那样享受南面为王的快乐，都说明庄子对现实是混沌迷茫，而梦境是顿悟觉醒的"颠倒"。庄子向往着入梦十分，更向往着永远不要醒来的梦——通往大觉。

四、自我传播完成场域探析

上文选取的三个文本都是庄子现实中的叙述，那么为什么说自我传播的心灵转化是在梦中完成的，而不是在醒来后与自我的交流反思中完成的呢？我认为虽然庄子醒来后进行了发问和反思，但这个互动过程是一种"发觉"，他发觉了梦中的"觉醒"时刻，我们可以说庄子自我传播的结果在梦中就已经发生了，只是自我传播的过程延续到了梦之外。蝴蝶梦寓言中，庄子回忆梦蝶的情景，认识到梦中实现了逍遥自由，不知庄周的境界；骷髅梦中庄子回忆与骷髅对话的经历，发觉在与骷髅的对话中突破了生与死的界限，发觉了更好地安顿自我的方式。可见，庄子实现突破、心灵超越的场域是梦境，醒来后只是对梦中的心灵转化进行发觉和描述而已。而在西方的自我传播理论中，梦醒后的反思与自我认知的转变，是梦境之外的自我传播的重要步骤。陈力丹在《自我传播与自我传播的前提》中说："人通过自我传播对外界环境中的事件、现象或者问题进行观察、分析和判断，从而找到适应环境、得以生存和发展的途径。"①可见只有当对梦境的观察、分析和判断完成，从而对自我产生指导之后，自我传播才算完成。所以说庄子的自我传播过程并不是遵循西方理论中入梦、梦醒、自我认识与反思，最终升华社会自我，达成自我传播目标的线性过程。西方理论中最重要的梦醒时分的认识、反思自我这一步骤，反而成为庄子自我传播过程的一个支线。笔者以庄周梦蝶为例将庄子梦中自我传播的过程总结为图 6-1，将西方梦中自我传播理论总结为图 6-2 以进行对比：

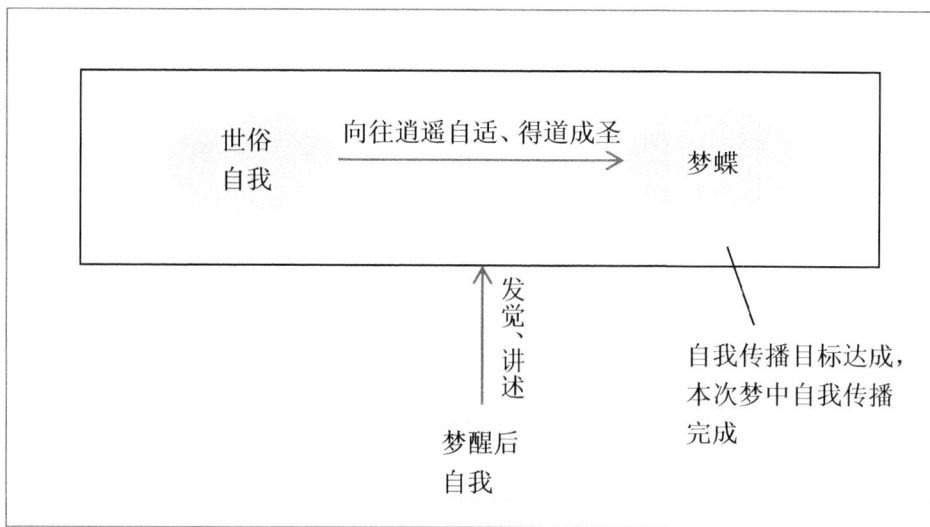

图 6-1：庄周梦蝶的自我传播过程

---

① 陈力丹：《自我传播与自我传播的前提》，《东南传播》2015 年第 8 期。

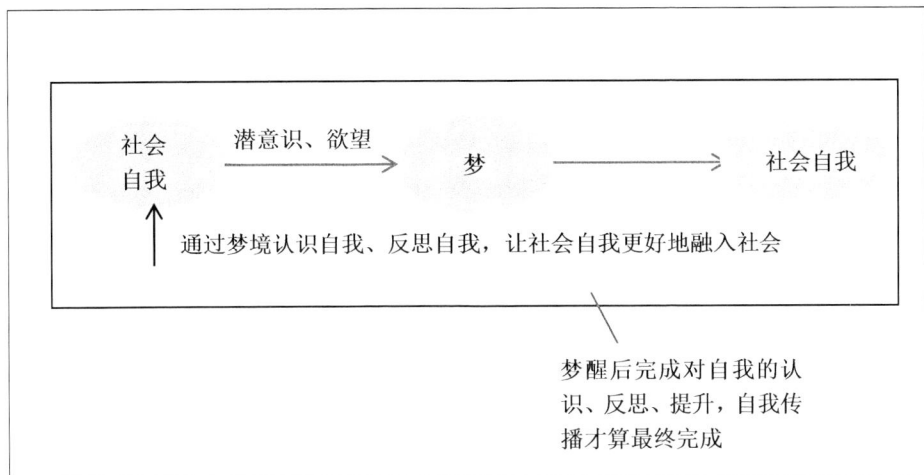

图 6-2：西方梦中自我传播过程

第三节 自我传播的终极目标："道通为一"

上文论述了庄子梦中自我传播和西方自我传播完成场域的差异，由此我们可以推论，与西方自我传播梦论不同的是，"庄周之梦不是普通的生理、心理抑或精神方面的问题，而是境界的升华"；[1]庄子梦中自我传播的目标并不是通过梦境来认识自我、指导自我更好地融入社会，而是消除现实社会中的种种藩篱，把梦中"得道"的自我无限接近于现实的自我，达到"通为一"的境界。商戈令在《"道通为一"新解》中说："道通则行，通行则万物生灭有道"，可见"通"的重要性。在本章中，感受到"蝶"的逍遥自适，髑髅最终的发问均可以体现"通"这一时刻。[2]"道通为一"是对"对世界万物均以自己的独特方式存在，但都是同样地分有道而得到自己之性质，并相互贯通为一整体的存在状态"的描述。[3]庄子所说的"惟达者知通为一"说的就是圣人、得道者能达到的一种"大觉"的境界。

在庄子梦论中，庄子是一个未得道者的一般人的角色，追求着"道"和逍遥，如果把庄子的每一个梦境称为一个"小觉"，那么庄子一直等待着有一场梦永远不会醒来，最终达到"人生如梦""道通为一"——"大觉"的境界。庄子在虚幻的

---

① 谢清果：《自我与超我的蝶变——内向传播视角下的庄子之梦新探》，《诸子学刊》第 17 期。
② 商戈令：《"道通为一"新解》，《哲学研究》2004 年第 7 期。
③ 王攸欣：《道通为一，逍遥以游——〈庄子〉要义申论》，《中国文化研究》2011 年第 1 期。

梦中开示真理，意味着对现实世界虚幻性的颠倒。在庄子梦里的自我传播中，"周"与"蝶"、"生"与"死"、"梦"与"觉"都与道和一。[①]

综上所述，本章在自我传播视角的观照下，论述了庄子梦论独特的逻辑顺序，指出了庄子自我传播梦论与西方自我传播梦论最大的不同：自我传播完成的场域，并着重突出了"梦"与"觉"的关系在其理论中的指导地位。本章在庄子梦论的研究中对既不脱离西方自我传播梦论的观照，又做出一定的超越尝试。不过，在"梦"与"觉"的指导作用以及最终"道通为一""人生如梦"的目标和境界方面，需要更多庄子梦论的支撑；庄子自我传播梦论与西方自我传播梦论对比方面，自我传播过程的差异需要多的论述，如梦醒后自我在自我传播过程中角色的差异、自我传播目标与自我传播完成不一致的情况等。

（作者简介：田园，厦门大学新闻传播学院 2015 级学生；谢清果，厦门大学新闻传播学院教授，博士生导师，从事华夏文明传播与媒介学研究。）

---

① 杨建民：《中国梦文化史》，福州：福建教育出版社，1997 年。

第七章 无情与真情：庄子对情感交流的观念表达

庄子主张"无情"，这里的"无情"是人的一种至真至纯的"真情"。在庄子看来，人的主体能动性是至关重要的，在情感交流中，需要通过"心斋"的方式剔除心中成见，形成"集虚"的状态，为"真情"的表达提供通道，而在人与外在世界的互动中，"坐忘"则为主客体的情感交流清除了障碍和隔阂，实现了"真情"的互动融通。"心斋"和"坐忘"两种体道形式的根本目的是超越人的世俗情感而回归到挥洒自如的真情释放，这都是来源于庄子对"道"的感悟和对自然本真的追求。于此，人的情感交流能够跨越媒介，实现心灵之间的互动和沟通，达到"道通为一"情感的至乐体验。

引　言

学界对情感的研究更多集中于儒家，对道家的情感研究相对较少，蒙培元认为，道家在"体道"过程中很少涉及情感因素，而不像儒家那样讲求情感色彩。① 对于庄子的"情"的研究从著作到期刊论文都有涉及，其更多的是从哲学层面去探讨。诸如陈鼓应的《庄子论情：无情、任情与安情》，文章从庄子学派的性情一体观，以及无情说、任情说与安情说等方面阐述庄子的情论。② 刘泽民的《庄子情感理论探溯》一文探讨庄子的人之情和性命之情以及如何实现高扬性命之情等。③ 吕艺《庄子"缘情"思想发微》一文，对古代文学理论的"缘情说"进行重新考证。④ 还有郭洪林的硕士论文《老庄情感哲学研究》⑤对老子和庄子的情感哲学进行研究以及与儒家的哲学思想进行对比。总的来看，学者更多从哲学层面思考庄子

---

① 蒙培元：《中国哲学主体思维》，北京：人民出版社出版，1997年，第103页。
② 陈鼓应：《庄子论情：无情、任情与安情》，《哲学研究》2014年第4期。
③ 刘泽民：《庄子情感理论探溯》，《益阳师专学报》1991年第1期。
④ 吕艺：《庄子"缘情"思想发微》，《北京大学学报》（哲学社会科学版）1987年第5期。
⑤ 郭洪林：《老庄情感哲学研究》，硕士学位论文，湖南师范大学，2015年，第10页。

"情"的思想，笔者在这里不一一列举。学者萧平、张磊在《近三十年来道家情感哲学研究述评》一文中对学界关于道家情感哲学的研究进行梳理和总结，认为学者对先秦道家情感哲学的思考主要集中于总体特征探究、庄子"真情"与"无情"之辩以及"性情论"研究等三个方面。[1] 除此之外，还有许多关于庄子思想研究的著作。可以说，对于庄子的哲学思想研究已取得丰硕的成果，但是笔者试图从传播的视角，从情感交流[2]沟通的维度对庄子的思想做另一种角度的阐释。从传播的角度研究庄子的思想，学界也有相应的成果，深圳大学的王琛在《试论〈庄子〉的传播观念》一文中，从传播沟通的视角阐述庄子自我沟通和传播的思想。[3] 全冠军在《庄子传播思想研究》中认为传播主体是一个受到各种限制的"舞者"，庄子认识到了传播活动中的成见问题，认为应该抛弃偏见，加强沟通，提出"言不尽意"的传播思想，反对拘泥于语言文字，肯定通过直觉获取信息，从而传播某种情感。[4] 何庆良的《先秦诸子传播思想研究》从"大辩不言""辩无胜"论述庄子的论辩思想，从传播功能论、传播媒介论、传播技巧论、传播道德论等方面阐述道家的传播思想。[5] 邵培仁、姚锦云在《传播受体论：庄子、慧能与王阳明的"接受主体性"》一文中阐述了庄子"心斋坐忘"的交流理想，在此过程中，在思维方式上将"我"融入世界万物，将"我"与万物看成一体，体现"接受主体性"的一种努力，从而达到理想交流的状态。[6] 这是对中国本土传播学特征的概括，也准确地概括了庄子的传播交流的路径和思想，具有启发意义。而尹连根在《审慎对〈庄子〉进行传播学层面的"本土化"——与邵培仁、姚锦云两位老师商榷》一文中提出相异的看法。[7] 总的来看，这些庄子传播思想的研究中没有涉及情感交流的问题。因此，本章试图从情感交流的角度对庄子的"情感"思想做进一步的梳理和阐述。

所谓情感交流，简要来说就是围绕人类情感生发、传递、互动与升华而形成的传播和交流活动。相比儒家追求积极入世的态度，道家更讲求对"逍遥无为"自然脱俗的向往。因此，在庄子的观念中，情感的交流和传播是以另一种形态呈

---

① 萧平、张磊：《近三十年来道家情感哲学研究述评》，《怀化学院学报》2018年第7期。
② 笔者对庄子"情"的研究文献的梳理发现，"情"有多种含义，不单单指"情感"，这些对于"情"的研究，涉及"情"的多种含义，而不单单指"情感"。而本文则从"情感"的角度进行阐释。
③ 王琛：《试论〈庄子〉的传播观念》，《深圳大学学报》（人文社会科学版）2007年第4期。
④ 全冠军：《庄子传播思想研究》，《山东理工大学学报》（社会科学版）2011年第4期。
⑤ 何庆良：《先秦诸子传播思想研究》，博士学位论文，中国人民大学，1993年。
⑥ 邵培仁、姚锦云：《传播受体论：庄子、慧能与王阳明的"接受主体性"》，《新闻与传播研究》2014年第10期。
⑦ 尹连根：《审慎对〈庄子〉进行传播学层面的"本土化"——与邵培仁、姚锦云两位老师商榷》，《国际新闻界》2017年第5期。

现：他希望真情的流露，摒除人与"物"（他者）的障碍和隔阂，实现双方互动，在体道的过程中，实现至真、至纯的情感与万物相通的状态。由此，笔者从三个层次阐述庄子的情感交流观念：情感表达、情感互动以及情感升华。

第一节 情感表达：超越世俗情感的"真情"流露

《庄子》文本中涉及"情"的描述很多，吕艺在《庄子"缘情"思想发微》一文中统计认为共有 60 次，作为单词出现 54 次（仅内篇即 18 次）、"情性"2 次、"性情"1 次、"人情"2 次、"情欲"1 次。[①] 总的来说，"情"在《庄子》文本中有"实情""真实"以及"情感"的意涵，[②] 如《大宗师》说："夫道，有情有信，无为无形。"[③] 刘笑敢认为，这里的"情"应是真实的意思，如果理解为"情感"则与庄子或者道家所倡导的"无为"思想相矛盾。[④] 再如，《齐物论》中说道："可行己信，而不见其形，有情而无形""如求得其情与不得，无益损乎其真。"[⑤] 这些都是"情"的"真实"意思的表达。除此之外，"情"还能表示情感或者性情，[⑥] 如《德充符》中庄子和惠子的对话：惠子月："既谓之人，恶得无情？"庄子曰："是非吾所谓情也。吾所谓无情者，言人之不以好恶内伤其身，常因自然而不益生也。"[⑦] 实际上这里有两种"情"：一个是惠子所说的人的情感，另一种是庄子所认为的超越人的情感的自然性情，也就是"无情"。再如，《在宥》篇提到，"人大喜邪毗于阳，人大喜邪，毗于阳；大怒邪，毗于阴。……彼何暇安其性命之情哉！""天下将安其性命之情，之八者，存可也，亡可也；天下将不安其性命之情，之八者，乃始脔卷仓囊而乱天下也。"[⑧] 从这些论述中，我们可以看到在庄子的思想中有人的情感和自然性情之分，而且庄子更强调的是自然性情。

"情"在《说文解字》中意为："人之阴气，有欲者。从心青声。"[⑨] 段玉裁在

---

① 吕艺：《庄子"缘情"思想发微》，《北京大学学报》（哲学社会科学版）1987 年第 5 期。

② 陈鼓应：《庄子论情：无情、任情与安情》，《哲学研究》2014 年第 4 期。

③ 方勇评注：《庄子》，北京：商务印书馆，2018 年，第 110 页。

④ 刘笑敢著：《庄子哲学及其演变（修订版）》，北京：中国人民大学出版社，2010 年，第 114 页。

⑤ 方勇评注：《庄子》，第 24 页。

⑥ 刘泽民在《庄子情感理论探溯》一文中将庄子的情感分为两种：一是，人之情，一是性命之情。参见：《庄子情感理论探溯》，《益阳师专学报》1991 年第 1 期。

⑦ 方勇评注：《庄子》，第 98 页。

⑧ 方勇评注：《庄子》，第 178 页。

⑨ 许慎撰：《说文解字》，北京：中华书局，1963 年，第 217 页。

《说文解字注》中说："情，人之阴气，有欲者。董仲舒曰，情者，人之欲也。人欲之谓情。情非制度不节。礼记曰，何谓人情，喜怒哀乐惧爱恶欲。七者，不学而能。"① 从这里我们可以看出，"情"是人的自身带有的本能心理反应或活动，包括喜怒哀乐等人的自然情绪，也包括有人的高级的内省心理活动，如庄子所说的能够超越人的本能情感的自然性情，这是一种超然的情感。当然，这里需要人通过心理活动或精神修为才能达到的一种境界。正如陈鼓应所说：这是一种庄子所讲求的真情的流露，也是本性的回归。② 应该说，庄子是将"情感""情绪"等内涵引入"情"的概念中的圣贤。学界对此也有过研究，如，张节末在《先秦的情感观》中提到，"到了庄子、屈原和荀子，'情'字才比较明确地有了情感的涵义。"③陈鼓应在《庄子论情：无情、任情与安情》一文中也提到了在先秦传世文献中，《庄子》文本最早提出"情"的议题和概念，并认为有情实和感情的含义。④ 吕艺也认为，庄子将"情感""情绪"引入"情"字的内涵范畴，提高和加强了"情"与情感、情绪内涵的相联系的胶粘力度，并对"情"指喜怒好恶诸如此类的情感活动有清楚明晰的认识。⑤ 情感作为人的心理活动在不同的环境中必然具有丰富的传播形态，这也是笔者选择庄子的情感交流观念进行传播学解读的基础所在。在庄子的思想观念中，情感有两种类型，一种是人世间世俗的情感，正如《庚桑楚》中提道："恶、欲、喜、怒、哀、乐六者，累德也。"⑥ 这些情感是会牵累道德的，是会成为人的拘束，同时，庄子也反对儒家用仁义、孝敬等道德情感来约束和规范人的情感，如庄子在《天运》篇中也提道："怨、恩、取、与、谏、教、生、杀八者，正之器也，唯循大变无所湮者为能用之。"⑦ 这些是束缚和整治的工具，会阻碍人的情感的自然流露、阻碍人与自然和社会融合沟通。这些情感的表达和传播是庄子所反对的，但是庄子不是强调"无情"，而是强调一种来源于本性情感的流露，这是一种"真情"。这种"真情"是没有受到外界浸染而表现出来的至纯情感，是超越人类世俗情感之上的能够自我控制和释放的、挥洒自如地对待万事万物的一种超然情感。

刘泽民以为，庄子的自然性情（真情）具有人性的本真和人心的本真，人性的本真指称人素朴真纯的自然本性和生命之内禀道而有的原生素质、大化生机；

① 段玉裁注：《说文解字注（2版）》，上海：上海古籍出版社，2017年，第502页。
② 陈鼓应：《庄子论情：无情、任情与安情》，《哲学研究》2014年第4期。
③ 张节末：《先秦的情感观念》，《文艺研究》1998年第4期。
④ 陈鼓应：《庄子论情：无情、任情与安情》，《哲学研究》2014年第4期。
⑤ 吕艺：《庄子"缘情"思想发微》，《北京大学学报》（哲学社会科学版）1987年第5期。
⑥ 方勇评注：《庄子》，第428页。
⑦ 方勇评注：《庄子》，第254—255页。

而人心的本真则指称人的本然生命与天地万物的生命本然混冥一体、融通会合的心意状态；但二者是相通的。① 也就是说二者就是人的一种本性存在，"性"是一种与生俱来的自然存在，所以有以"生"代替"性"的说法。② 笔者将这种自然性情看成是一种超然性情，是人能够超脱一切束缚的自然本性的流露。《天地》篇指出："物得以生，谓之德；未形者有分，且然无间，谓之命；留（流）动而生物，物成生理，谓之形；形体保神，各有仪则，谓之性。"③ 在庄子看来，这种"性"是一种自然情性，是自然无为之道在人心中的种子。④ 实际上，这种情感就是我们平常所说的"自然的生性"，因此，这种情感是人的自然本性的一种流露。《渔父》中提道："不精不诚，不能动人。故强哭者，虽悲不哀，强怒者，虽严不威，强亲者，虽亲不和。真悲无声而哀，真怒未发而威，真亲未笑而和。"⑤ 有学者认为，这是气、物交接中的前情绪兴发。气通于物是则表现为自然之情，是本能情态反应。⑥ 气通万物则能表现出泰然畅通的状态，也是人自然性情（真情）的一种流露。《至乐》篇中记载："庄子妻死，惠子吊之，庄子则方箕踞鼓盆而歌。"惠子曰："与人居，长子、老、身死，不哭亦足矣，又鼓盆而歌，不亦甚乎！"庄子曰："不然。是其始死也，我独何能无概！察其始而本无生；非徒无生也而本无形；非徒无形也而本无气。杂乎芒芴之间，变而有气，气变而有形，形变而有生。今又变而之死。是相与为春秋冬夏四时行也。人且偃然寝于巨室，而我嗷嗷然随而哭之，自以为不通乎命，故止也。"⑦ 这是超越人的世俗羁绊的自然性情的流露。而《养生主》中也谈道："适来，夫子时也；适去，夫子顺也。安时而处顺，哀乐不能入也，古者谓是帝之县解。"⑧ 也就是说，人应该顺应自然而不让人的世俗情感所影响，这也就是上文提到的庄子在《德充符》篇中与惠子的对话所阐释的"无情"。实际上，庄子并不是说人应该无情、冷漠而是需要一种真情，是"受于天也，自然不可易也"⑨ 的自然至情。⑩

在庄子看来，人的情感应该遵从内心的性情而自然表露，不应该受到社会规范的约束，也不应该由人的成见去发泄情感，它应该能够突破障碍与自我和自然

---

① 刘泽民：《庄子情感理论探溯》，《益阳师专学报》1991 年第 1 期。
② 晁福林：《试析庄子的"情性"观》，《中州学刊》2002 年第 3 期。
③ 方勇评注：《庄子》，第 205 页。
④ 陈书录：《直致任真率情而往——试谈〈庄子〉的审美情感论》，《学术月刊》1986 年第 5 期。
⑤ 方勇评注：《庄子》，第 581—582 页。
⑥ 胡素情：《从动物视角看"物化"中的道家情感论》，《文艺理论研究》2018 年第 2 期。
⑦ 方勇评注：《庄子》，第 309 页。
⑧ 方勇评注：《庄子》，第 53 页。
⑨ 方勇评注：《庄子》，第 582 页。
⑩ 张辉：《〈庄子〉"无情"说发微》，《长江大学学报》（社会科学版）2016 年第 4 期。

进行交流和沟通。庄子的自然情感是一种个体修为之后所达到的一种境界，是能够实现与自然相融合的状态，在这种自然性情中每个个体都会摒弃喜怒哀乐等外在形式，引导人们退出价值形态的社会性情感即人之情，实现"万物复情"，"以天合天"的自然逍遥自由的状态，①突破交流的无奈，实现心灵和精神上的共鸣。而能够达到真情流露的一个重要的内省式方法则是"心斋"。何为"心斋"？《人间世》中提道："若一志，无听之以耳，而听之以心，无听之以心而听之以气！听止于耳；心止于符。气也者，虚而待物者也。唯道集虚。虚者，心斋也。"②"心斋"的概念中有两个关键的部分：其一，耳朵听只能听到声音、声响，心灵的体会则会明白事物发展道理，而气则能成为沟通万物的媒介，这里我们应该看到"气"在心斋中的沟通作用；其二，"唯道集虚"，就是个体所追求和修为的"道"是一种空明虚静的心境，是一种纯净本真的无为状态。具体来说，就是个体意念高度精纯专一而至"虚"心无执，从破除感性之耳向对象探听之欲望，转向内在心灵虚静而听之无声，达到个体心灵虚静，同时与"集虚"的天道同一，实现超越物我的对立，达到"唯道集虚"的本体状态而实现相通。③总的来说，"心斋"的实质就是一个"虚"字，④在这种虚空的境界中不断提升自身超然的性情，进而向外表达和传播至纯的"真情"。

第二节　情感互动：与外界的互通交融

在彼得斯看来，"交流注定充满沟壑"⑤笔者以为，在庄子的情感交流中，交流中存在的障碍和沟壑来自外界的困扰和内心的成见，这些抑制了"真情"（自然性情）的流露而达不到相互融合交流的境界。在庄子看来，世界是浑然一体的，人与自然万物、天地是和谐共生的，这是庄子看待人与外在世界的视角。因此，在情感交流中，庄子主张通过"坐忘"等形式消除人与外界的对立，实现情感的交融。

《大宗师》中描述到，仲尼蹴然曰："何谓坐忘？"颜回曰："堕肢体，黜聪明。

---

① 刘泽民：《庄子情感理论探溯》，《益阳师专学报》1991 年第 1 期。

② 方勇评注：《庄子》，第 60 页。

③ 李亚飞：《庄子"心斋""坐忘"的体道精神》，《商丘师范学院学报》2018 年第 1 期。

④ 刘笑敢著：《庄子哲学及其演变（修订版）》，北京：中国人民大学出版社，2010 年，第 168 页。

⑤ 〔美〕约翰·杜翰姆·彼得斯著：《对空言说：传播的观念史》，邓建国译，上海：上海译文出版社，2017 年，第 377 页。

离形去知，同于大通。此为坐忘。"① 这是对"坐忘"内涵及方法的阐释。郭象对此注释说："夫坐忘者，奚所不往哉？即忘其迹，又忘其所以迹者。内不觉其一身，外不识有天地，然后旷然与变化为体而无不通也。"② 也就是达到"物我"两忘、契合自然、心纳万物的精神状态。应该说，"坐忘"更强调去除物与我的对立。③ 其核心在于"忘"，忘掉身体的"形"，忘掉在社会生存过程中所能用到的才智。《天地》篇中提道："有治在人，忘乎物，忘乎天，其名为忘己。忘己之人，是谓入于天。"④ 也就是说，忘掉物、忘掉自己才能与自然与道有机的融合。更具体地说，庄子在《达生》篇中提道："忘足，屦之适也；忘要，带之适也；知忘是非，心之适也；不内变，不外从，事会之适也。始乎适而未尝不适者，忘适之适也。"⑤ 忘掉所有的外在的附属物，不因外物而牵动内心的变化，无论遇到什么事都会感到安适。⑥ 这都需要个体忘记外在附属物进而达到精神的提升，正如《逍遥游》中提道："至人无己，神人无功，圣人无名。"⑦ "无己"是在主观观念上忘记自己的存在，走入物我齐一的境界，即玄同彼我的境界，这样也就可以摆脱一切生、死、病、害、喜、怒、哀、乐等所带来的情感上的波动，而进入在主观情感上的逍遥游境界；无功和无名则是忘记功名利禄和虚名等外在于人的社会附属物，⑧ 以空灵的心境去观照事物的本来面目，达到"精神四达并流"⑨ 的境界。⑩

而从情感互动的角度来讲，二者之间"真情"的交流和互动应该通过"坐忘"的途径来实现。"坐忘"应该是忘去外在的诱惑，规避外在制度的约束和羁绊，忘掉自身七情六欲而达到虚静空无的状态，从而与万物实现相通。由此，能够将自己的心境调整到一种较高的水平，反思情感的外在释放形态，进而在情感上能够以平静的姿态去处理与周遭环境的关系。首先，应该能够忘却自己心中世俗情感及外物对于人的道德束缚，正如《庚桑楚》中提到的："彻志之勃，解心之谬，去德之累，达道之塞。贵、富、显、严、名、利六者，勃志也；容、动、色、理、气、意六者，谬心也；恶、欲、喜、怒、哀、乐六者，累德也；去、就、取、与、

---

① 方勇评注：《庄子》，第 125 页。
② 郭象注：《庄子》（第一册，全三册），北京：中华书局，2018 年，第 52 页。
③ 邵培仁、姚锦云：《传播受体论：庄子、慧能与王阳明的"接受主体性"》，《新闻与传播研究》2014 年第 10 期。
④ 方勇评注：《庄子》，第 207 页。
⑤ 方勇评注：《庄子》，第 338 页。
⑥ 乔长路：《中国人生哲学——先秦诸子的价值观念和处世美德》，北京：中国人民大学出版社，1990 年，第 192 页。
⑦ 方勇评注：《庄子》，第 5 页。
⑧ 乔长路：《中国人生哲学——先秦诸子的价值观念和处世美德》，第 189 页。
⑨ 方勇评注：《庄子》，第 267 页。
⑩ 王琛：《试论〈庄子〉的传播观念》，《深圳大学学报》（人文社会科学版）2007 年第 4 期。

知、能六者，塞道也。此四六者不荡，胸中则正，正则静，静则明，明则虚，虚则无为而无不为也。"① 也就是说这些外物及世俗情感不进入人的内心才能够实现"心神平正，平正就安静，安静就明彻，明彻就虚通，虚通就恬淡无为而无所不为。"② 其次，个体应正确认识在社会中的地位与世界万物的关系。正如《大宗师》中写道："得者，时也；失者，顺也；安时而处顺，哀乐不能入也。此古之所谓悬解也，而不能自解者，物有结之。"③ 每个个体都能够"安时而处顺"，剔除、忘却世俗情感以及安然并顺应接受外在世界的变化，当情感交流的双方通过"坐忘"的形式实现真情的流露，在实现了剔除内心成见、世俗情感以及与外界的对立之后，在情感上达到至纯境界，由此双方才能达到情感的互动和共鸣。双方在情感交流中能够处于同一境界水平，情感的交流才能畅通。

"坐忘"是庄子提倡的修行和体道的一种方式，他试图实现一种本然的或"真宰"的境界，它指向一个强大的精神世界和广大的心灵，如同"天府"和"葆光"。④ 对于情感交流和传播来说，这种方式强调的是将附加于人身体的各种世俗情感剔除，消除人与外在世界（客体）的对立，也就是庄子所说的"喜怒哀乐不入于胸次"，⑤ 而呈现超然的"无情"的状态（我们可以将其理解为"真情"）。这种"真情"的互动和体验，是蒙培元所描述的："这种主客合一、内外合一的内在体验，是出于情感而又超越情感的本体体验。它以人的'自然'本性为其内在根据（性来源于道），以主体的意向活动为其内在动力。"⑥ 人的意向活动是人的主观能动性体现，是人接收信息之后的主体性感悟、理解、传播信息的过程，对于情感交流来说，双方对于情感的认知、调控和感悟，让自己的身心、自然和社会达到和谐的状态。应该说"坐忘"能够让个体对情感进行有效调控和管理，使人自身、人与人之间依至纯"真情"而进行精神上的沟通，这种方式对于化解现代社会情感的纠结有一定积极意义的。

---

① 方勇评注：《庄子》，第 428 页。
② 方勇评注：《庄子》，第 430 页。
③ 方勇评注：《庄子》，第 115 页。
④ 邵培仁、姚锦云：《传播受体论：庄子、慧能与王阳明的"接受主体性"》，《新闻与传播研究》2014 年第 10 期。
⑤ 方勇评注：《庄子》，第 372 页。
⑥ 蒙培元：《中国哲学主体思维》，北京：人民出版社出版，1997 年，第 105 页。

第三节　情感升华："道通为一"的至乐体验

个体的"心斋""坐忘"是一种体道的经历，它需要充分调动人的主体能动性对自己的意念进行净化，对情感进行升华，皈依自然之道，在与万物并生、互动、和合状态中实现情感的至乐体验。

何谓"道"？《大宗师》中提道："夫道，有情有信，无为无形；可传而不可受，可得而不可见；自本自根，未有天地，自古以固存；神鬼神帝，生天生地；在太极之先而不为高，在六极之下而不为深，先天地生而不为久，长于上古而不为老。"①这表明："道"是真实存在的，是可以传播领会，是具有传播性的，但是却不是可以用手去授受的。正如《知北游》中的描述："道不可闻，闻而非也；道不可见，见而非也；道不可言，言而非也。知形形之不形乎！道不当名。"②应该说，道的存在具有普遍性和统一性："行不知所之，居不知所为，与物委蛇，而同其波。"③"道"以抽象的形式存在于一切事物之中，庄子认为，"道"存在于蝼蚁、稊稗、瓦甓、屎溺之中。④但是所有的"道"又是统一和一致的，可以概括为："道"无所不在，又复归于一，个体和"道"是统一的，物质存在的"有"与抽象概念的"无"也是统一的。⑤总的来说，"道"既不是感生的物质存在，也不是有意志的精神实体，而是超越物质世界的抽象的、绝对的思想观念，是绝对化的观念性实体。⑥而对于体道得道的人来说就是"真人"，正如《刻意》篇中提道："能体纯素，谓之真人。"⑦

"道通为一"是一种万物统一的状态，是作为传播主体的人对于客体的开放和容纳，同时也是传播主体对于自己内省机能的反求，撤除自我设置的藩篱，破除以"我"为中心的偏见，去除外界给予人的各种劳役，⑧实现庄子所倡导的"天地与我并生，万物与我为一"。⑨从交流和传播角度来看，"道通为一"是人的内省和人与客体之间感通、交通的体现，詹石窗认为，所谓感通思维是遵循大道周行

---

①　方勇评注：《庄子》，第 110 页。
②　方勇评注：《庄子》，第 402 页。
③　方勇评注：《庄子》，第 415 页。
④　方勇评注：《庄子》，第 398—399 页。
⑤　张京华：《庄子哲学中的本体论思想》，《商丘师范学院学报》2006 年第 1 期。
⑥　刘笑敢：《庄子哲学及其演变（修订版）》，北京：中国人民大学出版社，2010 年，第 115 页。
⑦　方勇评注：《庄子》，第 267 页。
⑧　顾文炳：《庄子思维模式新论》，上海：上海社会科学院出版社，1993 年，第 35—36 页。
⑨　方勇评注：《庄子》，第 46 页。

法则的一种思维方式，是宇宙万物生育生长的基本表现，事物没有阴阳感应，就不能流通，甚至积压坏死。[①] 笔者以为，这种内省和感通是情感交流的一种重要形式。情感之间的互动，就是从一个人到另一个人、又从另一个人回到这个人自身的情感性光线的反射式绕结。[②] 情感就像"光线"一样，在穿透他人的情感经验领域的同时，也接受了他人反射而来的情感光线。[③] 在"道"的情境中情感的互动交流应该更加注重人与人之间意识上的感通，情感上的共鸣，彼此了解对方的心境而拉近心与心的距离。此外，在庄子看来，"道"为情感交流创造了一个虚空的境界，这种情境或境界能够为情感的领会和情感体验提供感受的源泉。[④] 也就是说，在交流传播过程中个体都能够基于对"道"的统一认识和感悟而进行有效的互动和认同，之间没有障碍而让情感彼此进入对方内心，以"无我"之情观照传播对象，在"道"之无为而无心于万物，亦无不为而得万物之本真的引导下，达到最高境界的"天乐"。它能够超越各种"有我"的情感，达到"至乐无乐"的情感体验。[⑤]

这种至乐的情感体验能够实现心灵的沟通，情感的畅达。庄子的这种至高的交流境界是一种理想的交流传播状态。这与彼得斯在《对空言说》中提到19世纪后半叶交流的新意义的观念是一致的。彼得斯在文中提到"招魂术"传统，即认为"最好的交流是那些能超越肢体和语言，偏向更加空灵的思想转移的交流"。该传统认为，交流的人物就是要超越或绕开"符号—肢体"（sign-bodies）的局限，直接获得纯粹的"意义—心灵"（meaning-minds）；该传统认为，精神内容应该能从一个心灵直接倒入另一个心灵；两个心灵之间达成一致，不仅是可能的，而且是必需的。[⑥] 彼得斯描述的这种思想是与庄子相同的，实际上就是去除媒介的心灵之间的传播沟通，虽然情感交流需要身体的存在，但是这种心灵之间的沟通是情感交流的至高体验，是一种具有中国本土特色的体道传播。

"道"是存在于天地之间的看不见、摸不着的规律，但却又时时将社会各个主体归入一体。在道家看来，这种"道"是天地的主宰，自然、人与社会完全和谐融合，各自在各自的道路、规律上运转而不相矛盾，是一种和合的状态。在人的情感交流中，我们也能够通过体道的方式，祛除情感束缚进行情感交流，换句话

---

①　詹石窗：《道教和谐观与人类整体生存》，《中国宗教》2006年第7期。
②　〔美〕诺尔曼·丹森：《情感论》，魏中军等译，沈阳：辽宁人民出版社，1989年，第203页。
③　郭景萍：《情感社会学：理论·历史·现实》，上海：上海三联书店，2008年，第157页。
④　郭景萍：《情感社会学：理论·历史·现实》，第22页。
⑤　崔宜明：《生存与智慧——庄子哲学的现代阐释》，上海：上海人民出版社，1996年，第151—152页。
⑥　〔美〕约翰·杜翰姆·彼得斯：《对空言说：传播的观念史》，第92页。

说，传受双方以一种无杂念、纯粹的自然情感进行交流，我们认为这种情感是至真、至纯的情感，它能够超越个体的心理反应而以一种空灵的情感形式进行沟通，这是与万物融合为一的交流状态，是至臻的心灵的沟通。笔者认为：从传播角度看，"道通为一"的"道"是一种至臻的、无任何装饰的、真空的传播情境，在这个情境中个人的意念和内省是推动个体之间传播以及形成至臻传播情境的内在动力，在这种情境中个体能够突破自我和外在世界的情感交流，真正实现畅通无阻，达到情感的至乐体验。概括来说，在此情境中，每个个体的主体性得到消解，在交流互动中实现与自我、他人和万物的"和以天倪""道通为一""万物皆一"的传播圆融状态，以此趋近世界。① 这有别于彼得斯所认为的"交流的无奈"的论断。

　　总而言之，与儒家相比，道家追求的是一种自然无为的生存法则，强调个人的内在主动意识去建构人与人、人与社会和自然的关系，更加注重发挥人作为传播主体及其作用。此外，道家或者庄子的思想观念具有明显的"反者道之动"的特征，也就是一种看似违背社会发展趋势实则顺应自然的思想。基于此，在传播观念上，庄子以一种开放的容纳万物的"道"的境界包容万物，构建一个万物互通有无的情境，借助"集虚"而穿透传受双方的心灵而实现思想和灵魂的沟通。当然，这种情境的实现需要"反求诸己"，通过对自身的世俗意念的剔除，将自己从外界附属物的奴役中解放出来，进入与自然之道相联系的超越世俗的本然状态。应该说，庄子强调自我的内在沟通，建构了一个完整而有效的个体自我传播机制，是其重要的传播思想并且具有重要的价值。② 这其中必然会涉及个体在这一过程中对于情感的处理，毕竟人是具有社会属性的。遵循这一思路，在庄子看来，表达的情感是经过"心斋"体道之后所展现的自然"真情"，它是人最本真的存在，在庄子看来这种本然的状态是最恒久的真、最崇高的善、最本真的美。③ 而主体和客体之间的情感互动则是通过"坐忘"的形式为情感传播消除一定的障碍，实现"真情"之间的互动和交融。在情感交流过程中，庄子追求超越精神，将喜怒哀乐等人世间的情感排除在外，使之不进入人的心灵，达到"天地与我并生，万物与我为一"的境界，这是庄子所追求的理想的情感交流状态以及由此形成的理想的人格。④ 庄子的这种情感交流观念是排除障碍、跨过各种媒介的心灵感通和情感共鸣，在情感的表达和互动中实现情感的升华，让人回归自然本性，回归到

---

① 李红：《庄子的"吾丧我"：主体趋近世界的路径》，《西北师大学报》（社会科学版）2019年第2期。

② 王琛：《试论〈庄子〉的传播观念》，《深圳大学学报》（人文社会科学版）2007年第4期。

③ 李振刚：《生命的哲学——〈庄子〉文本的另一种解读》，北京：中华书局，2009年，第94页。

④ 萧平、张磊：《近三十年来道家情感哲学研究述评》，《怀化学院学报》2018年第7期。

自然之"道"上来，以此为基础的交流必然是畅通无阻的，是"道通为一"的至乐情感体验。

（作者简介：林凯，厦门大学新闻传播学院博士，研究方向为华夏情感传播研究；谢清果，厦门大学新闻传播学院教授，博士生导师，从事华夏文明传播与媒介学研究。）

第八章　幽暗与潜隐：庄子对劝谏实践的理论探究

　　针对"不可谏而不得不谏"这一交流情境，庄子在《人间世》中提出了"无心之谏"和"无我之谏"两种劝谏策略，深刻揭示了劝谏交流是幽微曲折、凶险环生的艰难过程。庄子对人心人性的洞察、对劝谏情境的分析、对"妄我"和"成见"的否定、对名利欲望的警惕等，至今依然闪现着智慧的辉光，具有理论生命力。庄子的劝谏观是幽隐的，是活的思想，是中国传播理论的重要组成部分。

第一节　庄子思想研究的劝谏视角引入

　　在传播理论家族中，说服理论占据着一席之地。美国人把说服理论的传统追溯到亚里士多德，认为现代传播研究接续了这一传统，从而构建起历史悠久的说服理论的思想谱系。在现代说服传播研究过程中，以霍夫兰为代表的经验学派，使用"科学的方法"，对说服传播的过程和效果进行检视，在经验数据的基础上提出了一系列观点。然而，这些基于人为控制的、剔除具体交流情境和说服对象情志心理因素所形成的观点，表面看来具有"一般性"的特质，事实上是有待进一步验证的假设。比如：如果说服对象喜欢一个人，那么这个人针对说服对象的说服效果就一定理想吗？无论大众媒介对于广大受众的说服，还是日常生活中的人际说服，"诉诸情感"和"诉诸理性"这两种手段哪种效果更好或者更差呢？"明示结论"的劝服效果就一定比"寓观点与材料之中"的劝服效果更好或者更差吗……① 正如施拉姆所说："从亚里士多德至 20 世纪 40 年代，已经过去了 2300 多年，其间发生的事情并不能说明历代的人比亚里士多德聪明，也不能说明他们比亚里士多德更善于分析问题，只能说明，由于大众媒介的发展，公众的注意力更

---

① 关于此部分的详细内容，参阅郭庆光：《传播学教程》（第二版），北京：中国人民大学出版社，2011 年，第 182—191 页；〔美〕沃纳·赛佛林、小詹姆斯·塔卡德：《传播理论：起源、方法与应用》（第四版），郭镇之等译，北京：华夏出版社，2000 年，第 176—197 页。

多地转向了传播。"① 在试图影响人们的态度和行为时,"传播理论还不能提供简单和实用的指导。最好的办法是尽可能深入地研究传播的情境和传播的对象,再决定如何最有效地促进传播过程。"② 施拉姆的这一判断无疑是明智的。

　　中国春秋战国时期是"最不平常"的时期,它是德国人卡尔·雅斯贝斯描绘的"轴心期"不可或缺的部分。按照卡尔·雅斯贝斯的说法,在这一时期,"人类体验到世界的恐怖和自身的软弱。他探寻根本性的问题,面对空无,他力图解放和拯救。通过在意识上认识自己的限度,他为自己树立了最高目标。他在自我的深奥和超然存在的光辉中感受绝对。""轴心期"所产生、思考和创造的一切,成为后世每一次新的"飞跃"的精神动力和思想资源。③ 在传播思想方面,春秋战国时期的中国思想家已经注意到了人与人之间交流的艰难与多变,尤其是在劝谏活动方面多有论述。如果说,西方的说服理论重在考察社会精英(通过演讲或者媒体)对于大众的劝服行为,那么贯穿中国传播历史的劝谏思想主要讨论的是臣子(或者子女)针对君主(或者父母长辈)的劝谏行为。进一步而言,西方说服理论是一种自上而下的、点对面的劝服行为,而中国的劝谏理论则是自下而上的、点对点的劝服行为。从这个角度而言,劝谏交流是具有中国传播特色的一种交流实践,针对这一实践而形成的劝谏思想是中国传播理论的重要构成部分。

　　遗憾的是,对于这一独特的传播实践和劝谏智慧,深入系统的论著并不多见。吴予敏先生在《无形的网络》中,专辟"臣奉之道"一节,结合史实,重点对荀子、韩非子的劝谏思想进行了梳理和总结。④ 孙旭培先生主编的《华夏传播论》,以"说服传播"为名单列一章,对韩非子、荀子、吕祖谦以及《孔子家语》《鬼谷子》中的说服观念和技巧进行了梳理和总结。⑤ 除去这两部著作之外,也有为数不多的学术论文,可以提及的仅有《〈诗经〉与先秦两汉劝谏文化》⑥ 和《浅论战国辩士劝谏中的公共关系技巧》⑦ 两篇,其余大多为随笔感想之类的文章。

　　更为奇怪的是,在所有劝谏传播研究的论著中,没有一个涉及庄子的劝谏思

---

① 〔美〕威尔伯·施拉姆、威廉·波特:《传播学概论》(第二版),何道宽译,北京:中国人民大学出版社,2010年。

② 〔美〕威尔伯·施拉姆、威廉·波特:《传播学概论》(第二版),何道宽译,第215页。

③ 〔德〕卡尔·雅斯贝斯:《历史的起源与目标》,魏楚雄、俞新天译,北京:华夏出版社,1998年,第8—14页。

④ 吴予敏:《无形的网络——从传播学角度看中国的传统文化》,北京:国际文化出版公司,1988年,第118—131页。

⑤ 孙旭培主编:《华夏传播论》,北京:人民出版社,1997年,第346—368页。

⑥ 赵长征:《〈诗经〉与先秦两汉劝谏文化》,《北京科技大学学报》(社会科学版)2008年第1期。

⑦ 李本亮:《浅论战国辩士劝谏中的公共关系技巧》,《江西社会科学》1998年第11期。

想。似乎许多人有一个误解，以为庄子就像翱翔于九万里之上的大鹏，自由洒脱、无拘无束，视人世间如敝屣。实际上庄子是一个入世颇深的人，入世之深让他全身都透着冷峻。① 他冷静地意识到人世是无法放弃的："天下有大戒二：其一命也，其一义也。子之事亲，命也，不可解于心；臣之事君，义也，无适而非君，无所逃于天地之间。"② 父子之亲和君臣之义是人世间的"两大枷锁"，尤其是后者，往往将人置于险恶境地。因此，如何与君主相处，如何劝谏德行有失的君主，又如何自处而"不荷其累"，成为《人间世》讨论的重要议题之一。在《人间世》中，庄子从具体的交流情境出发，深刻洞察人心人情，提出了两种劝谏观："无心之谏"和"无我之谏"。

第二节 "无心之谏"

《人间世》首章假借颜回与孔子的对话，揭出了"无心之谏"的命题。

卫国国君年轻气盛，"轻用其国""轻用民死"，视国家权力如儿戏，视百姓生命如草芥，独断专行、残杀成性，百姓尸横遍野、多如蕉草。面对此，颜回秉承"治国去之，乱国就之"的师训，决心前往卫国劝谏卫君、济世救民。

按照颜回的设计，他打算采用"端虚勉一""内直外曲""成而下比"三种劝谏策略展开劝谏。③ 所谓"端虚勉一"就是外貌端庄严肃、内心谦虚、心志专一，尽力行事。这既能保持谏者的身份，又考虑到了君主的心态。"内直外曲"就是内心赤诚如童子、外表恭敬、恪守人臣之礼。"成而下比"就是援引古言古训以立说。应该说，颜回采用的三种劝谏策略都具有充分的实践基础，在其他思想家那里都可找到印证。比如，荀子在《非相篇》中认为："谈说之术，矜庄以莅之、端庄以处之、坚强以持之"，④ 与颜回所说大体一致。但是，孔子听完颜回的陈述后，哀叹道：你这一去怕是要遭遇不测啊！即使可以全身而退，但离"点化"卫君的初衷还差得很远。

何以如此？庄子详细分析了颜回劝谏失败甚至生命难保的原因。

首先，君主的秉性、行为方式等决定了谏者劝谏行为的可行性。颜回所面对的卫国国君是骄横跋扈、喜怒无常、手握生杀权柄的"暴人"，这样的人，即使每

① 王博：《庄子哲学》，北京：北京大学出版社，2013 年，第 50 页。
② 郭庆藩：《庄子集释》，北京：中华书局，2012 年，第 161 页。
③ 郭庆藩：《庄子集释》，第 147—149 页。
④ 王先谦：《荀子集释》，上海：世界书局，1935 年，第 55 页。

天用小德渐渐感化都难以做到，遑论以大德让他猛醒："日渐其德不成，而况大德乎！"① 在这样的人面前，谏者所有正向高标的仁义道德言论都会遭到严重的误读，因为"口含一词欲说之际，你必须知道，他并非一般工具那样，效用不好即可弃之如敝屣。相反，你却被它锁定在一个思路之上。这个思想来自远方，不在你驾驭之内。"② 或者如庄子所说："言者风波也，行者实丧也"，③ 语言就像是风的波动，一旦发出意义就不由言者控制。即使谏者的动机是纯正无私的，但可能被卫君解读为借劝谏之机沽名钓誉，或者当众抨击自身的恶行以宣扬谏者的美德，故而谏者便会被贴上"灾人"（害人的人）的标签，"灾人者，人必反灾之"，这样的话，颜回此去凶多吉少。

其次，谏者自身的声望和影响力会对劝谏效果产生直接影响。颜回德性纯厚、信誉卓著（"德厚信矼"），劝谏动机大公无私，并非想与他人争名夺利（"名闻不争"），孔子对此深信不疑。然而，颜回美好的品行并未受到世人广泛的认可（"未达人心"），尚未产生足够的影响力（"未达人气"），因此，他的劝谏行为不仅会受到卫君的质疑和猜想，还会受到其他士人的质疑和猜想，这实际上便将自身置于危险的境地，难以自证清白。

最后，双方地位的不对等使劝谏行为充满变数和凶险。在历史上，夏桀之时的关龙逢，殷纣之时的王子比干，都是王佐之良才，其声望、德性可谓当世无双。然而关龙逢因为尽诚而被斩首，④ 王子比干因为忠谏惨遭割心，⑤ 都是因为君臣地位的不对等。颜回所面对的，是和夏桀、殷纣一样的"残贼"之人，更何况颜回尚不具备关龙逢、王子比干那样的声望和影响力，在这样的情况下，"强以仁义绳墨之言衒于暴人之前"，后果可想而知。

通过以上分析，庄子事实上否定了颜回劝谏卫君的可能性。但是颜回还不甘心。最后，庄子提出了"无心之谏"。"无心之谏"是相对于"有心之谏"而言的。《人间世》说："有心而为之，其易邪？易之者，皞天不宜。"⑥ 无论关龙逢、王子比

---

① 郭庆藩：《庄子集释》，第 147 页。

② 〔美〕彼得斯：《交流的无奈：传播思想史》，何道宽译，北京：华夏出版社，2003 年，第 1 页。

③ 郭庆藩：《庄子集释》，第 166 页。

④ 《韩诗外传》原文说：桀为酒池，可以运舟；糟丘，足以望十里；而牛饮者三千人。关龙逢进谏曰："古之人君，身行礼义，爱民节财，故国安而身寿。今君用财无穷，杀人若恐弗胜，君若弗革，天殃必降，而诛必至矣。君其革之！"立而不去朝。桀因而杀之。见许维遹校释：《韩诗外传集释》，北京：中华书局，1980 年，第 129 页。

⑤ 《韩诗外传》原文说：纣作炮烙之刑。王子比干曰："主暴不谏，非忠也；畏死不言，非勇也。见过即谏，不用即死，忠之至也。"遂谏，三日不去朝，纣因杀之。见许维遹校释：《韩诗外传集释》，北京：中华书局，1980 年，第 130 页。

⑥ 郭庆藩：《庄子集释》，第 151 页。

干，还是颜回，他们劝谏君主、化君救世的行为实质上都属于"有心之谏"，即在自我的驱使下，试图以自己肯认的人间秩序和价值标准改变残暴的世界，点化那些手握权柄的"残贼""暴人"，即使牺牲自身也在所不惜。正如王子比干在劝谏商纣王废弃炮烙之刑所说："主暴不谏，非忠也；畏死不言，非勇也。见过即谏，不用即死，忠之至也。"① 然而，在庄子看来，宇宙自然、社会秩序自有其内在的演变规律，不是人力轻而易举就可以改变的，在特定情境下，人只能无奈地遵循"先存诸己而后存诸人"的原则，采取"无心之谏"。

何谓"无心"？就是心的完全虚静澄明状态，照庄子的话说就是"无听之以耳而听之于心，无听之以心而听之以气"。② 人在感遇外物时，往往凭借耳目口鼻身等感觉器官，但是五官各司其职，又各有所限，因此对世界的感知和判断是片面的、局部的。心统摄五官，以"通感"的方式整体性地感知客观世界，然而心尚有知觉，有知觉便有"实"的存在，有"实"便意味着心有所主、有坚持、有是非善恶，于是便有了冲突隔阂。因此，以耳和心感知世界，会妨碍对事物本质和所处情境的认识和判断。当人以"气"感知客观世界时，心灵呈现出空明宁静的"虚寂"状态，因为气是虚而待物的，没有任何的坚持、偏见和心机，忘掉了名利欲望等滞碍心灵的"外物"，于是空明的心境才能生出智慧和光明，吉祥福善便会凝聚于寂静之心，所谓"虚室生白，吉祥止止"。③ 在"无心"的状态下，事物的本质和自然规律便自然而然地呈现。以此心进行劝谏，便是不为外物所动，顺应自然，"入则鸣，不入则止"，能够接纳劝谏则进言，不能接纳便不强而为之。对于劝谏结果，也不必刻意追求：事来则应、事去则静，不牵累、不动情。正如《应帝王》所说："至人用心若镜，不将不迎，应而不藏。"④

第三节　"无我之谏"

《人间世》第三章，讲述了一个太子太傅的寓言。⑤ 鲁国贤人颜阖被礼聘为卫灵公太子的老师，这本是值得庆贺的喜事，但是颜阖却忧心忡忡。他将要面对的这个太子，是一个天性残酷、冥顽任性的人（"其德天杀"），而且智商高，一眼

---

① 韩婴：《韩诗外传·卷四》，许维遹校释：《韩诗外传集释》，北京：中华书局，1980 年，第 129 页。
② 郭庆藩：《庄子集释》，第 152 页。
③ 郭庆藩：《庄子集释》，第 155 页。
④ 郭庆藩：《庄子集释》，第 313 页。
⑤ 郭庆藩：《庄子集释》，第 142 页。

就能看穿别人的过错，但从来都不知道自己错在哪里、为什么错。作为他的老师，如果放纵他的天性，国家利益就会受损，百姓就会遭殃；如果用礼义法度去规谏，则会使自身陷于凶险境地，甚至性命难保。劝谏则危己身，不谏则乱国邦，从而陷入两难之境。

在这里，颜阖的处境与颜回的处境有所不同。颜回劝谏卫君只是一个并未成行的设想，是师徒二人针对这一情境进行的演练，颜回完全可以放弃劝谏行为。但是，颜阖规谏太子是不可能放弃的，他必须要接受这个让人艳羡的职位，必须面对这位太子，没有退路。焦虑无奈之下，颜阖前往请教卫国贤达蘧伯玉。蘧伯玉给他的建议是："无我之谏"。

何谓"无我之谏"？根据方东美先生的说法，庄子所谓的"自我"包含五种含义：一是"躯壳之我"、二是"心理之我"、三是"心机之我"，此三者集结而成"妄我"。自我还包括自发精神之"本性"和永恒临在之"常心"两种，这两种是真正的自我。[①] 据此，"无我之谏"就是要将"妄我"统统抛弃干净，以"无知"的姿态面对劝谏对象。进一步而言，谏者要将此前了解到的有关劝谏对象的一切信息，以及由此产生的爱恶憎恨等等"成见"清除干净，面对劝谏对象就像初次见面一样。"无我之谏"的核心在于把握好"形莫若就，心莫若和"和"就不欲入，和不欲出"[②] 之间的界限和尺度，简单说就是把握好"行就心和"的分寸。在外表态度上，要亲近随顺，比如他像婴儿般烂漫，你也要随顺他像婴儿般烂漫；如果他表现得没大没小、没有界限，你也要如此。但是这种随顺迁就不能太过分。太过分，就是放纵，不仅放纵对方，而且放纵自己，其后果就是谏者与劝谏对象一同崩败毁灭。另一方面，不能忘记规谏扶持的使命，但是规谏引导的意图不能表现得太明显，要深藏于心，自然而然地显露于外，潜移默化地施加影响。尤其是当劝谏对象聪明善断，他会一眼看穿你的意图，认为你所做的一切不过是为了争名夺利，这样便会招致灾祸。庄子借爱马人的寓言说："意有所至而爱有所亡"，对于谏者而言，规谏引导当然是出于好意，但是如果意图过于明显，结果往往适得其反，所以不可不慎。只要把握好迁就随顺和规谏引导的分寸，假以时日，就会产生"达之，入于无疵"的效果，使劝谏对象走上无过失的正途。

"行就心和"是放弃自我的过程，是特定情境下的无奈选择。对于这种做法，很多人觉得不屑，他们不想迁就和随顺，觉得那样很压抑很憋屈，他们想舒展一下身体，结果会怎样呢？庄子说："汝不知夫螳螂乎？怒其臂以挡车辙，不知其不

---

① 方东美：《中国哲学精神及其发展》，北京：中华书局，2012 年，第 141—142 页。
② 郭庆藩：《庄子集释》，第 170 页。

胜任也，是其才之美者也。戒之慎之，积伐而美者以犯之，几矣。"① 这就是"螳臂当车"的出处。螳螂自以为力大无穷，毅然伸出手臂想阻止巨大的车轮，殊不知自己渺小的身躯和有限的才力怎能与车轮相提并论，结果是不仅是手臂，连同生命一起奉献了出去，而车轮依然前行，没有丝毫的颠簸。对于谏者来说，要有自知之明，要"戒之慎之"，不要恃才傲物，强行劝谏，冒犯威权，那样必然导致危亡覆灭。

　　"无我之谏"还有另外一层含义，就是不要激惹和唤醒劝谏对象顽劣邪恶的本性，让它处于沉睡状态，使劝谏对象忘却"本我"。② 这是"行就心和"策略产生的理想效果。庄子借养虎人的寓言表达了这样的观点。对于养虎人而言，最明智的办法就是随顺，不要用活的动物、完整的食物刺激它的残杀的天性。一旦老虎残杀的天性被激活甚至被强化，养虎人不仅置自身于凶险之境，还将许多无辜生命置于危险之中，君主或者储君就是某种意义上的老虎。随顺迁就的目的，就是试图制造一个无形的囚室，将那些暴虐残杀的君主的本性禁闭起来，让它慢慢沉睡。实际上，老子之所以提出"绝圣弃智""绝仁弃义""绝巧弃利"，③ 庄子之所以认为儒家倡导并宣扬的"仁义圣智"是"乱人之性"的行为，就是他们深刻地认识到"仁义圣智"乃是对人的趋利避害本性的刺激与强化，对某种事物的宣扬自然会激发人们的竞胜心和无穷的欲望，也会产生满足欲望的行为，在这个过程中，刻意宣扬的事物往往会走向它的反面，成为人们满足欲望的手段和工具。因此，他们提出"返璞归真""道法自然"，就是试图构建一个无形的网络，将人性中邪恶的一面压制住，不让它肆意泛滥。就此而言，"无我之谏"是老庄思想在劝谏传播中的体现。

第四节　幽暗性与潜隐性

　　孔子说："可与之言而不与之言，失人；不可与之言而与之言，失言。知者不失人，亦不失言。"④ 如果我们将这段话理解为劝谏活动的话，可以看出孔子将劝谏

____

① 郭庆藩：《庄子集释》，第 172 页。
② "本我"是弗洛伊德于 1923 年在《自我与本我》中提出的概念。它与自我、超我共同组成人格。弗洛伊德认为，本我是人格中最早，也是最原始的部分，是生物性冲动和欲望的贮存库。本我是按"唯乐原则"活动，它不顾一切寻求满足和快感，这种快乐特别指性、生理和情感快乐。参阅：〔奥地利〕西格蒙德·弗洛伊德：《自我与本我》，林尘、张唤民、陈伟奇译，上海：上海人民出版社，2011 年。
③ 楼宇烈：《老子道德经注校释》，北京：中华书局，2008 年，第 33、45 页。
④ 朱熹：《四书章句集注》，北京：中华书局，1983 年，第 163 页。

对象分为两种：可谏者与不可谏者，这样，对于谏者而言就有两种选择方案：可谏者谏之和不可谏者不谏。如果可谏者不谏，则"失人"；如果不可谏者谏之，则"失言"。对于一个明智的人（"知者"）而言，可谏者必谏之，不可谏者必不谏，这样便会避免"失人"和"失言"后果的发生。① 对此，庄子当然心知肚明，他说："入则鸣，不入则止。""入"指的就是可谏者，"不入"指的是不可谏者。然而，庄子敏锐地捕捉到了第三种可能性，即不可谏者不得不谏。现实政治和人生是冷酷和无奈的，并非认识到劝谏对象不可劝谏，就可以自由选择，恰恰相反，明知不可谏但又不得不劝谏，这大概才是真实的人生境遇。庄子在《人世间》提出的"无心之谏"和"无我之谏"针对的正是这种人生境遇。

实际上，"无心之谏"和"无我之谏"针对的虽然是"不可谏者不得不谏"这一境况，但是对庄子而言，这两种策略适用于所有劝谏对象，即使劝谏对象是明主贤君、知者达人，庄子也不会采取冒犯甚至无视君威的"直谏"方式，② 依然会采取"战战兢兢，如临深渊，如履薄冰"③ 的行动路线，就如老子所言："豫兮若冬临川，犹兮若畏四邻，俨兮其若客；涣兮若冰之将释。"（《道德经》五章）对于庄子而言，这种犹豫和畏惧以及"戒之慎之"的反复提示，是基于对所处情境的全面深刻的体察，是对深不可测的人心人性的警惕，正如《列御寇》所说："人心险于山川，难于知天。"④ 同时，这种犹豫和谨慎使得庄子在面对任何劝谏对象时，清醒地意识到自身力量的有限性，不致逞一时的蛮勇，重蹈螳臂当车的覆辙。犹豫退缩、小心谨慎、自知之明，这样才能为自己在纷纭乱世找到恰当的角色和位置，

---

① 关于孔子这段话的解释，分歧较大。朱熹在《四书章句集注》中没有做任何解释。程树德在《论语集释》中将"失人"解释为"失去人才"，"可与之言"指的是人才，"不可与之言"指的是俗士，"失言"指的是浪费语言。参阅：程树德：《论语集释》，北京：中华书局，1990年，第1073页。杨伯峻先生将这句话翻译为："可以同他谈，却不同他谈，这是错过人才；不可以同他谈，却同他谈，这是浪费言语。聪明人既不错过人才，也不浪费言语。"参阅：杨伯峻：《论语译注》，北京：中华书局，1980年第二版，第163页。钱穆先生认为，孔子的这句话有两义：一是君子之贵于言，言贵而后道重。轻言，则道随之轻矣。又一说，君子贵识人，不识人，则将失矣，然亦有恐于失言而遂至失人者。人才难遇，当面失之，岂不可惜。参阅：钱穆：《论语新解》，北京：三联书店，2005年第二版，第404页。本章认为，孔子的这句话也可以用来解释劝谏交流活动，视对象不同，"失人"的含义有二：一是失去人才，这是就劝谏对象为当世贤才而言的，如果对方言行不当或者有过失而不加以劝谏，则会失去人才；二是失去明君贤主，这是就劝谏对象为当世明君而言，不劝谏的后果可能更严重。同样，"失言"的含义也有二：如果劝谏对象是一般人，后果不过就是浪费口舌而已；但是如果劝谏对象手握权柄，可能导致殃及己身的严重后果。所以按照孔子的说法，对于一个明智的人来说，既不"失人"，也不"失言"。

② 实际上，在春秋战国时期，"直谏"并不是思想家们倡导的最佳劝谏方式。孔子虽然将直谏作为五种劝谏方式之一，但是他比较倾向于使用风谏："唯度主而行之。吾从其风谏矣乎。"参见潘树人：《孔子家语》，北京：中信出版社，2014年，第112页。

③ 《诗经·小雅·小旻》，方玉润：《诗经原始》，北京：中华书局，1986年，第402页。

④ 郭庆藩：《庄子集释》，第1049页。

找到切实的立身之地。

庄子的劝谏观是"幽隐"的。"幽"指其幽暗性，"隐"指其潜隐性。幽暗性是发自人性中和宇宙中与始俱来的对种种黑暗势力和邪恶本性的正视和省悟。[①] 人的私心、私欲、私利乃至"成见"是邪恶本性的具体体现，正是由于这些邪恶力量与始俱来根深蒂固，世界才有缺陷，才不圆满，人的生命才有种种丑恶和遗憾。《人间世》借由颜回劝谏卫君和太子太傅的人生境遇，集中展示了幽暗力量对人的侵袭和控制，所以庄子才会有"戒之慎之"的反复提示，才会不厌其烦地强调，要始终保持虚寂、无我之心，摈弃所有的欲望争夺、名利博弈和爱恨好恶等"成见"。在庄子看来，所有这一切并非为了实现一个崇高的目标，也并不是向世人证明什么，有的只是"随物赋形"的无奈和不得已。在动荡的世界中，也许只有这样才能让生命得以延续，不致落得像山木、膏火、桂和漆那样的悲惨结局。潜隐性指的是庄子劝谏思想的表达是潜在的、内隐的，不是一眼就可辨识。庄子思想（包括先秦其他思想家的思想）是浑然一体、包罗万象的，他虽然没有对劝谏问题（包括其他传播问题）进行专门论述，但却是其文本中固有的，就像散落四处的珠宝碎片等待着人们去发现，然后串接在一起，才能展露其璀璨光芒。另一方面，表面看庄子并没有提出实用的劝谏技巧，有的只是云山雾罩般的自说自话，但是当拨开云雾就会发现，它所指向的乃是人心人性和实情实境。这难道不是我们在进行劝谏交流时要考虑的核心问题吗？

总而言之，庄子在《人间世》中提出的"无心之谏"和"无我之谏"思想已经过去了 2000 多年。在这 2000 多年中，君臣关系这一传统社会中重要的人际关系在时代演进中已经被剔除，个人价值和尊严得到了切实维护，意识形态和价值观念发生了重大改变，社会分层也日益多元化，庄子的劝谏观似乎失去了存在的土壤，似乎显得不合时宜，可以弃之如敝屣，或者让它沉睡在故纸堆中任凭其自我灭亡。然而，只要我们试图说服劝谏他人（尤其是上级或者显达），或者陷入进退维谷的两难之境时，庄子的"无心之谏"和"无我之谏"就会显现出智慧的辉光。庄子对人心人性的洞察、对劝谏情境的分析、对"妄我"和"成见"的否定、对名利欲望的警惕等，依然具有强劲的生命力。庄子的劝谏观是幽隐的，是活的思想，是中国传播理论的重要组成部分。

（作者简介：张兢，西北民族大学新闻传播学院副教授、副院长，主要研究方向：传播思想史、符号传播学。）

---

① 张灏：《幽暗意识与民主传统》，《张灏自选集》，上海：上海教育出版社，2002 年，第 2 页。

第九章　全生与治世：庄子对组织沟通的深切忧思

《庄子·人间世》主要探讨了政府组织的内部沟通问题，即为决策者建言献策的问题。面对组织传播中的冲突和困境，颜回提出了"端虚勉一""内直外曲""成而上比"三种沟通技巧；庄子借孔子的形象，既给出了形而上的"心斋""安之若命""养中"等心态修养方案，也给出了形而下的"传其常情，无传其溢言""形莫若就，心莫若和"等具体解决技巧建议。庄子对战国时期政府组织传播的困境报以悲观态度，认为矛盾不可调解，进而引发出无用之用、避祸游世的思想。总之，基于个体本位，通过"虚而待物"的方式达到"通天下一气耳"的畅通状态是庄子组织传播观念的特别之处。

随着 5G 的布局和通信技术的推进，人类沟通和传播的手段也越来越发达。可以预见的是，未来的世界将在媒介的连接下万物互联，虚拟空间和现实世界将实现深度融合。今日的媒介已经不再仅仅是广播、电视等狭义的大众传播工具，而是成为整个社会运作的原动力和硬件基础。[①] 万物皆媒，媒介将深刻改写每个人的人生，成为人类生存的基本环境。

起源于西方的传播学本质上是追逐社会控制效果的手段。两次世界大战期间，传播学主要在服务于国家利益中兴起的，如拉斯韦尔的宣传研究、拉扎斯菲尔德的广播受众的传播效果研究、霍夫兰的受众态度转变研究等。在商业时代，传播学又转向说服效果研究，助力于广告消费引导等。传播学注重传播效果，讲求通过传播技巧和方式，更好地去达到既定的传播目的。传播学研究集中在各类传播媒介的应用分析上。

与此同时，西方学界感慨传播理论大师不复出现。媒介技术的更迭速度不断加快，使传播新理论很快就会过时，更容易被证伪。2017 年以后，传播学者看到了媒介技术的重要作用，将关注点落在媒介技术本身，而不是其所衍生的产品上。

---

① 胡翼青、张婧妍：《重新发现"媒介"：学科视角的建构与知识型转变——2018 年中国传播研究综述》，《编辑之友》2019 年第 2 期第 39—45 页。

媒介技术哲学的方法论成为思考传播学的主要方式，对媒介的研究回归到对"人"的研究上。

经过四十年的积累，中国的传播学者已经对西方传播学有了深入了解，并能直接阅读英文文献，与之保持同步。同时也发现了西方传播学的产生背景和原生缺陷。[①] 因而，传播学的未来终归是要靠中国自己的学者做传播研究，而不是亦步亦趋。

学者奥利弗·施廷克尔指出世界现在正处于"后西方时代"，中国已然抛开狭义的西方中心主义，将西方"民主政治"作为人类历史进程中的临时畸变，将东方崛起视为回归常态。[②] 传播学也可以如此看待。科技在改变，时代潮流也在改变，甚至基因也可以被重组，但人性不会改变。说到底，传播的问题就是人与自己、人与人、人与自然之间的沟通问题。

西方传播学服务于资本和利益，关注点落在传播效果上，而忽视了人的心灵。我们在借鉴西方传播学视野的同时，也不妨跳出狭窄的传播学学科框架，而立足中国延续千年的文化，去思考传播与人的关系问题，让传播回归人性的光辉，使之成为人们发现自我、与世界和谐相处的手段。

传播研究的目的在于解决传播问题，而不是对传播理论的生搬硬套，中国的传播研究更需要发挥想象力和隐喻之美。[③]《庄子》行文天马行空，隐喻颇多。庄子不似"孟子般孜孜不倦追求向善的伦理说教，也不似韩非子以成功为导向的善恶冷漠的行为策略，而是超越是非与成败的形上学宣言。"[④]

《庄子》一书描述了大量的传播活动。庄子对传播困境有着敏锐的感知，并对传播路径有着深入的思考。全冠军指出庄子对"夏虫不可以语于冰者"（《庄子·秋水》）等交流障碍的感知，对"以卮言为曼衍，以重言为真，以寓言为广"（《庄子·天下》）等传播符号的运用心得；[⑤] 柯庆良则着重探讨了"得意而忘言"（《庄子·外物》）的符号与意义之辩。[⑥] 此外，《庄子》中还存在着"吾丧我"（《庄子·齐物论》）的人内传播、"君子之交淡若水"（《庄子·山木》）的人际传播、"与之为无方，则危吾国；与之为有方，则危吾身"（《庄子·人间世》）的组织传播难题等

---

① 赵月枝：《为什么今天我们对西方新闻客观性失望？——谨以此文纪念"改革开放"30 周年》，《新闻大学》2008 年第 2 期第 9—16 页。

② 〔巴西〕奥利弗·施廷克尔（Oliver Stuenkel）：《中国之治终结西方时代》，宋伟译，北京：中国友谊出版公司，2017 年，"封面"，第 1 页。

③ 何秋红：《我国传播学研究"想象力"的缺失与重构》，《新闻记者》2014 年第 2 期第 23—29 页。

④ 陈少明：《"庖丁解牛"申论》，《哲学研究》2016 年第 11 期第 54—61 页。

⑤ 全冠军：《先秦诸子传播思想研究》，博士学位论文，北京大学，2005 年。

⑥ 何庆良：《先秦诸子传播思想研究》，博士学位论文，中国人民大学，1993 年。

一系列重要的传播议题，《庄子》一文广泛涉及传播的符号、语义、论辩、关系、信息论等问题。① 魏超的《老庄传播思想散论》一书对此多有涉及。然而从组织传播角度加以研究的文献，目前较为罕见。

为此，本章将立足组织传播视野，来着重分析庄子对沟通困境的思考。既然历史事件是由组织内部或多个组织之间的博弈而推动产生的，而不是英雄人物的个人意志，从根本上讲组织的发展推动着历史的发展，② 那么绵延五千年的中国历史，也可以被看作是一个组织传播不断更新和改进的实践历史。政府组织正是其中重要的一环。《庄子》关于组织传播的论述主要集中于《人间世》这篇中，其内容主要体现为为实现国家兴旺和国际关系和谐而展开的组织沟通行为。人类社会是各种各样组织的综合构架。组织传播是指以组织为传播主体所关涉的一切形态的传播总称。其传播对象既可以是组织内部的个人和集体，也可以是组织外的特定公众或者更加广泛的大众。③ 因而，组织传播活动常常伴随着人际传播、群体传播、大众传播等多种传播形态。

组织传播包括组织内部、外部两种传播过程和机制。在《庄子·人间世》中，庄子大量论述了组织内部的传播问题。比如颜回向孔子讨教劝谏君主之道就涉及君臣的沟通问题，即为决策者建言献策的问题。与普通的人际传播不同，这里的交流双方分别扮演着君、臣的角色，即下属同上司之间的谈话，这属于组织传播中的人际传播，也是最典型的组织传播案例。如何有效劝谏国君，以达到政府组织有序、国家安定和谐的目的，就涉及组织传播的技巧和效果问题。

同其他媒介一样，组织也是我们自身的延伸，对集体生活和个体活动具有重要的媒介影响。④ 胡河宁指出："组织传播活动与特定的组织环境，尤其是无意识的信念、民族文化的浸濡密切相关。如何在理解和掌握西方组织传播理论精髓的同时，创新出有中国特色的组织传播研究的理论模式是非常重要的。"⑤ 而劝谏行为是具有中国传播特色的一种交流实践，贯穿中国的传播历史。吴予敏就在《无形的网络》中专门单列"臣奉之道"一节，对荀子和韩非子的劝谏思想加以梳理。⑥

具体到《庄子》文本中：面对组织传播中出现的种种交流冲突，庄子既给出

---

① 金冠军、戴元光主编：《中国传播思想史（古代卷）》，上海：上海交通大学出版社，2005 年。
② 〔美〕W. 理查德·斯科特：《组织理论：理性、自然与开放系统的视角》，高俊山译，北京：中国人民大学出版社，2011 年，第 9 页。
③ 张国才：《组织传播理论与实务》，厦门：厦门大学出版社，2002 年，第 26 页。
④ 〔美〕W. 理查德·斯科特：《组织理论：理性、自然与开放系统的视角》，高俊山译，北京：中国人民大学出版社，2011 年，第 6 页。
⑤ 胡河宁：《中国组织传播研究源起、脉络与发展》，《新闻与传播研究》2008 年第 6 期第 40—50、94 页。
⑥ 吴予敏：《无形的网络》，北京：国际文化出版公司，1988 年。

了形而上的"心斋""安之若命""养中"等心态修养方案，也给出了形而下的"传其常情，无传其溢言""形莫若就，心莫若和"等具体解决技巧建议。"虚而待物"是庄子给出的终极方案，在此基础上实现"通天下一气耳"的交流畅通思想是庄子的独特之处。内向修心的执着是中华文化区别于西方之处，在这一点上，儒释道是相通的，流露出华夏组织传播的独特色彩。

第一节　危国危身：高权力距离下中国组织沟通的两难选择

《人间世》全篇的中心问题可以用颜阖问于蘧伯玉的问题来概括："与之为无方，则危吾国；与之为有方，则危吾身。"（《庄子·人间世》）现在的君王天性凶残，如果不用法规规劝他，就会危害国家；但规劝他的话，又会威胁到自己的生存。这该怎么办呢？实际上反映了组织传播中的冲突矛盾问题。

霍夫斯泰德根据权力距离将国家分为低权力距离与高权力距离两种社会。在高权力社会之中，掌权者享有特权，权力以家族、军事力量为基础，其治理模式更多采用暴力。[①] 庄子所处的时代，正是乱世纷争的时代。政权或由家族世袭传递，或者由军事武装力量抢夺。据学者何善周考证，《人间世》开篇暴虐专断的"卫君"并非虚拟的人物托词，而是确有其人，即卫出公辄。颜回求见卫君事假，但卫君无道，致使百姓遭殃却是事实。[②] 正是在暴虐的统治下，无辜的百姓尸横遍野，无路可走。面对独断专裁的君主，政府官僚组织体系之内无人敢言，形成了常见于组织之中的"一把手思维和决策"现象。

一把手思维与决策现象的原因，既有领导者的个人原因，比如卫君的独断专行；也有制度性原因，比如政治制度缺乏民主性。在这种情况下，与统治者的相处就显得分外艰难。《人间世》全篇都在描述臣子与统治者之间的沟通矛盾：假借颜回与孔子的对话描述组织内部传播的艰难；假借颜阖为卫灵公太子师，写臣子与储君相处的困难；假借叶公子奉命出使齐国之事，表达君臣之间的疑惧之情，[③] 同时也抛出了两个不同组织间的交流沟通难题：如何在保全自身的前提下准确明白地实现组织之间的有效沟通。从个人角度出发，综合考虑人情世故，考量情感因素，是庄子组织传播观念的特别之处。

---

① 〔荷〕吉尔特·霍夫斯泰德：《文化与组织：心理软件的力量》，李原译，北京：中国人民大学出版社，2010年，第69页。

② 何善周：《庄子研究》，北京：中华书局，2016年，第67页。

③ 陈鼓应、蒋丽梅：《庄子导读及译注》，北京：中信出版社，2013年，第94—95页。

　　一把手思维与决策效率加大了群体犯错误的机会。在《人间世》中，"行独"的卫君"轻用其国，而不见其过"，造成了"轻用民死，死者以国量乎泽"的直接后果。正是卫君的独断吓退了劝谏的大臣，阻断了组织的内部传播。组织的内部传播对于组织的正常运转，发挥组织的最大能效，有着至关重要的作用。组织内部传播沟通如果出现风险，组织就会面临崩溃的风险。短期来看，卫君行为的直接后果是"民其无如矣"，人民生活难以为继，无路可走。长此以往则会导致整个社会组织的失序，民间暴动进而使政治组织受到冲击，最终造成"经济—政治—社会"组织的全线崩溃。

　　组织内的沟通包括领导与部下的纵向关系及同级人员之间的横向关系两种类型。①《人间世》中的前三个故事"颜回见仲尼请行""叶公子高将使于齐""颜阖将傅卫灵公太子"都是在论述政府组织内部上下级之间的传播困境和问题。作为出使齐国的楚国代表，叶公子高面临的困难不仅仅是与本国国君的人际沟通问题，还包括齐楚两国之间的交流问题，即不同组织之间的传播难题。

　　作为楚国出使齐国的使者，叶公子高肩负着沟通两国的重大使命。但叶公子高尚未出使就惶恐不已，"事若不成，则必有人道之患；事若成，则必有阴阳之患。"（《庄子·人间世》）他因焦虑而阴阳失调，又担忧事情办不好被国君惩罚，身体和心灵的双重灾祸让他坐立难安。"夫传两喜两怒之言，天下之难者也。"（《庄子·人间世》）传达两国最高统治者君主的喜怒之言是世间最难的事情了。国君喜悦之时必多溢美之词，而愤怒之时又难免溢恶之言。夹杂着喜怒情绪的语言必然有不真实的地方，而这就是致祸之源。不仅会给使者个人带来灾难，还会导致组织间的传播失败。

　　总而言之，劝谏行为本质上属于中国古代政府组织传播的范畴。传播与政治相辅相生，西方如此，中国也是如此。只不过，西方传播媒介更多由资本所控制，而中国讲求天人合一，注重执政的合法性。中国自古就有修身齐家治国平天下的家国情怀和责任意识，这是西方所欠缺的。东方内向修心的传播理念正可补西方传播学之弊，重构世界传播学，也是中国传播观念研究的重要组成部分。

---

　　①　苏东水：《东方管理学》，上海：复旦大学出版社，2005 年，第 298 页。

第二节　心斋坐忘：涵养破除君臣隔阂促进组织良性沟通的说服势能

黄鸣奋曾著有《说服君主：中国古代的讽谏传播》一书，从传播学视角探讨了中国古代劝谏现象。本章研究发现，其实《庄子》一书也是研究古代组织沟通的重要文本，于是以《庄子·人间世》为文本和个案来分析在当时社会背景下组织内部与组织之间的沟通问题，并探讨庄子对此困境的破解之法。当然，其着力点主要在于说服者自身说服能力的培养上。

一、端虚勉一：形而下的自我形象包装技艺

面对政府组织的传播困境，颜回从传播技巧的层面去解决问题；孔子从精神层面上去寻求解决方案；庄子则认为在当时的时代条件下，这种矛盾不可调解，进而引发出无用之用、避祸游世的思想。

面对暴虐独裁的君主和生灵涂炭的现状，颜回主动请缨，试图接近并劝谏卫君，本质上是想要打通组织内部传播机制，挽救组织失序的局面，帮助卫国重归秩序。但在真话难说、假话空话大行其道的环境中，沟通充满风险。面对未知的风险，颜回提出了"端虚勉一""内直外曲""成而上比"三种沟通技巧。"端虚勉一"，指外表端正，内心谦虚，做事勤勉，表里如一，主要强调不因对方施加的压力而改变自己的原则、态度和决心。"内直外曲"指内心坚持原则，如同保怀赤子之心的孩童一般，与自然同类，但在外表上恭顺，讲求礼节，与世人同类。"成而上比"指援引成说，委婉地借古说今，旧事案例曰"比"，判决处理曰"成"。在中国古代，官府处理政事、判决诉讼都必须以先例为依据，即法律中的习惯法。

面对颜回的方案，孔子给出了"大多政法而不谍，虽固，亦无罪"（《庄子·人间世》）的评价。虽然如此，孔子还是认为这三种方法无法从根本上感化卫君，因而连续三次劝阻颜回："若殆往而刑尔！""恶！恶可！""恶！恶可！"（《庄子·人间世》）孔子对这三种技巧一一否决，其具体原因有三。

其一是追名逐利会招致祸害；"所存于己者未定，何暇至于暴人之所行！"（《庄子·人间世》）在孔子看来，颜回并没有通达大道、达到至人的境界，如果贸然前往齐国，必然会为声名私欲所累。屈复《南华通》评："治己治人之念纷然并起，亦谓之杂。杂则不虚，多则不一，不虚不一，心中扰乱，则内忧外患齐至矣。"

如此，进不能救国，退无法保全自身，落入两难境地。

其二是品德不被理解，忠言不被采纳，被误判为以他人之丑衬托自我美德之徒而招致祸患；"德厚信矼，未达人气；名闻不争，未达人心"。(《庄子·人间世》) 在对对方的实际想法和目的一无所知、对方对自己的人品毫不了解的情况下，厚德、诚信、谦让等品质不仅无法发挥作用，反而会招来误解。

《韩非子·说难》篇将这种误解展现得淋漓尽致："所说阴为厚利而显为名高者也，而说之以名高，则阳收其身而实疏之。"(《韩非子·说难》) 用名誉向那些实际追求利益而表面追求美名的人进言，他就会表面上采纳而实际疏远进言者。再比如"彼显有所出事，而乃以成他故，说者不徒知所出而已矣，又知其所以为，如此者身危。"(《韩非子·说难》) 君主表面上是在做这件事，实际上却想借此办成另一件事。进说者不清楚君主的意图而盲目进谏必然得不到采纳；而明白了君主秘密的意图、动机乃至方案，反而会使自己处在更危险的境地。因而劝说的关键首要在于了解对方的实际心理，以便用适合的方式进言。

其三是君主假意听从而趁势巧辩，以至于进谏之人只能忙于自保，不得已而屈从于君主的错误主张，长此以往，必多狡诈伪善之言，终将取败。"若唯无诏，王公必将乘人而斗其捷"(《庄子·人间世》) 君主不仅不会听从你的劝谏，反而会以盛气凌人的姿态，仔细考量进谏者言语的漏洞，与之相争，以夸示自己逻辑清晰，口齿伶俐，能言善辩。在这种情况下，进谏者将"目荧""色平""口营""容形"。闻一多《庄子章句》批："气色卑柔，举止恭谨……内心和同，舍己之是而从人之非。"

孔子的言说带着一定的悲观色彩，这与庄子的避祸思想相暗合。孔子敏锐地看到，在一把手决策的组织之中，即使群体中有人发觉领导人的决策错误，往往也不敢讲，不愿讲。倘若有人敢于指出领导的错误，只要领导人一句话，就足以引发众人的指责乃至群体围攻。[①] 颜回给出的技巧，能够勉强保持"虽固亦无罪"(《庄子·人间世》) 已经算是不错了。

二、心斋集虚：形而上的说服气势的格局养成

面对棘手的组织沟通问题，孔子给出了"心斋"之法："若一志，无听之以耳而听之以心，无听之以心而听之以气。听止于耳，心止于符。气也者，虚而待物者也。唯道集虚。虚者，心斋也。"(《庄子·人间世》)

"心斋"的表现在于"虚而待物"，"集虚"的关键在于"听之以气"。"耳听""心听""气听"层层递进。《文子·道德篇》言："上学以神听，中学以心听，

---

① 张国才：《组织传播理论与实务》，厦门：厦门大学出版社，2002 年，第 331—333 页。

下学以耳听"，这里的"神听"就是"气听"，耳听则外官有形，心听则内观有觉，无论是心听还是耳听都无法摆脱来自器官的形体和知觉的主客观限制。① 而气听则到达了无物无我、虚空忘形的境地，外在感官的知觉消失，内心的思想和焦虑停止，此时才能同游太虚。杨文会《南华经发隐》言"名之为气，其实真空；自性真空，物来即应"，这便是虚以待物的内涵所在。

要想真正劝谏君主，就必须先去除名利之心，在心无挂碍，意无所执的心境下，才能做到不为虚名所动，察言观色，"入则鸣，不入则止"。（《庄子·人间世》）抛弃耳目的视听，让虚寂空名之心返听内视，而排除一切外在的动机，如此这般，连鬼神都要依附，更何况世人呢？② "古之至人，先存诸己，而后存诸人。"（《庄子·人间世》）释德清《庄子内篇注》认为：至人涉世，必先以道德存乎己而后才以己所存施诸人。也就是指先存道于自身，才能应事接物，于无形之中感化他人。而"心斋"就是通达大道的方式。

"心斋"虽然借由孔子提出，但其根源可以追溯至老聃。孔子向老聃请教"至道"，老聃指出心斋之内涵："汝齐戒，疏瀹而心，澡雪而精神，掊击而知！"（《庄子·知北游》）斋戒静心、疏通心窍、洗净精神、抛却智慧正是心斋的内涵所在。

除此之外，"坐忘""以明"本质上都是同一的。都强调去名除利，回归素朴。"堕肢体，黜聪明，离形去知，同于大通，此谓坐忘。"（《庄子·大宗师》）忘却自己的形体，抛弃自己的聪明，摆脱形体和智能的束缚，与大道融通为一，这就叫作坐忘。"欲是其所非而非其所是，则莫若以明。"（《庄子·齐物论》）"以明"是指去除抛弃是非和偏见、以事物本来的面貌去观照事物。如此，就不会因劝谏受阻而苦恼，更不会因追求名声而死谏。

蘧伯玉的观点则与孔子有共通之处。一是"形莫若就，心莫若和"（《庄子·人间世》），表面顺从，内心谦和，随机应变；二对君主的诱导不可显露痕迹以避免声名之祸；三是顺性而为，"彼且为婴儿，亦与之为婴儿"（《庄子·人间世》），顺着领导人的脾性和习惯，委婉地引导他，慢慢达到无过失的境地。总而言之，在保全自身性命的基础上，通过一定的技巧，达到打通组织内部传播的目的。这三点，在《韩非子》中均有论及。

对于组织传播中存在的沟通问题，尤其是君主、权臣及进谏者三者之间的沟通问题，《韩非子》的论述更为具体现实：一是组织中自下而上的沟通渠道失效。"世之仁贤忠良有道术之士也，不幸而遇悖乱暗惑之主而死"（《韩非子·难言》），

---

① 何善周：《庄子研究》，北京：中华书局，2016 年，第 83 页。
② 孙通海：《庄子》，北京：中华书局，2014 年，第 36—37 页。

比干、关龙逢、尹子、董安等十几人都是有才之人不幸愚昧之君而惨遭杀戮的代表。君主对逆耳忠言的排斥斩断了自下而上的沟通渠道。二是组织内部自上而下的沟通渠道被宠臣权臣隔断。"人主不能越四助而烛察其臣"（《韩非子·孤愤》），内政外交被大臣所控制，列国诸侯、各级官吏、君主近侍、学士都有求于权臣，进而成为其同党，君主即使有心也就难以听取真实的声音了。而进谏的人反而会受到权臣的报复打击。

面对这种局面，韩非子给出的解决方案是"凡说之务，在知饰所说之所矜而灭其所耻"（《韩非子·说难》），即粉饰君主自夸之事，掩盖他所羞耻的事情。在把握君主的脾性的基础上顺性而导，方能消除君主的疑虑而畅所欲言。由此可见，虽然儒、法、道派别不同，但他们的思想却有互通互补之处。

面对不同组织间的传播难题，庄子借孔子之口，既给出了形而上的心态疏导，也给出了形而下的技巧指导。首先在心态上：要"知其不可奈何而安之若命"，达到"行事之情而忘其身"的境地。（《庄子·人间世》）又从形而下的角度出发，具体写传信的困难和使用语言不慎的危害，指出语言作为组织传播的工具的重要性，并给出具体化的建议：谨慎使用语言工具，"传其常情，无传其溢言"（《庄子·人间世》），传达真实不妄之言，不传情绪化、不实夸张的语言。最后以"乘物以游心""养中"作结，其要旨在于顺其自然，不带成见主张，虚心以待物，在保全自身的基础上，完成任务。换言之，组织内部沟通，尤其是下级对上级的沟通，需要在气势上养成一种形体与心灵高度统一且和谐自然的状态，如此便能化技巧于无形，从而保身全生，达到良好的说服效果。

第三节　"通天下一气耳"：庄子对组织传播困境的破解思路

面对组织沟通上的不平等情境，庄子也只能通过涵养自身的定力，努力在以道御术的根本理路上，为沟通寻找一个破解之法。在庄子看来，只有道才是逍遥自适的，才是无往而不利的。因此，将道的精神与能力转化为社会生活实践，便是他的核心期望。

一、以"安之若命"的心境来开展说服实践

组织传播的效率离不开它所依托的社会环境和时代背景。在《人间世》中，孔子时而成为宣扬庄子学说的正面人物，时而又成为庄子所批判的悲剧人物。前后矛盾的形象实际上反映了庄子矛盾的心态。

在《人间世》中，孔子成为庄子思想的代言人，"名也者，相轧也；知也者，争之器也。"（《庄子·人间世》）指出求名用智给社会和个人的灾难，这正是《庄子》全文的一个重要观点。庄子主张绝圣弃智，甚至悲观地指出："圣人不死，大盗不止"（《庄子·胠箧》）。庄子认为正是世人对名利的追求致使天下纷争不断，上至诸侯，大盗窃国；下至百姓，争名夺利；小人殉财，君子殉名，"天下莫不以物易其性"。（《庄子·盗跖》）

庄子对沟通不抱希望，因而歌颂社神栎树、商丘大木的不才之用，以悲观的态度强调隐世避祸，保全自身，进而产生了逍遥的游世思想。但在悲观过后，孔子又乐观起来，心怀希望地继续游走于各国之间，期待实现自己的政治抱负。这也是孔子和庄子的根本分歧。

《庄子》全文好似在批判孔子，但实际上庄子随时随地都在捧孔子。[①]"孔子一生之所以为圣人，在哪里可以看到呢？不在四书五经上，而是在《庄子》上看出来。圣人之用心，明知不可为而为之，这就是救世圣人的观念。"[②]

因此，庄子才假借楚狂接舆之口感慨："凤兮凤兮，何如德之衰也！"（《庄子·人间世》）但这里并不是嘲讽孔子的落魄，而更像是一种带着尊重之情的悲叹和劝诫。心怀天下苍生的孔子通达"心斋"，能够知其不可奈何而安之若命，能够随心所欲而不逾矩，但在宣扬传播其政治主张的实践中，仍然四处碰壁，厄于陈蔡，一生四处奔走，不得其志。

孔子想于乱世之中建功立业、求名立说，却成为招致打击的根源。以孔子之学识、能力和才华尚且如此，因而庄子感叹："天下有道，圣人成焉；天下无道，圣人生焉。"（《庄子·人间世》）如今的时代，免于刑罚已经是很难的事了。幸福像羽毛一样轻，孔子却不肯抓住，非要去主动招惹那比大地还要沉重的灾祸。如此，"散木"的无用之用也就不难理解了：追求无用，不过是在自身无力掌控现实环境之时保全自我性命的策略。

庄子对当时组织传播的效果报以悲观的态度。在当时的社会背景下，战乱不息，连保全自我都很难，更不要说施行自己的主张了。即使明白如孔子，依然难以保全自身，庄子进而表达了悲观的无用之用的避祸游世思想。而在庄子眼中，执着的孔子实际上是悲剧英雄的形象。庄子借孔子的形象，一首一尾，一正一负，表达他对于社会治理的观点：帮扶社会，首先要去除名利之心。通过"乘物以游心""养中"等方式，达到"心斋"和"安之若命"的精神境界。在此基础上，才

---

① 南怀瑾：《庄子諵譁（上）》，上海：上海人民出版社，2007年，第392页。
② 南怀瑾：《庄子諵譁（上）》，第399页。

有可能通过恰当运用各种传播技巧，达到劝谏的目的。如果理想不能施行，则要退而保全自身。

二、以"虚而待物"的方式来破解沟通困境

庄子对组织传播悲观的态度主要体现在对时代背景的失望上，这并不意味着庄子对组织传播本身怀着悲观的态度。相反，通过"虚而待物"的方式通达天地，不得已而后动，最终达到"通天下一气耳"（《庄子·知北游》）的逍遥境地，是庄子对组织传播困境的求解，也是庄子人生追求的升华，蕴含着人类幸福的终极哲学指向。

"气""虚而待物""不得已"是理解庄子传播观念的关键所在。《秋水》言："自以比形于天地而受气于阴阳"，可见在庄子看来，"气"是万物之始。气体流动而育化万物，人也是禀受阴阳之气才得以成人形。《庄子论诂》言："听之以气即玄冥纯气之守，彻始彻终之方"，因而"听之以气"则能进入广漠无边的太虚之境，做到"虚而待物"。

"虚以待物"的行动表现为"不得已而后动"。"不得已"在《庄子》全文中共出现了 16 次。如"且夫乘物以游心，托不得已以养中，至矣。"（《庄子·人间世》）"故君子不得已而临莅天下，莫若无为。"（《庄子·在宥》）"感而后应，迫而后动，不得已而后起。"（《庄子·刻意》）"欲当则缘于不得已，不得已之类，圣人之道。"（《庄子·庚桑楚》）……由此观之，不得已即"虚而待物"，必待而后应，迫而后动，如此才能感化万物。正如成玄英所疏："感物而动，应而无心，同于天道之运行。"

在形而下的技巧一节中，颜回也给出了"端而虚"的解决方案，孔子对此方案加以否定。那么颜回的"虚"与这里的"虚而待物"有何区别呢？吕惠卿《庄子义》言："端而虚，非至虚也；勉而一，非至一也。"颜回也认识到"虚"和"一"的重要性，这与庄子是相同的。但在实现的路径上，颜回的"端""勉"无法达到"至虚"的境界。颜回自以为貌充心虚，带着自己既定的主张去劝谏卫君，怎么能算"虚其心"呢？

与颜回形成对比的，是"才全而德不形"的哀骀它。《南华通》言："才，自其贱于天者而言；德，自其成于己者而言。浑朴不斫曰全。深藏不露曰不形。"哀骀它"恶骇天下"，相貌丑陋地让天下人震惊。但凡是与他接触的人，无一不受其感化，卫君甚至主动将国家交付于他。这正是因为哀骀它的才智完美无缺，道德不显露在外。如此，没有什么是不能感化的，所有传播问题也就一应而解。孔子所言"虚而待物"意即在此，颜回必须通过这种途径才能感化君主。

《人间世》之名颇有一种自上而下的俯视感。庄子视人间世为畜养鸟兽的笼子，

而人生如庄周梦蝶一般，如同一场真实的幻梦。"若能入游其樊而无感其名"（《庄子·人间世》），进入人间世应当以逍遥自得的心态畅游其中，不为虚名外利所动，这也是庄子的人生观。吴世尚《庄子解》的解释十分透彻："盖人之生于世，虽如鸟之在于笼，而入游其樊，则其权在我，而不为世所缚矣。无感于其名，我无所求也；入则鸣，不入则止，我不必取也。"在此基础上，与天地大道相通，才能达到"游乎天地之一气"（《庄子·大宗师》），"通天下一气耳"（《庄子·知北游》）的逍遥境地。

可见，从根本上讲，庄子是希望能够以道治世，个体只有知道，行道，才能化解人间世的困境，为逍遥游的人生寻找到一种可能。在庄子看来，任何的沟通要以保身全生为最低要求，在此基础上力争将个人的幸福与价值实践与国家社会的和平安宁贯通起来。人只有活明白了，才能顺道而为，而非强力而为。但凡是强力而为，没有不身败名裂的。虽然庄子对组织沟通困境的思考，相对而言较为宏观，但是其思想对于任何组织沟通情境下的个体定位以及策略性选择也不乏参考价值。因为任何的沟通都离不开对"势"的把握，且只有把个体与社会、国家乃至世界的大势紧密联系起来，只有有大格局，大智慧，才能行稳致远。那些妄图依赖一些谋略，便想建立不朽功业的人，大多是螳臂当车。

综上所言，庄子的劝谏思想，既属于组织传播思想，又涉及人际传播和人内传播的范畴。准确来说，庄子的传播思想可以分为三个层面：与自我的传播，与自然的传播，与他者的传播。庄子回归了传播的本质，考察了人的内心与外向交流间的关系。在心态平稳的基础上，以平和之心与外界交流，外气不入于心，万物皆备于我，则无执念的困扰。通过"虚而待物"的方式，交流可以达到"通天下一气耳"的畅通状态。"吾丧我""齐物""虚而待物"本质上是相通的，都是一种忘我、无形的状态。基于内心通达而实现自我与外界的交流通畅，既是庄子破解传播困境的方法，也是中国与西方传播学观念的关键差异。

"当今世界正处于百年未有之大变局。无论是人类社会的发展还是中国的改革开放都会遭遇各种困难和挑战"，[①] 理解和把握全球新闻传播的趋势和变革对中国传媒业的发展具有重要启示。

（作者简介：谢清果，厦门大学新闻传播学院教授，博士生导师，从事华夏文明传播与媒介学研究；王婕，厦门大学新闻传播学院 2019 级研究生，研究方向：华夏传播研究。）

---

① 史安斌、王沛楠：《2019 全球新闻传播新趋势——基于五大热点话题的全球访谈》，《新闻记者》，2019 年第 2 期。

第十章　齐物与逍遥：庄子对身体交往的忘我操持

　　交往的身体在庄子看来分为内向的"德性"修养与外在的"形体"展演。为了实现理想中的"齐同"境界，庄子提出了"坐忘"的工夫用于身体交往中的内向传播实践，并以此为"吾丧我"的基础而提出了身体交往中"齐万物"式的外向展演。而庄子试图用世人难以理解与接受的"大觉"者的身体形象，即如鲲鹏之逍遥游一般的身体展演，来点醒沉湎于礼仪与仁义之"大梦"中的世人，其实终归是为了其"齐同身体""薪尽火传"式的对于人类传播与传承的期许。

　　庄子的文字恣意而优美，一向对中国的文学乃至文化有着极其深远的影响。清代的金圣叹将《庄子》一书誉为六才子书之首，可见后人对庄子其人其文的认可。《庄子》一书的成就不仅仅在文学性上，更在思想性上。后世之人将庄子与老子并称为老庄，认为庄子的思想与老子同源，都可以归入道家思想的范畴，并成为后来道教浪漫叙事的源头所在。庄子当然受老子思想的影响极深，但他也同样从代表儒家的孔子那里汲取了许多的养分，机械地用儒道思想的两分来认识先秦时代的思想家如庄子，其实是很容易产生误会与偏见的。正如许多同时代的其他思想家一样，庄子的思想很大程度上也来源于他个人对于天地自然、政治生活与身体实践的观察与体悟，他从老子或孔子那里汲取思想养料更多的是为了自己的思考服务，用于辅助自己构建起一个瑰丽的理想世界。若仅从儒道之别，黄老与老庄的区分这样的刻板印象来认识庄子，将一名写出"水击三千里，抟扶摇而上者九万里"（《庄子·逍遥游》）①之激昂文字的智者误认为是消极避世的隐士，则几乎可以说是可笑的。

　　先秦诸子的思想其实都扎根于日用平常的身体体验与生活实践，从儒家的修身体用到道家的实腹养生，其实都来源于对身体的思考与身体概念的延展。笔者已发表的《身体交往观视域下的老子思想新探》（2018）一文中就从老子对于身体

---

　　①　方勇评注：《庄子》，北京：商务印书馆，2018年，第4页。另，后文所引《庄子》原文皆出自此书版本，不再注出。

的思考与认识入手，探讨了老子的身体交往观。而所谓的身体交往观正是基于对活生生的身体所具备的传播潜力与动力的认识，以及视身体为一种媒介对人类世界的嵌入而引申的媒介观、生活观、人生观，包括了对身体媒介的自我认知和传播实践的系统观念。庄子被视为继老子之后的又一道家思想的代表人物，其瑰丽而恣意的想象力同样来自其独特的身体交往观。在这一点上，已有许多前辈学者达成了共识。如谢清果教授以内向传播的视角关照庄子的托梦悟道，谈及物质自我、社会自我乃至精神自我的交互影响，而"梦"毫无疑问地正是一种身体感的浮现，正如其在文中引《列子》所言之"心凝开释，骨肉都融"，庄子笔下的"梦"正是一种跨越了物质与精神性的身体概念的表达。[①] 邵培仁和姚锦云谈庄子思想中蕴含的"接受主体性"就立足于庄子的齐物思想上，论及"消除了人与物的对立，将人同样看成万物的一员，才能够与'道'相通"，[②] 其实质就是将身体的精神性与物质性进行统合，回归能作为传播之主体的整全身体。庄晓东和丁建雄则从情感传播的角度考察庄子的思想，提出"一种主客相融合，内外合一，超言绝象的情感体验"式的真人之情，[③] 也同样地关注到了身体之内外合一的整体性对于传播的影响。周与沉更跳脱出人际传播的视角，从一种天人传播的高度上关照了庄子的身体传播智慧："庄子视人与宇宙为同质性存在，但现实层面中人自蔽于个体结构的束缚，须转化之以使身心结构成为沟通内外的管道，宇宙的讯息与人气机之交流就能超越诸感官之转换，人与宇宙达成深层和谐。……言身、言心，都须在一气流注氤氲的景观下才得真解。"[④] 也就是在说只有整全身心的身体方能成为沟通物质与精神世界的媒介，人类的交流与传播活动才得以真正实现。而庄子的思想也正是基于"身心一气流注氤氲"的身体认知之上进行构筑和演绎的。顺着这样一种整全身体的思路，笔者亦试图从身心合一的角度关照庄子的身体交往观。

第一节 德全者形全：庄子的身体交往观

庄子的文字善用寓言和比喻，尤其擅长用身体的变形来引导读者的想象与体

---

① 谢清果：《自我与超我的蝶变——内向传播视角下的庄子之梦新探》，《诸子学刊》2019 年第 17 辑第 383—399 页。

② 邵培仁、姚锦云：《传播受体论：庄子、慧能与王阳明的"接受主体性"》，《新闻与传播研究》2014 年第 10 期第 5—23 页。

③ 庄晓东、丁建雄：《先秦道家情感传播研究——以"庄子之情"为例》，《学术探索》2019 年 6 月第 1—7 页。

④ 周与沉：《身体：思想与修行》，北京：中国社会科学出版社，2005 年，第 323 页。

悟：从体残形畸的有德之士（《庄子·德充符》）到如骈拇枝指的仁义之弊（《庄子·骈拇篇》），再到以身化蝶的庄周之梦（《庄子·齐物论》）。庄子其实正巧妙地运用身体为媒介，使读者能够体会到其宏大思想世界的一角。可以说庄子着实是一名身体传播的大家，他不仅于交往的身体中自悟到传播的思想与身体的媒介域，更实实在在地在其文字中践行着身体隐喻式的传播技巧。而之所以说庄子的思想根植于其对于身体实践的观察与体悟，也正是来源于此。庄子在其文字的叙述中一再提及的两个概念"德"与"形"，大致能与西方思想概念中的"灵"与"肉"相对应，其实正是身体的两个面向即身体的精神性与身体的物质性。庄子一面说："故德有所长，而形有所忘。"（《庄子·德充符》）极大地肯定了精神身体的超越性，但另一方面他也说："执道者德全，德全者形全，形全者神全，神全者圣人之道也。"（《庄子·天地篇》）将德形两全的整全式身体认作是其理想的、圣人的身体，从而与中国先贤们所普遍持有的灵肉合一式的整全式身体交往观不谋而合。庄子正是秉持着一套属于他自己的身体交往观，即以内修德而外全形的"德全者形全"式思想进路来关照人类世界的。

一、德全：精神身体的能动作用

在《庄子·秋水篇》中，记载了孔子游于匡的寓言故事。故事中孔子被卫国士兵重重包围依旧岿然不惧，对子路说："临大难而不惧者，圣人之勇也"，表达了其修持圣人之德的决心。而后双方间的误会得到开解，危机自去，孔子的人身安全得以保全。孔子的临危不惧是一种内向传播的结果，根据米德创立的内向传播理论，正是孔子建构的理想式客我即"圣人"在内向传播中将"圣人之勇"赋予了孔子的主我。这样一种内向传播的精神修持过程，被庄子视为德全的过程，并最终在身外世界造成了形全的结果。这正是庄子"德全者形全"思想的一种表现，不断地在内向传播过程中向着理想式客我学习与修持的过程（或曰"德全"的过程）是保身贵生的根本需要，是人最基础的生命存续与安全保障的需要。

随后，庄子又借公子牟之口讲述了邯郸学步的寓言故事，告诫公孙龙莫要"用管窥天，用锥指地"，否则便会"忘子之故，失子之业"，如邯郸学步者一般"直匍匐而归耳"。进一步为"德全"之全的概念进行了论述，即在内向传播中，不能脱离实际地、无限制地追求主客我的统一，认为德之"全"应该表现为一种内向传播中的自适性与克制性，从而形成一种与自身之阅历、经验相匹配的"自得之德"。《庄子·骈拇篇》中有云："吾所谓明者，非谓其见彼也，自见而已矣。夫不自见而见彼，不自得而得彼者，是得人之得而不自得其得者也，适人之适而不自适其适者也。"其实就是一种针对德全之"全"的辨析，只有在自适之框架内的主客我交流，德全方能获得一种形全式的圆满，否则便会如寓言故事中的邯郸学步者一般，内外不同一、德形不匹配，而只能匍匐而归。

二、形全：物质身体的存续保障

而反过来，在论及身体的物质性对于精神性的影响时，《庄子·应帝王》的最末记载了一个浑沌凿七窍而死的寓言。讲述了儵与忽认为"人皆有七窍以视听食息"，为报答浑沌的恩惠而为其凿开七窍，最终导致浑沌死亡的故事。其实是使用了一种荒诞的笔法提示了德形双全的重要性，浑沌本非人本无人之德，却被儵与忽强行适配了人的七窍之形，最终神形俱灭。反过来论述了身体的物质性即形全，对于身体的精神性即德全与神全的重要影响。类似的，在《庄子·山木篇》寓言故事中出现的"以不材得终其天年"的"大木"与"不能鸣而死"的"雁鹅"，同样是一种对于形全之"全"的进一步辨析，形全即自适与自得意义上物质形体的圆满，方能保证精神身体的存续。

引申到身体内向传播的主客我互动中，就要求自我应着重关注主我的存续，亦即物质形体的保全，因为客我是由主我不断建构出来的，离开了主我的存续，客我便失去了意义。但这种着重关注又"不能否定作为理想客体的'道''圣人'的意义和价值"，[1] 而应取其中道而行之。身体内向传播中任何脱离主我实际情况所建构的客我都是不可取的，不是好高骛远破坏了德全的过程导致了"忘故失业"的结果，就是"偏离中道"破坏了形全的过程导致了存续消亡的结果。而应是不断地在身体交往中自适、自得地"取其中道"，让主我以一种螺旋上升的态势向着圣人式的"道我"靠近，这正是庄子心斋坐忘之修身工夫的意义所在，修的就是德形两全者圣人之道的身体。

庄子的这种德形双全式的身心思考与身体交往观，其实是极大地影响了后世即现代人的思想的。在知名影片《黑客帝国》中所幻想的承载着全人类生活的"母体"所虚拟的赛博空间中，人类依旧有身体、有五感，保持着现实世界中的生活习惯或者说意识栖息于身体的存在方式。在科幻小说家的笔下，即便是人们通过技术手段将意识从身体里剥离并上传到了一个虚拟的赛博空间，却依旧需要一具虚拟的身体来安放和表征每一个个体意识的存在。就如同宗教中对于神灵与上帝的想象总脱不开人的身体形象一样。德与形，或者说身体的精神性与物质性总是统合在一起的，人类其实无法想象一种真正脱离了物质身体的纯精神存续。德全与神全总是互为依托，并互为一种必然性的导向，德形两全是一种身体交往中的

---

① 谢清果：《自我与超我的蝶变——内向传播视角下的庄子之梦新探》，《诸子学刊》2019年第17辑第383—399页。

共在。这也是庄子思想关注人的内向传播，关注德全以谋取形全的根基所在。

第二节　堕肢体黜聪明的坐忘：庄子身体交往观的内向修德

在庄子的身体认识中，并非将"德"与"形"截然分开甚至对立，而是一种一以贯之由内而外的整体。《庄子》内篇中有篇名为《德充符》，其题名之由来大约如方勇教授所说的是："道德充实于内，万物应验于外，内外玄合无间，有如符契一般。"[①] 这也正是"德全者形全"的进一步表述，即修持与内的道德终究会应验于外。由此亦可以明显地看出庄子的"德形"身体观与西方传统"灵肉"身体观的截然不同："灵肉"观在柏拉图那里，灵魂是要"尽量不和肉体交往，不沾染肉体的情欲，保持自身的纯洁。"[②] 又或者是在尼采那里，认为心灵与精神的发展史不过是"一种更高级肉体的形成史"，[③] 更断言"我完完全全是肉体，此外无有，灵魂不过是肉体上的某种称呼"。[④] 这种"灵肉"观中表现出的身与心的极端对立乃至对抗，在中国人的思想世界中是极难找到市场的，反而是海德格尔所代表的现象学提出身体其实"恰恰就是那个未被撕碎的，也撕不碎的'身—心'统一体"，[⑤] 才与庄子所谓的"德全者形全"式的身体思考有了对话。之所以在庄子那里，身与心是统一的、"德"与"形"也是统一的，甚或说人就是一活生生的"德性身体"，正是由于向内的"德"的充满过程，与向外的"形"的应验于外的过程，都是活的身体所必然具备的传播过程。换句话说，活的身体就是交往的身体，而交往的身体是一种媒介，是一种对于人活生生的生活世界的嵌入，时刻将人内世界与人外世界、精神世界与物质世界勾连了起来，所以说人活着就是在传播着。就是在这样一种动态的过程之中，庄子所谓的"德形"被贯通与统合了起来，修德于内必将显现于外，"德性身体"也就由此而成了。

一、直指"大通"的坐忘工夫

在庄子的文字中，可以很明显而深刻地感受到他对于德行的强调与关注，而形体则常常作为他关照德行的一面镜子。在《庄子·德充符》一篇中庄子就借王

---

① 方勇评注：《庄子》，北京：商务印书馆，2018 年，第 84 页。

② 〔古希腊〕柏拉图：《斐多》，杨绛译，沈阳：辽宁人民出版社，2000 年，第 17 页。

③ 〔德〕尼采：《权力意志》，张念东、凌素心译，北京：商务印书馆，1991 年，第 152 页。

④ 〔德〕尼采：《苏鲁支语录》，徐梵澄译，北京：商务印书馆，1992 年，第 27 页。

⑤ 〔德〕马丁·海德格尔：《尼采》，孙周兴译，北京：商务印书馆，2002 年，第 104 页。

骀、申徒嘉、叔山无趾、哀骀等人的形体之残缺与丑陋，来反观与衬托他们各自德行的高洁之处。但这样一种对比的方式，绝非是在树立"德"与"形"的对立，反而是表达出了一种庄子独特而整全的身体交往视角，即"形全"来自"德全"。换句话说交往的身体所展现出的形貌不仅是物质性的更是精神性的，在庄子看来圣人式的完满身体不应只看肉身的体貌还应该要包括内在的德行。庄子的"德形"式身体交往观内蕴着丰富的动态与关联，庄子借颜回之口提及了一种"坐忘"的身体交往方式："堕肢体，黜聪明，离形去知，同于大通，此谓坐忘。"（《庄子·大宗师》）在这样的"坐忘"中要离形去知、要罢黜肢体和聪明，其实就是在说要抛弃掉对物质形体与精神意识的执念亦即物我两忘，然后才能"大通"。这种"大通"正是指的身心、"德形"的贯通合一，精神身体与物质身体和合为一。作为佐证，在庄子文字的讲述中，"坐忘而大通"的境界实现之前还有两个阶段即"忘仁义"与"忘礼乐"。（《庄子·大宗师》）"忘仁义"是从心智上说的，忘掉仁义之于人类自然本性的桎梏；而"忘礼乐"则是从形体上说的，忘掉礼乐对于身体行为表达上的规训。只有忘却这些人在社会化过程中习得的偏见与偏执，才能真正如同庄子所说的："天与人不相胜也，是之谓真人。"（《庄子·大宗师》）唯有将人外世界包括自然环境、社会环境与人内世界视为和谐共生的两者，即使物质世界与精神世界得以"大通"的得道之人才能称之为真人。之所以将"坐忘而大通"之法门归为庄子的一种身体交往观，是因为坐忘的过程实在是一种交往身体的内向传播过程。谢清果教授认为道家的内向传播智慧是"为道者在充分认知自我、社会和自然的基础上，在内心进行的以道的形象为媒介，而实现的由俗人向圣人境界升华为目标的信息互动过程。"① 而庄子的"坐忘而大通"就分明是一种以修身成圣为目标的，身内世界的信息交通互动过程。

二、起"把关人"作用的坐忘工夫

为实现"大通"的内向传播过程中，"忘"之一字所蕴含的意义实在是庄子的最大创见。"忘"在庄子的笔下是一种修持的工夫，是一种具有主观能动态主体行为。庄子所谓的"忘"，并不是指记忆上的忘却，而是指一种对于执念与妄念的放下与释怀，是一种带有情感与价值取向的自我批判与自我涵化行为。庄子有云："故德有所长，而形有所忘。人不忘其所忘，而忘其所不忘，此谓诚忘。"（《庄子·德充符》）就是在说只有"德"的增长能促进"忘"的作用，而"忘"是实现内向传播之"大通"境界的方式与途径。在这一点上，庄子之"忘"实现了与西

---

① 谢清果：《内向传播的视阈下老子的自我观探析》，《国际新闻界》2011 年第 6 期。

方经典传播学理论的对话。

西方经典传播学中的选择性理论认为人在传播活动中，会有选择性地接触、注意与自己观点相吻合的信息，同时竭力避开相抵触的信息这么一种本能的倾向。在接触到的信息输入身体内向传播的过程中有选择性认知，最后则是选择性理解。① 在西方经典传播学的这套选择性理论中，可以很清晰地看出其认为人在传播活动中、在对信息的处理中，是有着一套起"把关人"作用的系统的，这一系统决定了人去选择性地接触和注意、选择性地感知或忽略、选择性地加以肯定或否定的理解，正是因为种种选择都是由不同人所独有、所固有的价值观念及思维方式做出的，所以这种价值观念及思维方式本身几乎不会受到任何威胁，只好随着不断地有意识的选择而加固。这里所借用的"把关人"理论原也是西方经典传播学中的著名理论，虽然其原生的语境是用以说明和形容群体传播过程中负责信息筛选和过滤的人，但这种对于信息的筛选和过滤机制其实是普遍存在于一切传播过程中的。有了这些西方经典传播学的知识基础再看庄子的"坐忘而大通"法门，就能明显感受到东西方智者间的不谋而合之处。在庄子那里，"德"就是身体内的"把关人"系统，全权负责流经身体媒介的一切信息的筛选和过滤，而其筛选和过滤的方法则是别具一格的"选择性遗忘"。而且不同于选择性理论中的选择性注意、认知和理解，庄子的"选择性遗忘"是一种更优越、更具有主观能动态主体行为，其优越性就正表现在对固有意识和刻板印象的突破上。西方选择性理论隐含着一个人类在现代的媒介技术使用上愈发突显的弊端，即注意力的内卷化倾向，也就是说人在不断选择感兴趣话题、与自己观点相近的资讯进行关注的过程中，其自身的视野将变得越来越窄，其固有的观点、对世界的刻板印象也将变得越来越难以扭转，而成为马尔库塞笔下丧失了自由和创造力，不再想象或追求与现实生活不同的另一种生活的"单向度的人"。而庄子对"忘"的理解，则是在接触和注意的阶段表现出一种兼包并蓄的姿态，其主观能动性的发挥在于兼听则明之后的"忘"的工夫。

三、坐忘工夫的现实意义

对于"坐忘"的工夫，庄子说"人不忘其所忘，而忘其所不忘，此谓诚忘。"方勇教授注之曰："人们不遗忘他们所应当遗忘的形体，反而遗忘他们所不应当遗忘的德性，这才是真正的遗忘。"② 可见"忘"的主观能动性正表现在对应当遗忘的和不应当遗忘的有选择的区分上。由于庄子在《德充符》的几个寓言中讲述的是

---

① 李彬：《传播学引论》，北京：新华出版社，2003年，第142页。
② 方勇评注：《庄子》，北京：商务印书馆，2018年，第98页。

形体残缺丑陋却又高尚德行之人的故事，所以方勇教授在注释时将应当被遗忘的解释为形体，不应当被遗忘的解释为德行。其实这样的解释还可以发散出去，适用于更广泛的身体交往场景。麦克卢汉说媒介即讯息，用庄子的"坐忘"来理解，就是要人们忘记掉媒介所传递和呈现的五花八门的信息内容，而不忘记某一种媒介技术对于人们生活场景的侵入与改造。同样地，用庄子的"坐忘"去理解波兹曼所说的媒介即隐喻，就是叫人们忘记媒介技术的迅猛发展所带来的视听享受，并提醒人们不要忘记技术背后所隐喻的人类社会、文化、政治、经济等等环境因素的飞速变迁。媒介是人类的媒介，媒介只有浸入到人类的社会文化生活中才有其实质的意义，才与自然界中的中介或触媒区别开来。而正因为涉及了人，媒介于是有了精神性与物质性两个面向，就如在论及身体媒介时，总免不了要提及精神身体与物质身体的交流与互动。麦克卢汉和波兹曼其实就是在说与庄子类似的话，提醒人们不要只关注媒介物质性的"形体"一面，如电脑、手机或文字、图像的呈现；更要关注媒介精神性的"德性"一面，如媒介技术的象征和隐喻以及对人类社会文化生活的切实影响。从更微观一些的身体交往场合中的应用来说，庄子所谓的"坐忘"工夫至少也能帮助人们克服媒体为之营造的拟态环境与刻板印象。因为拟态环境与刻板印象其实都属于媒介技术所提示的"形体"的一面，其就如庄子在《德充符》的寓言中所说跛脚的申徒嘉一般给人以残缺和丑陋的印象；而如何才能够透过刻板的印象观看到申徒嘉高洁的"德性"本质，使人们不要成为如子产一般受形体之拟态环境所蒙蔽的人，正是庄子的"坐忘"工夫之于人们的意义所在。

　　总而言之，庄子的"坐忘"工夫其实就是一种在交往身体的内向传播过程中实现"大通"目标的实践方法。活生生的身体就是在传播，身体感官总是在不断地接受各式各样的信息，这些信息总会形成记忆进而影响到身体的自我认知与生活态度，换而言之就是会影响到身体精神性的"德"。但"德"本身是有能动性的，并不会坐视原本的自己被改头换面，于是有了西方经典传播学中的选择性理论的阐释。可是选择性理论的尽头就是单向度的人，传统经验式的传播学研究于是陷入了泥沼。而庄子的"坐忘"工夫则在这时候提供了另一种思想进路的选择，就是通过"为道日损"式的"忘"来筛选过滤掉身体感官输入的过量或不良的信息，在维护"德"原本的认知与意志的同时又去芜存菁地有所进益，为存身保身与学习成长之间保持了一种平衡的状态，使得外在"形体"与内在"德性"之间达成了和谐与互动，这一境界正是庄子所谓之"大通"。

第三节　齐万物以逍遥游：庄子身体交往观的外向展演

身体的交往不只有内向式的坐忘修身，还应有外向式的展演，即由内在德性所引致的外在形体的表达。这里说的外向的展演与表达突出一种主体性和主动性，与单纯的形体条件如高矮胖瘦或残缺丑陋不同，是试图指代一种人之精气神的外在表现如精神风貌、个人气质等，由内而外式的身体形象。正是这样一种带着"德性"浸润的"形体"展演，让庄子笔下的人物形象富有一种矛盾而又独特的魅力。从跛足却怡然自得的申徒嘉，到鼓盆而歌祭亡妻的庄子自己，再到凤歌笑孔丘的楚狂接舆，都在用各自特有的身体展演方式表达出一种自适自得、放纵不羁的身体形象，让人不禁想起《逍遥游》一篇中"水击三千里，抟扶摇而上者九万里"的鲲鹏。

一、身齐万物：实现真实交流的基础

之所以能有这样一种逍遥的身体形象，庄子认为是来自于一种"物无非彼，物无非是"（《庄子·齐物论》）的身齐万物思想。在庄子看来，只有消弭了物我的区分，才能够实现真正的身体交往，也即真正实现人类对于交流的渴望。在身齐万物思想下的身体交往才能不受刻板印象的干扰而对事物与他者有真正的了解，也才能不受仁义与礼制的限制而表达真实的自我。而这种身齐万物的思想境界也正来自"坐忘"的德性修身，即庄子所云之"吾丧我后始闻天籁"。"吾丧我"即是物我两忘地消除掉对于自我的执念与对事物的刻板印象从而实现的"坐忘"，而"天籁"则意指身齐万物即身体与万物相调和、相交融的"大通"境界。庄子有云："有大觉而后知此其大梦也。"（《庄子·齐物论》）正是说的"齐万物"的思想在其看来是一种大觉醒，在拥有逍遥不羁身体形象的觉醒者看来，受困于礼义廉耻，沉湎于媒介技术、内容及感官享乐的芸芸众生不过是在一场大梦中罢了。

在庄子看来，身体形象的展演与表达毫无疑问都是一种"德性"由内而外的生发。这种对德性身体的关注，也正是邵培仁与姚锦云所云之"接受主体性"，即认为"庄子的传播观念，是从封闭走向开放，从外'传'转向内'受'。"① 就如同庄子视仁义如道德之骈拇枝指一般，体貌服饰、说服技巧及传播效果等等许多传播学的传统研究领域，比之庄子所谓的"大觉"来看也都是对身体之接受主体性

---

① 邵培仁、姚锦云：《传播受体论：庄子、慧能与王阳明的"接受主体性"》，《新闻与传播研究》2014 年第 10 期第 5—23 页。

也即德性的遮蔽，是媒介的技术、内容和表现形式的变化与丰富为人类所虚拟的环境可谓一场大梦。所以庄子在《人间世》一篇中用"颜回请行"的寓言故事，借孔子之口一再否定了颜回提出的各种"有以为"式的说服技巧与身体表达，而主张以一种"无为"式的"心斋""坐忘"工夫，方能更好地实现其交流与对话的目的。

二、万物齐我：逍遥式的身体表达

以此看来，庄子对于人的传播交流、身体的交往展演实在是非常有创见性的，与彼得斯的传播思想有不谋而合之处。彼得斯在《对空言说》中一再感慨人类交流之无奈与不可能，而主张的一种"和自我对话，与他者撒播"①的方式行传播交流的"忠恕"之道，以"撒播"式的豁达姿态面对可能的传播效果，而以一种更严苛的"自我对话"来关注身体的内向传播也即德性的修养。庄子的"心斋""坐忘"工夫同样是一种对"自我对话"与德性修养的强调，但在对他者的影响上，庄子"齐万物"的思想即包括了"我齐万物"式对媒介刻板印象的突破，也包括了"万物齐我"式的他者可能实现的对于"我"的理解与"大通"，如此看来庄子对于人之交流的实现其实是比彼得斯更乐观一些的，并未止步于"播下种子却不期待收获"式的"撒播"。

庄子认为"心斋""坐忘"是"齐万物"的基础，也即是"我"与他者实现"大通"之传播境的基础，但这种庄子所构想的"大通"境界或者说"万物齐我"又是如何实现的呢？这就需要借用到梅洛庞蒂的"身体间性"理论来帮助理解，所谓身体间性如梅洛庞蒂的解释是："我的身体在感知他人的身体，在他人的身体中看到了自己的意向的奇妙延伸，看到一种看待世界的熟悉方式……人直接用自己的身体去知觉他人的身体，并同时理解了他人的意识"②也就是说"我"的身体既可以作为"我"知觉事物的主体，也可以作为被"他者"身体所知觉的对象。再换句话说，正因为"我"用"心斋""坐忘"的工夫破除了偏见、执念与刻板印象而向外展演出了一副大觉逍遥的身体形象，"他者"才可能通过一种身体间性的知觉方式同样破除掉可能存在的偏见、执念与刻板印象来理解一个更整全而真实的"我"。这样的一种身体间性的感知也即达到了庄子所说的："夫徇耳目内通外于心知，鬼神将来舍，而况人乎？"（《庄子·人间世》）所谓耳目内通即是说用包容的心态待人接物，不被拟态环境与刻板印象所蒙蔽，而外于心知则是不刻意、

① 〔美〕约翰·杜翰姆·彼得斯：《对空言说：传播的观念史》，邓建国译，上海：上海译文出版社，2017年，第83页。
② 〔法〕梅洛庞蒂：《知觉现象学》，姜志辉译，北京：商务印书馆，2001年，第443、445页。

不"有以为"地"传"，这便是庄子所为的"心斋""坐忘"的工夫，而有了这样的内在"德性"则自然而然地会有外在身体的"形体"展演上的"齐万物"。有了"齐"做基础，那么"通"也就是自然而然的了，用庄子的话说，鬼神都会归附更何况是人？

　　所以说在庄子的思想中，如果在论及身体的内向传播时的关键字是"忘"的话，那么在论及身体的外向展演时则突出一个"齐"字。庄子笔下最著名的"庄周梦蝶"的故事说："不知周之梦为胡蝶与，胡蝶之梦为周与？周与胡蝶，则必有分矣。此之谓物化。"（《庄子·齐物论》）在世人眼中放荡不羁、自顾逍遥狂生怪人却是庄子笔下备受推崇的圣人，世人视之如痴人呓语的却是庄子看来的谆谆教诲，而之所以会有这样的不同正要着落在"齐"之一字上。在"齐"的境界中，庄周即蝴蝶，蝴蝶即庄周，或者说传者即受者，受者即传者，两者虽有分别，却可以达成一种"物化"式的和谐。庄子云："自喻适志与，不知周也。"（《庄子·齐物论》）庄子所推崇的圣人正是因为在身体交往中将己身托世人，忘我式地抹消了传受双方间的差异与矛盾，才表现出了世人眼中"放荡""逍遥"式的身体形象。庄子认为"齐"之境界下的身体表达能如"庄周梦蝶"一般地实现传受双方的"物化"，比之彼得斯"对空言说"的判断积极乐观了一些，却也乐观得非常有限。因为在庄子看来"齐"之境界下的身体表达只能被另一位有此"大觉"的圣人所真正了解与接受，而在仁义和礼仪的大梦中被层层束缚的世人看圣人，就如《逍遥游》一篇中的蜩和学鸠眼中的鲲鹏一般难以理解和体会。所以往往在面对自顾沉湎于"大梦"、自缚于仁义与礼仪的世人时，庄子也只能以"入则鸣，不入则止"（《庄子·人间世》）式的"撒播"观处世罢了。

　　综上所述，庄子所身处的战国时代是一个社会动荡、战争频发的时代，统治阶级中不乏以一己私欲而轻启战端之人；而另一方面，百家争鸣所带来的文化发展却并没为平复这种社会的动荡做出应有的贡献。大约正是在目睹了这样的社会现实之后，庄子才提出了要用"忘"来过滤私欲，用"齐"来消灭纷争，并畅想了一个"大通""大觉"得以实现之后如鲲鹏一般的"逍遥"而"齐万物"的至境。而这样的"齐同"境界其实是可以与儒家所畅想的"大同"及老子所期许之"玄同"理想相比较的。

　　谢清果教授认为"从本质上讲，'玄同'与'大同'都是一种人类自我认知的理论成果，是一种人类自我期许的思想境界，进而各自衍生为一种社会理想。……前者重天道本体上的同，后者重人道实践上的同。前者要妙在于'无'，在于'忘'，臻至混然一体之'同'，后者，则是宽厚仁义且不断放大心胸而实现的有容乃大的'同'。"①这"同"字其实也可以做"通"解，即只有通过交往身体的向内向外的传播与传通方能实现身体之身心通达、交往之物我和谐的目的，这也是儒家讲"教化"而道家尚"无为""坐忘"工夫的原因所在。而庄子之"齐同"观特别地表现出一种基于身体的视角，这从他文字中一个个鲜明的人物形象以及著名的梦蝶而忘身的寓言故事中能很清楚地体会到，于是书接上文谢清果教授的论断，笔者认为庄子的"齐同"是一种重身体交往的"同"，是"我"之身体与"物"即"他者"之身体间的"物化"，其要妙和旨趣在于对身体之传播潜能与动力的肯定。如庄子所云："指穷于为薪，火传也，不知其尽也。"（《庄子·养生主》）个人的身体当然是会腐朽损毁的，但身体的形象及其所隐喻的历史、所蕴含的人类之智慧与意志，终究会由另一人类身体所继承并延续。亦如麦克卢汉所言："我们身披全人类，人类就是我们的肌肤。"②这种身体交往式的"齐同"理想或许正是人类之延续的意义所在，也是当下我们一再提及并强调的人类命运共同体的意义之所在。只有用一种庄子式的"齐同"全人类的视野，方能薪尽火传地延续全人类的事业，这或许就是先贤与历史加诸我们的责任。

（作者简介：赵晟，获厦门大学文学博士学位，现于广西师范大学文学院／新闻与传播学院任教。主要从事华夏传播学研究、身体传播研究。）

---

① 谢清果：《老子"玄同"思想体系与人类命运共同体的建构方略》，《中原文化研究》2018年第1期第32—41页

② 〔加〕马歇尔·麦克卢汉：《理解媒介：论人的延伸》，何道宽译，北京：商务印书馆，2000年，第81页。

第十一章 始简与毕巨：庄子对寓言叙事传播的文化超越性表达

《庄子》一书"十余万言"，司马迁一言以蔽之曰"大抵率寓言也"（《史记·老庄申韩列传》）。这是《庄子》文本传播给受众留下的最初抑或是最为深刻的印象，由是出发《庄子》往往给受众留下寓言集或者寓言故事的印象，这是庄子/《庄子》传播中一个很重要的面向。

第一节 寓言：庄子传道的独特媒介

现代文化传播中许多《庄子》选本干脆就是直接以寓言集的面目见诸于世，可见寓言之与《庄子》的重要意义，如：《庄子寓言》（吕伯攸编，2018），《庄子寓言选》（马达注译，1984），《庄子寓言白话句解》（1986），《庄子寓言新解》（李明珠编著，1993），《庄子寓言选读》（杜力、杜红编著，1996），《庄子寓言故事选》（刘耀林选编，1996），《庄子寓言集》（杨惠民选编，2011），《庄子的寓言故事》（颜昆阳，2005），《美和自由的人生：庄子寓言新解》（段建海，2005），《庄子寓言鉴赏》（李明珠，2009），《庄子寓言》（梁振名编译，2017）《庄子经典寓言》（丁正和、孙亚媛编著，2018）等。此外近年来亦存在大量基于《庄子》寓言为研究对象的专著问世，如：《庄子寓言研究》（叶程义，1979/2004），《庄子寓言的哲理与艺术》（叶金，2004），《庄子寓言的文化阐释》（蒋振华，2007），《庄子：逍遥的寓言》（成云雷，2009），《〈庄子〉神话锻造寓言研究》（鹿博，2009），《庄子寓言在读者剧场中的应用》（林桂桢，2010），《庄子寓言心解》（涂光社，2010/2017），《庄子寓言故事研究》（朱莉美，2011），《庄子寓言解读》（李春芳，2014）等。甚至西方人译介《庄子》时也关注到了《庄子》一书的寓言面相进而将其名称翻译为寓言集或是故事集进行传播。例如有着20世纪的第一个英文全译本《庄子》之称的詹姆斯·韦尔（James R.Ware）所译的《庄子》，其英文名为《庄子故事集》（The Saying so Chuang Tzu）；1994 年，由美国汉学家 Victor H Mairy 翻译并出版的《庄子》名为《逍遥于道：庄子的早期道家寓言故事》（Wandering on the Way：Early Taoist Talesand Parables of Vhuang Tzu）；再比如 20 世纪的重量级哲学家马丁·海德格尔（Martin Heidegger）晚年读到的《庄子》德文译本，翻译者是德国著名存在主义神学家和哲学家马丁·布伯（Martin Buber）1910 年在莱比锡初版的《庄子的言论和寓言》。至于直接刊登在期刊报纸上的庄子寓言故事本身或者是研究论文的文章则是汗牛充栋，在此就不一一枚举了。

一、以寓言进入《庄子》的世界

正如《庄子·寓言》篇中所说，《庄子》的文本构成"寓言十九"，[①] 从比例上来看，寓言的篇幅占到了全书的十分之九，庄子所要言说之道完全是水乳交融在他所精心构思的寓言故事里的，庄子开创了通过寓言为中介，沟通个体与天道之间、主体与客体之间、生命与自然之间的直观理性的情意式的浪漫主义传播方式。尤其是《庄子》内七篇，素来被学界认为接近庄子本人的创作，较能体现庄子所要表达的本义。内七篇从《逍遥游》到《应帝王》，从"鲲化大鹏鸟"的寓言到"混沌凿七窍"的寓言，其中五篇直接以寓言故事开篇，每一篇都是通过寓言故事来展开和讨论问题。以《人间世》为例，全篇完全通过一组寓言枝蔓连缀而成，意在阐明"人皆知有用之用，而莫知无用之用也"的道理。有人将全篇分为两大部分，第一部分"颜回之楚""叶公使齐""颜阖为傅"说的是臣下如何与君主相处的事，第二部分将散木与文木对照起来，说明惟无用可以保身，最后以楚狂接舆歌讽孔子孔子之事结尾。[②] 这些寓言故事相辅相成，浑然一体将庄子所要想表达的思想发挥得淋漓尽致。

《庄子》一书主要是由寓言构成的，如果抽去这些寓言故事，《庄子》一书就所剩无几，几乎不存在。庄子/《庄子》思想的传播也主要是通过寓言而展开的，寓言是进入《庄子》世界首先映入眼帘的面相，读过或者了解过一点《庄子》的受众，记忆里多少都会留下一些庄子寓言的印象，像"庄周梦蝶""鼓盆而歌""轮扁斫轮""庖丁解牛"等等这些寓言故事都是极其富有传播力的庄子思想载体，引发一般读者和哲学家科学家的兴趣和思考，在人类精神文化领域广泛传播，影响力非常大。

庄子以寓言为表达方式，预设了受众必须通过寓言进入《庄子》思想世界的

---

① 《庄子·寓言》。本章所引用《庄子》原文据曹础基：《庄子浅注》，北京：中华书局，2007 年版，不另注明页码。

② 王钟陵：《〈庄子·人间世〉讲疏》（上），《镇江师专学报》（社会科学版）1998 年第 1 期。

路径。总体来看借着寓言进入《庄子》文本是轻松而愉快的，庄子的寓言故事"立意异想天开，形象千姿百态；感情丰富深沉，诗意浓郁清芳；结构纵横跌宕，语言奇气逼人；描写简洁生动，心理刻画细致入微。"①受众甚至还会被这些想象力丰富的寓言故事所吸引。但是当读者不断深入阅读下去掩卷长思时，尤其是开始触及庄子所要接着老子所言说的"道"时，不禁会发现被庄子汪洋恣肆体大思精的思想风暴所挟裹，开始迷糊，彷徨，思索。庄子寓言的"谬悠之说，荒唐之言，无端崖之辞"，仿佛七宝楼台光怪陆离，让人难以捉摸，莫名其妙。这是庄子通过寓言传播思想给受众带来的整体效果，有人认为庄子选择寓言寄托的方式表达自己的思想，并且使自己的理论完全用寓言的方式表达出来，虽然墨子、孟子、韩非子也使用寓言，但是他们仅仅是把寓言作为论证说服是理论通俗化生动化的修辞工具，②这一点与庄子对寓言的态度和使用，有着根本的不同。

二、寓言与传道方式的美好结合

作为道家学派的代表人物，庄子继承并且发展了老子关于"道"的观点，"认为道是一种超越时空的精神"。③老子讲"道可道，非常道"，又讲"吾不知其名，强字之曰道，强为之名曰大"，庄子进一步申而论之曰"道不可闻，闻而非也；道不可见，见而非也；道不可言，言而非也！知形形之不形乎！道当不名"。(《庄子·知北游》)在老庄看来"道"是耳朵听不见，眼睛看不见，嘴巴无法言说，甚至无法用头脑中的概念去思考和议论的东西，那么庄子用什么方法来传播和表达这种无法言说的"道"呢？答案就是寓言。"道当无名"，道"既无法直接用精确的概念将它表述出来，也无法准确无误地让受众接受；对道的体悟，不应诉诸受众思虑及耳目，而应诉诸受众直接的心灵感悟。所以，道的传达不管从哪一方面来讲，都无法用概括性的语言，从抽象的概念上，作完整无缺的传达。寓言具有象征性、暗示性、不明确性和形象性与道的特点相吻合，非常适合用来传达道。"④这种反逻各斯中心主义的反对以理性或者抽象感念来把握具体世界地表达传统，无论是在东方文明传统中还是在西方文明传统中都是一条从来没有断续过的人类传播的传统表达方式。陈鼓应在《尼采哲学与庄子哲学的比较研究》中认为这两位伟大的哲人都喜欢"运用极富想象力的寓言的方式来表达他们的思想和感情"。⑤

---

① 公木：《先秦寓言概论》，济南：齐鲁书社，1984 年，第 98 页。
② 王景琳：《庄子对寓言艺术的贡献》，《北京大学学报》（哲学社会科学版）1986 年第 1 期。
③ 李敬一：《中国传播史论》，武汉：武汉大学出版社，2003 年，第 182 页。
④ 许抄珍：《论"道"的表达与〈庄子〉寓言的关系》，《北京印刷学院学报》2018 年第 10 期。
⑤ 冉云飞编：《庄子二十讲》，陈鼓应：《尼采哲学与庄子哲学的比较研究》，北京：华夏出版社，2009 年，第 276 页。

如果我们将《庄子》寓言和《查拉图斯特拉如是说》对比阅读一番，颇能为庄子和尼采产生一番隔代遇知音的共鸣！

从文化超越性的角度出发对庄子/《庄子》寓言展开深度研究，庄子的成功和伟大之处不仅在于找到了寓言这样一种集象征性、暗示性、不确定性和形象性为一体传播和表达方式，高度与"道"的种种特征相契合，而且在于庄子运用寓言的传播方式在某种程度上实现了文化上的超越和突破。"对于实现了超越突破的文明来说，当古代社会有机体面临解体时，人能够从社会中走出来，寻找独立于社会有机体、基于个体而存在的终极价值，这种终极价值可以随着一代代个体生命延续下去，去塑造该文明的社会文化形态。""所谓终极价值，是指个体走出社会面对死亡的拷问时，找到的那些可以超越个体生命的永恒意义。"① 庄子/《庄子》在终极价值的追求和文化的超越上有一种看透世间一切的大境界，主张齐同物论，认为"物无非彼，物无非是"（《庄子·齐物论》）"演变成了齐物和齐论的论说"② 从"道"的角度来说"天地与我并生，万物与我为一"（《庄子·齐物论》）"自其异者视之，肝胆楚越也；自其同者视之，万物皆一也"。（《庄子·德充符》）大和小，生和死，美和丑，有形和无形，统统是一样的，这就叫作齐物，这就叫作"以道观之"，由这个观点出发儒墨之徒是"以差观之"（《庄子·秋水》），喜好评论是非优劣美丑好坏，如同幼鸟嗷嗷鸣叫，没有任何意义，这叫作齐论。庄子之道主张无功、无名、无己，心斋坐忘，身处此世而能够顺应万物的观赏逍遥之道。庄子/《庄子》实现了这一文化超越之道，传播了道家思想，其传播媒介就是"寓言"。关于"道"与"寓言"的关系，有人认为是：

> 一种"物"与"非物"无际的关系。道是"非物"，寓言是"物"。"道"的"有情有信"而"无为无形"的特质通过寓言体现出来，道是产生寓言的"物物者"，而在庄子笔下"物物者"与物是没有界限的，体现在描绘万物的寓言之中，不可能把它们分割开来，道体现在一切事物之中，反过来寓言又通过描绘事物来体现道。③

通过对寓言传播的方式的选择与构建，庄子/《庄子》找到了一种通往无法言说之道的传播渠道，每一"物"皆有其自性，每一则寓言皆是一物自性的自我演化，呈现出事物不依赖于他者的独立存在，而一组一组的寓言构成的《庄子》三十三篇，又将每一种"物"化在了时间的变动不居中。"化"消解了"物"的确定

---

① 金观涛、刘青峰：《中国思想史十讲》，北京：法律出版社，2015年，第42页。
② 金观涛、刘青峰：《中国思想史十讲》，第32页。
③ 许抄珍：《论"道"的表达与〈庄子〉寓言的关系》，《北京印刷学院学报》2018年第10期。

性本质，这就是"庄周梦蝶"寓言里结尾那句"周与蝴蝶，则必有分矣。此之谓物化。"(《庄子·齐物论》)而"物"的自性在某种程度上也消解了"化"的超越性主宰。从这个意义上来看庄子/《庄子》超越时空的精深玄妙之道消解了每一则寓言的确定性含义，使得每一则寓言都具有了微言大义，寓意化在了时间的变动不居中，很难用具体的概念和语言文字去把握。同样寓言中人和物的"自性"在某种程度上也消解了"道"的超越性主宰，拉近了"道"和人的距离，使得"道"的言说和传播成为一种可能。鉴于此我们不妨说庄子寓言独特的传播方式是一种具有文化超越性质的表达方式，应该特别引起传播学和传播思想史研究的重视。

　　庄子/《庄子》通过寓言传播思想的这种文化超越性表达，在传播上具有一个鲜明特点，借用《人间世》中的话来说就是："其作始也简，其将毕也必巨。"通过寓言进入庄子的世界是一场开始时简单、结束时收获巨大的精神之旅。打开《庄子》时首先映入眼帘的是寓言故事，"其作始也简"；合上《庄子》时所收获的是庄子之"道"，"其将毕也必巨"。这种"宽入严出"的传播特点，大概也从一个侧面解答了《庄子》为什么传播千年而不逸散，至今仍有广泛受众的奥秘吧！

第二节　庄子寓言传播方式的重新解读

　　《庄子·天下》是批判战国末年诸子尤其是显学各派的一篇议论文。陈鼓应先生认为《天下》是中国最早的一篇学术史，[①]体现了周庄学派的理论是当时学术的高峰。[②]从整体的关联性来看，《天下》篇是对"齐物"思想以及强调"道通为一"的整体回应，即是承认各人各物、各家各派都有同等的发言权，可涵容不同的价值内容（庄子所反对的是各家的自我中心排他性），[③]尤为值得关注的是：庄子的思想是采用"三言"的表述方式而进行的文字传播。

　　古之道术有在于是者，庄周闻其风而悦之。以谬悠之说，荒唐之言，无端崖之辞，时恣纵而不傥，不奇见之也。以天下为沈浊，不可与庄语。以卮言为曼衍，以重言为真，以寓言为广。独与天地精神往来，而不敖倪于万物。不谴是非，以与世俗处。(《庄子·天下》)

① 陈鼓应：《庄子今注今译》，香港：中华书局，1994年，第852页。
② 曹础基：《庄子浅注》，中华书局，2007年，第458页。
③ 陈鼓应：《庄子今注今译》，香港：中华书局，1994年，第853页。

《天下》篇提出当时各派学说的基本特征，而庄子想以什么言说方式成全"道术"呢，就是"以卮言曼衍，以重言为真，以寓言为广"同时呼应了《寓言》篇首中提出《庄子》的体例风格："寓言十九，重言十七，卮言日出，和以天倪"，可以说这是《庄子》系统的自洽和严密的表现，①是对《寓言》篇首提出何为"三言"作出的进一步诠释。

一、寓言作为媒介的文本呈现

寓言出自《庄子·寓言》篇目："寓言十九，重言十七，卮言日出，和以天倪。"晋郭象对"寓言"注："寄之他人，则十言而九见信。"陆德明在《经典释文》中解释："寓，寄也。以人不信己，故托之他人，十言而九见信也。"②从修辞性来看，寓言就是"籍外论之"，是以中国传统的"征引"和"立象"两种经典话语方式展开的故事化、专题化叙事；③从媒介观念来看，作为媒介的寓言具有譬喻、寓意和叙事三大传播特征。④庄子寓言不仅兼备比喻和象征这两项中国传统思维中较为普遍的审美旨趣，⑤还自成一套庄派风格，就是"以卮言为曼衍，以重言为真，以寓言为广"的"三言"传播方式，使得庄子寓言和先秦诸子寓言相比而言更具魅力与特征。因此，研究庄子寓言即是开启中国古典寓言传播的一个必经之门。

《庄子》书中说"寓言"即"藉外论之"，郭象注："言出于己，俗多不受，故借外耳。肩吾连叔之类，皆所借者也。"《释文》云："藉，借也。"⑥文中解释"寓言"时打了一个比喻："亲父不为其子媒。亲父誉之，不若非其父者也；非吾之罪也，人之罪也。"父亲不应为儿子说媒，父亲夸赞自己的儿子，不如由他人来称赞。也就是说上乘的传播方式不是由自己来说，而通过他人之口来言说的方式或许更能打动他人，换言之就是"假托外人来论说的一种方式"，⑦这可以被理解为"寓言"的本初意思。书中同时讲到这种看似"取巧"的交流方式实则出于无奈，"非吾之罪也，人之罪也"。父亲为什么不能替儿子说媒，原因并不是父亲的过错，而

---

① 张默生先生从《庄子》全书的篇章结构而论，认为《庄子·杂篇·寓言》可视作《庄子》的凡例，《庄子·杂篇·天下》为《庄子》的后序或总论，二者都属于一等甲类作品。参见张默生：《庄子新释》，北京：新世界出版社，2007年，第5—6页。

② （清）郭庆潘撰：《庄子集释》，北京：中华书局，1985年，第947页。

③ 过常宝：《先秦寓言源流及其修辞功能》，《中国文学研究》2007年第3期。

④ 王婷：《论作为媒介的寓言及其传播特征——兼谈传播学叙事下韩非子寓言的传播学寓意》（未刊稿）。

⑤ 李宗桂：《比喻、象征及对形而上的向往》，张岱年、成中英等：《中国思维偏向》，北京：中国社会科学出版社，1991年，第93页。

⑥ （清）郭庆潘：《庄子集释》，北京：中华书局，1985年，第948页。

⑦ 陈鼓应：《庄子今注今译》，香港：中华书局，1994年，第731页。

是由于人们不相信的缘故。长久以来，当人们解读庄子寓言时，只认为假借他人之口做宣传是一种有效的传播方式，但往往忽略了庄子还提出了一个非常重要的人际传播现象，就是"非吾之罪"的交流障碍。现实的交往中普遍存在着不信任、不认可和不接受，这是人之常情。所以采用寓言作为意见表达的方法，言此意彼，首先可以回避直面"冲突"起到消解人际障碍中不信任的因素；其次，寓言的曲折委婉表达也是对道的最佳呈现，因为道是"惟恍惟惚"的，"无状之状，无物之象，是谓惚恍"（《道德经》第十四章），道无法直接用语言呈现，如果一定要说出来也只能间接表述。第三，寓言在之后的文字发展中不单只是譬喻也成为一种叙事，就是本雅明在《德国悲剧的起源》中所说：（寓言）"不是一种戏耍形象技巧，而是一种表达方式，正如言语是一种表达，而实际上，书写也是一种表达一样。"[1]

二、寓言和重言、卮言的占比讨论

《庄子》书中讲"寓言十九"，历来注家对此的理解和注释是存在分歧的，作为历代主流的郭象注本认为"寓言十九"应理解为"寄之他人，十言而九见信"，成玄英疏："寓，寄也。世人愚迷，妄为猜忌，闻道已说，则起嫌疑，寄之他人，则十言九见信矣。"[2]郭象和成玄英都认为"十言九见信"，十次能达到九次见信就是"父不为子媒"的说服成效，是从传播的效果上做分析。但不少学者并不以为然，而是认为："'十九'是说十居其九，这是指寓言在全书中所占的比例。郭注以为'十言九见信'，非。"[3]可以说是否定了郭象和成玄英的因寓言产生的效果而言的这一说法，还如清代王先谦注释为"寓言之言，十居其九"，[4]所以"寓言十九"是指在全书的占比情况。除此以外，还有学者，如止庵在肯定了"寓言十九"是所占比重这种说法之上，还认为应该结合"重言"来考虑："'寓言十九，重言十七'，一占十分之九，一占十分之七，[5]显然'寓言'中有'重言'，'重言'中有'寓言'。"[6]

其次，回到《天下》篇中，强调庄子学派区别于其他诸子的言说方式其实就是："以卮言为曼衍，以重言为真，以寓言为广"即"三言"的传播方式，是用无

---

① 〔德〕瓦尔特·本雅明：《德国悲剧的起源》，陈永国译，北京：文化艺术出版社，2001 年，第 133 页。

② （晋）郭象注，（唐）成玄英疏：《南华真经注疏》，北京：中华书局，1998 年，第 538 页。

③ 陈鼓应：《庄子今注今译》，香港：中华书局，1994 年，第 728 页。

④ 王先谦：《庄子集解》，中华书局，1987 年，第 245 页。

⑤ "重言十七"，"七"疑是"弌"之坏字，是"重言十一"则与"寓言十九"对应。参见曹础基：《庄子浅注》，中华书局，2000 年，第 417 页。

⑥ 止庵：《樗下读庄》，北京：东方出版社，1999 年，第 316 页。

心之言来推衍，引用重言使人觉得真实，运用寓言来推广道理。[①]"以寓言为广"首先是庄子较为注重的传播手段，因为"广"是推广或者阐发的意思，[②]《庄子》一书将用"寓言"来广泛传播作为根本目的。庄子寓言的"广"还体现在内容题材多样，想象奇特，只有一定的广度才能涵盖得下庄子欲以表达的思想。同时，还必须在理解了"寓言"即"藉外之言"的基本词义后，再联系《寓言》篇的下一半句话："与己同则应，不与己同则反；同于己为是之，异于己为非之。"其实又是进一步解释为什么"父不为子说媒"的缘由，不仅是"非吾之罪也，人之罪也"，是人们不轻易相信的缘故，而且还是"同于己为是之，异于己为非之"的根本人性所在，是"人情专以同异为是非，故须寓言"[③]的原因。从这里其实可以看出庄子并不是一个人们常常误以为的不食人间烟火、不闻人间世事的隐者，只会逍遥在山林中，庄子实则早已看清了世人长久的交往心态，不信任是一种常态，单纯地保持一颗真诚的心去与人交往固然是道之真谛，但这种单方面的真诚相交一旦还原在现实交往情境中，或许只是"一厢情愿"。

寓言是曲折委婉表达的上佳方式，是中国文化"以虚应实"的上乘功夫。庄子看到人们常常倾向于用同于己的方式去聆听他人，他说过"世俗之人，皆喜人之痛乎己，而恶人之异于己也"，（《庄子·在宥》）所以使用寓言这种看似"虚无"的叙述方式可以帮助求真者托出意见。特别是在士已经兴起的战国诸子时代，从孔夫子开始，游说君王听取一家之言都是诸子的施展抱负，实现政治价值的毕生心愿，都纷纷希图在游说时能做到"分别以喻之，譬称以明之"（《荀子·非相》）以取得君王的亲近和接纳的重要方式。这也是为何作为先秦最后一位诸子——韩非在《韩非子》里辑录大量故事素材于《储说》《说林》的缘故，其实就是韩非在《说难》里提出说服之难的一个基本命题："凡说之难：在知所说之心，可以吾说当之。"（《韩非子·说难》）没有人能轻易猜透别人愿意听什么，不过可以先用平易近人的话开场，然后再随时调整策略，这是符合中国文化"经世致用"的处事原则。那么，"采取民间流传的神话传说故事，改编为比喻性的寓言……浅近易懂，容易说服统治阶级"[④]自然就是一个较为便宜行动的手段了。

---

① 陈鼓应：《庄子今注今译》，香港：中华书局，1994 年，第 887 页。

② "广"理解为：推广，参见陈鼓应：《庄子今注今译》，香港：中华书局，1994 年，第 887 页；理解为：阐发，参见曹础基：《庄子浅注》，北京：中华书局，2000 年，第 503 页。

③ 王先谦：《庄子集解》，北京：中华书局，1987 年，第 245 页。

④ 王焕镳：《先秦寓言研究》，北京：中华书局，1959 年，第 13 页。

三、庄子叙事方式与先秦诸子的区别点——卮言

厘清"寓言十九"的方式实则是一种作为占比关系为理解的基础之后，再置于传播学视阈下去解读"十分之九"其实认为是一种广泛意义上与众相同。世人只知庄子特立独行，与众人刻意不同，其实《庄子》之所以能流传也是基于与同时代下其他诸子有"共同的意义空间"而言的。换言之，庄子寓言有十分之九是与诸子寓言相似的——故"寓言十九"。虽然寓言之名始于《庄子·寓言》篇，但是寓言之实在庄子之前就是有的，早在《庄子》之前《墨子》书中就有寓言了。[①]所以到了庄子的时代，《庄子·天下》篇作为当时诸子学术情况的最高评价参考，不可能不在《庄子》中体现出从诸子百家中或形式或内容方面的对于各种"方术"的取舍来成全"道术"。正如《天下》篇的核心是"道术"，希望"恢复古代道术的面貌，学术发展的过程就是道术分裂为方术的过程"，[②]而《庄子》在恢复"道术"即是"合"各家各派的一番功夫上，"是有自己一个完整的理论构架（并不仅仅只是调和庄儒而已），不过这一构架绝不是庄学的"，[③]所以庄子想要消解"一曲之士"的一家之言，调和诸子的价值分歧，弥合道术的分裂，显然是要说和当时学术界同僚们相似的话语表述，并且还要让人信服，让更广泛阶层（不仅仅是士的阶层）能够听得进去。除此以外，从受众心理出发，"同于己为是之，异于己为非之"是世间常情，则就不难理解庄子"寓言十九"不仅是《庄子》书百分之九十是寓言同时也是百分之九十（或者就是绝大多数）与诸子寓言有相似性的可能所在。参见下面的图示作为解释说明，见图 11-1。

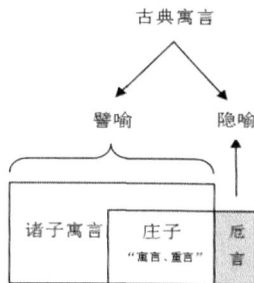

图 11-1：庄子寓言和诸子寓言关系

图 11-1 中庄子寓言和诸子寓言部分上是重叠的，就是对"寓言十九"的一个

---

① 胡怀琛：《中国寓言与神话》，北京：知识产权出版社，2013 年，第 24 页。
② 曹础基：《庄子浅注》，北京：中华书局，2000 年，第 485 页。
③ 止庵：《樗下读庄》，北京：东方出版社，1999 年，第 358 页。

大胆假设，而"重言十七"也许是"重言十一"的误笔或是他说，终归"重言"和"寓言"是须结合起来一并考察的，二者很难分割，也都符合了陈鼓应先生等学者认为的占比解释，只是这个占比未必不可以是与当时其他诸子表达形式相同的一种寓言形态。但是在图中的阴影部分，不与诸子寓言相重合的部分是庄子寓言区别诸子寓言之处，也正是"卮言"的关键所在。

成玄英："卮，支也。支离其言，言无的当，故谓之卮言耳。"[①] 止庵认为："'卮言'是支离、矛盾、不确切、变化多端多言，也就是《齐物论》所谓'吊诡之言'。"[②] 所以这就应和了上文提出为什么《庄子》作为一部理性且反思世界的哲学书竟会大书特书各种神话奇幻、玄妙异奇的话题，就是"卮言"所呈现的表征形态。《天下》篇里还讲道："以天下为沈浊，不可与庄语。"这里的"庄"不是指庄子，应为"庄语"，是亦庄亦谐之庄，即天下纷纷扰扰，不能讲庄重严肃的话，[③] 最后只能"以谬悠之说，荒唐之言，无端崖之辞，时恣纵而不傥，不奇见之也"来表达心意了。所以，卮言就是图中阴影部分，就是些支离的言语，而荒谬、荒唐、无端就是它的特征，是庄子寓言中"暗"的部分，语焉不详、神秘闪烁的部分，即隐喻/隐语的内容。

但是值得注意的是庄子的"寓言、重言、卮言"又切不能完全分割来看待，本章只是为了作形象的展示画出了图 11-1，是为了方便区分庄子寓言和诸子寓言的同与异，即是通过"三言"的重新解读而得出的庄子寓言传播特点所在。又如止庵所言："王夫子：'寓言重言与非寓非重者，一也，皆卮言也，皆天倪也'……'无物不然，无物不可'，所以物各为物，都是'之一'，而道是'一'。"[④] 这里的大胆假设的目的，并不是希图说明庄子寓言和诸子寓言的相似度多大，而是抽离出最不一样的卮言——这种只有《庄子》才有的叙事手法。当然，无论"寓言、重言、卮言"何为，都是庄子学派试图言道释道的某一方面的努力。解构"三言"以区别和诸子的关系虽然会有"只见树木不见森林"的可能，但如果不这样做又容易进入"言之所不能论，意之所不能察致者，不期精粗焉"[⑤] 存在的烦恼，只能陷入无法捕捉庄子思想的困顿中。因此如同"戴着镣铐去舞蹈"一般，从"事物之粗精"外显的一面来剥离之中精髓了。

---

① （晋）郭象注，（唐）成玄英疏：《南华真经注疏》，北京：中华书局，1998 年，第 539 页。
② 止庵：《樗下读庄》，北京：东方出版社，1999 年，第 316 页。
③ 陈鼓应解释"庄"为严正之意，这里不当庄周之名，参见陈鼓应：《庄子今注今译》，香港：中华书局，1994 年，第 885 页；曹础基："庄语"：庄重的言论，参见曹础基《庄子浅注》，中华书局，2000 年，第 503 页。
④ 止庵：《樗下读庄》，第 316 页。
⑤ 《庄子·秋水》。

第三节 《庄子》寓言与修辞的关系

一、《庄子》寓言与譬喻

《庄子》寓言区别于诸子寓言，包括区别于现代文学中的定义，这是首先需要厘清的一个问题。原因在于中国传统文学中"寓言"的定义本身就比较笼统，寓言的形状和名称达成统一是经过较长的时间且到了近代才固定的。诸子寓言大多是以文辞片段或文章的部分形式出现，其功能主要是作为"喻"来增强文章修饰。而"喻"或"譬喻"的形式逐渐演变为寓言。并且由于喻的功能使得寓言结构出现于文章之中是有迹可循，在不断地寓言创作中其结构又是一个反复提炼和加工复制的过程，逐渐也就成为人们认识事物的一种思维方式。维柯在《新科学》中曾提到的出现寓言乃至成为人们认识世界的一种方法："人们学会的最初的科学应该是神话学或者是对寓言的解释；因为，就如我们将看到的，任何民族的历史都肇始于寓言"。[①] 就是认为寓言从不经意的以修辞（喻）为初衷而诞生，但在不断的实践中可以逐渐形成一种具有其特质并特指某种形式的文学体裁。只是问题在于中国古代并没有重视它，至于寓言的名和实的统一对应也是后话了。[②] 所以，寓言初期就是一种"喻"的修辞形式，发展到后期就成为譬喻的最高形式，但反过来，不是所有譬喻都是寓言。如刘向《说苑·善说》里有则故事：

客谓梁王曰："惠子之言事也善譬，王使无譬，则不能言矣。"王曰："诺。"明日见，谓惠子曰："愿先生言事则直言耳，无譬也。"惠子曰："今有人于此而不知弹者，曰：'弹之状何若？'应曰：'弹之状如弹。'谕乎？"王曰："未谕也。""于是更应曰：'弹之状如弓而以竹为弦。'则知乎？"王曰："可知矣。"惠子曰："夫说者固以其所知，谕其所不知，而使人知之。今王曰无譬则不可矣。"王曰："善。"[③]

---

① 〔英〕特伦斯·霍克斯：《结构主义和符号学》，瞿铁鹏译，上海：上海译文出版社，1987年，第2页。

② 现代寓言概念肇始于1903年林纾翻译《伊索寓言》时将英语"fable"概念与"寓言"一词相对应而促成，由于寓言在中国古典文学史上一直没有独立的地位，也没有像诗、词、歌、赋一样有个明确的定义，直到1917年茅盾先生才在《中国寓言（初编）》中把古代寓言作品统一定名为"寓言"。参见张友鸾：《古典编余录》，北京：文化艺术出版社，2008年，第88页。

③ （汉）刘向撰，向宗鲁校证：《说苑校证》，北京：中华书局，1987年，第272页。

这则故事是最恰当生动解释何为"譬喻"的，修辞功能就是用另一物解释说明要解释的对象，当然打比方的对象不能和被解释对象无区别，否则就是"弹之状如弹"的无效解释。再则，打比方的内容要能被接受，在于其信息的可读性，则如"弹之状如弓而以竹为弦"的进一步说明。但是，这个故事是不是寓言呢？这个问题目前确实还存在争议。如学者陈蒲清认为只要具有"故事性"和"寄托性"就是寓言，或者说寓言是作者另有寄托的故事。[①] 也有学者认为诸子寓言如果不具备叙事型观念具象组合的形质特征，则不可看作是寓言。[②] 所以，如果按照前者观点，上面一则故事就是寓言，但是如果按照后者观点，那就不是寓言，因为没有观念具象只是一个比喻故事。张友鸾先生下面的话则可以起到一个调和解释：

从功能上讲，寓言是譬喻，但譬喻却不全是寓言；从形式和内容上讲，寓言是故事，但故事也不全是寓言。寓言有自己特定的范畴。概括起来，寓言所具有的基本要素是：既要有具体的故事情节，又要有譬喻寄托。就是说，寓言乃是用一个虚构的具体故事来设事立说，言在此而意在彼地去说明某些抽象的道理。[③]

所以，如果总结诸子寓言的一般特点来看，先秦诸子寓言其实更接近作为"寓言故事"的寓言来看待，是"喻""譬喻"的高级形式，庄子寓言也具备这个相似的内容，也包括譬喻的内容，就是张友鸾先生提到的这种譬喻寄托结合虚构的故事解释抽象的道理的形式。不过，庄子寓言其特殊性在于《庄子》是结合了"重言、卮言"并重的"三言"方式形成的独有的文辞体系，不仅仅只是包括与诸子寓言相似的"譬喻"部分，还有诸子寓言没有的与"重言、卮言"相结合的"寓言"部分，这个部分就是"庄子寓言"独有的寓言风格。换言之，"庄子寓言"不完全等同于《庄子》寓言故事。正如闻一多先生认为：寓言本也是从辞令演化来的。不过庄子用得最多，也最精；寓言成为一种文艺，是从庄子起的。[④] 总的来讲，这里不仅仅只是厘清了庄子寓言和诸子寓言以及譬喻之间的关系，而是在于认清庄子寓言是一套自成一体的叙事体系，是"三言合一"的文字传播方式，也为后世《庄子》一书所呈现出的哲学韵味、文学风格以及文化特征与诸子各家风格迥异不同做出了某一个方面的解释。

---

① 陈蒲清：《寓言传》，长沙：岳麓书社出版社，2014 年，第 363 页。
② 饶龙隼：《先秦诸子寓言正义》，《上古文学制度述考》，北京：中华书局，2009 年，第 309—316 页。
③ 张友鸾编撰：《中国古代寓言选》，北京：商务印书馆，2015 年，"前言"，第 1 页
④ 闻一多：《古典新义·庄子》，《闻一多全集（二）》，北京：生活·读书·新知三联书店，1982 年，第 288 页。

二、《庄子》寓言与隐喻

上文还未解决的问题是为什么《庄子》寓言故事选题多选神话作为题材。由于神话的来源丰富，其解释内容具有很强不确定性，而作为譬喻的寓言首先是为了起到更好的说明和解释的作用，正如诸子中许多优秀的说服谏言、劝诫寓言，见《楚王好细腰》《揠苗助长》《老马识途》等等，这类以现实人物和历史为题材的寓言都是为了增强文章说理部分的力度和增添美学之修饰。但是，《庄子》中的神话寓言很难说与诸子寓言故事相似，仅仅只是为了达到说理和信服的目的而存在，而这一部分的内容更符合"隐喻"的特征。如《庄子·应帝王》中有一则寓言：

> 南海之帝为儵，北海之帝为忽，中央之帝为浑沌。儵与忽时相与遇于浑沌之地，浑沌待之甚善。儵与忽谋报浑沌之德，曰："人皆有七窍以视听食息，此独无有，尝试凿之。"日凿一窍，七日而浑沌死。①

这则寓言读来更像一则神话，单从字面的"比喻"或"明喻"形式很难直接获得庄子思想。庄式所独有的神话式隐喻其实是《庄子》"卮言"与"寓言"相结合的产物。刘勰曾指出文辞"隐"的特征就在于"遁辞以隐意，谲譬以指事也"（《文心雕龙·谐隐》），使用曲折的文字弥盖意图，若想要寻觅作者主旨则需要读者调动更多的思考参与才能获得作者意图。这是作为"隐喻"的传播技巧，也是沟通交流中的特殊手法。

王焕镳先生概括了隐语与寓言的区别作用："隐语和寓言同有比喻的作用，寓言是怕意思说不明白而拐弯儿打比方；隐语是把容易说明白的意思在不便明言的情况下，故意隐藏起来，让对方去猜，从而得着体会考虑的功夫，以期达到说话的目的"。② 显然王焕镳先生是将寓言和隐语区别认识主要是想强调作为共同有"喻"的功能下，二者的"同"与"异"，但是寓言本身是可以同时包含譬喻和隐语/隐喻形式的，正如庄子的寓言就善用隐喻来进行表现。因此，庄子寓言的善隐风格也再次体现出庄式叙事的独有风骚，庄子为何乐于用"隐"的手法即"三言"来叙事论理，笔者尝试从三个方面加以分析：

首先，道是不可言说、不可外显的，所以庄子说："夫道，有情有信，无为无形，可传而不可受，可得而不可见，自本自根，未有天地，自古以固存"，③"道无

---

① 《庄子·应帝王》。
② 王焕镳：《先秦寓言研究》，北京：中华书局，1959年，第74页。
③ 《庄子·大宗师》。

始终"。^① 道的特征如此，只能像讲故事一般曲径通幽式地娓娓道来，不可能竹筒倒豆子一样直截了当，否则难免撞上"人之不信"的交流障碍；其次，道的传播须取得个人的经验方能达到，用今天时髦的话语表述就是要经过人的生命活动参与才能获取。而寓言也好，重言也罢，看似在顾左右而言他，实则都是通过个体生命在实践中的体验而满足述道的真理，如"轮扁斫轮"的寓言讲的是木匠的经验，"庖丁解牛"的寓言则是屠夫的技艺，这些都是人们日用而知的作为悟道的起点，但是又从中到达一个"日用而不知"的道的体验，是渐进式的推演，看上去是用隐秘的方式——透过故事和比喻来完成，最终只为了实现解释道的真谛。第三，庄子对人世间的态度是希望人们都懂得养生全生，所以他说"为善无近名，为恶无近刑"，虽然历来引起争议不断，但是庄子的目的都是为了"可以保身，可以全生，可以养生，可以尽年"。^② 出于这样的养生观念，庄子在表述思想态度时就不可能用过于外显的话语来进行阐释，于是"三言"尤其是卮言的叙事方式自然就孕育而生了，卮言就像漏斗一样，庄子的话"都是无成见之言，有似于漏斗"，^③ 只是作为大自然的传声筒，无任何成见之心，而卮言曼衍在字里行间，无觅踪迹，使得"道隐于小成，言隐于荣华"，^④ 与其直抒胸臆而不如"言无言，终身言，未尝言，终身不言，未尝不言"。^⑤ 这就是庄子"隐"的艺术。

第四节　庄子寓言传播的文化超越性表达

无论是研究庄子的传播思想还是先秦诸子的传播思想，甚至包括秦汉以降至"五四"之前的华夏文明传播研究似乎都难逃一个萦绕心头的问题：这对于现代传播有何意义？当前讨论的庄子传播思想是不是就是庄子的哲学思想，抑或只不过是其思想史的另一番注脚？其实这个问题不仅是华夏传播研究一直亟待寻找答案，也是多年来中国传播学各专家学者们孜孜求索的问题，从出发到过程无不都围绕在"中国化""本土化"的落脚点上。刘海龙曾在题名《解放灰色地带：对传播学思想史叙事的反思》中提道："传播思想史的研究中，除了正面否定主流叙事中的神话外，更重要的是反思其中的叙事方式。"而文章中对于反思的切入点作者认为

---

①　《庄子·秋水》。
②　《庄子·养生主》。
③　张默生：《庄子新释》，北京：新世界出版社，2007年，第10页。
④　《庄子·齐物论》。
⑤　《庄子·寓言》。

可以称之为"灰色地带","'灰色地带'的意义在于提醒研究者不要只关注那些新奇的个案,而是要反思常识,从习以为常中发现真正的问题。"①不置可否,庄子是有传播的思想的,不然不会有三十三篇佳作流传于世,并且影响至今乃至世界文明;其次,如果人们只将中国先贤圣人的思想纳入思想史或人物史来看时,则正是前文刘海龙文章中提到的我们的传播学依然会在西方传播学已经筑好的"编年式、里程碑式、大师主导式、学派冲突式和观念统领"的迷宫里开展学术活动,从知识的生产上而言难有反思与创新,从话语的表征而论鲜有多元化和多样性。以这个层面而论,传播学研究中就还存在大量的所谓的"灰色地带"有待我们去发现。在笔者看来,华夏传播研究所关照的方面与其说是前面提到的"灰色地带"不如说是无数的"封尘的宝藏",正如黄星民教授提到的这些"宝藏"都是亟须传播学子继续去"发掘、整理、研究和扬弃"②的。

庄子用"寓言"手法作为《庄子》一书的主要叙事风格,不仅作为思想史可资可鉴中国哲学与中国文化,从传播学而言亦然如此。这是将思想和哲学与传播学有机结合的一次尝试,也是胡翼青等一些学者认为有必要"重新界定人的存在及人与社会、物的关系,讨论传播与人存在的意义,才能有真正的独一无二的传播理论,才能与哲学元理论发生关联,才有资格与其他学科尤其是人文社会科学对话"③的前提。《庄子》"寓言"的传播方式是庄子特有的叙事风格,首先已经彰显在庄子极高的文学价值和美学地位上,从思想文化方面庄子寓言通过"寓言"独有的方式已经深刻影响无数人的生命体验;而在传播学方面,庄子寓言不仅在文字修辞上起到独树一帜的文饰效果还在传播效果上打开了一扇新的窗户,主要有以下三点:

第一,寓言,言此意彼,是作者曲折推进接近读者所在世界的"捷径",以叙事消解沟通双方的人际障碍。

第二,《庄子》寓言就是《庄子》的"寓言"叙事风格,是自先秦以降,以道家为代表的中华文化气质的表征,这体现在"虚"与"实"的对接上,是中国文化的独有气质,也是中国传播学的艺术韵味,是"一阴一阳之谓道"的中国景观。

第三,"寓言"是《庄子》书中的文章凡例,但此种言说方式在现代社会依然保存生命,这从当下如火如荼的娱乐视听节目不乏古典寓言故事的现象中可见"寓

---

① 刘海龙:《解放灰色地带:对传播思想史叙事的反思》,《山西大学学报》(哲学社会科学版)2015年第1期。

② 黄星民:《华夏传播研究刍议》,《新闻与传播研究》2002年第4期。

③ 胡翼青:《重塑传播研究范式:何以可能与何以可为》,《现代传播》(中国传媒大学学报)2016年第1期。

言"的魅力经久不衰，从无数的政治、经济、文化和社会交流互动可见"重言"的说服力量，从思想史上中国区别于西方精神内涵可见于从"卮言"希图"和以天倪"归为天地自然的旨趣上，在精神气质上追求变化如"日出"一般的适时适应态度，即是"苟日新，日日新，又日新""所以穷年"的价值理念所在。总结而言，正如谢清果教授所说："中华文化的优势在于心物相合，物质世界与心灵的世界可以感通，可以以同理心的方式去处理人与外在的世界的关系，注重将一切都内置与心灵的无穷空间中，实现道通天下的理想境界。"①如是所言，也正是《庄子》"寓言"叙事方式当前还能对今天的传播学有所借鉴的价值和精神所在。

（作者简介：王婷，贵州师范大学国际教育学院讲师，厦门大学新闻传播学院2018级博士研究生。）

---

① 谢清果、祁菲菲：《华夏传播理论的内涵、特征及其未来展望》，《今传媒》2017年第1期。

篇尾语

　　理解《庄子》，把握庄子学派的深邃思想，往往是中国知识分子的内心最深层的追求，这是因为《庄子》一书所展现的自由逍遥思想，知识分子虽不能至，心想往之。这份精神追求不仅是个体自由的内在呼声，也是社会解放的终极目标。因为社会不解放，个人就不得自由。社会制度很可能成为人们获得自由的障碍，虽然社会制度也起到保护个人一定程度自由不得伤害他人自由的作用。但是人类总希望有一种状态，那就是"相忘于江湖"的境界，到那时社会制度似乎不存在，人们的自由似乎超越了物质世界与精神世界之间的障碍而获得了永恒的自在。其实，这种状态存在不存在，能不能实现不重要，重要的是人类总得有一种理想，一种不断超越当下，仰望未来的心境，正因为有这种心境，人类才懂得以类的方式彼此相亲相爱地共处于一个宇宙。在不满意中，追求更满意的世界。

　　从上论述，我们可知，《庄子》一书对于人类交往实践的意义，那就是以道相通，道通天下。"道"是人类终极的精神家园，是一切价值的总源头与总归宿。然后"道"未不自明，他需要在一代又一代人的不懈追问下，才不断向世人敞开其奥妙。人类越是超越自我，道就越向人类敞开。现实的世界由于人们对意义理解的差异，以及自私贪欲的纠结，阻碍了人们通向大道的路径。什么时候，人们能够放下偏见与成见，什么时候人类才会更加顺畅地沟通。离道越近，沟通就越顺畅。那就让我们一起体悟道的玄妙，升华自我的人生观，从而达到人与人之间的彼此解放与成全。

中篇：学术争鸣

篇首语

本篇主要围绕深圳大学的尹连根教授对邵培仁、姚锦云的《传播受体论：庄子、慧能与王阳明的"接受主体性"》中的"庄子是否有传播思想"这一问题展开学术争鸣。这一争鸣诚为近年来难得的一次，从而将"华夏传播研究"这一领域直接从幕后推至台前。本来，对中国传播思想史的研究已然没有太多的争议，也就是说，中国传播思想史的语境中，很自然地老庄孔孟都具有其传播思想，因为社会即传播，处于时刻交往中的诸子百家不可能不对当时的传播现象自觉不自觉地表达他们的看法，这些就是传播思想。而尹教授基于邵、姚两人文章中提出的"接受主体性"，以及对中华文化"内向超越"的认知上的差异，展开探讨，认为需谨慎提出"庄子传播思想"这样的命题。尹教授提出学术研究中往往不自觉以当下的思想观念去格义古代的思想观念，从而使原本可能并不存在的观念，经由作者的阐释似乎让人觉得古代就有这样的思想。而姚锦云又撰文回应，认为庄子其实实质上探讨了人类在信息传递、关系建构与意义分享这一传播学的命题，从这个意义上讲，庄子自然有传播思想，只不过庄子应该没有现在"传播学"意义上的思想；也就是说庄子时代没有传播学，自然不会有学科建构意义上的传播思想，但是有基于人类交往实践的传播意识与传播通畅的求索。后来，尹教授又写了篇《庄子与传播学的本土化》的回应文章，认为应该避免"食洋不化和食古不化"，因为"《庄子》所关注的问题与传播不在一个理论抽象层次上，两者之间很难找到合适的契合点"。对《庄子》应抱有敬畏之心、同情之心，当可"取珠还椟、避名居实"。最后尹教授建议借鉴社会学的本土化实现传播学的本土化。不过，很遗憾在本书即将出版之时，由于尹教授的文章还未公开发表，所以虽然他发我学习了，我本已排入本篇，但终因未能授权正式刊用，只能临时撤下。不过，读者可继续关注这一学术争鸣。

为了补上撤下的这部分空档，我也勉为其难地把我曾经专门探讨过的《庄子》"吾丧我"的内向传播诠释的文章替换在这里。原因也是因为尹教授在他的第一篇回应文章中曾对"内向传播"颇有微辞，因此我就以我自己对内向传播研究的一点小成果以作回应，以就正于大方之家。

第十二章 传播受体论：
庄子、慧能与王阳明的"接受主体性"

思想交流、宗教观念传递和道德传承，是人类传播的三大问题。在中国思想史上，分属道、释、儒的庄子、慧能和王阳明，分别对这三个问题进行了回答。他们的独特而共同之处，是认为传播的成败不在于"传"，而在于"受"；"受"的关键是恢复一个本真的精神世界，庄子称其为"真宰"，慧能称其为"本心"，王阳明称其为"良知"（即本体）。这个本真的精神世界往往是被蒙蔽的，人要做的就是恢复它的本来面目，即"空"的状态，从而达到与"道"相"通"的目的。这需要付诸强大的主体性力量，可称之为"接受主体性"，其背后本真的精神世界，可以称之为"受体"。"接受主体性"的现代价值，是让我们开始反思"传者为中心"这个传统范式的弊端，重新思考传播中的人如何建构一个丰富的精神世界，而不只是作为传递信息的导管。这是一种思维的转变，也意味着范式转移的可能。

引言：中国文化的内向超越与传播思维的"接受主体性"

余英时先生曾在《从价值系统看中国文化的现代意义》一文中，提出了西方文化的"外向超越"和中国文化的"内向超越"说。"外向超越"表现为现实世界与超越世界的二分，"内向超越"则体现为现实世界与超越世界的"难舍难分"。①这两种文化"性格"体现在认识论上，西方文化是"我"与世界的"主—客"二分，即以"我"来认识"非我"的世界，包括第三人称的他（她）；中国文化则是"我"与世界的"合"与"通"，即认识了"我"就认识了世界，包括与"我"一样的其他"我"。将这两种文化"性格"进一步延伸到传播思维，同样中西差异悬殊。西方主流的大众传播研究传统，是一条由传播者（我）指向受传者（他／她）的路径，"受众"概念就是典型的第三人称取向。虽然"使用与满足"理论是对传

---

① 余英时：《中国思想传统的现代诠释》，南京：江苏人民出版社，1992年，第1—48页。

统观念的反思，但其描绘的受众，仍然是第三人称的"他（她）"，而不是第一人称的"我"，因而受众概念总是显得缺乏主体性。相比之下，中国传播思维则关注由接受者（我）指向传播者（我）的路径，两者是相通的，第一人称的"我"始终是关注的中心，因而作为接受者的"我"具有高度的主体性。中国传播思维首先要求"自明"。占卜是中国人最早的传播活动之一，只是其对象是"天"而非人，即与天"沟通"，最终的目的是为了获知"天意"、明白吉凶，从而调整人的行为。占卜最大的特点，是不会给出一个直接的答案，最终的决定还在于人本身。因此，占卜本身不重要，对占卜的解释才重要，对占卜解释的理解尤为重要。可以说，《周易》是中国人主体性传统的力量源泉。① 儒家将人的优秀道德修养称为"明德"，而且这种道德是由人"自明"的，而非灌输和传授的，《大学》说："《康诰》曰：'克明德。'《太甲》曰：'顾諟天之明命。'《帝典》曰：'克明峻德。'皆自明也。"（《礼记·大学》）《中庸》说："唯天下至诚，为能尽其性；能尽其性，则能尽人之性；能尽人之性，则能尽物之性；能尽物之性，则可以赞天地之化育；可以赞天地之化育，则可以与天地参矣。"（《礼记·中庸》）"自明"的主体意识和"参天地，赞化育"的进取精神，使中国人不仅重视传播主体的主体性，也非常重视传播受体的主体性，更重视传播主体与传播受体的"通"与"合"，这就是"物我融通"的传播意识。② 因而，中国古代的信息接受观念从来就是积极主动的，人们不满足于符号本身，而是通过"观""味""知"，主动地寻求"言外之意"、物外之旨。③ 这种"接受主体性"已经深入中国文化的骨髓，钱穆就将中国文化的思想概括为"通天人，合内外"。④

简言之，中国传播的传统更关注内向的接受，而西方传播的传统更关注外向的传递。在中国传统传播思想中，"接受主体性"在庄子、慧能与王阳明三位思想家身上实现了会通，虽然他们前后跨越两千年，分属道释儒，但其思想却近乎一脉相承。他们分别回答了人类传播中的思想交流、宗教观念传递和道德传承问题。其共同之处是，他们都认为传播的关键在"受"不在"传"；而"受"的关键，在于恢复一个本真的精神世界，庄子称其为"真宰"，慧能称其为"本心"，王阳明称其为"良知"（即本体）。这个本真的精神世界往往是被蒙蔽的，人要做的就是

① 邵培仁、姚锦云：《传播模式论：〈论语〉的核心传播模式与儒家传播思维》，《浙江大学学报》（人文社会科学版）2014 年第 4 期第 68—69 页。
② 邵培仁、姚锦云：《寻根主义：华人本土传播理论的建构》，《新疆师范大学学报》（哲学社会科学版）2013 年第 4 期第 37 页。
③ 邵培仁：《当代传播学视野中的中国传统信息接受观》，《中国传媒报告》2004 年第 6 期第 74—82 页。
④ 钱穆：《从中国历史来看中国民族性及中国文化》，北京：九州出版社，2011 年，第 88 页。

恢复它的本来面目，即"空"的状态，从而达到与"道"相"通"的目的。这需要付诸强大的主体性力量，可称之为"接受主体性"（Receiving Subjectivity），其背后本真的精神世界，可以称之为"受体"（Recipient）。其现代价值，是让我们开始反思"传者为中心"这个传统范式的弊端，重新思考传播中的人如何建构一个丰富的精神世界，而不只是传递或接收信息的导管。这是一种思维的转变，也意味着范式转移的可能。

第一节　庄子的"心斋坐忘"与交流理想

交流是人类永恒的话题，理想的交流是人人向往的。庄子正值百家争鸣时代，自由争鸣的环境原本是思想得以交流的前提，但过度之"争"却导致了思想交流的困境。庄子描述了这种交流困境，并寄希望于一种理想的交流（即"心斋坐忘"）。庄子认为，人们无法交流，并不是人们不想交流，而是"成心"所致，即人们总以人我和物我对立的方式看待世界，无法接纳不同于己的学说和观点。简言之，只想着"传"而不考虑"受"。要实现理想的交流，人必须去除"成心"，消除人我和物我的对立，达到"心斋"和"坐忘"的境地，从而"道通为一"。

一、是其所非，非其所是：交流的困境源于成心

庄子时代的百家学说，基本是基于各自的政治诉求，针对政治问题而展开。因而百家学说的是与非，就必然会涉及价值判断。但在庄子看来，价值判断不是绝对的，而是历史的、发展的，是讲求历史和现实语境的，因而是相对的。庄子认为，百家争鸣的实质是他们将价值判断"绝对化"，实际上是将人与物对立、"我"与"非我"对立。交流的困境，恰恰源于这种绝对化和对立的思维，庄子称之为"成心"。

"成心"即成见之心，也就是"域情滞着，执一家之偏见者"（成玄英语）。[①]成心中的成见，并非已有的见地，而是偏执于己见，陷入了自我封闭的境地。在庄子看来，当时的百家之辩，并非纯粹的学术争鸣，也不是出于纯粹的求知欲；而是学者们在政治诉求的刺激下，树立自己、压倒别人的一种方式，目的是获得君主的赏识而得到运用，从而实现政治抱负。如公孙龙用"坚白论"强行说服别人，不管别人愿不愿意听。"彼非所明而明之，故以坚白之昧终。"（《庄子·齐物

---

① 陈鼓应：《庄子今注今译（上册）》，北京：商务印书馆，2012年，第63页。

论》），本部分其他相同引用不再注明；不同引用只注篇名）庄子认为，这就是"成心"，其背后是我与物对立、我与人对立的思维方式，即"偶"。在这种思维方式中，"我"是小我，是相对于万物或他人而存在的"我"，因而"我"被置于世界的中心。这样的思维容易产生是非判断上的偏执，即陷入"是我而非物、是我而非人"的偏执。"故有儒墨之是非，以是其所非而非其所是。"庄子认为，以儒墨为代表的各家学说之争，人之非即己之是，己之是即人之非。因而庄子说："彼出于是，是亦因彼"，"是亦彼也，彼亦是也。彼亦一是非，此亦一是非"，"因是因非，因非因是"。有此就有彼，有是就有非，对立的双方是相对而存在的；反之亦然。一种学说获得了主导地位，另一种与之对立的学说就面临消亡；一种学说被认可，那么另一种与之对立的学说就不被认可，即"方生方死，方死方生；方可方不可，方不可方可"。因此，庄子感叹道："夫随其成心而师之，谁独且无师乎？"如果成心都可以成为标准，那么谁没有标准？

面对"成心"，庄子提出了"道枢"的概念："彼是莫得其偶，谓之道枢。""枢"原本指门轴，引申为关键。但"枢"还有一层意思，即轴的圆心，门总是围绕着轴心转动。门转的角度不同，所指的方向就不同。但对于轴心的那一点来说，所有的方向都失去了意义。"道枢"就好比"道"是这样一个原点，所有思想或学说都是围绕着"道"展开的，它们就像是"道"在不同方向的不同表现，从不同的角度看就有偏差和正反之别。因而一种思想或学说，只是从某一个角度切入来认识"道"，难免有局限，这是"小成"；但人们往往认识不到这一点，还要用尽各种辩术来博得信任与接受。因此庄子说："道隐于小成，言隐于荣华。""小成"也意味着作为整体的"道"，被分析肢解的方式来认识，虽看清了局部，但丧失了全貌。"其分也，成也；其成也，毁也。"因此，"是其所非而非其所是"皆因人而起，而"道"无所谓是非，不存在对立。如果回到"道枢"的原点，那么表面上的差别就不见了，彼和此、是与非的对立也消失了，"成心"也就自然消除了。

庄子的洞见，就是发现了人类"交流的无奈"源于"成心"，这是由知识的起源和人认识能力的局限性而得出的。正如方东美说："每一个理论都有它独特的观点，每一个理论都有它成立的理由，每一个理论都得到真理的一面。若能如此想，则当我们在参加学术讨论时，才可以拿出一个'公心'，而不是拿'私心'来表现自己的偏见，也就是要能容纳别人的立场与见解，容纳并承认别人的理由。"①

———————————

① 陈鼓应：《庄子今注今译》（上册），第 80 页。

二、心斋坐忘，唯道集虚：去除小我即成就大我

在庄子眼中，"交流的无奈"源于人类自身的"成心"，即人我和物我对立的思维。要实现理想的交流，就要消除以自我为中心、物我与人我对立的思维方式，即"吾丧我"和"丧其耦"（《齐物论》）。其最佳状态就是"心斋"和"坐忘"，即"忘却"一切偏执的成见（坐忘），还原一个"空明"的精神世界（心斋），因为"唯道集虚"（《人间世》）。庄子的这种"接受主体性"传播观念，从封闭走向开放，从外"传"转向内"受"，具有历久弥新的现代意义。

庄子假托孔子的口吻，提出了"心斋"的概念："气也者，虚而待物者也。唯道集虚。虚者，心斋也。"心斋，就是虚空的心境，即摒除杂念，使心境虚静纯一。从传播思维的角度来说，"心斋"是人接收信息的最佳状态，甚至能接收"道"。人处理信息的一般状态，是用耳朵辨析声音，用心（大脑）获取符号所表达的意义。"心斋"的状态则要超越于此，不仅超越感觉器官，而且超越思维器官，最后用来接收和处理信息的是"气"。"无听之以耳而听之以心，无听之以心而听之以气。"（《人间世》，本段其他引用相同，不再注明）这是一种对心灵状态的比喻，并非真有这样一种"气"的实体。"气"的状态，就是"心斋"，即空虚广袤，以待万物，但不执着于任何心念。只有在"虚"的状态下才能容纳"道"，才能到达光明，达到"虚室生白"。要达到"心斋"的状态，必须去除"成心"。首先是去除求名邀誉之心，即"无感其名"；其次是去除控制之心，不可强人而说，而是愿听则说，不听则止，即"入则鸣，不入则止"。因为传播多有不如意之时，这是必须接受的现实，即"寓于不得已"；最后是去除成见和心机，尤其是摒弃观点上的门户之见，从而让内心通达，即"无门无毒"，"徇耳目内通而外于心知"。做到了这一点，也就消除了人与我的对立、"异"与"己"之分，也就能够包容、接纳各种不同学说。达到如此境界，连鬼神万物都能被感化，这正是先古圣人的境界。"鬼神将来舍，而况人乎！是万物之化也，禹舜之所纽也，伏羲、几遽之所行终，而况散焉者乎！"

如果说"心斋"侧重于消除人与我的对立，那么"坐忘"更强调去除物与我的对立。何谓"坐忘"？庄子假托颜回的话说："堕肢体，黜聪明，离形去知，同于大通，此谓坐忘。"（《大宗师》，本段其他相同引用不再注明）对此，郭象解释说："夫坐忘者，奚所不忘哉？即忘其迹，又忘其所以迹者。内不觉其一身，外不识有天地，然后旷然与变化为体而无不通也。"（郭象《庄子注·卷三·大宗师第六》）也就是达到"物我"两忘、契合自然、心纳万物的精神状态。在一般的认识论上，总是用作为认识主体的"人"来认识作为认识对象的"物"。这样一来，"人"与"物"就发生了对立，"人"与世界也发生了对立。在庄子看来，"人"与

"物"、"人"与世界原本就是合一的，人的一切活动都是不知不觉受"道"的掌控，这是不以人的意志为转移的，这就是庄子所喻的"大宗师"。"其好之也一，其弗好之也一。""其一也一，其不一也一。"人在用自己的智力追求知识的过程中，一则因为人面对的是一个变化的世界，再则由于人本身就直接参与了这种变化，因而很难区别哪些是自然的变化，哪些是人为的变化。"夫知有所待而后当，其所待者特未定也。庸讵知吾所谓天之非人乎？所谓人之非天乎？"庄子的意思是，只要将认识对象"对象化"，那么人（作为认识主体）就同时被剥离了出来。因此，我们不能只看到"物"的变化，却看不到"人"同样作为"物"的变化。因为人同样是一种被需要认识的对象，但人自己往往却看不到自己。百家的学说，往往是一种"对象化"，却忽视人本身也是"对象"的认识结果。因此，庄子提出，要消除这种物与我的对立，即"坐忘"。也就是说，"对象化"的认识活动只是一种"小智"，只有消除"对象化"，消除了人与物的对立，将人同样看成万物的一员，才能够与"道"相通。"同则无好也，化则无常也。"与万物一体就没有偏私，参与万物的变化就不会偏执。这就是"道通为一"，"忘年忘义，振于无竟，故寓诸无竟"（《齐物论》）。

　　总之，"心斋"与"坐忘"，就是在思维方式上将我融入世界万物，将我与万物看成一体。这就是陈鼓应所说的"忘我、臻于万物一体的境界"，[①]方东美所说的"丧小我，忘小我，而成就大我"的状态。[②]这就是"接受主体性"的努力，是实现理想交流的必要途径。

　　三、注焉不满，酌焉不竭：交流的理想成于真宰

　　"心斋"和"坐忘"，都是人"主体性接受"的努力，目的是恢复一个本真的精神世界，庄子称之为"真宰"。庄子认为，"真宰"看不见、摸不着，但确实存在，而且可以通过实践来验证。"若有真宰，而特不得其朕；可行已信，而不见其形。有情而无形。"（《齐物论》）庄子的"真宰"，指向了一个强大的精神世界，一个广大的心灵，如同"天府"和"葆光"。

　　"真宰"如"天府"。"孰知不言之辩，不道之道？若有能知，此之谓天府。"（《齐物论》）这是一种不言而言的智慧和胸襟。"天地有大美而不言，四时有明法而不议，万物有成理而不说。"（《知北游》）孔子也说："天何言哉？四时行焉，百物生焉，天何言哉？"（《论语·阳货》）庄子用了一个很形象的比喻："有成与亏，故昭氏之鼓琴也；无成与亏，故昭氏之不鼓琴也。"（《齐物论》）郭象注道："故

---

①　陈鼓应：《庄子今注今译（上册）》，第45页。
②　陈鼓应：《庄子今注今译（上册）》，第46页。

欲成而亏之者，昭文之鼓琴也；不成而无亏者，昭文之不鼓琴也。"（郭象《庄子注·卷一·齐物论第二》）冯友兰说："一鼓琴就有成有亏，不鼓琴就无成无亏。照郭象的说法，作乐是要实现声音（'彰声'）。可是因为实现声音，所以有些声音被遗漏了；不实现声音，声音倒是能全。据说，陶潜在他的房子里挂着一张无弦琴。他的意思大概就是像郭象所说的。"① 这就是知识表达的现实困境，任何能表达的知识都不是整全的，整全是无法用知识来表达的。很多人不明白这一点，还处处彰显其知。这正是老子"道可道，非常道"（《老子·第一章》）、"善者不辩，辩者不善"（《老子·第八十一章》）思想的延续。庄子说："大道不称，大辩不言。""道昭而不道，言辩而不及。"（《齐物论》）大道是无法称名的，大辩是无须言说的；道能说清楚那就不是道，辩说总有达不到的地方。一言以蔽之，知道自己的不知，那就是最广大的心灵，是人的最高境界。"知止其所不知，至矣。"（《齐物论》）正如老子言："知止所以不殆。"（《老子·第三十二章》）这就是"天府"。

能够做到"天府"，自然就做到了"葆光"。"葆光"即"注焉而不满，酌焉而不竭，而不知其所由来"（《齐物论》）。成玄英疏曰："葆，蔽也。至忘而照，即照而忘，故能韬蔽其光，其光弥朗。"（成玄英《南华真经疏·齐物论第二》）也就是要隐蔽自己的智慧，不要外露自己的才智。一方面，由于知己所不知，知道任何一种学说都会有局限，就不会过分偏执于自己的所知，因而自己的知识再丰富，对世界的认识再深刻，都对知识保持着敬畏，对他人保持着尊敬，自然"注焉而不满"；另一方面，任何一种学说都可能从独特的角度，提出独到的见解，因而对待任何人提出的学说，都应该以包容的心态来对待，并可以用这些见解来充实或反观自己的知识体系，即肯定他人并不意味着否定自己，反而充实了自己，因而"酌焉而不竭"。总之，所有的学说或知识都是源自人们的疑惑，指向未知的世界，只在乎所提的问题和对问题的回答，而不必拘泥于由谁提出（避免个人纠葛），因此"而不知其所由来"。做到了这三点，就是"葆光"，即潜藏的光明，这是人类知识交流的理想状态。

实际上，在中国思想史上，向往"真宰"的并非只有庄子一人，儒释道的许多思想家或高僧都乐此不疲，只是名称不一样而已。不仅东方如此，西方亦然。方东美说，庄子所言"真君"与"真宰"同义，即"真实的自我"，"可以叫作心灵的普遍格位（universal persons of mind），或者是像德国黑格尔（Hegel）所谓'普遍的心灵'（universal mind），或者叫作绝对心灵（absolute mind）。这一种精

---

① 冯友兰：《论庄子》，哲学研究编辑部编：《庄子哲学讨论集》，北京：中华书局，1962年，第124页。

神状态在宇宙里面，不是仅仅陷于主观，而是通乎主体之际的（inter subjective）。这种精神状态是人人可得而体验的，当人们体验或论及此种普遍精神时，一切宇宙万象、宇宙万物都是在此普遍精神里面。也就是说普遍精神将宇宙万象、万物显现出来。此种真实的自我便是一种通乎主体之际的心灵（inter subjective mind）。假使人人都可以分享这个共有的精神，一切偏私、一切骄奋、一切主观，便可一一化除掉。庄子所谓的'真君'也相当于柏拉图（Plato）在物质世界里面，或在精神世界里面的一个'精神的灵光'（exhilarating light），逐步贯彻了一切宇宙的层级，揭露了宇宙一切的秘密，同时也把黑暗都驱遣掉，而照耀出来成为普遍的真理。"① 也就是说，这种真我代表了中国人完美交流的理想状态，即一种人人可以分享的"共有的精神"，抛开了一切"偏私、骄奋和主观"（即庄子所说的"成心"），因而通乎主体之际的（inter subjective）的交流就没有障碍。

综上所述，庄子发现了人类"交流无奈"的内在之因，提出了人类交流理想的实现路径。交流不在于外"传"，而在于内"受"，思想学说的不可通约与其说是学理上的，不如说是主观认识上的，即"成心"。因此，交流过程需要付诸"接受主体性"的努力，达到"心斋"和"坐忘"的状态，从而恢复一个"真宰"的精神世界，如"天府"和"葆光"一般。只要我们明白庄子学说发生的语境、针对的问题和适用范围，我们就能明晰其跨越时代的价值。尤其是当各家学说争得不可开交时，庄子学说的深刻就能被感受到。

第二节　慧能的"明心见性"与佛理接受

宗教是人类文明史上的重要产物。为什么几乎在每种人类文化中，总会有一种宗教出现，并且会有数目可观的人相信？这是一个哲学和现代认知科学共同关注的问题，同样这也是一个传播的问题：为什么宗教观念能够在空间上传递不断、在时间上传承不息？因为很多观念都具有历史性，传播了一段时间就消失了，而目前世界上的宗教自其出现之日起，仍然存在着，并且维持着、甚至增加着巨量的信徒。在中国，佛教就是一个成功传播的宗教范例。佛教源于印度，但其早期在中国的传播，曾经一度缓慢，而禅宗的出现扭转了这种局面。汤用彤说："以禅宗而论，不立文字、摒弃烦琐教义及规仪而行其教，因之易于在大众中流行，为

① 陈鼓应：《庄子今注今译》（上册），第60页。

我国历史上最盛之一佛教宗派。"①陈寅恪也说:"新禅宗特提出直指人心见性成佛之旨,一扫僧徒繁琐章句之学,摧陷廓清,发聋振聩,固吾国佛教史上一大事也!"②这种扭转就在于传播方式的转变,即主张"不立文字""直指人心""见性成佛",其代表人物就是慧能,其思想主要见于《六祖坛经》。汤用彤盛赞:"此经影响巨大,实于达摩禅学有重大发展,为中华佛学之创造也。"③

禅宗特别是慧能对佛教传播的转向,实质是从传者主导转向了受者主导。其重要概念就是"悟"。什么是"悟"?从修炼方式上看,"悟"是成佛的重要路径。在禅宗看来,成佛并非成仙或长生不老,而是一种心灵的认识境界。"悟"就是这样的境界,"悟"既是达到这种心灵境界的方式,又是达到这种心灵境界的结果。"一念若悟,即众生是佛。""一悟即知佛也。"(敦煌本《坛经》:30、31)可以从三个方面来理解"悟"。首先,"悟"是"顿悟",是"直指人心,见性成佛"。慧能认为佛教典籍所指向的义理,原本就在人心中。慧能称之为"本心"或"自性",彻底认识了人的"本心"或"自性",就是"悟"。其次,"悟"是"教外别传,不立文字"的。既然"悟"的关键在于识见本心,也就意味着禅意是不能通过语言文字来表达的,甚至还可以说,语言文字是传达禅意的障碍,因此只有超越了佛经文字等语言符号,才能真正获得意义,获得禅理。第三,"悟"是"心不住法,道即通流"。"悟"的状态的实现,在于达到一种"通流"的心灵境界。也就是说,在禅宗看来,传播不是意义经由文本到受者的过程,而是受者直接获取意义(甚至可以离开文本)的过程,这赋予了受者极大的主体性。下面分而述之。

一、直指人心,见性成佛:佛是自性作,莫向身外求

禅宗的一大创造,就是将佛教传播的路径,由外向转为内向。原有的观念认为,佛教义理需要细读佛教经典才能获得。而禅宗认为,佛教典籍所指向的义理,原本就在人心中,"我心自有佛,自佛是真佛;自若无佛心,向何处求佛?"(敦煌本《坛经》:52)慧能认为人的自心、本性就是佛,人只要认识自我,回归本性,当即成佛。这里"我心",即人的本心,"而本心是包括人在内的、所有有情识的众生乃至菩萨、佛普遍具有的,可称为宇宙的心。慧能是把众生普遍的心即宇宙的心与众生个体的心相合为一的。"④所以慧能说:"不识本心,学法无益;识心见性,即悟大意。"(敦煌本《坛经》:8)所谓"识心",即是直观自心;所谓

① 汤用彤:《隋唐佛教史稿》,北京:北京大学出版社,2010年,第174页。
② 陈寅恪:《论韩愈》,《历史研究》1954年第2期第106—107页。
③ 汤用彤:《隋唐佛教史稿》,第154页。
④ 方立天《性净自悟——慧能〈坛经〉的心性论》,《哲学研究》1994年第5期第45页。

"见性"，就是觉知自性。在慧能看来，无论是直观自心，还是觉知自性，都可以"即悟大意"，达到成佛的境界。此外，慧能还反复强调要"还得本心""契本心"（敦煌本《坛经》：19、40），"在慧能看来，佛就是众生原始心灵、内在本性的人格体现，就是众生本心、本性的觉悟者，而并不是外在于众生的具有无边法力的人格神。"①

因此，人人皆有佛性，人人皆有般若之智，人人都有成佛的潜质。慧能就是这项创造性传播观念的重要代表人物。"性含万法是大，万法尽是自性""一切万法，尽在自身中，何不从于自心顿现真如本性""若识本心，即是解脱"。（敦煌本《坛经》：25、30、31）也就是说，成佛即悟，悟即识见本心。这是一种高度明澈的心灵状态。

然而，虽然人人自性中含有"菩提般若之智"，但由于邪见和烦恼的遮蔽，很多人往往"执迷不悟"。"缘邪见障重，烦恼根深。犹如大云，盖覆于日，不得风吹，日无能现。"（敦煌本《坛经》：29）"执迷不悟"的人，就被称为"迷人""愚人""小根人"，与之相对的就是大智人，两者的差别就在于"迷"与"悟"的不同。"人中有愚有智，愚为小人，智为大人。"（敦煌本《坛经》：30）"未悟自性，即是小根人。"（敦煌本《坛经》：29）小智人是可以转化为大智人的。"迷人问于智者，智人与愚人说法，令彼愚者悟解心开，迷人若悟解心开，与大智人无别。"（敦煌本《坛经》：30）因此，不悟即是众生；一旦开悟，就是佛的境界。"不悟，即佛是众生；一念若悟，即众生是佛"。（敦煌本《坛经》：30）

因此，我们可以将"悟"看作是一种高度主体性的"解码"活动，是佛教义理传播的核心环节。"悟"的对立面就是"迷"，"迷"即为贪嗔痴等烦恼遮蔽，从而无法识见自性。因而能"悟"的人为上根人，"迷"的人为下根人。"悟"的状态是自己识见本心，而非他人告知，他人能做的唯一帮助，就是启示开导人自"悟"。所以，慧能说："佛是自性作，莫向身外求。自性迷，佛即众生；自性悟，众生即是佛。"（敦煌本《坛经》：35）

二、教外别传，不立文字：超越符号，获得意义

禅宗主流的基本理论是"教外别传，不立文字，直指人心，见性成佛"（《大正藏》第47卷：495），禅宗认为，佛教有重内证自悟的宗门与重经典言说的教门之分别，禅宗自奉为宗门，不重教门，故曰"教外别传"。而且在禅宗看来，传播主体（即禅师）的禅意是不能通过语言文字来表达的，甚至还可以说，语言文字

---

① 方立天《性净自悟——慧能〈坛经〉的心性论》，第49页。

是传达禅意的障碍；禅意作为禅师纯主观的内在心理体验是语言文字难以传递的；佛法真理是语言文字无法表达的；禅悟的终极境界是语言文字无从表述的。故曰"不立文字"。①对禅宗来说，明心见性总是与不著文字合在一起说的。一方面，佛性就在自性中，人人具有"悟"的能力；另一方面，"悟"的过程可以不假文字，最忌讳的也是执着于文字。慧能自己就是这样一个不识文字却自"悟"的人，因而从砍柴少年成长为一代宗师。

对禅宗和慧能来说，"成佛"的关键在于"悟"，个人的体验和自身的悟性最为重要，承载佛教义理的文字则是次要的。慧能在给一比丘尼解说《大涅槃经》时，比丘尼问："字尚不识，焉能会义？"慧能答曰："诸佛妙理，非关文字。"因此，"尼惊异之，遍告里中耆德云，此是有道之士，宜请供养"（宗宝本《坛经·定慧品》）。面对"不识文字，怎知义理"的质问，慧能回答"一切佛法大义，与文字无关"。慧能认为，"悟"的内容实际上也是佛经所指示的内容，或者说佛教义理；只要领悟了义理，就是识见了自性。因而，"悟"是不拘泥于文字的，它直接指向义理。"三世诸佛、十二部经，亦在人性中本自具有。……若自悟者，不假外善知识。若取外求善知识，望得解脱，无有是处。识自心内善知识，即得解脱。若自心邪迷，妄念颠倒，外善知识，即有教授，救不可得。汝若不得自悟，当起般若观照，刹那间，妄念俱灭，即是自真正善知识，一悟即知佛也。"（敦煌本《坛经》：31）从传播的角度说，这是将人置于符号之上，并认为符号是为人而设的。自悟的人无须借助外在的符号，也不会一味偏执于符号。对禅宗来说，经文只是符号，符号的作用仅仅是承载意义；人才是符号的服务对象，一切符号皆因人而存在。"一切经书，及诸文字，小大二乘，十二部经，皆因人置，因智惠性故，故然能建立。若无世人，一切万法，本元不有。故知万法本因人兴，一切经书，因人说有。"（敦煌本《坛经》：30）慧能的这种不看重经文作用，而强调人自身悟性的思想，已经与原有佛教有很大区别，实质上已经融入了中国文化。庄子早就提出了"得意忘言"之说："筌者所以在鱼，得鱼而忘筌；蹄者所以在兔，得兔而忘蹄；言者所以在意，得意而忘言。"（《庄子·外物》）庄子认为，人的传播目的在于意义的获得，语言等符号只不过是手段，如果获得了意义就可以不再需要手段。慧能的思想可以说是对"得意忘言"的具体运用：佛经内容指向的是佛教义理，只要人"悟"到了这些义理，那么就不需要借助于佛经。"内外不住，来去自由，能除执心，通达无碍，能修此行，即与《般若波罗蜜经》本无差别。"（敦煌本《坛经》：29）意思是说，"悟"的标准，就在于消除执着之心，不执着于内外之境，使思维来去自由，通达无碍。达到了这样的境地，实际上就已经是经文中所说的境界了。

在人与符号的关系上，禅宗和慧能更注重的是人，而且是作为接受者的人，符号是次要的；反过来一味拘泥于作为符号的佛经，却不悟佛理，那就不能成佛。"世人终日口念般若，不识自性般若，犹如说食不饱。口但说空，万劫不得见性，终无有益。"（宗宝本《坛经·般若品》，本段相同引用不再注明）因为智慧内蕴于个体之中，即"自性般若"；经文上虽然也记录着智慧，但如果不用自己的心去体悟，那么个体仍无法真正获得智慧，犹如"说食不饱""口但说空"。如果说一般的知识是靠师者传授、人们习得而来，那么这种般若智慧则是纯粹的自觉，或是纯粹的体验，或是纯然的直觉或顿悟。铃木大拙称这种直觉或顿悟为般若直觉，并对般若直觉的特性作了描述："般若直觉不是衍生的，而是本原的；不是推论的，不是唯理的，亦非间在的，而是当下的，直接的；不是解析的，而是统合的；不是知解的，亦非象征的；不是有心表现的，而是自然流露的。"① 因此，"此须心行，不在口念，口念心不行，如幻如化，如露如电。口念心行，则心口相应"。如果口说心不行，或静坐心不思，都是不正的执见。"口莫终日说空，心中不修此行，恰似凡人，自称国王，终不可得"，"口说般若，心中常愚"，"迷人口说，智者心行。又有迷人，空心静坐，百无所思，自称为大，此一辈人，不可与语，为邪见故"。这里又涉及了东西方传播观念的另一个差异，即禅宗注重个人的体悟（或体验），而不是对文字的认知。劳伦斯·金凯德（Lawrence Kincaid，1987）也曾发现了这两者的区别："许多西方理论是以语言为主导的，而在东方，研究者并不看重语言符号——尤其是口头语言——的重要性。"②

三、心不住法，道即通流："空"的状态与"通"的境地

"悟"的关键，就在于使自己的心保持一种"空"的状态。这里"空"并非通常佛家关于世界"空"的观念，而是一种正确接受佛教义理的心灵状态的描述。达到了"空"的状态，也就达到了"通"的境地；但若执着于"空"，"通"也就无法实现。这是慧能对佛教义理接受的最精彩论述。

"空"可以理解为"容量无限"，从而包容一切，"摩诃是大，心量广大，犹如虚空"，"世界虚空，能含万物色像……世人性空，亦复如是"（宗宝本《坛经·般

---

① 〔日〕铃木大拙：《禅：敬答胡适博士》，哈尔滨：黑龙江教育出版社，1988年，第61页。
② 〔美〕斯蒂芬·李特约翰：《人类传播理论》，史安斌译，北京：清华大学出版社，2004年，第5页。

若品》，本段相同引用不再注明）。之所以能够包容，是因为"无念"。"何名无念？若见一切法，心不染著，是为无念。用即遍一切处，亦不著一切处，但净本心，使六识出六门，于六尘中无染无杂，来去自由，通用无滞，即是般若三昧，自在解脱，名无念行。若百物不思，当令念绝，即是法缚，即名边见。"因此，这种"空"的状态，其实质是不执着于一切。"不取不舍，亦不染著，心如虚空"，"无住无往亦无来"，"无忆无著，不起诳妄"。能够不执着于一切，就是"通"的境地，即"流通无碍"。"道须通流，何以却滞。心不住法，道即通流，心若住法，名为自缚。"（宗宝本《坛经·定慧品》）"空"与"通"的逻辑是，只有内心排空，才能让内心保持流通，从而做到无所不出，无所不入，即"去来自由，能除执心，通达无碍"（宗宝本《坛经·般若品》），"前念不生即心，后念不灭即佛"（宗宝本《坛经·机缘品》）。因此，"空"并不是什么都没有，或什么都不做，"莫著空。若空心静坐，即著无记空"，"念念说空，不识真空"（宗宝本《坛经·般若品》）。相反，"空"是极难达到的一种内心的理想状态，既能包容一切，又不执着于一切。因此，一方面"一切即一，一即一切"，另一方面"去来自由，心体无滞"，"即是般若"。"前念著境即烦恼，后念离境即菩提。"（宗宝本《坛经·般若品》）

由"空"而"通"，就是"悟"的状态，就是识见了自性。禅宗五祖弘忍大师在选择六祖人选的时候，就是让众僧各写一幅偈子，谁能见到自性（本心），就是继承人。当时神秀已为教授师，作一偈子曰："身是菩提树，心如明镜台，时时勤拂拭，莫使有尘埃。"（敦煌本《坛经》：6）弘忍大师认为神秀"只到门前，尚未得入"（敦煌本《坛经》：7）。而还在寺中踏碓舂米，大字不识一个的慧能亦作一偈（请人代书）："菩提本无树，明镜亦非台。佛性常清净，何处有尘埃！"（敦煌本《坛经》：8）此偈一出，五祖即知慧能已经识见自性，便于三更秘传佛法。神秀的理解，是仍然将本心比作一种实物（"树"和"台"）；而慧能则认为本心不是任何实物所能比拟，本来就是清净无物的（宗宝本《坛经》后两句为：本来无一物，何处惹尘埃）。只有这样，才能够"无染无杂，来去自由，通用无滞"（宗宝本《坛经·般若品》）。

总之，慧能对佛教传播的创造性洞见，就是将意义的获得，从文本的外在路径转向了接受者的内在路径，即从"读经"转向了"自悟"。一方面，这一转向实际上解放了接受者的主体性，而且几乎是无限的主体性。而背后的"本心"，也就是一个明澈的精神世界，是这一主体性的力量源泉，实现"悟"的状态就在于发现这个明澈的"本心"。因为这个"本心"与佛教义理原本就相通，只是一般人被遮蔽而已。另一方面，"悟"所指向的佛教义理，或者与"本心"相通的佛教义理，实际上嫁接了中国文化的传统，因而这个"本心"是中国文化传统的"本心"。可以说，慧能有意识地推动佛教进一步融入中国传统文化之中，从而使佛教进一步成为中华传统文化的一个组成部分。"不立文字""明心见性"的思想，继承了庄子"得意忘言"和儒家"慎言敏行"的思想。而"流通无碍"的"空"状态，与庄子"唯道集虚"的"心斋"，以及后世的王阳明的"廓清心体，使纤翳不留，真性始见"（《王文成全书·年谱一》)，也具有异曲同工之妙。"慧能还把人生觉悟、人格提升安置在开发人的本性的基础之上，充分肯定人的心性本体和人生的实践主体，从而不仅使禅宗与儒、道文化的价值取向接近，而且在实现人生价值的途径上也与之保持了一致。如儒家孟子讲'所不虑而知者'的'良知'（《孟子·尽心上》)，即先天具有的道德意识和认知本能，慧能则讲'本觉'，与良知的含义是相通的。孟子还讲'尽心''知性'（同上)，这是儒家的一种反省内心的认识方法和道德修养方法，慧能禅宗的明心见性禅修方法也是与孟子的理念相一致的。慧能把禅修与日常生活行为结合起来的主张，也和道家的'自然'概念所内含的本性和无为无造的思想是相近的。从一定意义上可以说，慧能禅宗的修持方法是儒、道修养方法的佛教翻版。"[1]

第三节　王阳明的"致良知"和道德传承

道德是人类文明不可或缺的因素，体现为一种观念形态的价值系统。这种价值系统是人类的特殊遗产。如何让稳定的道德观念代代相传？这正是中国儒家思想家所孜孜以求的。孔子和王阳明，作为儒家历史上首尾呼应的两位代表人物，在儒家德性之知的传播中扮演了不同的角色。孔子时代，礼乐崩坏，孔子的任务是重建价值系统，并通过传播为社会所共享，从而形成一种共同的文化，实现文化的重建和社会的整合。[2] 王阳明时代，儒家的德性之知已经成为社会的主流，并成功应对了佛、道的"进攻"，但儒家的德性之知已经被"知识化"，有着教条化的危险。王阳明的任务是重新阐释德性之知，厘清如何"接受"德性之知的问题。因此，孔子着重从传播者的角度，指向受传者；而王阳明着重从受传者的角度，指向传播内容和传播者，即重新诠释传播内容，这是一种新的内向超越。王阳明在先秦儒家"内仁外礼"的基础上，进一步融入了"本体"的概念，认为心有本体，本体即是良知，良知即先天的道德判断能力，这种道德判断能力又是与道德

---

① 方立天：《慧能创立禅宗与佛教中国化》，《哲学研究》2007 年第 4 期第 78 页。
② 邵培仁、姚锦云：《传播模式论：〈论语〉的核心传播模式与儒家传播思维》，第 56 页。

行为能力紧密相连的，即"知行合一"。因而所有的道德活动，都是由作为良知的本体发出。道德的传递，关键不在于外求，而是去除私欲，恢复本体，这就重新诠释了朱熹对"格物致知"的理解。王阳明对道德传递的独到见解，基于对道德起源的深刻洞见，体现为著名的"四句教"："无善无恶是心之体，有善有恶是意之动，知善知恶是良知，为善去恶是格物。"（《传习录·下·第293条》，以下相同引用不注明书名）

一、心有本体，知善知恶：价值知识与判断能力

"良知"几乎是王阳明学说的首要概念，是了解其学说的前提。王阳明认为，良知即人的道德判断能力，即判别是非的能力。"知善知恶是良知。"（《下·第293条》）"良知只是个是非之心。是非只是个好恶。只好恶，就尽了是非。只是非，就尽了万事万变。"（《下·第266条》）这种道德判断能力，即良知是先天的，良知先天性的观点始于孟子。"人之所不学而能者，其良能也；所不虑而知者，其良知也。"（《孟子·尽心篇上》）王阳明进一步提出，"天是性之原"，"性是心之体"（《上·第6条》）。这个体即本体，本体即是良知，良知即人之"性"；良知实质上是价值本体，是人所有道德活动的本原。"知是心之本体，心自然会知。见父自然知孝，见兄自然知弟，见孺子入井自然知恻隐，此便是'良知'，不假外求。若'良知'之发，更无私意障碍，即所谓充其恻隐之心，而仁不可胜用矣。"（《上·第8条》）因而，当一个具有先天道德判断能力的人，面对各种道德情境时，价值判断就产生了，这就是"意"，"有善有恶是意之动"。"身之主宰便是心，心之所发便是意，意之本体便是知，意之所在便是物。如意在于事亲，即事亲便是一物；意在于事君，即事君便是一物；意在于仁民、爱物，即仁民、爱物便是一物；意在于视、听、言、动，即视、听、言、动便是一物。"（《上·第6条》）也就是说，人所有的价值判断（意），都来自价值判断的本体（知，即良知），对应到每一种道德情境，就体现为亲、仁、爱等道德情感。

但是，良知这种道德判断能力，只是区别是非善恶的能力，其本身并没有善恶。也正是由于作为本体的良知无善无恶，才能区分善恶，成为一切道德活动的尺度。正如数轴上的原点一般，它既不是正的，也不是负的，却正因如此才能区分负数和正数。因而王阳明说"无善无恶是心之体"，"知是心之本体，……此便是'良知'"（《上·第8条》）。为何心的本体是无善无恶的？因为心的本体来源于天，天就是无善无恶的。正如老子所说："天地不仁，以万物为刍狗。"（《老子·第五章》）而所有关于善恶的判断和知识，都是"人为"而成的。王阳明学生汝中所言的正是此理："若说心体是无善、无恶，意亦是无善、无恶的意，知亦是无善、

无恶的知，物是无善、无恶的物矣。"（《下·第 293 条》）能够悟到这一层的，王阳明称之为"利根之人"，亦如慧能所说的"上根人"一般，能够直见本体。"利根之人，直从本源上悟入，人心本体原是明莹无滞的，原是个未发之中；利根之人一悟本体即是功夫，人己内外一齐俱透了。"（《下·第 293 条》）也就是说，人并非先天就具有关于善或恶的知识，人心是空空如也的。孔子曾说："吾有知乎哉？无知也。有鄙夫问于我，空空如也。我叩其两端而竭焉。"（《论语·子罕》）王阳明认为："鄙夫自知的是非，便是他本来天则，虽圣人聪明，如何可与增减得一毫？他只不能自信，夫子与之一剖决，便已竭尽无余了。"（《下·第 273 条》）因而圣人和常人都有这种先天的道德判断能力。"是非之心，人皆有之，不假外求。讲求亦只是体当自心所见。"（《上·第 96 条》）只是圣人自信，常人不自信而已。

　　总之，良知本身是无善无恶的，因而能成为人的所有道德活动的尺度，也就决定了人在各种道德情境中的道德行为。"无善无恶是心之体，有善有恶是意之动，知善知恶是良知"（《下·第 293 条》）说的就是这个意思。

二、不假外求，"心即理"：价值传递的内向超越

　　既然"心有本体，知善知恶"，自然推出第二个命题：不假外求和"心即理"。对于求知的"不假外求"，王阳明和慧能恐怕是中国思想史上最有名的两位代表人物。王阳明的知，是德性之知；慧能的知，是佛教义理。但两种知都有一个共同的特点：以人的意志为转移。从认识论上讲，人要认识两个世界：一是认识客观的自然世界，二是认识主观的心灵世界。因而从知识论上讲，人要获取两种知识：一是关于自然的客观知识，二是关于人心的主观知识。前者不以人的意志为转移，如万有引力、能量守恒等；后者以人的意志为转移，如伦理道德、宗教观念等。宋代张载的创造性洞见，就是提出了"德性之知"与"见闻之知"的区分，正式将这两种知识和两个世界区别开来。张载认为，一般的知识属于"见闻之知"（相当于关于自然的客观知识），是人通过观察获取的；而"德性之知"（属于关于人心的主观知识），与"见闻之知"不同，并非通过观察而获取。"德性所知，不萌于见闻"（《正蒙·大心篇》）。对于"见闻之知"的传播来说，关键在"传"，因为这是不以人的意志为转移的知识，只要获得就能避免"无知"，从而使人有效利用这种知识；对于"德性之知"的传播来说，关键不在"传"，因为道德判断能力实际上人人皆有（并非"无知"），但人的道德行为却不尽相同，因而最为重要的是人能否真正接受并实践这种知识，即关键在"受"。而道德判断能力和道德行为能力的一致，就是王阳明所说的"知行合一"。这种"知行合一"的本体就是"良知"，它决定了人道德判断能力和道德行为能力的一致性。

王阳明重新诠释了"格物致知"，几乎与朱熹的解释完全相反。王阳明认为，朱熹所谓的"格物穷理"，是从人心之外的"物物之中"求得"理"，"理"在心外；这样的后果，就使得德性之知依赖于外物，一旦外物丧失或变化，这种德性知识也就消失或变化了，极不稳固。以"孝"为例，外在的"格物穷理"法，就是从父母之身上求得"孝"之理。然而一旦父母逝去，"孝"之理何在？"夫求理于事事物物者，如求孝之理于其亲之谓也。求孝之理于其亲，则孝之理其果在于吾之心邪？抑果在于亲之身邪？假而果在于亲之身，则亲没之后，吾心遂无孝之理欤？"（《中·第135条》）不仅如此，对于书本中的"知"，也要辩证地认识。王阳明认为，学者读书，其目的是明"道"，书只不过是明"道"的工具或途径；一旦明"道"，书就完成了其使命，可以丢弃，正如得鱼则渔网可弃，酒成则糟粕可弃。"得鱼而忘筌，醴尽而糟粕弃之。"（《王文成全书·五经臆说序》）对书的态度，既不能一味外求，也不能无视读书。读书的过程就类似去糟粕而取酒的过程，有糟粕就有酒，酒就存于糟粕之中；但如果想一味通过糟粕来找到酒，就如同认为只有渔网才能抓鱼，那反而远离了鱼。"窃尝怪夫世之儒者求鱼于筌，而谓糟粕之为醴也。夫谓糟粕之为醴，犹近也，糟粕之中而醴存。求鱼于筌，则筌与鱼远矣。"（《王文成全书·五经臆说序》）

因而王阳明心与理合一的思路，实际上是将外向路径转为内向路径，用内在性来保持价值传递和传承的稳定性。"所谓'致知、格物'者，致吾心之良知于事事物物也。吾心之良知，即所谓'天理'也。致吾心之'天理'于事事物物，则事事物物皆得其理矣。致吾心之良知者，致知也；事事物物皆得其理者，格物也，是合心与理而为一者也。"（《中·第135条》）"心即理也，此心无私欲之蔽，即是天理，不须外面添一分。以此纯乎天理之心，发之事父便是孝，发事君便是忠，发之交友治民便是信与仁，只在此心去人欲、存天理上用功便是。"（《上·第3条》）因而为学的主要目的，就是恢复良知的本体，即"致良知"；道德的传播不在于外在的媒介和符号，而在于内在的接受与实践。这就是"不假外求"和"心即理"的真实意涵。

王阳明"心即理"的命题意义非凡，使得道德传播的外向路径，转成了内向超越。德性知识的传递与一般知识的传递不同，不是通过书本就可以完成的；德性知识的意义，也不是通过解读文字（符号）就能获取的。因为德性知识本质上是一种实践的哲学，是不可能脱离人的内心体验和亲身实践的；而内心体验和亲身实践，本来就是合为一体的。

三、廓清心体，真性始见：存理去欲和"致良知"

既然"不假外求"和"心即理"，那么只要在本体（心体）上用功即可。"为学须有本原，须从本原上用力。"（《上·第 30 条》）"心体即所谓道，心体明即是道明，更无二。此是为学头脑处。"（《上·第 31 条》）虽然人具有先天的道德判断能力，但并不意味着人人能成就德性，因为一般人往往被私欲所弊；而且道德本身就是实践性的，良知的本体本身就是"知行合一"的，"为善去恶是格物"。"为善去恶"即"胜私复理"，或者说"去人欲、存天理"。"为善"是"纯乎天理"，体现在具体情境中就是孝、忠、仁、信等；"去恶"是去除"私欲"、"习心"。这种功夫，就是"省察克治"，最高境界是成为"圣人"，而最低要求则是恢复"良知"。

儒家把"圣人"当作最高的理想人格。[①] 在孔子之前，"圣人"一般指伏羲、神农、黄帝、尧、舜等古代"圣王"。[②] 圣人如何成就？王阳明认为，圣人也是通过内在的修为而成，关键在于排空所有的"私欲"和"习心"，显现"真性"。"学者欲为圣人，必须廓清心体，使纤翳不留，真性始见，方有操持涵养之地。"（《王文成全书·年谱一》）圣人的"真性始见"，如同镜子一般，物来则现，物去则空，应对任何事物都能够"清"而不"留"，"明"而不"扰"。"圣人之心如明镜，只是一个明，则随感而应，无物不照，未有已往之形尚在，未照之形先具者。"（《上·第 21 条》）在这一点上，庄子、慧能和王阳明是高度一致的，用一个字来表示就是"空"。"空"并非什么都没有，而是一种心灵的本原状态，即没有任何成见，也不执着于任何成见。但一旦遇到具体情境，则"随感而应，无物不照"；或是如慧能所说的"无染无杂，来去自由，通用无滞"（宗宝本《坛经·般若品》）。但如果将"空"理解成什么都没有，或一味执着于"空"，那就是走入歧途了。"且专欲绝世故，屏思虑，偏于虚静，则恐既已养成空寂之性，虽欲勿流于空寂，不可得矣。"（《王文成全书·与刘元道》）"只悬空静守，如槁木死灰亦无用。"（《上·第 39 条》）这种"空"的本原性状态，也是庄子"得意忘言"、慧能"不立文字"、王阳明"不穿求文字"重要缘由。王阳明举了一个例子："周公制礼作乐以文天下，皆圣人所能为，尧、舜何不尽为之而待于周公？孔子删述《六经》以诏万世，亦圣人所能为，周公何不先为之而有待于孔子？是知圣人遇此时，方有此事。只怕镜不明，不怕物来不能照。讲求事变，亦是照时事，然学者却须先有个明的工夫。学者惟患此心之未能明，不患事变之不能尽。"（《上·第 21 条》）道德哲学是一种实践的哲学，它只能有一种基本的预设，却无法通过文字固化，从而

---

①　艾智、罗安宪：《圣人之学的探索》，《哲学研究》2000 年第 6 期第 77 页。
②　黄黎星：《圣哲垂范：道德智慧的启示——〈周易〉"君子""大人""圣人"析》，《东南学术》1998 年第 5 期第 37 页。

得出一个颠扑不破的"真理";它取决于每个人特定的理解,却无法通过文字的记录,一劳永逸地传承后世。不同的时代,因为面临不同的情境,文字表述也需要有相应的变化,而这种变化是无法预知的。

然而"圣人"毕竟少有,而道德需要在全社会传递。王阳明提出,圣人和普通人,区别只在才力大小,但"纯乎天理"之心却是一样的。就像金子之所以为金,不在大小,而在成色。"圣人之所以为圣,只是其心纯乎天理,而无人欲之杂。犹精金之所以为精,但以其成色足而无铜铅之杂也。"(《上·第 21 条》,本段以下相同引用不再注明)因此,"盖所以为精金者,在足色而不在分两;所以为圣者,在纯乎天理而不在才力也"。"人皆可以为尧舜",并非是说人人要达到圣人那样大的才力,而是用"纯乎天理"之心,做自己力所能及的事。"故虽凡人而肯为学,使此心纯乎天理,则亦可为圣人。犹一两之金比之万镒,分两虽悬绝,而其到足色处可以无愧。"因此王阳明批驳了一定要将人打造成"圣人"的做法,尤其是固守文字教条的行为。"后世不知作圣之本是纯乎天理,却专去知识才能上求圣人,以为圣人无所不知,无所不能。""故不务去天理上着工夫,徒弊精竭力从册子上钻研、名物上考索、形迹上比拟,知识愈广而人欲愈滋,才力愈多而天理愈蔽。"

因此,对道德的传递来说,无论是圣人还是普通人,传递道德就在于去除"私欲"。"学者学圣人,不过是去人欲而存天理耳,犹炼金而求其足色。""吾辈用功只求日减,不求日增,减得一分人欲,便是复得一分天理,何等轻快脱洒,何等简易!"(《上·第 99 条》)这个功夫,就是"格物""致知",对普通人尤其重要。"然在常人,不能无私意障碍,所以须用'致知''格物'之功。胜私复理,即心之'良知'更无障碍,得以充塞流行,便是致其知。知致则意诚。"(《上·第 8 条》)也就是说,"致良知"就是恢复"良知"的本体,让"良知""充塞流行"于心,即所谓"尽心"。用王阳明的话说,就是"去其心之不正,以全其本体之正"(《上·第 7 条》)。这种功夫,王阳明称之为"省察克治",其主要任务是"廓清心体",最终目的是使"真性始见"。

总之,王阳明对道德传递的洞见,首先在于回归了道德的"日常性",而非拔高其"神圣性",即道德不是"圣德",从而将道德作为每个人都可以做到的社会规范。其次是将道德传递的方式,从书本的"灌输式加法"转化为内心的"去欲式减法",从外在途径转向内在途径。因为道德不是法律,外在的约束没有效力,只有内在的遵循才是真正的长久之道。

综上所述,庄子、慧能和王阳明的共同之处,是以"接受者"的立场和视角,提出了"接受主体性",而这种主体性的背后有"体"。庄子称之为"真宰",慧能称之为"本心",王阳明称之为"良知"(即本体)。用传播的术语讲,可以称之为

"受体"，或"接受主体"（Recipient）。处于百家争鸣时代的庄子，指出了思想学术的起源和目的，从而为固执而不可开交之"争"提出了解决方案，即人类交流的无奈源于自身，交流的理想亦在自身。慧能是佛教传播史和文化传播史上的重要人物，其重要的贡献就是将佛教义理的传播，由外向的文字"输入"，转为内向的"本心"体认，而这种"本心"无疑融入了中国文化，从而使佛教在中国大地传播开来，并极大影响了此后的中国文化。王阳明身处明朝最为黑暗的时代，却提出了"良知"之说，认为无论外界的环境有多么恶劣，个人的私欲有多么强烈，人内心的良知始终存在。这就为道德观念的建构与传播提出了一种全新的视角，即人在道德观念的传播中始终具有主体性。

　　三位思想家的"接受主体性"，虽然都是处于特定的历史语境、针对特定的问题、包含特定的意义，但并不妨碍其永恒的价值。用"接受主体性"来看当代传播研究，就能发现我们只有一种视角和一种范式，即"把人的心灵简单看成为信息传达的导管以及只有为信息服务的功能，没有认真注意心灵本身如何构建一个丰富多彩的精神世界。[①]大众传播研究的受众概念来源，无论是关于社会结构因素和媒介结构因素的结构说，还是关于"使用与满足理论"的功能主义说，或是受众和媒介互动而成的实用主义解释，[②]都难逃"传者对受者的想象与控制"这一视角。或者说，都将受众视为大众媒介的市场想象和控制对象而存在的。这是一种"第三人称"的"他（或她）"的研究，而不是"第一人称"的"我"的研究。"第三人称"的研究，是从媒介或传播者的视角来看待受众，所看到的当然是作为大众的受众，即统计意义上的这些人群的外显特征，以及媒介和传播者对他们的想象；而"第一人称"的研究，应该从作为个体的接受者出发，以他们的视角来看待作为环境的媒介，以及媒介与他们生活的关系。

　　因此，应该从外在的路径转向内在的路径，从"他（她）"的视角转向"我"的视角，从"受众"转向"受体"。笔者早在20世纪90年代初就提出能动性接受的"受体"概念。[③]受体概念是为媒介社会中的每一个个体服务的，其视角是通过个体来看待媒介和信息。即致力于传播过程中的信息"解码"，以更好地掌控信息，调整行为或行动。用新的"5W"来表达，那么就是"来自谁（From Whom），说了什么（Says What），在什么情境下（Under What Circumstance），什么意思

　　① 张宪：《宗教信仰的认知分析》，〔意〕洛伦佐·玛格纳尼、李平主编：《认知视野中的哲学探究》，广州：广东人民出版社，2006年，第286页。
　　② 〔意〕丹尼斯·麦奎尔：《受众分析》，刘燕南、李颖、杨振荣译，北京：中国人民大学出版社，2006年，第84—95页。
　　③ 邵培仁主编：《艺术传播学》，南京：南京大学出版社，1992年，第239—240页。

（Means What），如何处理（How To Cope With）"。当今大众传播研究的出发点是传播者，指向受传者；中国传统传播思维更好相反，出发点是受传者，指向传播者。其中的颇有玩味的地方是，正是由于大众传播研究传统倾向于"编码"与"控制"，结果导致"受众"是一个总体缺乏主体性的概念"他（她）"；正是由于中国传统传播思维倾向于"解码"与"行动"，结果导致接受者成为一个具有高度主体性的"我"。庄子、慧能和王阳明"接受主体性"的现代价值，是让我们开始反思"传者为中心"这个传统范式的弊端，重新思考传播中的人如何建构一个丰富的精神世界，而不只是传递或接收信息的导管。这是一种思维的转变，也意味着范式转移的可能。

（作者简介：邵培仁，浙江大学传播研究所所长、教授、博士生导师；姚锦云，暨南大学新闻与传播学院讲师，浙江大学新闻传播学博士。本文系 2018 年广东省高等教育教学改革项目"中华优秀传统文化融入专业课教学的研究与实践：以'传播学'课程为例"的成果之一。）

第十三章 审慎对《庄子》进行传播学层面的"本土化"

——与邵培仁、姚锦云两位老师商榷

自 20 世纪 90 年代以来，我国学者们就逐渐开始了用传播学视角来解读中国传统文化的尝试。这方面的最新文献之一当数邵培仁、姚锦云对庄子等人传播思想的解读。他们认为，中国传播的传统更注重"受"，而西方更关注"传"；庄子即为代表，庄子指出了交流的困境在"成心"、交流的实现在"心斋"与"坐忘"、交流的理想在"真宰"。笔者认为这种解释恐有误读庄子、硬贴标签之嫌，本土化的前提与方向是避免标签化。

自从传播学引进我国以来，学者们就逐渐开始了传播学研究本土化的努力。而且，就目前来看，成果颇丰，但这种努力也一直备受争议。[1] 孙旭培、邵培仁等学者认为，本土化就是中国化。孙旭培指出："传播学研究中国化的目的，通俗地说，就是通过研究中国的传播历史和现状，为传播学的丰富和发展作出贡献，使传播学不至于只是'西方传播学'"。[2] 很显然，此处所言大有另起炉灶，与西方分庭抗礼、"划清界限"之势。[3] 邵培仁进一步阐释道："中国化的传播学研究，基本上以古为主、以今为辅，致力于中国文化中传播理念和传播智慧的展现和宏扬。"为此，"中国传播学者不必自悲！"[4] 但相反地，陈力丹却认为本土化一说应慎重，[5]

---

① 潇湘：《传播学本土化的选择、现状及未来发展》，《新闻与传播研究》1995 年第 4 期第 34-39 页；胡翼青：《传播研究本土化路径的迷失》，《现代传播》2011 年第 4 期第 34—39 页。

② 孙旭培主编：《华夏传播论》，北京：人民出版社，1997 年，第 4 页。

③ 陈力丹：《新闻传播学：学科的分化、整合与研究方法创新》，《现代传播》2011 年第 4 期第 23—29 页，第 26 页。

④ 邵培仁：《传播学本土化研究的回顾与前瞻》，《杭州师范学院学报》1999 年第 4 期第 36—41 页，第 39、40 页。

⑤ 陈力丹：《关于传播学研究的几点意见》，《国际新闻界》2002 年第 2 期第 52—54 页。

李彬将其归于一种本质上乃学术盲从的学术自觉，[①] 而王怡红认为大抵只是一个空洞的口号而已，"在无任何学术准备和学术积累的情况下，这个口号就出现了"。[②] 汪琪、沈清松、罗文辉认为："我们不可能在中国的文化传统中找到现成的、符合社会科学研究定义的理论；我们所有的，是足以发展成理论的'胚胎'。"[③] 黄旦也不认同孙、邵等学者将本土化与中国化等同的观点，他主张地方性知识可以为我国传播学本土化路径提供指引，"研究者必须牢牢把握本土文化情境和脉络。这种把握，不是指看到听到了什么，而是怎么'理解'并且'理解'了什么"。[④] 这与李金铨的观点大体一致，李金铨在强调华人传播研究社群不应该再亦步亦趋于美国主流传播学研究的同时，也认为"应该站在自己的文化脉络里面建立独特的理论视野……最后以平等地位和西方主流学术对话与沟通"。[⑤] 刘海龙则在勾勒本土化研究背后的两对张力（应用与理论、特殊性与普遍性）的基础上提出四条本土化路径，即，普遍性理论的建构、特殊性中国理论的建构、我国传统传播实践的概念化、我国现实传播实践范式的总括。[⑥] 尽管众说纷纭，但真正学术层面的对话与争论并不多。[⑦] 这种"有争无论"[⑧] 的局面毋宁说体现的是我国新闻传播学者的"本土化焦虑"。[⑨] 这种集体性学术焦虑也许不是无来由的。由于学科积淀不深、积累有限，我国新闻传播学一方面因为对世界新闻传播学领域知识贡献有限而为国际所忽视，一方面因为与其他学科知识对话能力有限而为其他学科所忽视。在这种双重忽视所导致的学科焦虑情境下，本土化口号便不啻为一种寻求突破的群体性努力，从而催生一批相关研究成果。

具体到中国传统文化的传播学本土化，既有相关研究成果大体可分为两脉。

---

① 李彬：《反思：传播研究本土化的困惑》，《现代传播》1995 年第 6 期第 7—9 页。

② 王怡红：《对话：走出传播研究本土化的空谷》，《现代传播》1995 年第 6 期第 10—13 页。

③ 汪琪、沈清松、罗文辉：《华人传播理论：从头打造或逐步融合》，《新闻学研究》（台北），2002 年第 7 页。

④ 黄旦：《问题的"中国"与中国的"问题"——对于中国大陆传播研究"本土化"讨论的思考》，黄旦、沈国麟编：《理论与经验——中国传播研究的问题及路径》，上海：复旦大学出版社，2013 年，第 35—57 页、52 页。

⑤ 李金铨：《视点与沟通：中国传媒研究与西方主流学术的对话》，《新闻学研究》（台北），2003 年，第 1 页。

⑥ 刘海龙：《传播研究本土化的两个维度》，《现代传播》2011 年第 9 期第 43—48 页。

⑦ 王怡红：《对话：走出传播研究本土化的空谷》，《现代传播》1995 年第 6 期第 10—13 页；黄旦：《问题的"中国"与中国的"问题"——对于中国大陆传播研究"本土化"讨论的思考》，黄旦、沈国麟编：《理论与经验——中国传播研究的问题及路径》，上海：复旦大学出版社，第 52 页。

⑧ 黄旦：《问题的"中国"与中国的"问题"——对于中国大陆传播研究"本土化"讨论的思考》，黄旦、沈国麟编：《理论与经验——中国传播研究的问题及路径》，上海：复旦大学出版社，2013 年，第 36 页。

⑨ 刘海龙：《传播研究本土化的两个维度》，《现代传播》2011 年第 9 期第 43 页。

一脉是将中国传统的传播活动纳入西方传播学框架之下，最典型的当数 1993 年 5 月在厦门大学召开的名为"中国传统文化中传的探索"的座谈会，随后在《新闻与传播研究》上所进行的征稿动员与招标启事，① 以及后来由孙旭培主编的《华夏传播论》的出版。② 一脉则是将中国传统的文化思想纳入西方传播学框架之下，如仝冠军的《先秦诸子传播思想研究》，该书力图将先秦诸子的思想与西方传播理论相结合，以期这些古文献能够成为传播学本土化可资借鉴的思想源泉。③ 其方向可嘉，体现了我们的学术自觉，但急于求成则往往适得其反，极容易使得传统文化与西方传播理论成为两张皮，从而使传统文化终究不过成为西方传播理论的附庸、而西方理论不过是传统文化的点缀而已。如有论者言，"'传播''传通''宣传'等词语（在中国）都已有一千几百年的历史"。④ 这里且不论这些古文词语是否能够等同于英文的"communication"⑤"propaganda"的含义，单就学术传承而言，这些足以令我们骄傲的历史概念到底后来也没有发展出中国自己的传播学。

传播研究本土化方面的最新努力之一当属邵培仁、姚锦云对于庄子等人传播思想的解读了。⑥ 这篇题为《传播受体论：庄子、慧能与王阳明的"接受主体性"》（以下简称"邵、姚文"）的论文认为，庄子、慧能与王阳明三人分别阐释了思想交流、宗教观念的传递与道德的传承，其共同之处在于"以'接受者'的立场与视角，提出了'接受主体性'"，⑦ 实现了传播思想上的一脉相承。该文还认为这三位思想家的"接受主体性"思想具有永恒的价值，"让我们开始反思'传者为中心'这个传统范式的弊端……这是一种思维的转变，也意味着范式转移的可能"。⑧

首先需要指出的是，"接受主体性"作为该文的重要概念，分明是该文作者所提出的，但到该文结语部分，却变成了所论的三位思想家提出的，至少在《庄子》一书中是找不到该概念或者其邻近概念的。对于"接受主体性"，作者甚至给出了

---

① 钟元：《为"传播研究中国化"开展协作》，《新闻与传播研究》1994 年第 1 期第 34—38 页；孙旭培：《向前推进中的中国传统文化传播研究——兼招标启事》，《新闻与传播研究》1995 年第 1 期第 34—35 页。

② 孙旭培主编：《华夏传播论》，北京：人民出版社，1997 年。

③ 仝冠军：《先秦诸子传播思想研究》，北京：中国书籍出版社，2014 年。

④ 孙旭培：《传播学研究中国化的一个硕果——〈华夏传播论〉评介》，《现代传播》1997 年第 4 期第 53 页。

⑤ 对"communication"一词，王怡红（2013）特地通过互相参照的方法来辨析其在中西不同文化语境下的不同含义与理解。

⑥ 邵培仁、姚锦云：《传播受体论：庄子、慧能与王阳明的"接受主体性"》，《新闻与传播研究》2014 年第 10 期第 5—23 页。

⑦ 邵培仁、姚锦云：《传播受体论：庄子、慧能与王阳明的"接受主体性"》，《新闻与传播研究》2014 年第 10 期第 21 页。

⑧ 邵培仁、姚锦云：《传播受体论：庄子、慧能与王阳明的"接受主体性"》，《新闻与传播研究》2014 年第 10 期第 22 页。

对应的英文"receiving subjectivity",但该概念在文中并没有得到详细的解释,对应的英文在主要英文文献数据库中也难觅踪影。不过,我的理解是该概念大体就是"作为接受者的'我'具有高度的主体性"。[①]如果这样理解是正确的话,那么,这个概念多少有生造之嫌,因为它不过乃"接受者的主体性"的简化而已。同样地,何谓"受体"?邵、姚文认为受体存在于接受主体性的背后,也即庄子的"真宰"。对于"真宰",后文将有辨析,是不可能包含有该文所强加于其上的所谓"受体"的意涵的。而且,"受体"与"接受主体性"一样同样是一个生造的概念,该文认为"受体"即"接受主体"(recipient),[②]那么,言外之意岂不是在 recipient和 subject 之间画上了等号?这不但有生造概念之嫌,而且混淆了原有英文两个概念之间的区别了。

更重要的是,该文从传播学层面对《庄子》所进行的解释有颇多值得商榷之处。

王怡红在论及传播研究本土化时曾如是说:"与其热衷于口号的提出,莫如热衷于学术的对话。……我们的本土化研究始终缺少一种对话的氛围和勇气。"[③]同时,作为我国新闻传播学界权威之一,邵培仁老师素来以其研究的思辨性著称,应该会欢迎学术探讨与争鸣,以共同推动传播学本土化的研究。为此,笔者不揣谫陋,草成拙文,以就教于邵培仁、姚锦云和其他方家。

第一节   内倾文化不必然更关注"接受";外倾文化不必然更关注"传递"

邵、姚文开篇即表明其文颇受启发于余英时的"西方文化的'外向超越'和中国文化的'内向超越'说",但是,反观余英时《中国思想传统的现代诠释》一书,他通篇并没有提出这两个概念,而是在论中西文化之别时用的是"内倾"和"外倾"之说、"内在超越"和"外在超越"的提法。但是,"在"与"向"不可同日而语,前者是状态、后者是过程。同时,"倾"与"向"也是有很大区别的,"向"是往那个方向演化的意思,更多强调的是差异性和运动的趋势;而"倾"是

---

①   邵培仁、姚锦云:《传播受体论:庄子、慧能与王阳明的"接受主体性"》,《新闻与传播研究》2014 年第 10 期第 6 页。

②   邵培仁、姚锦云:《传播受体论:庄子、慧能与王阳明的"接受主体性"》,《新闻与传播研究》2014 年第 10 期第 5—23 页。

③   王怡红:《对话:走出传播研究本土化的空谷》,《现代传播》1995 年第 6 期第 11 页。

有所偏向的意思，是基于通性前提下对个性的关注。也正是因此，余英时在其文章中特地说明：

不是否认"文化"与"现代化"具有超越地域的通性。通性不但可以从经验事实上归纳得出来，而且在理论上更是必要的，否则社会科学便不能成立了。我的根本意思是说，在检讨某一具体的文化传统（如中国文化）及其在现代的处境时，我们更应该注意它的个性。①

余英时又说：

我无意夸张中、西之异，也不是说中国精神全在内化，西方全是外化。例外在双方都是可以找得到的。但以大体而言，我深信中西价值系统确隐然有此一分别在。外在超越与内在超越各有其长短优劣，不能一概而论。②

可以看到，余英时对个性的关注是建立在对通性的肯定和对文化复杂性的认识基础之上的，而且是一种非常小心与持保留态度的推测。而邵、姚文则简单化地由此认为中西的差异是根本性的悬殊，继而断言"中国的传统更关注内向的接受，而西方传播的传统更关注外向的传递"。③实际上，由余英时的"内在超越"和"外在超越"是无法推导出两种文化下的双方传播思维的异同的。换言之，内倾的文化不必然是接受的内向，而外倾的文化也不必然是传递的外向。

其实，任何传播活动都是如霍尔（Hall）所谓的"编码"和"解码"的过程，对"码"的不同编辑与解读是传播活动中正常与具体的行为。正是由于意识到这种编码与解码之间的可能差异，一般意义上来说，没有传者不关注"传"，以唯恐接受者做出异于其编码的理解；同样地，也绝少受者完全按照编码者所理解的来解码，总会发挥自己的主观能动性和既有的知识地图来进行解码。也就是说，只对"传"或者只对"受"的关注作为人类一般性的社会活动，与文化的差异无关。

具体到庄子：

万世之后而一遇大圣，知其解者，是旦暮遇之也（《庄子·齐物论》）

---

① 余英时：《中国思想传统的现代诠释》，南京：江苏人民出版社，1992 年。
② 余英时：《中国思想传统的现代诠释》，第 5 页。
③ 邵培仁、姚锦云：《传播受体论：庄子、慧能与王阳明的"接受主体性"》，《新闻与传播研究》2014 年第 10 期第 6 页。

> 孰知生死存亡于一体者，吾与之为友矣（《庄子·大宗师》）

这都是在强调知己之难求、编码解码一致之难得，也反过来说明庄子对后人对自己所"传"文字有正确解读的希望，同时也能解释庄子之所以不断地用寓言来申述自己思想的苦心所在。反过来说，如果不关注"传"，他何必如此刻意构思寓言来阐明自己的思想呢？

慧能亦然。他要是不重视"传"的话，还用到处去说法吗？而且作为传者，他同样关注于自己之"传"，以免为信徒误读和误"受"。

> 吾今为说摩诃般若波罗蜜法，使汝等各得智慧，志心谛听，吾为汝说；
>
> 吾有一无相颂，各须诵取；
>
> 汝慎勿错解经意。①

与此同时，慧能也十分重视传者在知识传授中的重要地位。所以，他反复强调：

> 迷时师度，悟时自度。②

开悟时，自己度自己；迷惑而不开悟时呢？师傅来度。师傅作为传者在弟子成长过程中之重要性可想而知，直接关系到弟子能否成功度到彼岸。

总之，由对《庄子》和《坛经》的研读，我们无法能够轻易地得出"他们的独特而共同之处，是认为传播的成败不在于'传'，而在于'受'"。③

另一方面，西方传播的传统也未必更关注外向的传递，而不关注"受"。我们都知道，西方或者更准确地说，美国传播学就是肇始于受众研究、关注传播效果的，后来渐次由强大效果论（魔弹论）到有限效果论到多元（态度、认知）效果论，以至于效果研究至今仍是美国传播学的重要领域。科学研究是需要讲求情境性的，如果西方传播的传统在"传"而不在"受"，这是很难解释受众研究在西方的兴旺局面的。而且，我们如果只是强调中国传播传统的"接受主体性"，那么我们如何证明西方传播传统"接受主体性"的缺失？实际上，无论是美国的效果研究还是英国的阅听人研究，其逻辑前设都包含了受众的主观能动性。换言之，任

---

① 陈秋平、尚荣：《金刚经·心经·坛经》，北京：中华书局，第151页、167页、219页。

② 陈秋平、尚荣：《金刚经·心经·坛经》，第139页。

③ 邵培仁、姚锦云：《传播受体论：庄子、慧能与王阳明的"接受主体性"》，《新闻与传播研究》2014年第10期第5页。

何传播活动中，接受者之主观能动性的发挥是不言自明的。

一言之，内倾文化不必然更关注"接受"，外倾文化不必然更关注"传递"。在追求传播学理论研究本土化的过程中，我们固然有必要正视中西文化的异同，但我们也需要避免理论总结上的简单化。在笔者看来，传播是人类非常基本的交流活动，是重视"传"还是"受"与文化差异之间的关联度不可能太大，而更多视个体、情境等临时性或个体性因素的不同而不同。

第二节 传播活动与传播思想

作为人类的基本行为之一，传播是普遍存在甚至可以说是伴随人类而始终的。通俗而言，只要有人的地方，便总存在传播活动。无论是手势语，还是语言、文字，都是为了实现人类的传播活动而产生的传播手段而已。从这个角度而言，孙旭培主编的《华夏传播论》堪称这方面研究的代表。[①]这本多达 37 万字的巨著分别从传播与媒介、各领域的传播、传播主体是人、传播体制、中外传播交流对中国文化发展的影响等视角全面探讨了我国古代的传播活动，如，民间传播（摆龙门阵、侃大山）、组织传播（稷下学宫、东林学社）、说服传播（合纵连横、舌战群儒）、思想传播（百家争鸣、西学东渐）。

作为传播活动，春秋战国时代的诸子百家概莫例外，他们皆可谓是传播活动的从事者。倘若我们来研究其传播活动的话，我们可以或关注其思想的形成、发展、变化与更新，或关注其传播与扩散自己思想观点的行为本身，或关注其学说在后世的流传及影响。例如对庄子，我们可以探究"心斋""坐忘""真宰"这些庄子思想中的核心概念的意旨及其演绎，我们可以探究庄子在当时是如何进行自己思想的传播活动以及如何涉入百家争鸣的，我们可以探究《庄子》是如何被后来人阐释以及它又是如何在海内外被传播的。总之，这是一种围绕庄子的传播活动而进行的研究。

传播思想就不一样了，传播思想指的是跟传播有关的思想，具体地说，就是以"传播"为论旨的观点、意见和理论解析。邵、姚文显然是在此层面使用"传播思想"这一概念的。

那么，哪些属于传播思想？我们对施拉姆传播思想的探究，是因为施拉姆的确围绕传播直接进行了大量的理论阐述；同样地，我们对霍尔传播思想的探究，

---

① 孙旭培主编：《华夏传播论》，北京：人民出版社，1997 年。

也是因为霍尔作为英国文化研究的先锋人物有很多著述都涉及媒体、大众与权力之间的互动关系。除了这种直接的理论贡献者而外，跟传播学有直接师承关系的相关专家的学术思想也经常为传播学者们所关注，而被纳入传播思想的研究范畴。例如，马克思虽然其主要关注点在政治经济学方面，但也对传播学研究有重要启发，乃至直接导致"传播政治经济学"的诞生；[①]拉斯维尔、拉扎斯菲尔德、霍夫兰等人尽管分别来自政治学、社会学与心理学领域，但鉴于他们的相关研究极大地影响了传播学的发展方向，这些学者的著作一直被视作传播学的滥觞而为后来者广泛关注；[②]威廉姆斯、霍加特和汤普森等人也是因为与英国文化研究有直接的师承关系，而使得他们的著作一直为文化研究领域的学者们所关注。

我们再来看庄子。庄子在其身处的时代固然有传播活动，后世也并不乏围绕《庄子》一书而进行的传播活动，但该书的主旨并不是围绕"传播"而展开，也没有专门论及"传播"的文字；更重要的是，该书并没有对后世的传播学研究有什么直接的理论贡献，或者跟后世的传播学者具有明显的师承关系。既如此，我们究竟能从《庄子》一书中发掘多少传播思想来，是十分值得怀疑的。实际上，传播学作为"舶来品"，如李金铨所言，"不是（我们）固有传统文史哲的遗产，无论言语、叙述、思考方式"。[③]

概言之，庄子固然有传播活动或者说传播行为，但并没有所谓的传播思想可言。对古人及其文献，我们需要将传播活动与传播思想严格区分开，他们固然有思想被传播与流布于世，但其所传播的思想与后世传播学理论并无多大关涉或者有多少师承关系。既如此，古人传播于后世的思想还是不宜简单地动辄冠以为某某的"传播思想"为上。

第三节　《庄子》的几个关键概念

在论庄子时，邵、姚文用到了《庄子》中的四个关键概念，"成心""心斋""坐忘""真宰"。这四个概念对理解《庄子》固然十分重要，但它们是否与传播有关，是否真的如作者所言，"发现了人类'交流无奈'的内在之困，提出了人类交流理

---

① Mosco，Vincent，The political economy of communication（2nded），London：Sage，2009.

② 〔美〕罗杰斯：《传播学史》，殷晓蓉译，上海：上海译文出版社，2002 年。

③ 李金铨：《视点与沟通：中国传媒研究与西方主流学术的对话》，《新闻学研究》（台北）。

想的实现路径"① 呢？这是值得推敲的。而且，与传播学的相关性倒在其次，问题是作者在强以"传播"这一概念注入《庄子》的过程中，往往为了强以己意，不惜误读和扭曲文本本身。邵、姚文对"成心"的诠释大抵能够自圆其说，尽管庄子本义并非诉诸交流的困境，而在指出百家争鸣的问题所在，即，形式上，是其所非、非其所是；内容上，使"道"隐于小成、"滞于华辩"。②

在解读"心斋"与"坐忘"时，邵、姚文是这样解读的：

（在庄子眼中，）要实现理想的交流……其最佳状态就是"心斋"和"坐忘"，即"忘却"一切偏执的成见（坐忘），还原一个"空明"的精神世界（心斋），因为"唯道集虚"。庄子的这种"接受主体性"传播观念，从封闭走向开放，从外"传"转向内"受"，具有历久弥新的现代意义。③

"心斋"出于《庄子·人间世》。颜回想前往卫国，救民于水火之中，向孔子请教教化卫国的良策。孔子说："斋，吾将语若！"颜回说，我家里贫穷，不喝酒不吃荤已经好几个月了。孔子说：这是祭祀的"斋"，不是"心斋"。颜回便问什么叫"心斋"，于是，孔子答道："若一志，无听之以耳而听之以心，无听之以心而听之以气！听止于耳，心止于符。气也者，虚而待物者也。唯道集虚。虚者，心斋也。"

这固然是庄子借孔子的嘴巴来阐述自己的思想，但同时也"包含着对儒家道德系统的解构或扬弃"。④ 王楠说得更直接："庄子把孔子及其最得意的弟子颜回直接请到了寓言之中，在真真假假、虚虚实实之间，藉儒之口以批儒。"⑤

那么，《人间世》主旨何在？郭象注曰："与人群者，不得离人。然人间之变故，世世异宜，唯无心而不自用者，为能随变所适而不荷其累也"；⑥ 王先谦说，"人间世，谓当世也。事暴君，处污世，出与人接，无争其名，而晦其德，此善全

① 邵培仁、姚锦云：《传播受体论：庄子、慧能与王阳明的"接受主体性"》，《新闻与传播研究》2014年第10期第11页。
② 成玄英语，转引自郭庆藩：《庄子集释》（上），王孝鱼点校，北京：中华书局，2004年，第64页。
③ 邵培仁、姚锦云：《传播受体论：庄子、慧能与王阳明的"接受主体性"》，《新闻与传播研究》2014年第10期第8页。
④ 杨国荣：《庄子的思想世界》，北京：北京大学出版社，2006年，第120页。
⑤ 王楠：《庄子哲学》，北京：北京大学出版社，2013年，第2页。
⑥ 郭庆藩：《庄子集释》（上），王孝鱼点校，北京：中华书局，2004年，第131页。

之道"；① 王夫之说，"此篇为涉乱世以自全之妙术"。② 出于这样一篇文字的"心斋"之说是难以解读成为其在陈述人们处理与接收信息的状态，甚至谓之为理想交流的最佳状态。具体地，何谓"心斋"？联系上一句，我们方能更清楚这一概念之所指："唯道集虚。虚者，心斋也。"对此，郭象的解释是，"虚其心则至道集于怀也"；《淮南子·精神篇》和《诠言篇》的解释分别是，"虚无者，道之所居也""虚者，道之舍也"，③ 也就是要达到心境的虚空，以让心灵成为"道"的处所，此即"心斋"。很显然，庄子所谓的"心斋"是一种自身修养的功夫、修养的路径和把握道的方式，目的是为了心境的空明，虚室生白，以自处于人间，善全于乱世。至此，我们怎么也看不出"心斋"能被解读为是为了"消除人与我的对立、'异'与'己'之分"，④ 并且也无法与"传播"或者"传受"拉上关系。

再看心斋的实践之道："入游其樊而无感其名，入则鸣，不入则止。无门无毒，一宅而寓于不得已。"根据王叔岷的说法，此处"其樊"指的是心斋之道的运用："心斋乃实际体验功夫，非止于言谈。故孔子告以能入游于心斋樊篱之内，非仅仅触及心斋之名而已……能入则与心斋之妙相应，不能入则不能与心斋之妙相应……心斋之妙，通达无碍，由纯一之心以契会不得不然之理"。⑤ 当然，历代学人对该段文字的解释的确存有歧异处，如林希逸将之解释为处世之法："入则鸣，是可与之言而与之言也；不入则止，是不可与之言而不与之言也……寓此心于不得已之中，则人间世之道尽矣。"⑥ 陈鼓应大抵也持此说。⑦ 而对此，邵、姚文将此信笔解释为"传播多有不如意之时，这是必须接受的现实，即'寓于不得已'"。⑧ 这样的解释恐怕失之于随意和轻率。

《庄子》被邵、姚文所重点阐释的第三个概念是"坐忘"。"坐忘"语出《大宗师》。《大宗师》主旨是什么？郭象注曰："虽天地之大，万物之富，其所宗而师者无心也"；⑨ 释德清说，"内圣之学，此为极则"；⑩ 王叔岷说，"《大宗师》篇发明内

---

① 王先谦：《庄子》，方勇校点，上海：上海古籍出版社，2013年，第41页。

② 钱穆：《庄子纂笺》，北京：三联书店，2014年，第40页。

③ 王叔岷：《庄子校诠》（第一册），中华书局，2007年，第132页。

④ 邵培仁、姚锦云：《传播受体论：庄子、慧能与王阳明的"接受主体性"》，《新闻与传播研究》2014年第10期第8页。

⑤ 王叔岷：《庄学管窥》，北京：中华书局，2007年，第133页。

⑥ 林希逸：《庄子鬳斋口义校注》，周启成校注，北京：中华书局，1997年，第64页。

⑦ 陈鼓应：《庄子今注今译》（上册），北京：商务印书馆，2014年，第141—142页。

⑧ 邵培仁、姚锦云：《传播受体论：庄子、慧能与王阳明的"接受主体性"》，《新闻与传播研究》2014年第10期第8页。

⑨ 郭庆藩：《庄子集释》（上），王孝鱼点校，北京：中华书局，2004年，第224页。

⑩ 自钱穆：《庄子纂笺》，第66页。

圣之道，坐忘为内圣最高之修养"。^①很显然，这篇文字也与传播无涉。

至于"坐忘"，与"心斋"一样，庄子同样假借颜回和孔子的对答来阐释"坐忘"。颜回告知孔子，自己在问道上已经有所进益了。他说，自己已经进入忘仁义、忘礼乐之境。孔子问颜回什么叫"坐忘"？颜回答道："堕肢体，黜聪明，离形去知，同于大通，此谓坐忘。"孔子自愧弗如。

对此，郭象的注释是："忘其迹，又忘其所以迹者。内不觉其一身，外不识有天地，然后旷然与变化为体而无不通也"；^②成玄英解释为，"虚心无着，故能端坐而忘。"^③韦政通认为这是"为道日损"的三重境界，即，先忘仁义，再忘礼乐，最后达到坐忘的阶段。^④换言之，"每一次忘，都是一个自我的超越。"^⑤王叔岷也认为"坐忘为入道之至境。"^⑥具体地说，"坐忘"就是"遗形忘生"，^⑦不执滞于物、不执滞于天、不执滞于己、不执滞于功、不执滞于名。唯忘、唯不执滞，一个人才能不为其所累，才能无所待，才能"泯合天人，冥绝生死，达于坐忘，而与道合二为一。"^⑧换言之，和"心斋"一样，"坐忘"也是一种内圣之道，一条自我修养的路径。那么，我们怎么能够由"坐忘"而推论出"这就是'接受主体性'的努力，是实现理想交流的必要途径"^⑨呢？如果执意说此乃交流的话，充其量也只能谓之自我的交流而已，^⑩林希逸就是以禅家的面壁来作比"坐忘"的。^⑪关键是"坐忘"者本就为了"摆脱那些强加于人身上的限制，返回到真实的状态，以游于造化之途"，^⑫为此，我们很难推论出其竟然还有心抑或有意于交流，以陷入新的纷扰与桎梏。否则，"坐忘"则大有一面往上寻造化之无我之境，一面往下俯首人寰觅受众

---

① 王叔岷：《庄子校诠》（第一册），中华书局，2007年，第271页。

② 郭庆藩：《庄子集释》（上），王孝鱼点校，北京：中华书局，2004年，第285页。

③ 郭庆藩：《庄子集释》（上），第284页。

④ 韦政通：《中国思想史》（上），长春：吉林出版集团，2009年。

⑤ 李大华：《自然与自由：庄子哲学研究》，北京：商务印书馆，2015年，第201页。

⑥ 王叔岷：《庄学管窥》，北京：中华书局，2007年，第221页。

⑦ 郭庆藩：《庄子集释》（上），第224页。

⑧ 王叔岷：《庄子校诠》（第一册），第205页。

⑨ 邵培仁、姚锦云：《传播受体论：庄子、慧能与王阳明的"接受主体性"》，《新闻与传播研究》2014年第10期第9页。

⑩ 当然，的确有学者将"内向传播"的标签贴于道家（全冠军，2005，2014）。不过，如果这样说，那么诸子百家所论都可以说是内向传播了；像孔子，他那么强调人的自省，"吾日三省吾身"，他应该算是最强调内向传播的了。更何况，如余英时（1992：40）所言，"中国人由于深信价值之源内在于人心，对于自我的解剖曾形成了一个长远而深厚的传统：上起孔、孟、老、庄，中经禅宗，下迄宋明理学，都是以自我的认识和控制为努力的主要目的"，那么我国文化传统岂不都可以称之为"内向传播"了？换言之，内向传播不足以构成道家的独特性和质的规定性。

⑪ 林希逸：《庄子鬳斋口义校注》，周启成校注，北京：中华书局，1997年，第123页。

⑫ 王楠：《庄子哲学》，北京：北京大学出版社，2003年，第135页。

的悖谬与冲突感。

邵、姚文重点阐释的第四个概念是"真宰"。对"真宰",郭象注曰:"万物万情,趣舍不同,若有真宰使之然也。起索真宰之朕迹,而亦终不得,则明物皆自然,无使物然也";① 成玄英解释道,"夫肢体不同,而御用各异,似有真性,竟无宰主。朕迹攸肇,从何而有?"② 林希逸说,"真宰,造物也。若有者,似若有之,而不敢以为实有也。"③ 所谓真宰,简言之就是世间万物的主宰者。而王叔岷则直接将"真宰"理解为"道",因为《齐物论》在解释"真宰"时说,"可行已信,而不见其形,有情而无形";而《大宗师》中在阐释"道"时也是这样解释的,"夫道有情有信,无为无形"。④ 换言之,道主宰万物。

而邵、姚文认为,"庄子的'真宰',指向了一个强大的精神世界,一个广大的心灵,如同'天府'和'葆光'";"交流过程(旨在)……恢复一个'真宰'的精神世界,如'天府'和'葆光'一般。"⑤ 这里,"真宰"与"天府""葆光"被混而为一了,成为交流的理想。更蹊跷的是,到了结语部分,"真宰"又变成了其所谓的"受体":"庄子、慧能和王阳明的共同之处,是以'接受者'的立场和视角,提出了'接受主体性',而这种主体性的背后有'体'。庄子称之为'真宰',慧能称之为'本心',王阳明称之为'良知'(即本体)。用传播的术语讲,可以称之为'受体'。"⑥

行文至此,我们确有必要重温庄子的话,"万世之后而一遇大圣,知其解者,是旦暮遇之也。"我们需要为懂得庄子而努力,至少应该力争做到尽可能的不误读。但通过上面的分析,笔者以为邵、姚文在对《庄子》进行他们所追求的传播学层面的"创造性转化"过程中,曲解和误读了《庄子》的本义,有"六经注我"之嫌。⑦

不过,无论邵、姚文如何把庄子与交流拉扯到一起,认为《庄子》指出了交流的困境在"成心"、交流的实现在"心斋"与"坐忘"、交流的理想在"真宰",而诚实地研读《庄子》本身的话,我们就不难发现庄子恰恰是不主张如其他流派

---

① 郭庆藩:《庄子集释》(上),第 56 页。
② 郭庆藩:《庄子集释》(上),第 57 页。
③ 林希逸:《庄子鬳斋口义校注》,周启成校注,北京:中华书局,1997 年,第 19 页。
④ 王叔岷:《庄子校诠》(第一册),第 55 页。
⑤ 邵培仁、姚锦云:《传播受体论:庄子、慧能与王阳明的"接受主体性"》,《新闻与传播研究》2014 年第 10 期第 9、第 11 页。
⑥ 邵培仁、姚锦云:《传播受体论:庄子、慧能与王阳明的"接受主体性"》,《新闻与传播研究》2014 年第 10 期第 21 页。
⑦ 邵培仁、姚锦云:《传播模式论:〈论语〉的核心传播模式与儒家传播思维》,《浙江大学学报》(人文社会科学版)2014 年第 4 期第 58 页。

那样整天争鸣来、争鸣去的。庄子说得非常清楚，"六合之外，圣人存而不论；六合之内，圣人论而不议；春秋经世先王之志，圣人议而不辩"；"故分也者，有不分也；辩也者，有不辩也"（《齐物论》）。在庄子看来，对于天下事理，"圣人怀之，众人辩之"（《齐物论》）。庄子又说，"天地有大美而不言，四时有明法而不议，万物有成理而不说"，"辩不若默"（《知北游》）。尤其是，真正的"道"是不需要辩的，"大道不称，大辩不言，……道昭而不道，言辩而不及"（《齐物论》）。而"心斋"正是为了心境空灵，以与道合二为一，①绝非如邵、姚之文所言，为了"包容、接纳各种不同学说"。②其实在道家看来，为了"道"，是必要如老子所言，绝仁弃义、绝圣弃智、绝巧弃利；或者如庄子自己所言，忘礼忘乐、忘仁忘义。邵、姚文之谓包容、接纳，从何谈起？

第四节　传统文化的传播学本土化应避免简单的标签化

在着手这篇商榷文章后，笔者发现，不同年代里热衷于对我国传统文化进行传播学解读、即所谓传播研究本土化的学者大都有一个十分远大的抱负，比如：

港台传播学者提出的"传播研究中国化"的问题，提得很恰当，它是中国传播学研究发展到一定阶段的必然产物，值得海峡两岸三地，乃至海内外华人传播学者一起努力完成它。……中国丰富的历史典籍和民间文化中，有无数与传播有关的现象、实例、事件，需要我们分析、研究；有大量与传播有关的观念、思想和智慧，需要我们总结、概括。对这些传播实践和观念进行研究和总结，必将把传播学提高到新的水准，升华到新的境界。③

既可以有西方的传播学，也可以有东方的传播学……（我们）可以通过文化传播史的研究，挖掘中国古代传播思想的宝库，借鉴和吸收古代优秀的、先进的传播概念和理论，构建自己的传播理论体系。④

---

① 王叔岷：《先秦道法思想讲稿》，北京：中华书局，2007年，第92页。
② 邵培仁、姚锦云：《传播受体论：庄子、慧能与王阳明的"接受主体性"》，《新闻与传播研究》2014年第10期第8页。
③ 钟元：《为"传播研究中国化"开展协作》，《新闻与传播研究》1994年第1期第34—35页。
④ 仝冠军：《先秦诸子传播思想研究》，博士学位论文，北京大学，2005年，第7页。

对当代的中国传播学者来说，同样有一个必须直面的问题，那就是"如何实现中国传统传播思想的创造性转化……进行传统思想的创造性转化，即原创的本土传播理论的建构。这种本土理论的意涵并非仅仅解释本土现象，而是由本土学者提出，能够与西方传播理论积极对话，并能解释全球传播的华夏传播理论。①

尤其邵培仁等人在这方面做了巨大的努力，难能可贵，先后围绕本土传播理论的建构提出了"创造性转化""传播受体论""寻根主义""融合主义"等概念、路径与目标。②

然而，这些宏大目标都是需要在占有大量史料的基础上沉潜往复、从容含玩方能就的，否则终究只是空洞的口号而已。但就笔者目力所及，具有这种板凳坐得十年冷而不是急就章的精神、从而具有深厚史学修为和积累的人，在新闻传播学界尚属凤毛麟角。古人云，厚积薄发。而我国当代新闻传播学界传统文化本土化研究的最大特征之一是，在学术 GDP 至上和项目导向下的薄积薄发、快积快发。这是传播研究本土化的最大制约因素，也是当前传播研究本土化原地踏步的根本原因所在。

而且，就目前来看，大陆新闻传播学界在对传统文化进行传播学理论的本土化方面所取得的成效并不十分显著。我们知道，判断一个研究领域成熟程度的标准之一就是，该领域既有的高水平研究成果的数量，以及该领域共识程度的高低。以此来看，我们不能不说学界在对传统文化进行传播学本土化方面还难言成熟。比如，就数量而言，我国新闻传播学四大刊（《新闻与传播研究》《国际新闻界》《新闻大学》《现代传播》）所刊载的有关我国传统文化典型代表的先秦诸子传播思想的论文不足二十篇。再就共识度而言，此处聊举有关庄子的传播思想的既有文献为例，仝冠军的《庄子传播思想研究》与邵、姚文并无甚对话与碰撞，而是各说各的。另外，就传统文化传播学本土化方面的既有文献而言，大体都还是在用西方的传播学理论概念来套中国古人的文献，参考框架依然是西方的，只是告诉读者这一段文字是讲传播的"传"、那一段文字是讲传播的"受"，这是"内向传播"、那是"语言传播"，这是"人际传播"、那是"政治传播"，如此标签化本

---

　　① 邵培仁、姚锦云：《传播模式论：〈论语〉的核心传播模式与儒家传播思维》，《浙江大学学报》（人文社会科学版）2014 年第 4 期第 58—59 页。

　　② 邵培仁、姚锦云：《传播模式论：〈论语〉的核心传播模式与儒家传播思维》，《浙江大学学报》（人文社会科学版）2014 年第 4 期第 56—75 页；邵培仁、姚锦云：《传播受体论：庄子、慧能与王阳明的"接受主体性"》，《新闻与传播研究》2014 年第 10 期第 5—23 页；邵培仁、姚锦云：《寻根主义：华人本土传播理论的建构》，《新疆师范大学学报》（哲学社会科学版）2013 年第 4 期第 28—41 页；邵培仁：《华人本土传播学研究的进路与策略》，《当代传播》2013 年第 1 期第 1 页。

土化的局面恐怕也难以发展出中国本土化的传播学。这种忽视相关概念的"西方问题语境"以及"理论效度的前提条件"的做法,① 与其说在挑战西方传播学理论的话语霸权,毋宁说是在强化西方话语霸权。而且,这种给传统文化贴现代传播学标签的做法于学术增益不大,对人们理解中国的新闻传播沿革与现实或者世界传播发展史也并没有带来新的启发或者提供新的视角。与其说这是本土学术自觉,毋宁说部分地反映了本土传播学者的学术不自信。

不过,尽管只是简单地以西方的传播学概念和理论来论中国古代的思想是有问题的,但植根于我国固有传统文化实践来追求我国传播学思想的本土化学术探索还是大有其空间。这方面,作为当代中国大陆第一批追求本土化的孙旭培等前辈还是做了一些较有价值的前期研究积累,他们的价值就在于不是简单地在古人的思想上打圈圈,而是努力进行我国古人传播实践活动模式与意义的总结与发掘。但是,此类研究到底还是因为落入了以西方理论往中国实践贴标签的俗套而行之不远。

虽然笔者认同陈力丹的本土化一说应慎重的观点,② 但鉴于目前诸如邵、姚文一类既有的本土化文献不断出现的状况,我们至少可以先避免对中国传统文化进行标签化解读。为此,笔者建议:

1.抛弃标签化学术的不自信。简单地以西方的传播学概念来生搬硬套中国传统文化,看似追求本土学术的独立与信心,但其实是学术不自信的表现。我们一方面有被世界学术界和其他学科漠视与边缘化之虞,另一方面又没有本土学术自身的厚实积累与沉淀,从而标签化地攻城略地、另立山头,殊不知这是聚沙成塔、空中楼阁。

2.忠实原典,谨慎诠释。有人说,对于传播思想的阐述本来就没有标准答案,很难说哪种阐释就是对的,但是,我们在对古典文献的解读中到底需要"依乎天理""因其固然"(《庄子·养生世》),以便所论持之有据,能自圆其说,而不是简单地贴标签。如,对《逍遥游》中的鹏与斥鴳之辩,杨国荣认为这是庄子在借鸟喻人,来阐明不同主体所存在的视域差异会影响主体间的理解与沟通;③ 而李大华则认为这表现了庄子的相对主义立场:"正是要将人们固守的大小观念打破……一切都是相对的,只有事物是相对的这一点是绝对的。"④ 这些都要比将"不得已"解读为"不如意"自然和顺理成章得多。总之,我们不能强以传播学概念来解释古

① 张涛甫:《新闻传播理论的结构性贫困》,《新闻记者》2014 年第 9 期第 50 页。
② 陈力丹:《关于传播学研究的几点意见》,《国际新闻界》2002 年第 2 期第 52—54 页。
③ 杨国荣:《庄子的思想世界》,北京:北京大学出版社,2006 年,第 148 页。
④ 李大华:《自然与自由:庄子哲学研究》,北京:商务印书馆,2015 年,第 131 页。

典文献，或者先入为主地对古典文献进行过度阐释。孙旭培就曾忠告，"不能牵强附会，生搬硬套"。[①]

3. 在实践活动与古代思想之间建立起有机的内在联系逻辑，从而廓清现实发展的历史脉络，展示媒体、政治和社会复杂关系演绎的机理，继而帮助我们更好地理解和诠释当代中国人的传播思维和媒介现实。否则，只是在古人思想里挑几个概念来生吞活剥，完全脱离彼时彼境的传播实践活动而空发议论，是妄议古人，是没有多大学术价值与学术生命力的。

4. 植根于我国传统文化脉络，[②]着力发掘和培育汪琪、沈清松、罗文辉所言的文化传统中的理论"胚胎"，[③]而不是牵强附会，同时追求与西方传播学理论可能的对话与交流。

（作者简介：尹连根，深圳大学传媒与文化发展研究中心副主任、深圳大学传播学院教授、博士生导师。本文原载于《国际新闻界》2017年第5期第155—173页，收入此书时略有改动。）

---

① 孙旭培：《既要有本土化，又要有国际化》，检索于传媒学术网：http://www.chinamedi-aresearch.cn/article/4025/。

② 李金铨：《视点与沟通：中国传媒研究与西方主流学术的对话》，《新闻学研究》（台北）2003年，第1—20页；黄旦：《问题的"中国"与中国的"问题"——对于中国大陆传播研究"本土化"讨论的思考》，黄旦、沈国麟编：《理论与经验——中国传播研究的问题及路径》，上海：复旦大学出版社，2013年，第35—57页。

③ 汪琪、沈清松、罗文辉：《华人传播理论：从头打造或逐步融合》，《新闻学研究》（台北）2002年，第1—15页。

第十四章 再论庄子传播思想与"接受主体性"

——回应尹连根教授

对庄子/《庄子》而言,传播意味着不同主体间的关系,主要在"意义理解和分享"以及"人类日常交往"层面。战国时代的庄子将"人与神"的关系改造为"人与道"的关系,后者又决定着人与人的关系。庄子有着现实世界和理想世界的张力,其理想体现为突破巫师中介的"绝地天通",实现"心道合一"的新"天人沟通"。但庄子并未从现实世界完全退出,而是以"游世"的态度,保留了对人间沟通/交往的关切。庄子的核心传播思想可以用"接受主体性"概念表示,这是一种中国特色的传播观,通俗地说即以虚己之心接收大道,以得道之心自由交往。尹连根教授提出的"审慎"主张和主要建议较为可取,但"庄子没有传播思想"的论断和诸多其他观点则失之于偏颇。

我们能否从传播的视角解读庄子/《庄子》?应该如何解读?诸多学者已探讨过庄子/《庄子》的传播思想(闵惠泉,1998;[①] 蔡锦瑜、叶铁桥,2006;[②] 王琛,2007;[③] 吴景星、姜飞,2009;[④] 仝冠军,2011;[⑤] 王长风,2013;[⑥] 邵培仁、姚锦云,2014 等)。但尹连根教授最近撰文提出了相反意见,题为《审慎对〈庄子〉进行传播学层面的"本土化"——与邵培仁、姚锦云两位老师商榷》。尹老师商榷论文

[①] 闵惠泉:《从传播的角度看庄子的语言艺术》,《现代传播》(北京广播学院学报)1998 年第 4 期。

[②] 蔡锦瑜、叶铁桥:《〈庄子〉的传播学思想初探》,《湖南大学学报》(社会科学版)2006 年第 4 期。

[③] 王琛:《试论〈庄子〉的传播观念》,《深圳大学学报》(人文社会科学版),2007 年第 4 期。

[④] 吴景星、姜飞:《"传—受"博弈过程的本土化诠释——中国道家"可传而不可受"思想对传播研究的启示》,《新闻与传播研究》2009 年第 4 期。

[⑤] 仝冠军:《庄子传播思想研究》,《山东理工大学学报》(社会科学版)2011 年第 4 期。

[⑥] 王长风:《浅议老庄语言观对当代新闻传播学的启示》,《浙江大学学报》(人文社会科学版)2013 年第 1 期。

（以下简称"尹文"）提出："庄子固然有传播活动或者说传播行为，但并没有所谓的传播思想可言。"[①] 此外，尹文还认为邵、姚文（邵培仁、姚锦云，2014）有"生造概念""硬贴标签""误读庄子"之嫌。[②]

　　然而，如果稍微推敲一下尹老师的观点，就会发现事实并非如此。例如，针对邵、姚文受启发于余英时"西方文化的'外向超越'和中国文化的'内向超越'说"，[③] 尹文认为这是对余英时的误读，并指出余氏著作《中国思想传统的现代诠释》"通篇并没有提出这两个概念"，而是用了"内倾"和"外倾"、"内在超越"和"外在超越"的提法。[④] 实际上，《中国思想传统的现代诠释》（1989）是余英时早年的作品，[⑤] 着重提出了中西"内""外"之别，至于使用何种修辞性的"后缀"则一直在思考中，[⑥] 但最终定型于"内向"与"外向"的表述。在 2014 年出版的《论天人之际》中，余英时明确使用了"内向超越"与"外向超越"的提法，并提出"中国轴心突破最后归宿于'内向超越'"。[⑦]

　　其实，尹文不仅误读了余英时，也误解了邵、姚文。例如关于"中国的传统更关注内向的接受，而西方传播的传统更关注外向的传递"，[⑧] 其中的"更"字本身就隐含了"共性前提下的个性"的意思，犹如余英时所说的相对意义和对照之下的特色。[⑨] 换言之，"内向的接受"与"外向的传递"在中西文化中都有，只不过中国古代传统更关注内向的接受，现代大众传播思维更关注外向的传递，但尹文似乎将"更"理解为"必然"或"只"。[⑩] 关于这种对照之下的区别，可参看我们

---

①　尹连根：《审慎对〈庄子〉进行传播学层面的"本土化"——与邵培仁、姚锦云两位老师商榷》，《国际新闻界》2017 年第 5 期第 162 页。

②　尹连根：《审慎对〈庄子〉进行传播学层面的"本土化"——与邵培仁、姚锦云两位老师商榷》，第 155—158 页。

③　邵培仁、姚锦云：《传播受体论：庄子、慧能与王阳明的"接受主体性"》，《新闻与传播研究》2014 年第 10 期第 5 页。

④　尹连根：《审慎对〈庄子〉进行传播学层面的"本土化"——与邵培仁、姚锦云两位老师商榷》，第 158 页。

⑤　余英时：《中国思想传统的现代诠释》，南京：江苏人民出版社，1989 年。

⑥　邵，姚文引用余英时的著作是江苏人民出版社 1992 年的版本，其实还有更早的 1989 年版。关于中西文化个性的"内""外"之别，余英时用了多种表述，如"内在"与"外在"、"内倾"与"外倾"、"内化"与"外化"及"向内"与"向外"等。参见余英时：《中国思想传统的现代诠释》，南京：江苏人民出版社，1989 年，第 10—19 页。

⑦　余英时：《论天人之际：中国古代思想起源试探》，北京：中华书局，2014 年，第 196—198 页。

⑧　邵培仁、姚锦云：《传播受体论：庄子、慧能与王阳明的"接受主体性"》，第 6 页。

⑨　余英时：《论天人之际：中国古代思想起源试探》，第 198 页。

⑩　尹连根：《审慎对〈庄子〉进行传播学层面的"本土化"——与邵培仁、姚锦云两位老师商榷》，第 158—159 页。

的新论述"从'传播的传递观'到'传播的接受观'"。①

当然，笔者很赞同尹老师的"审慎"主张和文后建议，实际上一直以此为努力方向。例如，《传播理论的胚胎：华夏传播十大观念》②恰恰是"接着讲"尹老师所建议的"着力发掘和培育汪琪、沈清松、罗文辉（2002）所言的文化传统中的理论'胚胎'"，③但尹老师没有注意到。吴予敏老师则注意到并肯定了这种努力："借鉴概括出'华夏传播的十大观念'（邵培仁、姚锦云，2016）亦是一种很有价值的探索和尝试。"④

但笔者也认为，尹老师的主要商榷观点失之于偏颇，一些论点经不起推敲；在核心概念的诠释上，又将一家之言当成了颠扑不破的真理。而最主要分歧体现为两个核心论题：庄子有没有传播思想？"接受主体性"是不是生造的概念？笔者尝试提出不同看法，以求教于尹老师和其他方家。为了进一步澄清，还需提出和解决如下问题：如何解读庄子传播思想？什么是"接受主体性"？这四个问题一旦解决，其他分歧也迎刃而解，包括四个关键概念的诠释。

第一节　庄子有没有传播思想：从学科边界到问题意识的探讨

学术探讨应有章法，主要看论点能否成立，关键指标是论据的力度和论证逻辑的严密程度。按照李金铨的说法，"现代社会科学是靠概念、逻辑和证据三部分有机的结合"，特别要"用证据证伪或证实"，以"判断论旨是否站得住脚"。⑤在波普尔看来，理论都是可错的，犹如打在沼泽中的木桩，必须不断接受检验；在没有被证伪之前，我们只是暂时接受它。⑥波普尔提出的"证伪"说被广为接受，"可被证伪性"（falsifiability）是科学理论的重要条件之一，也被传播学者 Steven

---

① 姚锦云、邵培仁：《华夏传播理论建构试探：从"传播的传递观"到"传播的接受观"》，《浙江社会科学》2018 年第 8 期。
② 邵培仁、姚锦云：《传播理论的胚胎：华夏传播十大观念》，《浙江学刊》2016 年第 1 期。
③ 尹连根：《审慎对〈庄子〉进行传播学层面的"本土化"——与邵培仁、姚锦云两位老师商榷》，第 168 页。
④ 吴予敏：《"重构中国传播学"的时代场景和学术取向》，《国际新闻界》2018 年第 2 期第 92 页。
⑤ 李金铨：《传播研究的时空脉络》，《开放时代》2017 年第 3 期第 210 页。
⑥ 〔奥地利〕卡尔·波普尔：《科学发现的逻辑》，查汝强、邱宗仁、万木春译，杭州：中国美术学院出版社，2008 年，第 88 页。

Chaffee 和 Charles Berger（1987）认为是理论的七大条件之一。① 如果说尹文结论"庄子没有传播思想"是一个全称否定命题，那么这个观点很容易被证伪。从逻辑上说，只有穷尽了所有可得的庄子思想文本（至少也是《庄子》全书）而遍览之，一一排除其与传播的关系，才可能得到这个结论。不仅如此，还要对有关庄子传播思想的研究一一加以反驳和否证。即便邵、姚文有关庄子的论述全是"误读"，也无法得出"庄子没有传播思想"的结论。因为尹文仅仅述评了邵、姚文和仝冠军（2005；2011；2014）的研究，并没有述评其他研究，更不用说《庄子》全书了。其实，只要稍微翻阅一下《庄子》文本，就不难发现其丰富的传播思想。《庄子·齐物论》（以下《庄子》引文只保留篇名）："大道不称，大辩不言。"《天道》："世之所贵道者书也，书不过语，语有贵也。语之所贵者意也，意有所随。"《外物》："言者所以在意，得意而忘言。"《秋水》："曲士不可以语于道者，束于教也。"《山木》："君子之交淡若水，小人之交甘若醴。"《庄子》这些论述就直接探讨了重要的传播问题：或是符号（言、语）、媒介（书）与意义（意）的关系，或是交流中的障碍问题（曲士不可以语于道），或是交往问题（君子之交淡若水）。实际上，只要《庄子》中有一句话跟传播有关，便即刻"证伪"了"庄子没有传播思想"的结论。

也许我们不该把这个结论当成经过逻辑推导的结果，而更适合将其看作是一种修辞手法。因为从具体表述看，尹文似乎修辞重于逻辑，文中其实还隐藏着"庄子有传播思想"的相反主张。关于庄子"万世之后而一遇大圣，知其解者，是旦暮遇之"和"孰知生死存亡于一体者，吾与之为友"两句，尹文认为，"这都是在强调知己之难求、编码解码一致之难得，也反过来说明庄子对后人对自己所'传'文字有正确解读的希望，同时也能解释庄子之所以不断地用寓言来申述自己思想的苦心所在。"② 如果笔者没有理解错的话，尹文认为庄子在论述"编码／解码"问题。而且尹文显然认为传播即"编码／解码"、"编码／解码"是传播："任何传播活动都是如霍尔（Hall）所谓的'编码'和'解码'的过程，对'码'的不同编辑与解读是传播活动中正常与具体的行为。"③ 而且尹文这样定义传播思想："传播思想指的是跟传播有关的思想，具体地说，就是以'传播'为论旨的观点、意见

---

① 祝建华：《精确化、理论化、本土化：20年受众研究心得谈》，《新闻与传播研究》2001年第4期。

② 尹连根：《审慎对〈庄子〉进行传播学层面的"本土化"——与邵培仁、姚锦云两位老师商榷》，第159—160页。

③ 尹连根：《审慎对〈庄子〉进行传播学层面的"本土化"——与邵培仁、姚锦云两位老师商榷》，第159页。

和理论解析。"① 将这些观点连起来，就形成了与前述尹文结论矛盾的观点：首先，传播即"编码／解码"，"编码／解码"是传播；其次，庄子谈的是"编码／解码"，因而庄子谈的是传播；再次，传播思想是跟传播有关的思想，庄子谈的是传播，所以庄子有传播思想。由此可见，"庄子没有传播思想"的结论站不住脚，不仅缺乏起码的证据，也缺乏合乎逻辑的论证。

尹文之所以在这个问题上语焉不详，是因为没有清楚地定义传播，特别是将"传播"与"传播学"混为了一谈。② 换言之，尹文主要以"传播学科"为坐标系界定"传播思想"（"围绕传播直接进行了大量的理论阐述"一句除外），主要条件有：对"传播学研究"有"直接的理论贡献""跟传播学有直接师承关系""对传播学研究有重要启发""直接导致交叉学科诞生""极大地影响了传播学的发展方向"。③ 在尹文看来，基本上只有对传播学有直接理论贡献或直接关联的思想才算传播思想，这就过度强调了"学科边界"的重要性。

那么，是否只有"传播学科"界定的问题才是"传播问题"？笔者以为，学科虽然有边界，但问题应保持开放。吴予敏对此说得最透彻："中国传播观念史研究的知识界域，首先不是学科边界的划定问题，而是观念和视角的调整问题。"④ 吴老师甚至认为，"中国传播观念史的学科界域一定是和其他学科的历史叙述紧密关联甚或交叉的"，"关于传播的历史事实和观念记载，有一部分需要从各门历史叙述中提取"，这些学科包括社会史、思想史、政治史、文化史、法制史和法学史、经济史和经济学史、民俗史、教育学史、心理学史、美学史、修辞学史、文论史、翻译史、中外交流史、交通史、地理学史、旅游史、新闻史、图书出版史、编辑史等。因为学科之间会发生"知识融合"的现象，"几部不是被标记为传播史的著作，却是不折不扣的优秀的传播史专著"，如费正清和邓嗣禹的《论清代文件的传送》《清代文件的分类和用途》、吴秀良的《中国的传播与帝国控制：宫廷奏折制度的演变，1693-1735》、杨启樵的《雍正帝及其密折制度研究》、王剑的《明代密疏研究》、孔飞力的《叫魂：1768 年中国妖术大恐慌》等。⑤

涉足传播问题的其他学科学者已越来越多。例如历史学家麦克尼尔父子著的

---

① 尹连根：《审慎对〈庄子〉进行传播学层面的"本土化"——与邵培仁、姚锦云两位老师商榷》，第 161 页。

② 笔者关注到胡易容教授于 2017 年 8 月 17 日在"传播思想史学会"微信群上的讨论，他认为邵、姚文与尹文的分歧在于"传播思想"与"传播学思想"之别。胡老师的意见对笔者启发很大，我借此机会表示感谢！

③ 尹连根：《审慎对〈庄子〉进行传播学层面的"本土化"——与邵培仁、姚锦云两位老师商榷》，第 161—162 页。

④ 吴予敏：《中国传播观念史研究的进路与方法》，《新闻与传播研究》2008 年第 3 期第 37 页。

⑤ 吴予敏：《中国传播观念史研究的进路与方法》，第 36—37 页。

《人类之网：鸟瞰世界历史》，就用了一种传播的视角书写人类历史。"塑造人类历史的，正是这些信息、事物、发明的交换与传播，以及人类对此作出的各种反应。"①另一位学者的论述更让人惊异："孔子相信天向他显示真'道'，他的人生使命便是将这神圣的讯息传递给全人类。""他在思想和行动中也往往表现出，好像沟通天地是他本人的大任所在。""孔子对于商代几位大巫师的记忆，直接或间接地，助长了他想将天'道'传播到人间的强烈使命感。"如果用严格的传播学科视角看，这很像是"牵强附会"之论，其实依然是历史学家的研究——《论天人之际：中国古代思想起源试探》，②作者恰恰用传播（未必是传播学）的语言和视角看待中国思想史。

可见，传播问题不能只依靠"学科边界"来界定，对传播问题的研究也不是传播学科或传播学者的专利。华勒斯坦说："我们不相信有什么智慧能够被垄断，也不相信有什么知识领域是专门保留给拥有特定学位的研究者的。"③与华勒斯坦的"开放社会科学"（open the social sciences）相呼应，彼得斯也主张将传播理论看成一个需要对之反思的"开放领域"。（open field for reflection）④"只有严肃认真地将传播理论作为一个开放领域并对之思考，我们才能发现这个领域还可能是何模样。"⑤李金铨同样认为"问题"比"学科"更重要："你说传播学不是一门独立的学科，没有问题。我在乎的是问的问题好不好，重要不重要，有没有能力解决这个问题。有人称我是媒介社会学家（media sociologist），我欣然接受。我是社会学家，不过研究的是媒介而已。"⑥新闻学与传播学密切相关，舒德森同样反对把新闻学看作一个学科。"一旦'新闻学'变成了一个独立学科，学者们将会满足于仅阅读所谓新闻学或数字新闻学领域的研究成果，甚至只阅读某些小型研究团体或几本新闻学期刊上发表的成果，而忽视了其他学科提供的视角。研究新闻的人应当让自身超脱于狭窄的'新闻学'领域，应当从整个'大学'的科系设置中汲取

①　〔美〕约翰·R.麦克尼尔、威廉·H.麦克尼尔：《人类之网：鸟瞰世界历史》，王晋新译，北京：北京大学出版社，2011年，第4页。
②　余英时：《论天人之际：中国古代思想起源试探》，第143—145页。
③　〔美〕华勒斯坦等：《开放社会科学：重建社会科学报告书》，刘锋译，北京：生活·读书·新知三联书店，1997年，第106页。
④　Peters, John Durham：Speaking into the air：a history of the idea of the communication, Chicago：The University of Chicago Press, 1999, p.36.
⑤　〔美〕约翰·杜翰姆·彼得斯：《对空言说：传播的观念史》，邓建国译，上海：上海译文出版社，2017年，第51页。
⑥　李金铨、张磊：《以历史为经，以世界为纬——中国国际传播研究的想象力》，《国际传播》2016年第1期第53页。

养料。"①

第二节 如何解读庄子传播思想：概念界定和历史语境

　　既然我们不能只靠"学科边界"来界定传播，那么应该如何界定"传播"？尤其是当我们试图以传播的视角考察庄子/《庄子》及其思想时，"传播"意味着什么？克琳娜·库蕾在《古希腊的交流》中说，"交流的概念"不仅是"了解当代社会的关键"，而且"能很好地提供一个分析古代文明的工具"。②但关键是不能直接套用，而要结合历史语境，对现代概念进行修正。"从交流的现代视角出发是不妥的，因为这样的做法要么可能部分地掩盖了古希腊经验的特殊性，要么可能将这种特殊性的方方面面简化地只剩下某一个方面"，"主导思路只能是古希腊社会的特征本身"。③她说的"古希腊的交流"是这样一种状况："话语、文字、人的交换与流通，从一地到另一地，或在同一地内部，如广场那样的公共场所。"④

　　对庄子传播思想研究而言，库蕾最大的启示是必须深究庄子时代的历史语境和社会特征。但她的传播概念未必适合庄子，因为《古希腊的交流》意在描述一种公共性的交流状况，而庄子显然对公共事务不感兴趣。相比之下，彼得斯关于"不同主体间关系"的界定更符合庄子的旨趣。"传播理论和伦理学、政治哲学、社会理论具有同质性，其关注点都是社会组织中'我'与'他'（self and other）、'我'与'我'（self and self）、'近'和'远'（closeness and distance）（Peters，1999：10）的关系。"⑤彼得斯还梳理了人类传播的两种"理想类型"——苏格拉底的"对话"和耶稣的"撒播"，而孔子的"恕"兼具两者："'恕'主要是'撒播'，但亦是'对话'"⑥我们完全可以将彼得斯和库蕾两种思路综合起来考察庄子：一方面重新界定考察庄子思想的"传播"概念，另一方面深入庄子的社会历史语境来理解其思想，而且两方面不可分离。

　　① 〔美〕迈克尔·舒德森：《新闻学不是一个学科——历史、常识祛魅与非中心化》，常江、何仁亿译，《新闻界》2018年第1期第16页。
　　② 〔法〕克琳娜·库蕾：《古希腊的交流》，邓丽丹译，桂林：广西师范大学出版社，2005年，第1页。
　　③ 〔法〕克琳娜·库蕾：《古希腊的交流》，第3页。
　　④ 〔法〕克琳娜·库蕾：《古希腊的交流》，第2页。
　　⑤ 〔美〕彼得斯：《交流的无奈：传播思想史》，何道宽译，北京：华夏出版社，2003年，第8页。
　　⑥ 〔美〕约翰·杜翰姆·彼得斯：《对空言说：传播的观念史》，"中文版序"，第5页。

一、重新界定传播：主体间的关系视角

据彼得斯考证，在 19 世纪 80 年代和 90 年代之前，communication 还没有作为一个"明确的问题"被加以探讨，传播理论作为一个观念出现也不会早于 20 世纪 40 年代。① 既然如此，他为什么还试图与苏格拉底、耶稣等更早的思想家进行传播思想的对话？他在《交流的无奈》（《对空言说》）中这样解释："在本书考察的人物中，几乎没有一个人想到过什么'传播理论'。但是，我们目前所处的位置，使我们能够发现他们的著作里原本并不存在的东西。"②

彼得斯的洞见在于，他将传播界定为各种主体之间的关系。而自古以来，符号和媒介恰恰在这些关系中扮演着重要角色，尤其是现代媒介，较之于鸿雁传书，它们在人与人的沟通问题上实现了重大突破。正如延森所揭示的，"符号的在场使得现实的不在场成为可能"，"媒介的在场不仅使得现实的不在场以及传播者的不在场成为可能，而且使得现实与传播者同时不在场也成为可能"。③ 但彼得斯认为，现代媒介终究没能满足人们对话的愿望，因为对话问题被当成了远距离通讯的问题，后者无法从根本上解决"对话"和"关系"的问题。

黄旦教授曾提出传播的三个层面，颇能与彼得斯的传播概念互通互补。"第一，功能层面上的信息传递过程；第二，关系层面上的意义理解和分享；第三，生存层面上的人类日常交往。"④ 第一是"信息传递"，它在处理不同主体间的关系方面扮演着重要角色，而且越到现代影响力就越大，大众媒介尤其是新媒体的出现更体现其重要性。但"信息传递"不是万能的，不仅彼得斯对此怀疑，凯瑞也曾批判"传播的传递观"，吴尔敦甚至说，"信息不等于传播"。⑤ 第二是"意义理解和分享"，它在处理不同主体间的关系方面比"信息传递"更为深入，而且这一视角尤其适合分析古代社会，甚至包括那些没有文字的人群。人类学就高扬"意义之网"，格尔茨承接马克斯·韦伯，认为"人是悬挂在由他自己编织的意义之网（webs of significance）⑥ 上的动物"。⑦ 编织"意义之网"的工具正是人类创造的符

---

① 〔美〕约翰·杜翰姆·彼得斯：《对空言说：传播的观念史》，第 15 页。

② 〔美〕彼得斯：《交流的无奈：传播思想史》，第 8 页。

③ 〔丹麦〕克劳斯·布鲁恩·延森：《媒介融合：网络传播、大众传播和人际传播的三重维度》，刘君译，上海：复旦大学出版社，2016 年，第 5 页。

④ 黄旦：《问题的"中国"与中国的"问题"——对于中国大陆传播研究"本土化"讨论的思考》，黄旦、沈国麟编，《理论与经验——中国传播研究的问题及路径》，上海：复旦大学出版社，2013 年，第 55 页。

⑤ 〔法〕多米尼克·吴尔敦：《信息不等于传播》，宋嘉宁译，北京：中国传媒大学出版社，2012 年。

⑥ Clifford Geertz: The interpretation of cultures: select ed essays, New York: Basic Books, 1973, p.5.

⑦ 〔美〕克利福德·格尔茨：《文化的解释》，韩莉译，南京：译林出版社，2008 年，第 5 页。

号，正如凯瑞所说的，"我们先是用符号创造了世界，然后又居住在我们所创造的世界里。"①第三是"人类日常交往"，这是最难的，政治和伦理就是两个关键问题。彼得斯说："无论交流（communication）是何意义，从根本上说，它是一个政治问题和伦理问题，而不仅仅是一个语义问题。"②吴尔敦更为激进："传通越来越不是信息的传递，也很难得分享共同的观点，而更多地意味着协商以及最终的共处。"③

将上述传播界定落实到庄子思想，那么"我"与"他"、"我"与"我"、"近"和"远"就颇具解释力，但主要在"意义理解和分享"以及"人类日常交往"层面，"信息传递"层面显得相对次要。如果说《齐物论》中的"吾丧我"指向了"自我"与"自我"之间的关系问题，那么《大宗师》中的"相视而笑，莫逆于心，遂相与为友"，《德充符》中的"吾与孔丘，非君臣也，德友而已"，《逍遥游》中的大鹏与斥鴳，就指向了"自我"与"他者"、"亲密"和"疏远"之间的关系问题。杨国荣提出了庄子"难以回避"的问题："不同主体之间的交往、理解、沟通是否可能以及如何可能？"④一方面，在庄子与惠子的"濠梁之辩"（《秋水》）中，庄子知"鱼"之乐隐喻了"知他人之心"的可能性，涉及"社会领域中人与人之间的交往、理解、沟通过程"；⑤另一方面，大鹏与斥鴳之间难以沟通的例子（《逍遥游》）又意味着，"存在境遇"影响不同主体之间"彼此理解和沟通"的现实问题。⑥这恰恰可以跟彼得斯对话："我们如何解决自我与他人、私人与公共、内心思想与外在词语之间的分裂所引起的痛苦？'交流'是这个问题的显著答案。"⑦

不过，若要进一步落实到具体的历史语境，则尚缺一对重要的主体——"人"与"神"，以及重要的层面——"天人沟通（神人沟通）"。在先秦时代，作为神灵的"上帝""天""帝"是极为重要的"意义之网"，天人关系甚至决定着人与人的关系。在殷商乃至更早时代人的观念中，人间一切事物都由一个至上神"上帝"掌管，因而做什么事都得询问他。殷墟数万片甲骨上的卜辞，就是殷王室卜问上帝的记录。⑧天人沟通正是中国古代重要的传播问题："通过祭祀过程，利用祭品达到世人和天地鬼神沟通的目的。没有进入中国历史语境的虚心和求实，我们不可能真正了解中国历史上的传播观念。"⑨值得注意的是，孔子"不语怪、力、乱、

① 〔美〕詹姆斯·W.凯瑞：《作为文化的传播》，丁未译，北京：华夏出版社，2005年，第17页。
② 〔美〕彼得斯：《交流的无奈：传播思想史》，第25页。
③ 〔法〕多米尼克·吴尔敦：《信息不等于传播》，第58页。
④ 杨国荣：《庄子的思想世界》，北京：北京大学出版社，2006年，第143页。
⑤ 杨国荣：《庄子的思想世界》，第147页。
⑥ 杨国荣：《庄子的思想世界》，第148页。
⑦ 〔美〕约翰·杜翰姆·彼得斯：《对空言说：传播的观念史》，第3页。
⑧ 郭沫若：《青铜时代》，北京：科学出版社，1957年，第2页。
⑨ 吴予敏：《中国传播观念史研究的进路与方法》，第38页。

神"（《论语·述而》），"敬鬼神而远之"（《论语·雍也》），庄子则大讲鬼神和神话，因而研究庄子就很难回避人神关系。

这对缺少的主体关系可以由宗教哲学家马丁·布伯来弥补。如果说彼得斯贡献了"我与他""我与我""近和远"，那么马丁·布伯贡献了"我与你"（以及"我与它"）。在布伯看来，人与人的"我与你"关系源自人与上帝的"我与你"关系。"在人与上帝的关系和人与人的关系之间存在密不可分的联系。"① 所谓"我与你"即"相遇"："凡真实的人生皆是相遇。"（布伯，1983/2015：14）"没有任何概念体系、天赋良知、梦幻想象横亘在'我'与'你'之间"，"没有任何目的意图、觊望欲求、先知预见横亘在'我'与'你'之间"。（布伯，1983/2015：15）也就是说，"相遇"是一种没有中介的关系。"仅在中介坍塌崩毁之处，相遇始会出现。"（布伯，1983/2015：15）

布伯像极了庄子。一方面，布伯用人与上帝的"我与你"关系来规定人与人的"我与你"关系，而庄子则用"人与道"的关系来规定人与人的关系，而后者其实是对巫师处理"人与神"关系的扬弃和超越。换言之，只有得"道"者之间才可以自由地沟通与交往。否则就如《逍遥游》中的蜩与学鸠，它们根本无法与得道的大鹏对话。另一方面，真正的人与人关系正如"相遇"，甚至无须过多言语，而是"相视而笑，莫逆于心，遂相与为友。"（《大宗师》）

对庄子来说，人与道的关系决定了人与人的关系，得道者便能自由沟通／交往，体现为"去小我，成大我"和"齐万物，通人我"。所谓"去小我，成大我"，即"丧小我、忘小我，而成就大我"，② 是去除主观性、高扬主体性；所谓"齐万物，通人我"，③ 是达到"忘我、臻于万物一体的境界"，④ 即物我两忘、道通为一。换言之，以虚己之心接收大道（唯道集虚、虚而待物），以得道之心自由交往（莫逆于心、相与为友）。"心斋""坐忘"便是得道的两种路径，但路径毕竟是手段，不是目的。尹老师只从外在的手段去判断"心斋""坐忘"，却没有从内在的"求道"目的去理解庄子，更没有从"人与道"关系的视角来思考人与人的关系，当然会得出"心斋""坐忘"与传播（主体间关系）无涉的结论，甚至认为"充其量也只

---

①　〔奥地利〕马丁·布伯：《我与你》，陈维纲译，北京：商务印书馆，2015年，第112页。

②　方东美：《原始儒家道家哲学》，台北：黎明文化事业股份有限公司，2004年，第321—326页。

③　劳思光：《新编中国哲学史（一）》，北京：生活·读书·新知三联书店，2015年，第196—197页。

④　陈鼓应：《庄子今注今译》，北京：商务印书馆，2012年，第45页。

能谓之自我的交流"。①

二、庄子的传播世界：从天人之际到主体之间

要看清庄子关心的问题，就需要将庄子个人与当时的社会、历史结合起来，并寻求三者的聚焦，这正是对米尔斯"社会学想象力"的运用。庄子思想的形成，自有其个人的天赋、旨趣等原因（个人），但离不开战国社会的大环境（社会结构），也离不开从西周到春秋再到战国时期的社会转型过程（历史）。首先，庄子个人的生活经历可被看作是"人生与历史在社会中的相互交织的细小节点"（米尔斯，2000/2017：7）；其次，庄子生活于其间的战国社会则可被看作是一个有结构的整体，它由各个相互关联的要素组成，正是这些要素的相互作用，导致了社会整体的维系或变迁；再次，庄子所处的战国社会是先秦历史序列中的一环，它既不同于过去、又来自过去，既不能决定未来、又形塑未来，这体现了"历史的转型力量"（米尔斯，2000/2017：8）。个人、社会与历史，在李金铨看来就是"点—线—面"："点"即个人的人生（biography），"面"即历史和社会构成的时空脉络，"线"即个人人生与历史在社会中的关联，而最主要目的即考察"'原动体'（agency）和结构（structure）之间是如何交涉（negotiate）的"。②

（一）庄子的现实世界：从战国纷争、百家争鸣到个人旨趣

作为"原动体"的庄子与作为"结构"的战国社会的交涉，体现为庄子的现实世界与理想世界之间的关系。正如刘笑敢所说："庄子哲学中存在着两个对立的世界，一个是现实世界，一个是精神世界，所谓精神世界也就是理想世界，理想与现实的对立是庄子哲学中诸矛盾产生的基本原因。"③

庄子的现实世界是纷乱的战国社会，"天下无道""礼崩乐坏"，自春秋以来愈演愈烈。不仅诸侯之间战争频发，诸侯国内部统治者对底层人民的倾轧也极为残酷。庄子如此描述这个现实世界："方今之时，仅免刑焉。"（《人间世》）用刘笑敢的话说："现实中有一种异己的不以人的意志为转移的必然性力量"，"一切都是无可奈何的客观必然性"，"社会生活中不自由"。④庄子用了三个"不得已"来表达对现实的失望和无奈："入则鸣，不入则止。无门无毒，一宅而寓于不得已"；"为人臣子者，固有所不得已"；"托不得已以养中"。庄子现实世界的"不得已"至少

---

① 尹连根：《审慎对〈庄子〉进行传播学层面的"本土化"——与邵培仁、姚锦云两位老师商榷》，第 164 页。

② 李金铨：《记者与时代相遇：以萧乾、陆铿、刘宾雁为个案》，李金铨编：《报人报国》，香港：香港中文大学出版社，2013 年，第 407 页。

③ 刘笑敢：《庄子哲学及其演变》（修订版），北京：中国人民大学出版社，2010 年，第 195 页。

④ 刘笑敢：《庄子哲学及其演变》（修订版），第 196—197 页。

有三个层面，一是"终极"的不得已，二是"人与人关系"的不得已，三是沟通/交往的不得已。在庄子看来，"臣之事君"是"无所逃于天地之间"（《人间世》）的，这是人与人关系的不得已；而处理这样不平等的主体间的关系，显然又有一种沟通/交往的不得已。"凡交，近则必相靡以信，远则必忠之以言，言必或传之。夫传两喜两怒之言，天下之难者也。"（《人间世》）《人间世》故事里的颜回欲谏卫君，孔子多次否定，原因不在于用何种沟通（谏）的方法，而需要首先看清充满"不得已"的"人间世"，包括人与人关系的不得已和沟通/交往的不得已。"传播多有不如意之时"①正是在这个意义上说的，但由于当时没有详述"传播"的具体内涵，因而尹老师有所误解。

尽管个体的行动取舍受到社会环境（结构）的影响，但同样的社会环境未必会造就思想相同的个体。庄子既不是如春秋时的孔子般"知其不可而为之"（《论语·宪问》），也不是如同时代的孟子般"舍我其谁"（《孟子·公孙丑下》），或者惠施般"以坚白之昧终"（《齐物论》）。庄子是"托不得已以养中""知其不可奈何而安之若命"（《人间世》）他用了一个隐喻来描述同时代的其他人："卑身而伏，以候敖者；东西跳梁，不避高下；中于机辟，死于罔罟。"（《逍遥游》）尽管他未必指孟子和惠子，但同时代的"卑身而伏""东西跳梁"者的确不在少数，庄子不想做这样的人。庄子既不想"入世"与百家争鸣，也不同于那些"出世""避世"的隐士，他只想"游世"，这正是庄子个人生活与当时社会结构的聚焦。韩林合说得颇妙："虚己以游世。"②可见，庄子与现实保持了极大距离，但又没有完全退出。那么庄子的理想又是什么？如何实现？这就需要涉及个人与历史的聚焦，特别是观念的历史。

（二）庄子的理想世界：从旧"绝地天通"到新"天人沟通"

从现实世界到理想世界是有具体路径的，而达到了"心斋""坐忘""见独"的境界，就实现了"与道为一、与天地万物为一的精神自由"，这就是庄子的理想世界——"个人的主观的纯精神世界"。③但要理解庄子理想世界的具体内涵，还需要将庄子置于整个先秦观念史的序列中才能看清楚。

先秦"天人之际"的观念剧变是当时重要的历史现实。对照前述殷商王室频繁的占卜行为，很容易理解"绝地天通"的神话故事。"绝地天通"最早见于《尚书·吕刑》，详见于《国语·楚语下》。"古者民神不杂。……及少昊之衰也，九黎乱德，民神杂糅，不可方物。夫人作享，家为巫史，无有要质。……颛顼受之，

---

① 邵培仁、姚锦云：《传播受体论：庄子、慧能与王阳明的"接受主体性"》，第8页。
② 韩林合：《虚己以游世：〈庄子〉哲学研究》，北京：北京大学出版社，2006年。
③ 刘笑敢：《庄子哲学及其演变》（修订版），第197页。

乃命南正重司天以属神，命火正黎司地以属民，使复旧常，无相侵渎，是谓绝地天通。"这个神话是说，人人都"与天沟通"导致了天下大乱，只有（地上人王）指派专人（巫师）负责"天人沟通"事宜，才能天下太平。"绝地天通"并非完全杜绝"天人沟通"，而是把沟通渠道"收回"，只有地上人王指定的巫师才能掌控。现代考古学已经证明，"绝地天通"不是神话。苏秉琦认为良渚文化就是"绝地天通"的颛顼时代，"玉琮是专用的祭天礼器，设计的样子是天人交流"，而且琮的制作不断加层加高加大，反映对琮的使用趋向垄断，"对天说话，与天交流已成最高礼仪，只有一人，天字一号人物才能有此权利，这就如同明朝在北京天坛举行祭天仪式是皇帝一人的事一样。这与传说中颛顼的'绝地天通'是一致的"（苏秉琦，2013：110—111）。张光直也认为玉琮是巫师的通天礼器，玉琮时代正是"巫政结合""亦即《国语·楚语》所说帝颛顼令重黎二神绝地天通的时代"。[1]

余英时在雅斯贝斯"轴心突破"说的启发下，[2]从一种新的视角来看待"绝地天通"，即中国的"轴心突破"正是针对"绝地天通"而发。他在《论天人之际》中提出：一方面，"绝地天通"神话折射出"中国远古王权对于巫术的政治操纵"。[3]"当圣王颛顼借切断天、地交通以终止'民神杂糅'的局面后，一般庶民不再被允许和天直接交通，与天交通成为君王的专属特权。君王本人或其指派的高阶祭司透过掌控种种巫术技巧，独占了与上帝及其他神祇的交通。"[4]另一方面，孔子以及此后庄子、孟子的时代，上演了中国的"轴心突破"，即个人在观念上"取得了与'天'直接沟通的自由"。[5]最终的结果是，先秦诸子突破了"天人沟通"渠道被地上人王及其巫师垄断的现状（即"绝地天通"），建构了另一条通天的"密道"——人心。"'心'取代'巫'的中介功能，如'心''道'合一的构想取代人、神沟通的信仰。"[6]由于人心可以直接通天的观念逐渐流行，巫师再也无法垄断与天沟通的渠道，巫师体系逐渐衰亡。在儒家，体现为以仁为中心的道德体系，强调内心至"诚"，便可以与天沟通；在道家，体现为内心排除一切杂质，回归自然状

———
　　① 张光直：《谈"琮"及其在中国古史上的意义》，文物出版社编辑部编：《文物与考古论集》，北京：文物出版社，1986年，第252—260页。
　　② 雅斯贝斯提出"轴心时代"（Axial Period）说，指公元前第一个千年中，世界上三个地区（中国、印度和西方）同时发生了精神的突破，其影响一直延续到今天。中国出现了孔子、老子、墨子、庄子、列子和诸子百家，印度出现了《奥义书》和佛陀，伊朗和巴勒斯坦的先知也纷纷涌现，希腊出现了巴门尼德、赫拉克利特、柏拉图、修昔底德和阿基米德。参见〔德〕卡尔·雅斯贝斯：《历史的起源与目标》，魏楚雄、俞新天译，北京：华夏出版社，1989年，第8页。
　　③ 余英时：《论天人之际：中国古代思想起源试探》，第154页。
　　④ 余英时：《论天人之际：中国古代思想起源试探》，第68页。
　　⑤ 余英时：《论天人之际：中国古代思想起源试探》，第113页。
　　⑥ 余英时：《论天人之际：中国古代思想起源试探》，第178页。

态，就可以与天沟通。体现在庄子身上，只要达到了"心斋""坐忘"的空明境界，就能够接收"道"。庄子的"心斋"即是通过"心对于'气'的操纵与运用取代了以前巫与鬼神沟通的法力"。①

当庄子的个人与社会历史交涉，就出现了庄子独特的问题意识和思想追求——他无法也无意改造"天下无道"的现实世界，却有意改造"绝地天通"的观念世界。一方面，"托不得已以养中""知其不可奈何而安之若命"（《人间世》）；另一方面，又认为得道的人，可以胜过曾经辉煌的巫师，《应帝王》中就有"神巫季咸不敌壶子"的例子。正如余英时所说："庄子对于长期独占着与天交通的巫师权威，颇有一番争胜负的意识。"②需要注意的是，庄子的与天沟通不同于巫师的天人沟通，因为庄子是"心道合一"，巫师则是"人神合一"，前者是对后者的扬弃与超越。但两者又非常相似，都要处理天人关系，庄子甚至还继承了巫师的某些部分。

可见，如果深入庄子时代的历史社会语境和观念现实，去理解庄子的"独与天地精神往来"（《天下》），那么不仅能够"同情地理解"，而且能发现新的传播观念，提出新的传播问题。

（三）庄子的交往世界：从天人之际到庄惠之交

既然庄子不满现实世界，并在观念上构筑了一个理想世界，那么是否意味着他除了关心"天人沟通"之外，对现实世界中的传播（沟通／交往）无动于衷？其实并非如此。"回归'道'的人仍是一个普通人，需要与人交往，需要日常工作，并不是一个不食人间烟火的幻想家。"③只要庄子食人间烟火，他就必然涉及传播（沟通／交往）问题。从庄子内篇文本的词频分布来看，庄子思想的重心是天人关系和"吾我"关系，而人是最重要的。④尽管资料很有限，但沟通／交往是庄子／《庄子》思考的重要问题却是无疑的。如果说《逍遥游》中大鹏对诸虫之言隐喻着得道者与非得道者之间"交流的无奈"，那么《大宗师》中的四人"相视而笑、相与为友"则寄托了庄子对得道者之间自由沟通／交往的理想。

庄子与惠子的交往是最值得细细品味的。惠施在《庄子》中总以辩论的方式

---

① 余英时：《论天人之际：中国古代思想起源试探》，第124—125页。
② 余英时：《论天人之际：中国古代思想起源试探》，第125页。
③ 颜世安：《论庄子思想中"道"与"行"的关系》，《中国哲学史》2000年第1期第57页。
④ 在庄子内七篇近17000字的文本中，频次排名前五的核心概念是"人"（228）、"知"（158）、"吾"（106）、"天"（92）和"我"（70）。第一是"人"（228），即使除去圣人（28）、真人（9）、至人（8）和神人（3），"人"的频次（180）依然高居第一。第二是"知"（158），可见庄子对"知"的重视；排名第三的"吾"（106）和第五的"我"（70）或许体现出"吾与我"关系的重要性（集中体现于《齐物论》中的"吾丧我"）；第四是天（92），原本高达120次，但有28次指"天下"。本次频数分析工具为"爱汉语-语料库在线"http：//www.aihanyu.org/cncorpus/Cps Tongji.aspx。庄子内篇文本来源为"中国哲学书电子化计划"https：// ctext.org/ zhuangzi/zhs。

出场，但辩论是因为道理不合，庄子并未因此与他交恶。闻一多说，惠施是庄周"最接近的朋友"，也是庄周"最大的仇敌"。①惠子总要跟庄子辩论甚至说庄子无用，这看起来像"最大的仇敌"，但庄子依然愿意跟他交谈、一起出游，惠子死后庄子还为之抱憾，可以算是"最接近的朋友"。据《徐无鬼》篇载，惠施死后，庄子过其墓，对从者讲了一个郢人与匠石的故事。郢人鼻子上有薄薄的一点脏东西，匠石操起大斧头，轻松地削去了，郢人也不害怕，鼻子也未受伤。匠石虽有此技，但郢人死了，匠石却无法用之于他人，可见两人之间有一种默契。惠子死了，庄子深以为憾，"自夫子之死也，吾无以为质矣，吾无与言之矣"（《徐无鬼》）。黄克剑认为："惠施与庄周是学术史上难得一见的诤友。"②钱穆说得更形象，庄惠二人"虽是谈得来，却是谈不拢。"③

总之，庄惠之交的"经典性"在于：惠子不是庄子眼中的得道者，但更不是斥鴳、蜩和学鸠之辈；庄子既倾向于得道之人"莫逆于心、相与为友"，却又不像孔子"道不同不相为谋"（《论语·卫灵公》），这是一种充满张力的交往"理想类型"。限于篇幅，只能点到为止。

第三节　"接受主体性"是不是"生造"的：从概念化到"释义符"的解释

关于"接受主体性"概念，尹老师认为"多少有生造之嫌，因为它不过乃'接受者的主体性'的简化而已"，不仅在《庄子》中找不到，英文 receiving subjectivity 在"在主要英文文献数据库中也难觅踪影"。④

但建构概念（或概念化）和生造概念是两回事。如果说普通人用日常语言解释世界，那么学术研究者用概念语言解释世界。概念化的目的是通过抽象方式来串联、解释各种现象或材料。"没有概念化的工作，材料就像羽毛乱飞，整合不起来。"（李金铨，2017：210）尤其是面向古代的研究，"为了尽量反映事实，我们不得不用自己的术语来取代古代的语言，这种术语即使不是我们发明

---

① 闻一多：《闻一多全集》（二），北京：生活·读书·新知三联书店，1982年，第278页。
② 黄克剑：《名家琦辞疏解——惠施公孙龙研究》，北京：中华书局，2010年，第45页。
③ 钱穆：《庄老通辨》，北京：九州出版社，2011年，第7页。
④ 尹连根：《审慎对〈庄子〉进行传播学层面的"本土化"——与邵培仁、姚锦云两位老师商榷》，第158页。

的，也至少经过我们的修正"。① 概念化过程如吉登斯所说的"双重解释"（double hermeneutic）：② 首先要像研究对象理解自身那样理解他们，然后用具备足够抽象度的概念揭示更为深层的联系。③ 格尔茨关于解释科学的"双重任务"也可与吉登斯互通：一方面揭示研究对象中"所说过的"，另一方面需要"建构一个分析系统""提供一套词汇"，使"所要说的"得以表达出来。④

　　由于庄子（以及慧能与王阳明）都体现出在接受意义时的主体性，我们很难在西方传播思想脉络中找到对等的概念来解释，因而建构了"接受主体性"概念，当然无法在西方文献中找到。也许我们习惯了借用旧概念，却不习惯建构新概念，其实两者皆可，主要依据实际需要而定。例如，黄光国建构"华人关系主义"理论，既借用了旧概念，也建构了新概念，即将本土观念"人情、面子"发展为概念，意在更好地解释"中国人的权力游戏"。⑤ "接受主体性"也类似，除了引入"主体性"的旧概念（并加以修正），还需要将"接受"的日常观念发展为新概念，两者结合就是"接受主体性"新概念。

　　从传播视角看，"接受主体性"概念相当于连接"客体"与"符号"的"释义符"。在皮尔斯看来，传播不仅仅是"能指—所指"的二元关系，更是"客体—符号—释义符（解释符号的符号）"的三角关系。换言之，符号的使用包括了解释的过程，即对符号的解释产生了一个"解释项"或"释义符"（inter pretant）。⑥ 对面向古代的研究来说，"释义符"意味着我们很难直接用"能指"意指"所指"，却可以用"释义符"间接地解释"能指"（古语）背后的"所指"（古义），从而实现古今对话。威廉斯说得颇妙："传统不是过去，而是对过去的一种解释。"⑦ 用人类学的话说，这是对析解进行析解（explicating explications）（Geertz, 1973：9）"。⑧ 凯瑞也认为，传播的文化研究是对"解释做出阐释"（interpret the

　　① 〔法〕马克·布洛赫：《为历史学辩护》，张和声、程郁译，北京：中国人民大学出版社，2006年，135页。
　　② 〔英〕安东尼·吉登斯：《社会学方法的新规则——一种对解释社会学的建设性批判》，田佑中等译，北京：社会科学文献出版社，2003年，第50页。
　　③ 〔英〕安东尼·吉登斯：《社会学方法的新规则——一种对解释社会学的建设性批判》，第65—75页。
　　④ 〔美〕克利福德·格尔茨：《文化的解释》，第35页。
　　⑤ 杨国枢、黄光国等：《华人本土心理学》（上册），重庆：重庆大学出版社，2008年，第214—220页。
　　⑥ 〔美〕约翰·费斯克：《传播研究导论：过程与符号》（第二版），许静译，北京：北京大学出版社，2008年，第36页。
　　⑦ 〔英〕雷蒙·威廉斯：《现代悲剧》，丁尔苏译，南京：译林出版社，2007年，第7页。
　　⑧ 〔美〕克利福德·格尔茨：《文化的解释》，第11页。

interpretations）。①

　　尽管邵、姚文没有详细阐释"接受主体性"概念的含义，但有着坚实的根据。首先，与天"沟通"的占卜就是体现"接受主体性"的活动，尤其在解读灼烧裂纹时。其次，中国古代文人雅士的"观""味""知"观念意味着，他们接收信息/意义甚至"言外之意"是非常积极主动的。第三，这种观念传统也在庄子、慧能和王阳明思想中实现了会通。为了说明这一显要的观念传统，建构"接受主体性"概念不仅很有必要，而且具备相当的解释力。②

第四节　什么是"接受主体性"："施受同辞"与"虚己待道"

　　解决了"接受主体性"是不是生造的问题，还需要解决"接受"与"主体性"两个组合概念是否矛盾的问题。③一般认为，"传递"应该是主动的，"接受"似乎是被动的，而将"接受"与"主体性"结合是很奇怪的；认为中国古人注重主体性没有问题，但说"接受主体性"就要打上问号。但这不是笔者的突发奇想，而是描述深厚历史传统的"释义符"。

　　首先是"主体性"。蒙培元认为，中国哲学思维方式中最重要的内容就是"主体思维"，"十分强调人的主体性"。④劳思光明确提出庄子的"主体性"（subjectivity），认为庄子有一颗"表现主体自由"的"心灵"，⑤"自我之主体性与主宰性，与对象界相照而显出，此即由'objectivity'反显（subjectivity）"。⑥这种主体性思维的产生经历了长期发展的过程，而庄子所处的战国时代出现了"结构性"突破，体现为战国时期"心"字旁字的剧增。有研究发现，甲骨文中以"心"为形符的字只有16个，战国之前金文系统中的"心部字"也只有25个，但在战国楚系简帛文献中，以"心"为形符的不重复单字增加到了154个。⑦"心"与主体性特别是天人沟通中主体性的关联，孟子说得最明白。"尽其心者，知其性也。知其性，则知天矣。"（《孟子·尽心上》）

---

　　① 〔美〕詹姆斯·W.凯瑞：《作为文化的传播》，第42页。
　　② 邵培仁、姚锦云：《传播受体论：庄子、慧能与王阳明的"接受主体性"》，第1—26页。
　　③ 笔者在"2017中国传播学论坛"进行论文交流时，点评人董天策教授提出："接受"与"主体性"有没有矛盾？如何解决？我非常感谢董老师提出的宝贵意见和建议。
　　④ 蒙培元：《中国哲学主体思维》，北京：东方出版社，1993年，第1—2页。
　　⑤ 劳思光：《新编中国哲学史（一）》，第214页。
　　⑥ 劳思光：《新编中国哲学史（一）》，第195页。
　　⑦ 雷黎明：《楚系简帛"心部字族"与先民的思维观念意识》，《理论月刊》2017年第5期第59页。

对庄子来说，"主体性"不仅体现于"心斋"，也体现于"真宰""真君"，而人们在"真宰"的解释上尤其聚讼不已。尹老师援引郭象、成玄英、林希逸、王叔岷的注解，均不认为"真宰"是内在于心的"精神主宰"，而是外在的"造物者"或"道"。① 但这仅仅是一家之言，解释史上还有不同主张，例如傅伟勋、沈清松和陈鼓应，尹老师却没有提及（陈鼓应注庄子是很普及的本子）。傅伟勋起初也将"真宰"与"造物者"并列，② 但沈清松不同意，并专门就"真宰"问题与傅伟勋展开讨论："齐物论中所言及之'真宰'、'真君'必须与'造物者'区别开来。真宰、真君近似胡塞尔所谓'先验自我'（transcend entale go），乃一切经验构成之动力与起点，不同于所谓'造物者'。"③ 傅伟勋仔细分析各家注释，最终承认"造物者"与"真宰"（"真君"）有别，认为各家解为"造物""自然"或"道"皆误，沈清松与陈鼓应所说（即真心、心的主宰，亦即真我）较为可取。④

其次是"接受主体性"。"接受"如何与"主体性"共存？这或许就是"中国特色"，一项最典型的观念史证据即"施受同辞"。许慎《说文》："受，相付也。从受，舟省声。""受"的甲骨文写作，金文写作隶书写作。裘锡圭说："'授''受'二词本来都由'受'字表示。字形表示'舟'的授受，上面的手形代表授者，下面的手形代表受者。"⑤ 徐中舒则认为"从受从，本应为舟，即承盘，祭享时用盛器物，从受表示二人以手奉承盘相授受。后读为舟"。⑥ 赵诚认为，之所以取"二人以手奉承盘相授受"之义，是因为"受"字经常出现于作为占卜记录的卜辞中，经常有"帝受我"的用法，如"用作福佑之佑。帝受我又即帝授我佑"。⑦ 换言之，"受"的意义有两重，"对主动者而言是授予、付与；而对于被动者来说则为领受、接受。"⑧ "'受'可以表示'授予'也可以表示'接受'，一个行为过程的两面在同一个词语中体现，是典型的施受同辞。"⑨

"接受主体性"体现在庄子身上，就是主动"受"道，即"虚己待道"，"心斋"便是方法之一。"'心斋'意味着，心应当排却一切杂质，而让清气充盈期间，唯

---

① 尹连根：《审慎对〈庄子〉进行传播学层面的"本土化"——与邵培仁、姚锦云两位老师商榷》，第 165 页。

② 傅伟勋：《从西方哲学到禅佛教》，北京：生活·读书·新知三联书店，1989 年，第 395 页。

③ 傅伟勋：《从西方哲学到禅佛教》，第 414 页。

④ 傅伟勋：《从西方哲学到禅佛教》，第 415 页。

⑤ 裘锡圭：《文字学概要》（修订本），北京：商务印书馆，2013 年，第 126 页。

⑥ 徐中舒：《甲骨文字典》，成都：四川辞书出版社，2014 年，第 456—457 页。

⑦ 赵诚：《甲骨文简明词典——卜辞分类读本》，北京：中华书局，2009 年，第 334 页。

⑧ 郭旭东：《甲骨文中的求年、受年卜辞》，《农业考古》2006 年第 1 期第 109 页。

⑨ 徐红：《甲骨文中的给予动词研究》，《古籍整理研究学刊》2017 年第 6 期第 20 页。

有如此,'道'才能积聚于此。"① 换言之,"心斋"需要极大的主体性,而非被动的等待。在《人间世》中,庄子假托孔子告诉弟子颜回一种求道的方法——"斋",但孔子认为不饮酒、不吃荤是"祭祀之斋",而非"心斋"。何为"心斋"?"若一志,无听之以耳而听之以心,无听之以心而听之以气。听止于耳,心止于符。气也者,虚而待物者也。唯道集虚。虚者,心斋也。"

尽管"心斋"不同于"祭祀之斋",却又脱胎于"祭祀之斋"。"祭祀之斋"既涉及一种宗教性的神秘体验,更涉及战国时代的一项基本制度——每月定期斋戒,它是祭祀前的准备活动,即为"与神灵交通"做好准备。② 《荀子·礼论》:"卜筮视日、斋戒、修涂、几筵、馈荐、告祝,如或飨之。"这形象地描绘了祭祀前的一系列程序,当然对祭祀者来说,非常重要的就是"如或飨之",正如"祭如在,祭神如神在"(《论语·八佾》)。《左传·隐公十一年》:"公祭锺巫,齐于社圃。""斋"在先秦文献中与"齐"通用。杨伯峻注:"齐同斋。古人祭祀前,先斋戒。"③ 《孟子·离娄下》:"虽有恶人,齐戒沐浴,则可以祀上帝。"《礼记·曲礼上》:"齐戒以告鬼神。"刘笑敢为了避免出现今人理解不了的怪词"齐戒",在庄子研究中直接将"齐戒"引作"斋戒"。④

《礼记·祭统》很好地说明了祭祀与斋(齐)戒中的主体性:"及时将祭,君子乃齐……及其将齐也,防其邪物,讫其嗜欲,耳不听乐。故记曰:'齐者不乐',言不敢散其志也。心不苟虑,必依于道;手足不苟动,必依于礼。是故君子之齐也,专致其精明之德也。……齐者精明之至也,然后可以交于神明也。""讫其嗜欲""不敢散其志""心不苟虑""精明之至"意味着,斋(齐)戒是一种需要极度主体性的活动。如果我们承认《礼记·祭统》对先秦祭祀传统的记录可靠,那么从"祭祀之斋"到"心斋",庄子兼有传承、扬弃和创新。两者都需要极大的主体性努力:"心不苟虑""交于神明"(祭祀之斋)变成了"虚而待物""唯道集虚"(心斋),天人沟通的对象由鬼神变成了"道","精明之至"的状态变成了"空灵明觉"的"听之以气"的境界——"心灵活动到达极纯精的境地"。⑤

综上所述,对庄子/《庄子》而言,传播意味着不同主体间的关系,包括"我与我""我与你""我与他"和"近与远",主要体现在"意义理解和分享"以及"人类日常交往"两个层面。战国时代的庄子将"人与神"的关系改造为"人与

---

① 余英时:《论天人之际:中国古代思想起源试探》,第124页。
② 王承文:《古代国家祭祀与汉唐道教"八节斋"渊源论考(上)——兼对吕鹏志博士一系列质疑的答复》,《宗教学研究》2016年第2期第8页。
③ 杨伯峻:《春秋左传注(修订本)》,北京:中华书局,2009年,第79—80页。
④ 刘笑敢:《庄子哲学及其演变》(修订版),第21页。
⑤ 陈鼓应:《庄子今注今译》,第140页。

道"的关系,后者又决定着人与人的关系。庄子有着现实世界和理想世界的张力,其理想体现为突破巫师中介的"绝地天通",实现"心道合一"的新"天人沟通"。但庄子并未从现实世界完全退出,而是以"游世"的态度,保留了对人间沟通 / 交往的关切,庄惠之交便是一种交往的"理想类型"。庄子的核心传播思想可以用"接受主体性"概念表示,这是一种中国特色的传播观,有着"施受同辞"的文字学证据和渊源,经过了庄子从"祭祀之斋"到"心斋"的改造。它体现为"去小我,成大我"(去除主观性、高扬主体性)和"齐万物,通人我"(物我两忘、道通为一)。简言之,以虚己之心接收大道(唯道集虚、虚而待物),以得道之心自由交往(莫逆于心、相与为友)。在这个意义上,人与道的关系决定了人与人的关系,得道者便能自由沟通 / 交往,但又不同于孔子的"道不同不相为谋"。

尹连根教授之所以断言"庄子没有传播思想",是因为界定传播概念时过度强调了学科边界,但传播问题不能完全等同于"传播学科的问题"。尹老师说的"生造概念""硬贴标签"是对概念化的误解,"接受主体性"是根据实际需要建构的新概念,不仅有坚实的依据,而且具备相当的解释力。尹老师说的"误读庄子",其实是将一家之言当成了唯一解读标准,忽视了庄子解释史上的其他注解。但笔者赞同尹老师的"审慎"主张和文后的四个建议,并感谢他促成了本次学术对话。

(作者简介:姚锦云,暨南大学新闻与传播学院讲师,浙江大学新闻传播学博士。本文系 2018 年广东省高等教育教学改革项目"中华优秀传统文化融入专业课教学的研究与实践:以'传播学'课程为例"的成果之一。)

第十五章 "吾丧我"：内向传播思想的庄子式表达

内向传播是人处理自我身心关系、自我与社会关系、自我与他者关系而存在的一种内在心灵活动，这样的心理过程是实现自我心灵健康和心灵升华的需要，更是人际和谐与社会和谐的内在需要。《庄子·齐物论》提出的"吾丧我"命题，直接深刻地展示了庄子学派对内向传播问题的独特思考与表述，即"我"是现实中被物论所遮蔽的自我（小我、俗我、识神），而"吾"则是人本来面目的本我（大我、道我、元神），"吾丧我"的含义正是人通过修炼（隐机）而消除后天形成的自我观念对自然本性的遮蔽，使个体心灵复归"以明""葆光""天府"之境，从而以"丧我"之真返大道之真，使自我获得永恒的自由逍遥。

深圳大学的尹连根教授在《国际新闻界》2017年第5期上发表的《审慎对〈庄子〉进行传播学层面的"本土化"》一文中的注释3中这样看待"内向传播"：

的确有学者将"内向传播"的标签贴于道家（仝冠军，2005，2014）。不过，如果这样说，那么诸子百家所论都可以说是内向传播了；像孔子，他那么强调人的自省，"吾日三省吾身"，他应该算是最强调内向传播的了。更何况，如余英时（1992：40）所言，"中国人由于深信价值之源内在于人心，对于自我的解剖曾形成了一个长远而深厚的传统：上起孔、孟、老、庄，中经禅宗，下迄宋明理学，都是以自我的认识和控制为努力的主要目的"，那么我国文化传统岂不都可以称之为"内向传播"了？换言之，内向传播不足以构成道家的独特性和质的规定性。

从尹教授的行文来看，他显然是认为称道家有"内向传播"思想就是给道家"贴标签"。如果按这种逻辑，那么中西文化恐怕就没法对话了。"内向传播"理论故然是西方学者首先提出来的，但不等于中国乃至其他国家或文明形态中就没有用他们的话语表达的"内向传播"思想。笔者以为，中国儒家的慎独式的内省传统、修身成圣的传统以及道家的"吾丧我""庄周梦蝶"和"见独"的思想就显然具有强烈的"内向传播"意蕴，而且笔者也就此撰写了系列文章，即将由厦门大学出版社以《华夏自我传播的理论建构》结集出版，其中就包括本章以"吾丧我"命题入手，探讨庄子的内向传播智慧，以回应尹教授的质疑，敬请关注。我的观点是很明确：《庄子》书中的"吾丧我"命题就是内向传播思想庄子式表达。

内向传播是人处理自我身心关系、自我与社会关系、自我与他者关系而存在的一种内在心灵活动，这样的心理过程是实现自我心灵健康和心灵升华的需要，更是人际和谐与社会和谐的内在需要。《庄子·齐物论》提出的"吾丧我"命题，直接深刻地展示了庄子学派对内向传播问题的独特思考与表述，即"我"是现实中被物论所遮蔽的自我（小我、俗我、识神），而"吾"则是人本来面目的本我（大我、道我、元神），"吾丧我"的含义正是人通过修炼（隐机）而消除后天形成的自我观念对自然本性的遮蔽，使个体心灵复归"以明""葆光""天府"之境，从而以"丧我"之真返大道之真，使自我获得永恒的自由逍遥。

"吾丧我"命题是一句亟富庄子风格的思想表述，不仅在历代的《庄子》注疏中有不同的诠释，而且在当代的语言学界和哲学界也产生经久不衰的探讨。正如《庄子》所强调的相对主义一样，当我们运用不同的理论学说、不同的研究工具和方法来审视同一问题时，其问题的内涵与意义亦会呈现别样的样态，这样有助于加深和拓展对问题的理解与解释。笔者着重从传播学内向传播相关理论视角重新阐释上章提到的"吾丧我"命题。"吾丧我"是把握《庄子》思想的一把钥匙，中国社会科学院哲学所的陈静老师认为《齐物论》有其内在的思路："'吾丧我'提示着庄子对'吾'与'我'进行的分别，而这一分别是建立'因是因非'的超是非立场的前提；三籁之说一方面为理解'吾''我'的分别作铺垫，另一方面又提示'是非'产生的原由；庄周梦蝶以寓言的方式隐喻'吾''我'的状态，并对开篇的'吾丧我'作出呼应。我认为，《齐物论》无论从思路上看还是从文气上看，都是一篇相当完整的论文，而解读它的关键，就是'吾丧我'。"[①]

何庆良先生曾指出："可以肯定地说，道家在春秋战国时代就已经清醒地意识到内向传播的存在，并试图利用这种传播方式来认识自然与社会现象"。[②]他通过分析庄子的"坐忘心斋法"，认为这种"悟道"方式正是内向传播的表现，即通过忘却身体，抛弃智识，抛掉一切理性与感性，达到物我两忘的无我境地，即与道合一的状态。这种方法其实也是老子"涤除玄览法""闭目塞听法""绝圣弃智法"的翻版。不过，何先生没有就老庄内向传播过程如何进行及其意义与价值作充分正面的估量，反而认为存在"唯心主义的误区"。全冠军博士则认为老子主

---

① 陈静：《"吾丧我"——〈庄子·齐物论〉解读》，《哲学研究》2001 年第 5 期。

② 何庆良：《先秦诸子传播思想研究》，博士学位论文，中国人民大学，1993 年，第 37—38 页。

张的内向传播是在"我"和"吾"之间进行，"唯有如此，才可清除尘世蒙蔽在心灵上的杂草，才可能以自我的智慧、虚静的心灵去玄览万物，把握规律。"①总之，老子是通过排除知识的蒙蔽，来认识和把握"道"。仝博士这一阐述完全适用于庄子的内向传播。仝博士在论述庄子的传播思想时没有论述庄子书中更为丰富深邃的内向传播思想，而是提出庄子的"传播与直觉模式"，强调庄子在传播活动中加入个体的灵感与直觉。这一点对研究庄子内向传播思想是有启发的，即作为为道者在"坐忘""心斋"的过程中实现"吾丧我"的内向传播过程中，理性的作用在退位、在消解，而人的灵感、直觉、顿悟的认知方式在增强，有释放，在含摄，从而实现由个别向一般、由微观向宏观的开放，在自我的内心深处经由真人而达至"真知"。这种状态是《逍遥游》《齐物论》所展示的境界，是人经由内心的解放而获得的高峰体验。究其本质是世俗的人经由"坐忘心斋"的功夫而达到心灵自由与解放状态的得道的人。这里前后的主体都一样，可是却实现了由自我、本我向超我的转变。因此，我们可以说，老庄道家开创出一条独特的通过坐忘心斋的内向传播操作而实现自我升华的路径，是华夏传播理论奉献给世人的最可宝贵的传播理论。

第一节 "吾丧我"命题呈现内向传播语境中的主我与客我关系意识

"吾"与"我"首先是个语言学问题，不同时代的思想家难以脱离时代的语法规则与用词习惯来使用语言，当然，我们也不否定同一时代思想家的语言有自身的个性。只不过，个性中有共性，普遍中有例外。"吾丧我"命题就可以从语言学的共性和思想家的个性角度加以分析。

庄子直接了当地提出"吾丧我"命题，从而把在《老子》书中还仅是通过"我"与"众人"形象对比来呈现道我与俗我的差别问题以如此开门见山的方式抛给世人，其《齐物论》整篇，乃至整本《庄子》都在阐述或反映自我超越的命题。正如米德考察人内传播的社会性和互动机制后所作的结论：自我意识对人的行为决策具有重要影响，而自我可以由相互联系和相互作用的"主我"和"客我"两个方面组成。"'客我'表现了使行为举止在其中发生的情境，而'主我'则是个体对这种情境所实际作出的反应。这种把活动二分为情境和反应的做法，是任何

---

① 仝冠军：《先秦诸子传播思想研究》，博士学位论文，北京大学，2005年，第183页。

一种明智的活动都具有的特征——即使一种活动并不包含这种社会机制，情况也仍然是如此。"① 换句话说，内向传播是人对自己的确证，即"我思故我在"，是人类的"一种明智的活动"。传播学者陈力丹先生说得好："通过人内传播，人能够在与社会他人的联系上认识自己，改造自己，不断实现自我的发展和完善，从而使自己能够更好地适应社会的需要，处理好各个方面的关系。"② 如此看来，内向传播是人类一切传播现象的原动力，是文明创造的原点。人类文化的最终极价值在于释放人类自身的良知良能，以完善自我，从而建设和谐生态、和谐社会、和谐世界。

从内向传播视阈来考察道家的自我观，不难发现，道家尤其是老庄道家，甚至后来演变出的道教，更注重通过内修（我称之为精神升华术，道教称之为内丹修炼），以达到脱胎换骨，由"俗我"向"道我"的升华。这里的"俗我"类似于"主我"，而"道我"类似于"客我"，而"道"（道门建构的独特符号系统与意义世界）则充当指引着整个内向传播过程的象征符号。③ 本章就以"吾丧我"这一命题入手剖析庄子学派是如何教导世人由"俗我"（"小我"）向"道我"（"大我"）转向，由凡入圣，由俗而仙。

先来看看，"吾"与"我"到底有什么区别？一言以蔽之，"吾"即道我，真正超越是非、生死、物我、善恶区隔的我，庄子又称之为"真君"或"真宰"；而"我"则是在世间行住坐卧、计较利害得失、祸福成败的我。道家的自我观的价值取向就集中体现上世俗"我"的意识消退和大道"我"的日益壮大，即"吾丧我"过程。笔者这样解释的依据如下：

一、"无待"之"吾"与"有待"之"我"

1916 年胡适之所以写《吾我篇》，正是因为他在阅读章太炎《检论》时，怀疑章氏吾我互训做法，于是着力研究《论语》《左传》《孟子》和《庄子》四书中的"吾""我"两者的区别。他指出《马氏文通》对两者的错误分析是源于马氏忽略了语言用法的历史变迁。他认为"吾"专用于主语，而"我"则可作定语和宾语，特殊时也可做主语。不过，到《诗经》成书时两者已没有区别。④ 不过，胡适的《吾我篇》后来也遭致不少批评，如潘允中的《批评胡适的"吾我篇"与"尔汝篇"》、陈觉生的《从"吾我篇"与"尔汝篇"看胡适的考证》、廖礼平的《从〈论

① 〔美〕米德：《心灵、自我与社会》，霍桂桓译，上海：上海译文出版社，1992 年，第 299 页。
② 陈力丹、陈俊妮：《论人内传播》，《当代传播》2010 第 1 期。
③ 谢清果：《内向传播视阈下的老子自我观探析》，《国际新闻界》2011 年第 6 期。
④ 胡适：《胡适全集》第十八卷，合肥：安徽教育出版社，2003 年，第 280 页。

语）的"吾我"看胡氏的〈吾我篇〉），都批评胡氏材料有所偏颇，指出其实"吾"也可用于宾语。即便如此，胡氏的功绩不可忽视，他强调了"吾""我"的区别，从而引发后人继续更深入的探讨。

不可否认的是，《庄子》的"吾丧我"没有表述成"我丧吾"，其内在有语言学的一般规则以及庄子运用规则的个性发挥。笔者在前人研究的基础上整合把梳并从内向传播理论视角加以评析。

语言学家王力先生指出，"吾"和"我"的分别，就大多数的情况看来是这样："吾"字用于主格和领格，"我"字用于主格和宾格。当"我"用于宾格时，"吾"往往用于主格；当"吾"用于领格时，"我"往往用于主格。在任何情况下，"吾"都不用于动词后的宾语。除非，在宾语前置的否定句中，"吾"可作宾语。他甚至说："依我推测，在原始时代，'我'字只用于宾位，'吾'字则用于主位和领位，这就是'吾''我'在语法上的分工。"① 因此，从语言学来看，庄子采用"吾"与"我"连用时，"吾"当主语，而"我"当宾语的语法形式，"是通过主语的地位和形式，显示'吾'的独特品格。至于作为宾语的'我'，又称为受词，是主语发出动作的接受者。由此语法结构可以突显'吾''我'的主从地位，明示'吾丧我'是主语的能动、主动行为。"② 这里仅是从语言使用习惯而言。王力还说："如果在同一部书里，特别是在同一篇文章里，甚至在同一个句子里，同时使用了'吾'和'我'……就不能归结于时代的不同和作者的不同。如果说毫无分别的两个人称代词在一种语言中（口语中）同时存在，并且经常同时出现，那是不能想象的。"③ 也就是说，"吾"与"我"同时出现在一个句子，一定有其独殊的意义。曾有学者从分析《老子》入手指出其中"吾""我"意义存在差别。《老子》书中总共使用"吾"22次，20次作主语，2次作定语；而"我"使用了19次，15次作主语，3次作宾语，1次作定语。通过分析，得出"《老子》中，'我'是得道之人，是'道'，而'吾'是未得道之人，是'德'"④ 的结论。作者甚至认为老子的哲学思想是通过"吾"与"我"的对立表现出来的，甚至是"吾"与"我"的对话。"吾"是与俗的对话，而"我"与"道"的对话，这个"我"是通于"道"的圣人。这个观点富有启发性。不过，笔者认为，《老子》之中"吾"与"我"没有并用现象，两者的区别主要还是在语法上的区别。朱桂曜说："案[清]杨复吉

① 王力：《汉语语法史》，北京：商务印书馆，1989年，第45—46页。

② 王亚波：《从语言和体系两个层面理解庄子的"吾丧我"》，《江苏广播电视大学学报》2012年第4期。

③ 王力：《汉语史稿》，北京：中华书局，2004年，第303页。

④ 尹世英：《〈老子〉中的"吾""我"指代辨析》，《广东技术师范学院学报》2008年第7期。

《梦兰琐笔》云：'[元]赵德《四书笺义》曰：吾、我二字，学者多以为一义，殊不知就己而言则曰吾，因人而言则曰我。吾有知乎哉，就己而言也；有鄙夫问于我，因人之问而言也。'案赵氏所云就己而言，就人而言，盖犹今文法言主位受位也。"① 最突出的例子是《老子》第四十二章："人之所教，我亦教之。强梁者，不得其死。吾将以为教父。"人与我对称时，用"我"不用"吾"，老子强调自身应以"强梁者不得其死"为戒。《说文解字》早就明确指出："我，施身自谓也。"段玉裁注："谓用己厕于众中，而自称则为我也。"《说文解字》则认为："吾，我自称也。"② 当然，我也同意在《老子》中，"我"可视为老子自称，也可理解为所谓"得道之士"，一个践行"道尊德贵"的为道者。因此，他在第二十章中，将"我"与"俗"对举，正是此意。老子用到"吾"的时候，更多是指为道中的自我，把自己放在很低的位置。老子在第四十九章中说："善者吾善之，不善者，吾亦善之，德善。"只不过，这种分野并不明显。不能绝对地认为"吾"就不是得道者，只不过更多情况下是老子现身说法而已。而《庄子》的"吾丧我"则是第一次在道与俗的意义上清晰地表达了"吾"与"我"的分野。

"我"字在甲骨文中就出现了，而"吾"字则大约于战国时期才与"我"并用。例如战国睡虎地秦简《日书》甲种第 33 号简背："吾（吾）非鬼也。"郭店楚简老子甲 30 号简，老子乙 7 号简、18 号简的"吾"（⚌）。这样看来，"我"这一观念确实在人的意识中是根深固柢的，而对"道"而言，只有"丧我"，达到无知无欲之境，才是化境，才是道境，如此，这般才能找到自我（真我）。

二、真知（道境）之"吾"与小知（俗境）之"我"

庄子在《齐物论》开头就以坐而论道的形式引出了"吾丧我"观点：

南郭子綦隐机而坐，仰天而嘘，荅焉似丧其耦。颜成子游立侍乎前，曰："何居乎？形固可使如槁木，而心固可使如死灰乎？今之隐机者，非昔之隐机者也。"子綦曰："偃，不亦善乎，而问之也？今者吾丧我，汝知之乎？

本段中"隐机"一词，后人常把"隐"解释为"依凭"，把"机"通于"几"，即几案。我不赞同这种解释。本段中反复谈论的"隐机"，应当是指一种类似于"坐忘""心斋"的功夫，如果我们把"机"理解为"机心"，那么"隐机"就应当

---

① 陈鼓应：《庄子今注今译》，北京：中华书局，1983 年，第 35 页。
② 许慎撰，段玉裁注：《说文解字注》，上海：上海古籍出版社，1981 年，第 56—57、632 页。

是一种隐退机心的打坐功夫。严灵峰曾指出："子綦由'隐机'至于'吾丧我'，就像和尚由'打坐'至于'入定'。"①因此，"隐机"其内涵当同于老子所谈的拱璧驷马都无可比拟的"坐进此道"的修道体验。"仰天而嘘"应当是指一种吐纳功夫。《老子》书中第二十九章提及"或歔（河上公注为"呴"）或吹"。《云笈七签》卷三十二也提及："凡行气，以鼻内气，以口吐气。微而引之曰长息。内气有一，吐气有六。内气一者谓吸也。吐气六者谓吹呼唏呵嘘呬，皆出气也。"

"荅焉似丧其耦"，荅，方勇解释为"遗弃形体的样子"，"耦"通"偶"，通常理解为形体与精神，与下文"形如槁木，心如死灰"相呼应。"丧其耦"表达的是一种由有待向无待转化过程。进入道的境界，呆若木鸡一般，身形的生机隐藏起来，同时生活中有指向的"机"也隐了起来。子游因看子綦今日隐机与往日不同，其形与心给他的感觉都发生了颠覆性的表现。这种"丧我"是日常"我"的意识的消退。因此，子綦以"天籁"对"地籁""人籁"的超越，达到"夫吹万不同，而使其自己也，咸其自取"。可以说天籁是一种自己自然而自取达成的万不同的"吹"，这种"吹"，是众音之源，是内在生成的，而不是依靠风，或者人去吹，是"大音希声"。庄子运用"地籁""人籁"和"天籁"三者来表达"吾丧我"的内涵。

受弗洛伊德的本我、自我和超我的自我观启发，笔者认为庄子语境中有元我（与本我相区别，因为本我具有动物性，而庄子及道家认为存在一个没有染污的元神性的清静的自我，我称为"元我"，即"吾"）；自我就是当下能够意识到自身存在并能调控自身言行举止的个体存在；"道"我就是"历经"洗尽铅华，还朴归真，由自我超越到能够自觉地"惟道是从"的自然天真的精神自我，是"吾丧我"之后的产物。至此，"我"与"吾"的分野意识没有了，臻至"逍遥游"的境地。所以庄子提出的"齐物论"应当更倾向于齐"物论"，即从大知小知、是与非等对待之中超脱出来，获得自由与解脱，进而获得与道相通的快乐自适。②"地籁"是众窍不由自主地在"风"的外在干预下而出现万般景象（自发状态）；"人籁"则不过是对"地籁"的模仿，以达到自主的调控（自觉状态），"天籁"则是对"人籁""地籁"的自主操控。在天人合一中，自然界的一切元素，自我的一切感观，都沉浸在有声与无声的流动之中。声音是人类自我意识的对象性存在，因为意识到声音的存在，也就感受到自我的存在。声音是带动自我与宇宙交会的原创本质。声音是思维的源头，是文化的源头，是意识的自然表达，而文字语言却使人在声音与宇宙终极之间的自然关联日益疏远，导致人对自我天性的迷失。③因此，庄子

---

① 转引自赵庙祥：《从"吾丧我"和"道"看庄子"齐物"》，《江淮论坛》2009年第6期。
② 方勇译注：《庄子·齐物论·题解》，北京：中华书局，2010年，第15页。
③ 郑志明：《道教生死学》，北京：中央编译出版社，2008年，第29—34页。

强调"天籁""人籁""地籁",意在天、地、人合一,希望世人通过从"人籁""地籁"这种对待性中超脱出来,也就是从"我"超脱出来,回到"吾"(天),进而回到"道"中。因为在"道"中,人是自足的,是与万物为"一"的和谐圆满的境界。

正如陈静老师所言:"'我'必定是独断的、霸道的,'我'由独断、霸道出发'丧我',结果是陷入他我、彼此的是非之中而不得自由。只有使'吾'透显,才有宽容,才得自在自由。"那么,"吾"的意义与功能何在:"'吾'不是'我',不是作为形态和情态的存在,作为'非形态'的存在,'吾'不会纠缠于'物'的关系之中;作为'非情态'的存在,'吾'不会纠缠于'社会'的关系之中。'无人之情,故是非不得于身',只有'吾',能够做到'因是因非'。"①

三、"吾"与道

著名汉学家施舟人认为:"'吾'的'真知''真宰'和'真人',在'睡寐'和'媒媒晦晦'的境界中相互关联。这是另一种在自我的意识里的修炼。也就是说,'真人'和'真宰'的'真知'只可意会,不可言传。"②"道"虽然是玄之又玄的众妙之门,但是,"道"是可以修炼的,人通过"吾丧我"的过程可以达到与道合一。在道教看来,这就是炼精化气、炼气化神、炼神还虚的过程"道在身中不外求"。不过,被俗世遮蔽的"我"看不见"道",无法与"道"直接建立联系,无法获得顿悟般的感通。比如《太清真人络命诀》中有言:

神曰:吾与常人未可乎?吾与人居,思有意之。人自忽略,不爱其躯。推我损我,辱我伤我。遇我以妇,劳我以色,扰我弃我,而不以道存我,我亦弃之,各自在人,岂在我哉!

"道"与"我"的关系正如老子所言:"同于道者,道亦乐得之",反之则"失者同于失"。能不能得道在人,不在道。因此,在修行(内向传播最集中的体现)上,往往注重确立"吾"即"道"的观念。《老子想尔注》多次强调:"吾,道也"。"吾"并不是"道"本身,"吾"自身只是导向"道"的神明(灵能)。《老子中经》提到,"经曰:道者,吾也,上上中极君也。"这说明"道"不远人。"吾者道子之也。人亦有之,非独吾也。""吾"可行道,可证道,可弘道。人人皆可为之。《正一法文天师教戒科经》也说:"道在一身之中,岂人在他人乎?"正因为"道"

---

① 陈静:《"吾丧我"——〈庄子·齐物论〉解读》,《哲学研究》2001年第5期。
② 施舟人:《道与吾》,《中国文化基因库》,北京:北京大学出版社,2002年,第119页。

与"吾"的亲近性，该经还说："故曰道也，子念道，道念子
也……念为真正，道即爱之。子不道，道即远子。""吾"能够"念道"，以"道"
来正身，而"道"可现矣。《老子中经》称："万道众多，但存一念子丹耳。一，道
也。在紫房宫中者，胆也。子丹者，吾也。吾者，正己身也。道毕此矣。"说到底，
道教炼精气神的过程是"念道"的具体化，根本要求在于"正己身"，而"正己"
者，"丧我"也。如此看来，"吾丧我"的精神要旨是后世道教修身养性法门的根
本原则。

第二节 "丧"：庄子通过内向传播实现自我 升华的基本途径

庄子希望人们能够役物而不役于物，个体能够于社会游刃有余，而做到这一
切的前提是对世俗规则的反判，走与道合真的道路。功名利禄是牢笼，与世俗价
值保持一定的距离，是养生的基本要义。"丧"，其实是对社会实践的自我内在省
思，"心灵是行动，是使用符号去指导符号通向自我的行动。"[①] 符号可以是语言文
字，也可以是声音图像。符号作为社会实践的产物，成为人内在心灵活动的媒介。
心灵操持符号进行意义处理，塑造自我，生成新的心灵境界。

从认知心理学视角看人的内向传播活动，其过程无非是"外部信息经感觉进
入人脑后，这些信息不仅完成了在人脑器官中的简单传递，而且与人脑内部的原
有信息相互影响，完成了人脑中的认知图式与心理结构对信息进行一定加工处理
的过程。"[②] 只不过，庄子的内向传播强调了对外部信息以及人脑在俗世实践中形成
的认知图式和心理结构的怀疑，注重通过固有的"我"的意识的解构，从而树立
一个社会上的毁誉皆不足以干扰个体清静的心灵。庄子的内向传播体现在内修功
夫，这个功夫唯在一字上——"齐"。世上物之不齐乃物之齐也。人作为能够自我
反思的动物，他能在千差万别的事物中找到一个最大的共同点，那就是若是以道
观之，一切都是一体的，正所谓"天地与我并生，万物与我为一"。一切事物都如
同我身体上不可分割的一部分，身体内五脏六腑的关系亦是如此。正如我们没有
感觉到空气的存在时，空气与我是最自然的和谐关系。"吾丧我"所传达的用意在
于启迪世人，顺应天道，自我才能得到最佳的安顿，他者也会如同"相忘于江湖"

① 侯钧生：《西方社会学理论教程》，天津：南开大学出版社，2001 年，第 218 页。
② 戴元光、金冠军：《传播学通论》，上海：上海交通大学出版，2000 年，第 69 页。

的鱼儿一样得到最合理的安顿。人类的一切有为、一切分别心、一切是非、物我等都是烦恼和冲突的根源，唯有"物化"（与物同化），蝴蝶可以进入"我"的世界，"我"亦进入蝴蝶的世界，获得鱼之乐与"我"之乐的共享，"自喻适志"，快意人生。《庄子·大宗师》载，南伯子葵问女偊是如何保持气色依然如同小孩，女偊称此乃"闻道"之故：

> 参日而后能外天下；已外天下矣，吾又守之，七日而后能外物；已外物矣，吾又守之，九日而后能外生；已外生矣，而后能朝彻；朝彻而后能见独；见独而后能无古今；无古今而后能入于不死不生。杀生者不死，生生者不生。其为物无不将也，无不迎也，无不毁也，无不成也。其名为撄宁。撄宁也者，撄而后成者也。

女偊简述了修道养生的内向传播过程，即静修三天后做到天下置之度外，七天后能够将身外之物置之度外，九天后能够将生命置之度外，进而大彻大悟，窥见卓然独立的至道，进而消解了古今的观念，超越了生死观念。如此，万物芸芸，而"我"能撄宁，即"以明"之心境觉照万物。如此看来，庄子的内向传播正是通过对自我的超越来获得对社会外物控制的主动性。这也进一步印证了内向传播具有社会性与互动性的特点。

从人格心理学视角看内向传播，学者认为"在追求完美人格的过程中，人类灵魂深处常常充满着动物性与神圣性的深刻矛盾"。[1] 人类因为有文明，与兽相揖别，而具有铁肩担道义的神圣性，不过，人始终无法脱离的动物性又常常纠结着人的内心。弗洛伊德将这种矛盾细分为三种人格，即本我（id，动物性本能意义上的我，追求快乐原则），自我（ego，理性地处理人与外部世界关系，追求现实原则）、超我（super-ego，审美地处理自我与他者的关系，追求至善原则）。弗洛伊德分析了内向传播的两种运用机制：其一，自我调控本我，使自己成为社会的人，而不被排斥于群体之外。"自我为了伊底的利益，控制它的运动的通路，并于欲望及动作之间插入思想的缓和因素，利用记忆中储存的经验，推翻了唯乐原则，而代以唯实原则。唯乐原则以伊底历程发挥巨大的影响，唯实原则则保证较满意的安全和成功。"其二，超我引领自我。超我以超功利的理想和高峰体验的满足，引导自我自觉舍弃现实中欲望与享乐的羁绊，追求精神上的超越与富足。从这个理论来看，庄子的"吾丧我"内向传播过程，是以"道"的高峰体验为目标来指

---

① 董天策：《传播学原理》，成都：四川大学出版社，1995年，第112页。

引个体抛弃是非、成见等意识的困扰，以天地境界实现对自然境界和道德境界的超越。

从社会心理学视角看内向传播，人的内在心理活动是现实社会活动观念化的产物，并将进一步外化到社会实践中去。1890 年，威廉·詹姆斯在《心理学原理》中提出"多重自我"的观点，区分了作为认知主体的自我和作为认知客体的"经验自我"。"经验自我"可分为物质自我（即以肉体及维持肉体存在需要的衣食住行）、社会自我（即社会关系中存在的自我，大多指人在社会中扮演的角色和对角色的认知）和精神自我（即个体具有的自我认知能力及其呈现的个性气质等精神性因素）。庄子指出人在社会中常常会陷入勾心斗角、日夜不得安宁的境地，"其寐也魂交，其觉也形开；与接为搆，日以心斗：缦者，窖者，密者。小恐惴惴，大恐缦缦。其发若机栝，其司是非之谓也；其留如诅盟，其守胜之谓也。其杀若秋冬，以言其日消也；其溺之所为之，不可使复之也；其厌也如缄，以言其老洫也；近死之心，莫使复阳也。"

1909 年，查尔斯·霍顿·库利在《社会组织》书提出了"镜中我"的概念。"个人对于自我有了某种明确的想象——即他有了某种想法——涌现在自己心中，个人所具有的这种自我感觉是由别人的思想、别人对于自己的态度所决定的。这种类型的社会我称作'反射的自我'或'镜中我'。""镜中我"包括自我与他人的三个方面的关系：关于他人如何"认识"自己的想象；关于他人如何"评价"自己的想象；自己对他人的这些"认识"或"评价"的情感。[①] 庄子的内向传播活动则更注重自我，在修道者心中，圣人（至人、神人）才是重要的他者。在庄子学派看来，只要处理好自我与圣人的关系，就能处理自我与身边他者的关系。因此，在庄子的心灵世界中，内向传播其实就是以圣人（"道"的承载者）为象征符号，传播"道"的意义与价值，指引自我放弃私心妄见，甚至超脱世间名缰利锁，超越世间的价值标准以一种否定性的姿态，获得安然自在的心境。

美国学者布恩与埃克斯特兰德在《心理学原理和应用》一书中说，"沉思是一套心理活动和身体动作，其目的在于产生松弛、思想、身体的宁静以及对自己和世事的意义的深邃洞察。目前对各种各样的已知沉思技巧以及它们引起的意识状态进行的科学研究还不很多。我们现在大部分知识来源于宗教，特别是东方。"[②] 庄子所言"丧我"，是为了活我，日常中的"我"因为处于种种对立之中，一旦放下自我，主体就能获得更大的自由、更强的能力、更优势的地位，即能更清醒地

---

① 姚汝勇：《自我传播内涵考察》，《新闻知识》2012 年第 10 期。
② 〔美〕布恩·埃克斯特兰德：《心理性原理和应用》，北京：知识出版社，1985 年，第 402 页。

看待自己，庄子称之为"游"。"游"者离开原有情境，从而获得认识自己的势能，正所谓"不识庐山真面目，只缘身在此山中"。游离这座山，俯瞰这座山，可以获得"旁观者清"的自主。庄子又称之为"道枢"："是以圣人不由而照之于天"，即圣人因"不由"，而能付天于天，是以清灵宁静，"枢始得其环中，以应无穷……故曰莫若以明"。此时，人使自身处于内心清明澄静的境地，就好比让自己处于"环中"，左右逢源。

《庄子·田子方》中刻画了一位画家，别人在宋元君面前恭恭敬敬，他却"儃儃然不趋，受揖不立，因之舍"且"解衣般礴，裸"。君曰："可矣，是真画者也。"这位画家在自己的画室解开衣裳，赤身裸体，又开双腿坐在那里进入画境。《达生》篇记载梓庆削木为鐻有鬼斧神工之效。他为鲁侯讲述制鐻的过程："臣将为鐻，未尝敢以耗气也，必齐以静心。齐三日，而不敢怀庆赏爵禄；齐五日，不敢怀非誉巧拙；齐七日，辄然忘吾有四枝形体也。当是时也，无公朝。其巧专而外骨消，然后入山林，观天性形躯，至矣，然后成鐻，然后加手焉，不然则已。则以天合天，器之所以疑神者，其是与！"他通过心斋来静心，去除功名利禄之心、巧拙毁誉之念、四肢形体之感，如此入山可得做鐻的绝佳材料，加以一定技艺，则神鐻可成。他讲述其中的奥妙在于"以天合天"，将人为痕迹去除殆尽，结果尽得其妙。《庄子·田子方》载：

> 孔子见老聃，老聃新沐，方将被发而干，慹然似非人。孔子便而待之。少焉见，曰："丘也眩与？其信然与？向者先生形体掘若槁木，似遗物离人而立于独也。"老聃曰："吾游心于物之初。"

孔子见到老子在晾干头发的过程中，一动不动地进入了"似非人"之境，在孔丘看来，老子的形体如槁木一般，好像遗弃了万物，离开了尘世，站立于虚寂独化的境地中。这种"游心于物之初"，即游于道境，表现为似乎周围的一切与他不相关，他自身抽离了这个世界。叔本华将这种情景称为"自失"，他认为思维的理想境界是，"超然于对象的各种关系之外，把全副精力献给直观，人们忘记了他的个体，忘记了他的意志；他自己仅仅只是作为纯粹的主体，作为客体的镜子而存在。""置身于这一直观中的同时也不再是个体的人了，因为个体的人已自失于这种直观之中了。"[①] 在庄子看来，人在凝神之中坐忘心斋，世间的一切关系都消融了、放下了，这时人就会进入"我即宇宙，宇宙即我"的浑然一体的感觉，这也

---

① 叔本华：《作为意志和表象的世界》，北京：商务印书馆，1982 年，第 395-396 页。

是人生最自由、最享受的感觉。

陈少明先生指出:"'丧我'则是展示'无己'的途径,也就是一种精神修炼。因为'无己'不是要消灭自己,而是放弃自己的负担。这种负担当然是精神上的,它表现为有己之心。故"丧我"的最好写照自然就是'形若槁木,心如死灰'。①""丧",本有"无"之意,只不过更强调"无"的动态过程,即修心、洗心、修性的内向传播过程。

第三节 "真"是庄子"吾丧我"内向传播活动的最终指向

"法天贵真"是《庄子》内向传播活动的运作导向。庄子之所以强调"吾丧我",乃是因为"我"的意识会遮蔽自我对自然、社会、人生本质的认识,会阻碍自我发挥潜能和以最合理的方式处理对自我与自然、社会、人生的关系。唯有"无丧我",社会、自我、人生才能按其内在的"道"来实现其本真。

一、以自我之"真性"印大道之"天真"

《庄子》书中45次提到"真",有道体之真、本性之真、德行修养之真、审美心境之真四个层次。②《庄子·让王》曰:"道之真以治身,其绪余以为国家,其土苴以治天下。由此观之,帝王之功,圣人之余事也,非所以完身养生也。"世人易在追名逐利中迷失自我,庄子学派则认为人生最可宝贵的是"完身养生",建功立业之类的其他事情都为其次。"治身",即"完身养生"的依据在于"道之真"。道之真正是实现自我之真的媒介,正是自我内向传播得以进行的思维机制。主体以遵循道之真为其思索自我价值、评价自我的依据,指导自我围绕这一价值判断实现对"小我""俗我"的反思与批判,从而引导自我向"大我""道我"转化,实现脱胎换骨之效。《庄子·秋水》有言:"牛马四足,是谓天;落马首,穿牛鼻,是谓人。故曰:无以人灭天,无以故灭命,无以得殉名。谨守而勿失,是谓反其真。""反(还)其真"的这个"反"的过程,正是对"天"(自然、天真)回归的过程,是对人为(有为、虚伪等)的否定。"反其真"并守而勿失,是治身的基本过程。《庄子·天道》有言:"夫至人有世,不亦大乎,而不足以为之累;天下奋柄而不与之偕;审乎无假而不与利迁;极物之真,能守其本。故外天地,遗万物,而神未尝有所困也。通乎道,合乎德,退仁义,宾礼乐,至人之心有所定矣!"

---

① 陈少明:《〈齐物论〉及其影响》,北京:北京大学出版社,2004年,第75页。
② 陈鼓应:《庄子论人性的真与美》,《哲学研究》2010年第12期。

至人是心定于道之人，因此，他能不为外物所累，人间的道德仁义礼乐游刃有余，通达事物的本真。庄子书中极力赞赏"真"对于自我超脱的意义。例如《庄子·渔父》曰："真者，精诚之至也。不精不诚，不能动人……真在内者，神动于外，是所以贵真也……礼者，世俗之所为也；真者，所以受于天也，自然不可易也。故圣人法天贵真，不拘于俗。愚者反此。不能法天而恤于人，不知贵真，禄禄而受变于俗，故不足。"真是反映自我精诚程度的标志，有了"真"就能指挥"神"，实现常人所不能为、不敢为之事。与此形成鲜明反差的是俗人（愚者）受制于俗，不能在内在传播过程中做到"贵真"。贵真之人成为"真人"，是深谙内向传播之道的人，是大知大慧之人。如此之人才能做自己命运的主人，突破许多常人的能力局限。这一点在《庄子·大宗师》中有生动的描绘：

何谓真人？古之真人，不逆寡，不雄成，不谟士。若然者，过而弗悔，当而不自得也。若然者，登高不栗，入水不濡，入火不热，是知之能登假于道者也若此。

古之真人，其寝不梦，其觉无忧，其食不甘，其息深深。真人之息以踵，众人之息以喉。屈服者，其嗌言若哇。其耆欲深者，其天机浅。

古之真人，不知说生，不知恶死。其出不訢，其入不距。翛然而往，翛然而来而已矣。不忘其所始，不求其所终。受而喜之，忘而复之。是之谓不以心捐道，不以人助天，是之谓真人。

二、以大道之"天真"促自我"归真"

庄子认为"道"以其真指导人们"修身"以"合真"，使有限的自我（"小我"）汇融入"大我"（"道我"）之中，使有限变为无限，使短暂变为永恒，从无奈化为自由。《庄子·秋水》强调至德者，火不能热他，水不能溺他，禽兽不能伤他。《庄子大宗师》也说，真人是"登高不栗"的等。这一切都是"是纯气之守，非知巧果敢之列"的结果。纯气乃是纯和之气，对人而言只有恬淡之心方可做到"心使气曰强"，达到外物不能胜的效果。相反，如果人试图在伟大的自然大道面前摆弄自己的一点小聪明、小勇气，就会自绝于道境，无法忘我归道。《庄子·达生》中，作者认为"夫醉者之坠车，虽疾不死"乃是"列生惊慎不入乎其胸中"的缘故，普通人尚且如此，那么与道合真的圣人自然更不一般了。"圣人藏于天，故莫之能伤也。"方勇教授以无意识学说解释到："正因为一切惊人之举皆出自无意识，而无意识又只有在自觉意识彻底消失后才能充分发挥作用，所以庄子就要求主体对盘踞在自己感官中的抽象思维、理性概念进行'损之又损之'，以便最终达到与万物浑然同体的无我之境。"①庄子认同个体与"道"具有共同性，即"真"。"道"本是个体的创造者，个体具有向无限全能的"道"回归的可能，而这种可能是通过个体对自我意识的消解来实现的。有学者指出："就个体而言，真宰超越本我，在本我之上，是个人认知范围之外的存在，它决定了自我和本我的关系，是一种'有情无形'的非个体的超本我。它的认知方式是'无'即无我和'虚'即非主体性的我，是在消解精神主体性之后，能够于自然大而化之的状态。从它对个体的存有而言，真宰既是一种在，又是一种不在；它存在当下存在的个体的人之中，个体因为真宰而能认识他心问题，真宰存在于个体之中，是他心知的依据；它又不在个体之中，它不具有隶属某一个体的性质，在个体中的存在不是一种实有的存在，而是以"天光"的照耀形式，使自我和本我以'以明'的方式达到感观和意识的认知。"②

道之真与个体之真的呼应展现了庄子内向传播的作用机制，体现了道家内向传播的内向取向。个体以自然的方式维持了身心的和谐，即个体以向道敞开的方式获得了最大的圆满自足，推而广之，人人获得了自足，社会就能安宁。

第四节 "吾丧我"命题中呈现的自我与社会关系

"吾丧我"中的"我"主要指向社会中的"我"，是处在各种关系之中疲于应对中的"我"，而"吾"则指向作为自己，挥洒自我风采。因此，"吾丧我"命题自然内含着自我与社会的紧张关系问题，这些问题集中体现在"物论"上。"物论"纷呈是导致"道为天下裂"的根本原因。人们只是在"摸象"，人人所得到的对世界的认知都是"象"的局部。问题是人们往往不承认自己认识的"道"只是皮毛，常常夜郎自大，其纯朴之心因此被物之乱象所遮蔽。"吾丧我"的主要追求是找回真实的自己，而找回自己的标志就是"物我两忘"。陆西星曾深刻地指出《齐物论》的要旨："夫知有大小，见有浅深，物论之所由以不齐。小知间间，日以心斗，主司是非，意见起而道益亏矣。不知彼亦一是非，此亦一是非，果且有彼乎哉？果且无彼是乎哉？所以至人恹其死心，灰其胜心，解其斗心，为是不用，而照之以天，教之以因是，语之以滑疑，欲其泯物我，忘是非，和之以天倪，休之以天均，因之以曼衍，嗒然如南郭子綦之丧我，犹然如庄周之蝶化，然后与物浑

---

① 方勇：《论庄子对无意识心理现象及其作用的认识》，方勇：《厄言录》，北京：中国社会科学出版社，2004年，第85—86页。

② 张怡：《庄子"吾丧我"的心身认知观》，《安康师专学报》2005年第5期。

化，百里逍遥之游可遂也。此等议论见识，盖自老子'玄同'上得来。"①

正因为"物论"是"吾丧我"的对象，因此，《齐物论》篇中从是非、语辩、生死、物我等一系列关系问题出发，破除了"物论"对主体的蒙蔽，使主体困在自我意识编织的大网之中。而"齐"正是破除众生相、人相等大千世界复归道之"一"的思维方法。

一、丧我即丧耦

"丧我"，即丧耦（偶），使自我在身（形）与心（神）之间不再二元对立，形神合一。不过，庄子却用"身如槁木，心如死灰"来形容"丧我"的外相，这是因为执著于形神合一，本身也是一种"有心"，而用槁木来形容身，用死灰来形容"心"，表明无论是身与心都不见了形迹，是谓彻底超脱。彻底超脱之后，达到"道"上的"我"十分自主，可以如变色龙一般因应形势而改变自身。《应帝王》中就刻画了列子的老师壶子四次向郑国神巫季咸展示不同的状态，使其惊恐而逃。第一次，壶子示以"地文"（即展示的是寂静的大地的状态），隐藏了自己的生机（"杜德机"），使季咸得出他将死的错误结论；第二次，壶子示以"天壤"（即展示的是游心于虚），名利不入于心，而一线生机从踵而发（"杜权"），使季咸认为他有生机，第三次，壶子则示之"太冲莫胜"的"衡气机"状态（即气机变化不居，却有平稳），且展示出"九渊"之三（即时而如鲸鱼盘旋的深渊，时而如平静止水的深渊，时而如流水潺潺的深渊），如此季咸已感叹自己不得其门而入，无法看出究竟；第四次，季咸一看到壶子，便逃走了。这是因为壶子表现出"道"初始的状态，灵妙多变，"虚而委蛇"，时而如草随风而倒，时而如水随波而流，季咸惊骇而逃。使季咸本有"知人之死生、存亡、祸福、寿夭"的看相本事，列子以为这才是真正的"道"，而壶子告诉列子这些不过是表象，并没有得到"道"的实际，故有上述展示。陈静老师曾深刻地分析到："如果人生就展现为一个'形态的我'，人是不可能从'物性'的存在状态中超越出来的，同样，如果人生只展现为一个'情态的我'，人也不可能从社会性的存在状态或者说从'角色'中超脱出来。"②

二、丧我即亡我

"丧我"，即亡（死）我，从意境而言，就是心死神活之意。心是意识、意念，而神则是超脱物质、统驭物质的一种属性。陆西星说得好："夫丧我者，忘我也。忘我则天矣。游以天者，知而未始有知，言而未始有言，故以三籁启教，推本声

---

① （明）陆西星：《南华真经副墨》，蒋门马点校，北京：中华书局，2010年，第14页。
② 陈静：《"吾丧我"——〈庄子·齐物论〉解读》，《哲学研究》2001年第5期。

气所出之原,而归极于天籁。"①"丧我"即"忘我",以达到天地自然的境界,无知之知,不言之言。庄子认为人身上存在"真宰""真君"。此"真宰""真君"有类于后来道教所认同的全知全能的元神,即"可行已信,而不见其形,有情而无形"。陆西星曰:"真君于人,本无益损,但悟之即圣,迷之则凡耳。"② 真人乃是成心(心智浑然天成)之人,能与"真宰""真君"感通之人,是有大智慧之人。"道"本身是没有真伪的,人的"以是其所非而非其所是"造成真伪的产生。那么如何从是非之中超脱出来呢?庄子提出"莫若以明",即"明者,明乎本然之未始有是非,而后是非可泯也""知者明得本来原无是非,大道原无物我,但因人己对立、互生意见而起③"而"达者知通为一"。"一"者,没有偏向,是谓"两行"。"真宰""真君"正是"道"在人身上的体现,表现为在"用"中"通",在"通"中"得",而且"已而不知其然谓之道"。正如老子所言"太上,下(不)知有之"而人心则不然,"是非之彰也,道之所以亏也。道之所以亏,爱之所以成"。陆西星分析说:"道亏则人心不复知有自然之真,作好作恶,各成其自爱自好之私"。④

三、丧我,贯通天人

"丧我"并不是要泯灭自我的一切作为,只是要自我自觉到人间一切有为都有对待面。道本无界线,一切都在恒常有序的运行之中。一旦有了"是"的观念,就有了分野,即有左有右、有伦有义、有分有辩、有竞有争等"八德"。明道的圣人,能把握好自我与他者的关系,做到"六合之外,圣人存而不论。六合之内,圣论而不议"。存而不论,当是无欲观妙。陆西星说,"不欲自见也"而"论而不议",对于六合之内的……,圣人知之,但不计较短长。因为事物常常是两极相通的。庄子曰:"夫大道不称,大辩不言,大仁不仁,大廉不嗛,大勇不忮。"不称之道是大道,不言之言是大辩,不仁之仁是大仁,不嗛之廉是大廉,不忮之勇是大勇。陆西星从反面分析说,"道而昭昭然分别名相,则不得谓之道矣,故曰:道昭而不道。言而哓哓然与人争辩,有不及辩者矣,故曰言辩而不及。仁者无所不爱;常系一边,非大成之仁也,故曰:仁常而不成。清者皦皦之行也;廉而清,则近于好名而不实,故曰:廉清而不信。勇而害人,则纯是血气而无义理,不成其为勇矣,故曰:勇忮而不成"。"道"而不以为"道",此为"天府",亦称为"葆光",

---

① (明)陆西星撰:《南华真经副墨》,第15页。
② (明)陆西星撰:《南华真经副墨》,第20页。
③ (明)陆西星撰:《南华真经副墨》,第23页。
④ (明)陆西星撰:《南华真经副墨》,第29页。

是不知之知，陆西星解释为"以恬养知，茂其知于不知也"。① 总而言之，"丧我"，是为了使自身获得自由，而不是如行尸走肉一般，"圣人不从事于务，不就利，不违害，不喜求，不缘道，无谓有谓，有谓无谓，而游乎尘垢之外"。此谓"物化"，与物同化，与物偕行，两不相伤，而其德交归。其实社会上人际的纷争都源于"有我"，有"我"就有是非，得失之念使得争端四起。

内向传播同其他传播一样，"其功能都是让主体的心理状态趋于通泰和谐；而自觉的、稳定的、通泰和谐的心理状态将使主体实现一种和合圆融的人生境界"。② 同理，人际传播、组织传播、大众传播的根本目的和功能都是促进人与人、人与组织、组织与组织、组织与社会的和谐共荣。庄子"吾丧我"的内向传播所蕴藏的意义在于通过自我内在的心灵对话，以道化人生、与道合真作为自身一切努力的目标，从而以自我的和谐去增进社会的和谐。布鲁默的"自我互动"学说认为，"在人内传播的过程中，个人会沿着自己的立场或行为方向对他期待的意义进行能动地理解、解释、选择、修改、加工，并在此基础上重新加以组合"。③ 换句话说，个人以通过对天性的的呵护，营造安宁的自我内在心理环境，在不知不觉间净化了社会环境、自然环境，使人与人之间有如相忘于江湖的自在自适。

（作者简介：谢清果，厦门大学新闻传播学院教授，博士生导师，从事华夏文明传播与媒介学研究。）

---

① （明）陆西星撰：《南华真经副墨》，第 36 页。
② 屠忠俊：《自我传播与大传播》，《华中理工大学学报》（社会科学版）1998 年第 3 期。
③ 郭庆光：《传播学教程》，北京：中国人民大学出版社，2002 年，第 80 页。

篇尾语

　　学术争鸣历来是学术交流的一种方式，这种方式虽然迥异于平常阅读他人的论著，从中汲取智慧，而至于他人的论著存在什么问题，往往并不是学者关注最多的问题。当然，别人论著中的不足与薄弱其实常常也是读者进一步研究的起点。学术就是在这样的庚续中不断前行的。而争鸣即直指他人论著中的问题，展开商榷活动。中国知识分子往往不太习惯于"商榷"，往往认为一旦"商榷"了，似乎就站到了对立面，似乎就成为了"敌人"。其实，并不是这样的。历史上往往因为商榷而成为知己的，也不鲜见。

　　都说真理越辩越明。这句话当然有其真理的颗粒。不过，老子有言"善者不辩，辩者不善。"人之善与不善并不一定以"辩"或"不辩"作为衡量的唯一标准。辩有辩的价值，不辩有不辩的境界，各取所需而已。人们在辩的过程中，如果能够保持一种开放包容的心态，能够坚持学术交流，而不陷于人生攻击，或意气用事，那都是一件好事。

　　庄子有没有传播思想，抑或有没有内向传播思想，其实也没什么重要。老子曰："信者信之，不信者亦信之，德信也。"信，既是传播过程的原则，也是传播开始的心境。只有人人信仰于"道"（真理），那无论是信，还是不信，都是"道"的表现形态，因为"信"也是在永恒的变动之中，信的层次与境界是在不断变化的。昔日的信，可能成为今日的迷；昔日的迷也可能成就今日的信。我们似乎更应该秉承庄子"齐物论"思想，来"齐"是非，"齐"善恶，"齐"物我……唯有如此，学术作为社会公器，或许才能如百花园一般，争奇斗艳，而不相伤。但愿《庄子》的思想能够播撒入学人的心田，让快乐的种子在每个人心中开花结果，至乐无乐，绝学无忧！

　　呜呼，善哉！

下篇：中西对话

篇首语

　　本篇立足于华夏传播视角，通过对彼得斯《对空言说》传播观念史的梳理，总结"交流失败"的历史根源，解读"交流失败"的具体障碍，得出解决"交流失败"的出路：一是利用符号中介进行传播；二是转变交流目的，放弃心灵融合，提倡包容理解，并通过以撒播为主的大众传播媒介构建公正的社会。借鉴彼得斯梳理传播观念的方法，分析庄子对交流的态度，发现庄子和彼得斯在交流失败的成因、障碍、解决方式等内容的认知上存在暗合。面对"交流失败"，庄子提出"三言"传播技巧；又通过对符号（言）与意义（意）关系的剖析，指出"得意忘言"的状态；还给出"心斋"等修养方案。通过深入对比"齐物论"与"他者特性"的异同，得出结论：彼得斯将交流的理想路径定义为在尊重"他者特性"的基础上，结合对话的优势，构建撒播的大众传播媒介；庄子则内向而求，主张抛弃是非、偏见，在内心达到"万物齐一"的基础上，交流方能实现"通天下一气耳"。基于齐物之道实现交流通畅，既是庄子破解交流无奈的方法，也是庄子与彼得斯等人所代表的西方交流观念的关键差异。

第十六章　彼得斯与庄子"交流失败"的比较研究

本章交代了目前国内外对《对空言说》及《庄子》传播思想的研究现状，指出彼得斯《对空言说》传播观念史研究对传播学实证主义观念的突破，以及对世界传播史研究的借鉴意义。在此基础上，具体分析作为现当代传播观念史的集大成者彼得斯与类传播时代的庄子（传播观念的源头之一）之间的可比性，以求通过华夏文明与西方传播实践理论展开对话的方式，尝试提供可与西方传播理论对话的中国文本。

第一节　研究缘起：中西对话中理解"交流失败"

随着信息科技的迅猛发展，互联网深度重构了人们的生活，人类文明进入信息时代。信息技术颠覆了人类的社会交往方式。智能手机、平板电脑等智能终端已经深度融入人类生活的方方面面，社交传播、信息共享成为社会生活的重要部分。[1]而可预见的是，随着 5G 技术、人工智能等新技术的不断推进和普及，媒介将成为人类生活不可分离的工具，形成"媒介化生存"。

在技术进步的同时，信息传播的手段和方式越来越多样、灵活，社交和生活也更加便捷，但"群体性孤独""数字鸿沟""在场的缺席"等问题同样扑面而来。例如微信列表里躺着数百位好友，却仍然感到孤独，甚至与朋友"对面而无语"，这本质上都属于人际传播的失败。

面对这种失败感，彼得斯结合更加广泛的跨学科人文视角，在其传播思想史名著 Speaking Into the Air（《对空言说——传播的观念史》）中提出："交流"问题的根源由来已久，并非我们这个时代的独特产物。

在《对空言说》中，彼得斯以耶稣和苏格拉底为源头，抛出了撒播和对话的

---

① 赵星植：《元媒介与元传播：新语境下传播符号学的学理建构》，《现代传播》（中国传媒大学学报）2018 年第 2 期第 102—107 页。

对立传播观点。在此基础上，彼得斯系统地梳理了传播的观念史。与之对应的是，同时期的中国，正处在百家争鸣的时代，孔、老、庄、墨等大家的传播思想非常丰富。这些先贤有诸多相似的地方，比如都选择对空言说：苏格拉底、孔子、耶稣都选择言传身教，都没有著书立说，但后世却都以《对话录》《论语》《圣经》等文字作品（符号）流传为经典……①他们的选择不谋而合，这正是本书所要探讨的问题：交流是否必然走向失败？怎样的交流方式更有利于传播？交流的根本目的是什么？

本篇以《对空言说》和《庄子》为文本依据，立足于华夏传播视角，②以彼得斯的名著 Speaking Into the Air（《对空言说——传播的观念史》）中的人际传播观点为主，结合类传播时代庄子的交流思想，对比分析彼得斯与庄子对于交流困境的理解的相同和相异之处。

第一部分（即本章）交代了目前国内外对《对空言说》及《庄子》传播思想的研究现状，指出彼得斯《对空言说》传播观念史研究对传播学实证主义观念的突破，以及对世界传播史研究的借鉴意义。以其观念史的角度梳理庄子的传播思想，并整理中西方文本对话的相关文献，发现姚锦云等人都曾提出庄子与彼得斯的异同之处，但除了谢清果所写的老子与彼得斯的对比文章外，目前尚无彼得斯与庄子传播思想的对比分析。

第二部分（见第十七章）通过梳理彼得斯《对空言说》的传播观念史，分析"交流失败"的历史根源和具体的主客观障碍，得出彼得斯面对解决"交流失败"的出路：一是符号中介也可以进行有效的传播；二是正因交流失败促进了传播效果的研究，促进了大众传播媒介的发展。因而应当转变交流的目的，放弃人与人之间心灵的融合，转而拥抱个体之间的包容和理解，以期通过大众传播媒介去构建一个公正的社会。

研究彼得斯"交流"思想的当代意义有三个方面。一是直面交流失败的必然性，以期实现有效的人际传播。各类年龄、宗教、阶级、国家、语言、种族等代沟本质上都是交流所面对的难题。现代传播学以信息编码、解码的信息论模式为基础，却忽略了人并不是一根电线，人与人的交流并不是瞬间可达，而总是因为选择性接收、个体化解读、目的性诱导等造成言不达意乃至误解，进而导致交流

① 邓建国：《传播学的反思与重建：再读 J.D. 彼得斯的〈对空言说：传播的观念史〉》，《国际新闻界》2017 年第 2 期第 151—173 页。
② "华夏传播"是传播学本土化的新兴研究领域，探讨华夏传统文化中的传播活动和现象。"华夏文明传播"以儒家的中庸太和、道家的无为自然和禅宗的缘起性空为核心精神，贯通古今，以传统为主，以现实为辅，通过华夏文明与西方传播实践理论展开对话的方式，构建华夏文明传播话语体系，提供可以与西方传播理论对话的中国文本。

的失败。^①但交流的悲叹正来自对交流的期待，而正因交流的失败而推动传播效果的研究和传播学的反思、进步和发展。^②二是解读对话与撒播的悖论，反思大众传播的研究前景。三是适应互联网时代的媒介化生存，对媒介技术决定论进行再思考，回归传播的交流本旨。在大众传播媒介充斥耳目的现代社会，其具体作用表现为个体层面的沟通与社会关系的建立（人际传播），以及民主的推行和社会的发展（大众传播）。

第三部分（见第十八章）对观彼得斯对交流失败的理解，借鉴彼得斯梳理传播观念的方法，分析庄子对交流的态度，发现庄子和彼得斯在交流失败的成因、障碍、解决方式上存在暗合。《对空言说》通过对传播观念史的梳理树立了传播哲学的传统。但作为世界传播观念史的研究，《对空言说》缺乏中国经验和中国文化。彼得斯两次强调："中华文明之中有如此多的智慧，然而整个西方智慧却一直对它那么地一无所知"，^③《对空言说》表达的故事都源自西方，没有融合中华文明智慧是彼得斯的一大遗憾，也是中华文明的遗憾、传播观念史研究的遗憾。

《对空言说》的译者邓建国指出：《对空言说》中彼得斯的交流观与中国古代以来普遍存在的交流传播观念存在"暗合"。比如，他们都找到了交流中存在的时间、空间及个体局限性等障碍，都发现了语言符号给交流带来的限制等。面对"交流失败"，庄子既提出了"以卮言为曼衍，以重言为真，以寓言为广"（《庄子·天下》）的三言传播技巧；又通过对符号（言）与意义（意）关系的剖析，指出"言不达意"的无奈和"得意忘言"的理想状态；还给出了"心斋""坐忘""以明""吾丧我"等一系列心态修养方案，主张去除是非偏见，以空明之心待人待物。

第四部分（见第十九章）在前两部分（即第十七、十八章）的基础上，集中探讨了彼得斯和庄子对交流困境解决方案的异同点。彼得斯将交流的理想路径定义为在尊重"他者特性"的基础上，结合对话的优势，构建撒播的大众传播媒介；庄子则内向而求，主张抛弃是非、偏见，达到"万物齐一"的境界，与自然万物相通融。对比"齐物论"与"他者特性"的异同，发现内向而求是庄子区别于彼得斯的特别之处，这也体现了中国传统文化中一个独特而重要的观念：不假外物、反求诸己。

第五部分（见第二十章）则主要探讨《奇云》中"媒介即自然"观念的深刻意涵，并与《庄子》思想进行比较，阐发其思想的相通性。

---

① 〔美〕彼得斯：《对空言说》，邓建国译，上海：上海译文出版社，2016年，第7页。
② 〔美〕彼得斯：《对空言说》，第9页。
③ John Durham Peters, *Speaking into the Air: A History of the Idea of Communication*, Chicago: University of Chicago Press, 2001, pp.256.

将彼得斯与庄子的传播观念进行对比，一是找相同点：从庄子的传播思想切入，将中西传播思想进行对比。比如他们都认为语言沟通无法使人们真正互相理解，但可以让我们更好地接受与自己不同的存在。比如齐物论与他者特性的相似。二是找不同点：以中国文化立根。通过其思想对比，既可以为《对空言说》填充中国经验，又能立足中国本土，挖掘中国传统传播思想，为华夏传播学的发展丰富案例。

第二节 学术史回顾

《对空言说——传播的观念史》是传播学者邓建国对艾奥瓦大学传播学教授约翰·杜翰姆·彼得斯（John Durham Peters）所著的"SPEAKING INTO THE AIR：A History of the Idea of Communication"一书的中译版标题。彼得斯的《对空言说》立足于西方视角，结合耶稣、柏拉图、洛克等典型人物的传播思想，勾勒出西方传播观念史的轮廓。吴予敏等学者提出应该借鉴彼得斯对传播观念史的研究方法，梳理中国的传播观念史。但在庄子是否具有传播思想的问题上，学界尚存争论。

一、国内外对《对空言说》的研究

《对空言说》被公认为西方传播思想史的奠基之作，彼得斯旁征博引，结合历史、宗教、文化、物理科学、哲学、社会学、心理学等各领域知识，将传播理论与实践的研究贯穿到历史的脉络之中。哥伦比亚新闻学院教授迈克尔·舒德森（Schudson）评价彼得斯"将媒介研究到了个体"，[1] 伦敦大学蒂姆·克鲁克（Tim Crook）认为《对空言说》一书横跨哲学、历史、文学、媒介史等多个领域，彼得斯别具一格的研究打破了美国实证主义传播学研究的教条，[2] 已成为学习和研究美国传播学必读的基础文本之一。[3] 截止到 2019 年 5 月 3 日，在谷歌学术中，该书已经被其他学术文献引用高达 2108 次。

在本书中，彼得斯将"交流"看作传播研究的重点与前提，将"交流"的问

---

① Schudson，M.，&Hearst，"The Psychology of Literacy/Speaking into the Air（Book Review）"，Lingua Franca：The Review of Academic Life，vol. 11，no. 8（2001），p.15.

② Tim Crook，"Book Review—John Durham Peters，Speaking into the Air：A History of Communication"，Journal of Radio & Audio Media（2001）.

③ Hannan，J，"Philosophical Profiles in the Theory of Communication."，Peter Lang Pub Incorporated（2013）.

题推到了前台。① 交流被看作是传播研究的重点与前提，同时也是日常生活中最普遍的现象。人类对交流的渴望从未止步。报纸、广播、电视的产生，使得人际传播和大众传播成为两个相对独立的部分，传播研究集中在大众传播领域，如受众态度的转变、心理的影响、宣传的力度与技巧等，并借用计算机中编码、解码的概念，来解释信息的发送与接收问题，显露出科学、控制的痕迹。公共舆论的监督、政治理念及军事目的的宣传、商业产品的促销成为交流研究的重点。② 因此偏离了交流的根本目的：实现人与人之间的沟通和理解。因而，在四处充斥着大众传播媒介的现代社会，研究"交流思想"的主要意义在于个体层面的沟通与社会关系的建立（人际传播），以及民主的推行和社会的发展（大众传播）等方面。③

彼得斯打破学科的束缚，将传播置于社会科学的历史背景之下进行考察。2015 年，彼得斯出版《奇云》一书，其思想与《对空言说》一脉相承。《奇云》舍弃了《对空言说》的时间叙述角度，转而以空间角度梳理传播观念史，着重描述了身体中介对传播的影响。④

复旦大学殷晓蓉从传播思想史的角度出发，探讨了"交流"语境下的传播史问题。她认为彼得斯并非带着悲观的态度去看待"交流的失败"，而是将"交流"置身于传播思想研究的背景之中，去分析大众传播媒介的发展。对"交流的失败"的原因和意义梳理有助于澄清传播学的基本问题。⑤ "交流问题"贯穿整个西方文化史。彼得斯按照时间顺序梳理通信技术的进步，反思交流出现的困境，通过对哲学文本的解读树立了传播哲学的传统，也显示了其作为一个传播学者的学术广度和创造性智慧。⑥

黄旦将彼得斯的中心论点总结为：我们不该着眼于是否能够交流，而是追求在保持界限的前提下，公正而宽厚地彼此相待。⑦ 刘海龙则指出无论是研究方法还

---

① 鲁文禅：《从观念转变看传播学的发展——评〈对空言说：传播的观念史〉》，《中国高校科技》2018 年第 12 期第 98 页。

② 黄旦：《手拉手还是心连心：什么是交流？》，《读书》2004 年第 12 期第 73—80 页。

③ 胡森林：《放弃交流的幻想——读彼得斯〈交流的无奈〉》，《新闻与写作》2005 年第 1 期第 16 页。

④ Peters, The marvelous clouds: toward a philosophy of elemental media, Chicago: University Of Chicago Press, 2015.

⑤ 殷晓蓉：《"交流"语境下的传播思想史——解读彼得斯的〈交流的无奈〉》，《复旦学报》（社会科学版）2008 年第 3 期第 115—123 页。

⑥ Derek. Vaillant, "Speaking into the Air: A History of the Idea of Communication (review)", Technology and Culture, (2000) p.4.

⑦ 黄旦：《手拉手还是心连心：什么是交流？》，《读书》2004 年第 12 期第 73—80 页。

是研究视角，《对空言说》无疑都给世界传播思想史的研究以新的启发。①

二、国内外对《庄子》传播思想的研究

彼得斯将耶稣、圣保罗和圣奥古斯丁等古代先哲视为（西方）传播思想的源泉。他的《对空言说》立足于西方视角，运用文献分析法，结合耶稣、柏拉图、洛克等典型人物的传播思想，分析比较，进而勾勒出西方传播观念史的轮廓。② 吴予敏根据梳理观念史、中国思想史、社会史等学科的经验，提出应该借鉴彼得斯对传播观念史的研究方法，梳理中国的传播观念史。通过深入挖掘先秦等古代先哲的传播思想资源，建构中国传播理论，是实现传播学本土研究的重要途径。③

当代"传播学中国化"的重要领军人黄星民认为"华夏传播研究"的主要内涵是对中国传统社会中的传播活动和思想的整理和扬弃。④ 他认为实现其扩充需要靠传统文化的整理。其中重要的一部分就是类传播时代诸子百家的传播观点。邓建国认为彼得斯的交流观与中国古代的交流传播观念存在"暗合"。⑤ 因而将传播思想回溯至先秦时代，从庄子的类传播观点入手，可以实现对中国传统社会中的传播活动和传播思想的整理。

关于庄子有没有传播思想这一问题曾引起学界的争论。尹连根教授于 2017 年在《新闻国际界》上发文：认为"庄子没有传播思想"："庄子固然有传播活动，但并没有所谓的传播思想。"⑥

2019 年 2 月，姚锦云在《新闻国际界》上发文回应，列举论述了庄子中存在的大量传播活动和传播思想，并借用舒德森的理念表示：研究传播的人不应该仅仅局限于狭窄的传播学领域，而应该从广泛的社会史、思想史、政治史、文化史等学科中汲取养料。⑦

蔡锦瑜认为《庄子》的传播学思想异常丰富。加拿大传播学者、传播学大家

---

① 刘海龙：《从传播到媒介：彼得斯与传播思想史研究的进路》，《新闻与传播评论》2017 年秋冬卷。

② Institutional sources of intellectual poverty in communication research. John Durham Peters. Communication Reports . 1986.

③ 吴予敏：《中国传播观念史研究的进路与方法》，《新闻与传播研究》2008 年第 3 期第 33—39、95 页。

④ 黄星民：《华夏传播研究刍议》，《新闻与传播研究》2002 年 4 期第 80—86、96 页。

⑤ 邓建国：《传播学的反思与重建：再读 J.D. 彼得斯的〈对空言说：传播的观念史〉》，《国际新闻界》2017 年第 2 期第 151—173 页。

⑥ 尹连根：《审慎对〈庄子〉进行传播学层面的"本土化"——与邵培仁、姚锦云两位老师商榷》，《国际新闻界》2017 年第 5 期第 155—173 页。

⑦ 姚锦云：《再论庄子传播思想与"接受主体性"——回应尹连根教授》，《国际新闻界》2019 年第 2 期第 132—152 页。

麦克卢汉在《理解媒介》中就引用过庄子中汉阴丈人的寓言（《庄子·天地篇》），来阐释技术变革的实现有赖于思维和评价模式的改变。西方社会在后工业化时代面临着人的异化、环境污染等问题，为了谋求解决之道，他们在东方找到了《庄子》《易经》《孙子兵法》等一系列文化理论。近年来，国内传播学研究者也将目光投向了《庄子》，并产出不少成果。①

作为中国传播思想史的重要研究对象，《庄子》中蕴藏着丰富的传播智慧。庄子的宣传思想最早见于郭志坤所著《先秦诸子宣传思想论稿》一书。②在此之后，台湾关绍箕在他的《中国传播思想史》中专门辟出"道家传播思想"一章，集中论述了《道德经》《庄子》等道家经典的传播思想。③庄万寿从语言符号的角度出发探讨了庄子语言符号的特点。④

当下，一批优秀学者都尝试从传播视角解读《庄子》。学者谢清果从语言角度分析了《庄子》的传播效果，指出传播的三重境界：不言；无言；忘言。⑤李红论述了庄子"吾丧我"观点背后的主体性。⑥邵培仁则从传播受体论出发：庄子的独特之处是认为传播的成败不在于"传"，而在于"受"。进而指出庄子的特色在于"接受主体性"，并反思"传者为中心"范式的弊端，重新界定个体精神世界与传播媒介之间的关系。⑦

第三节　中西交流观对比研究的可行性与创新性

华夏传播产生于传播学中国化的漫长实践中，华夏传播学的建构主要在华夏传播史、华夏传播理论、华夏传播研究方法三方面发力。促进中西传播观念的对话是培养"华夏传播学"想象力的重要研究方式之一。

---

①　蔡锦瑜、叶铁桥：《〈庄子〉的传播学思想初探》，《湖南大学学报》（社会科学版）2006第4期第133—137页。

②　郭志坤：《先秦诸子宣传思想论稿》，福建：福建人民出版社，1985年。

③　关绍箕：《中国传播思想史》，台湾：正中书局，2000年。

④　庄万寿：《庄子语言符号与"副墨之子"章之解析》，陈鼓应主编《道家文化研究》第5辑，上海：上海古籍出版社，1994年，第95—103页。

⑤　谢清果：《道家语言传播效果的求美旨趣》，《哲学动态》2008年第3期第25—29页。

⑥　李红：《庄子的"吾丧我"：主体趋近世界的路径》，《西北师大学报》（社会科学版）2019年第2期24—31页。

⑦　邵培仁、姚锦云：《传播受体论：庄子、慧能与王阳明的"接受主体性"》，《新闻与传播研究》2014年第10期第5—23、126页。

一、研究视角

本篇立足于华夏传播的研究视角，华夏传播研究方向产生于传播学中国化的漫长实践过程中。自五四运动以来，传播研究在中国已经走过近百年的历史。学者李彬、刘海龙将中国传播学的百年历史总结为两次"引进"与三次"突进"。①

20世纪初，传播研究的概念第一次零散地传入中国。1978年之后，以量化效果研究为主的传播学第二次被引进中国，传播学基础知识得以普及，这是中国传播学的第一次突进。②20世纪80年代，国内学者忽略了西方传播理论诞生的社会政治经济环境，而将之看作"普世"定理。

20世纪90年代后，中国传播学界有针对性地融合西方社会科学的语境理解传播理论，同时规范传播研究及其社会科学研究方法。这是传播学的第二次突进，推进了传播研究的学科化、规范化、体制化。③传播学本土化的反思从这里开始萌芽，从80年代起，有关传播研究本土化的争论就已不绝如缕，成为中国传播学界的热门话题，几乎所有主要学者都参与过讨论。④

距第二次引进传播学30周年后的2008年，以学术自觉（即本土化）为主题的传播研究反思拉开了第三次突进的序幕。2008年，第十届中国传播学大会明确提出"推动中国传播学面向中国现实与传播实践，建构本土化的传播学理论体系"的宗旨。此时，随着译注的大量出版、国内外学者交流，以及新生代学者英文水平的显著提高，中国深入了解了西方的传播理论及其社会背景，并开始发觉其固有缺陷。⑤而西方学界同样感叹杰出的传播理论不复再现。面对中国的历史语境与具体国情，大批学者都提出了创造性地开创中国理论与流派的客观需求。⑥

在传播学的本土化过程中，产生了以"中国经验"验证"西方理论"的二元框架问题。⑦在何为本土化、如何本土化的问题上，目前分歧很大。学者们从受众

---

① 李彬、刘海龙：《20世纪以来中国传播学发展历程回顾》，《现代传播》（中国传媒大学学报）2016年第1期第32—43页。

② 王怡红、胡翼青：《中国传播学30年》，北京：中国大百科全书出版社，2010年。

③ 李彬、刘海龙：《20世纪以来中国传播学发展历程回顾》，《现代传播》（中国传媒大学学报）2016年第1期第32—43页。

④ 王怡红、胡翼青：《中国传播学30年》，北京：中国大百科全书出版社，2010年。

⑤ 赵月枝：《为什么今天我们对西方新闻客观性失望？——谨以此文纪念"改革开放"30周年》，《新闻大学》2008年第2期第9—16页。

⑥ 李彬：《重思中国传播学》，《当代传播》2015年第4期第4—9页。

⑦ 胡翼青：《传播研究本土化路径的迷失——对"西方理论中国经验"二元框架的历史反思》，《现代传播》（中国传媒大学学报）2011年第4期第34—39页。

研究、①主体意识、②理论建构、③④社会实践⑤等一系列角度出发，探讨传播学本土化的应有之义。张咏华经过对14次中国传播学大会的文本梳理，发现总体而言，中国传播学研究对本土化的思考不断加深，建设迈向本土化的具有中国特色传播学理论体系的目标也越发清晰。⑥虽然面临种种争议，但各方的基本共识是不再认同"西方理论，中国经验"的路径，而要求"返本开新"，以高度的文化自觉和文化自信在中国思想史和学术史的脉络中定位"传播学本土化"，而不是仅仅满足于与国际接轨。⑦在本土化的实现路径上，达成了实现中国经验、中国问题和中国范式三者结合的共识。⑧即从传播理论、传播实践、传播研究方法三个层面展开研究。

1983年，施拉姆的中国学生余也鲁教授，为施拉姆《传播学概论》一书的中译本作序：《中国文化与传统中传的理论与实际探索》，把焦点聚焦到了传播学的中国化问题上来。1988年，吴予敏（现深圳大学传播学院院长）出版了被誉为"华夏传播研究的开山之作"的《无形网络——从传播学视角看中国传统文化》，五千年华夏文明自此正式地纳入了传播学视角的思考场域之中。⑨同时也为传播学的中国化和本土化指明了一个方向，那就是华夏传播研究。⑩

谢清果将华夏传播学定义为"能够阐释和推进中华文明可持续发展的传播机制、规律和思想方法的学说"。⑪自20世纪70年代末以来，华夏传播类论文时常现身于《新闻与传播研究》《国际新闻界》《现代传播》等传播学权威、核心刊物上。20世纪90年代初，厦门大学成立了旨在推动华夏传播研究的传播研究所。

2010年以来，破土而出的华夏传播学迎来了风雨与机遇并存的立根发芽新时

---

① 刘海龙：《从受众研究看"传播学本土化"话语》，《国际新闻界》2008年第7期第5—10页。

② 杨惠、戴海波：《对传播研究本土化中"中国经验"的批判分析》，《编辑之友》2016年第11期第64—68页。

③ 邹利斌、孙江波：《在"本土化"与"自主性"之间——从"传播研究本土化"到"传播理论的本土贡献"的若干思考》，《国际新闻界》2011年第12期第60—66页。

④ 杨永军：《论我国"传播学本土化"的理论构建》，《学术论坛》2005年第3期第155—159页。

⑤ 李智：《在"理论"与"经验"之间——对中国传播研究二元路径的再思考》，《国际新闻界》2011年第9期第33—39页。

⑥ 张咏华：《中国传播学研究迈向本土化/中国化过程的脉络——从14次中国传播学大会的角度》，《新闻记者》2019年第1期第63—70页。

⑦ 邵培仁、姚锦云：《返本开新：从20世纪中西学术交流看传播学本土化》，《广州大学学报》（社会科学版）2016年第5期第59—68页。

⑧ 邹利斌、孙江波：《在"本土化"与"自主性"之间——从"传播研究本土化"到"传播理论的本土贡献"的若干思考》，《国际新闻界》2011年第12期第60—66页。

⑨ 吴予敏：《无形网络——从传播学视角看中国传统文化》，北京：国际文化出版公司，1988年。

⑩ 王婷：《华夏传播研究的历史回眸与书写范式的求索——从评介〈华夏传播学引论〉讲起》，《东南传播》2019年第3期第55—58页。

⑪ 谢清果：《华夏传播研究的前史、外史及其开端》，《中外新闻传播学文摘》2016年总第35期。

期，华夏传播研究得到迅猛发展。南京大学潘祥辉教授出版了新时期本领域有标志性的学术著作《华夏传播新探》。此外，《华夏传播研究丛书》《华夏文明传播研究文库》等一系列著作丛书相继出版。2013年，《中华文化与传播研究》创刊；2018年，《华夏传播研究》创刊，并于同年成立了华夏传播研究会，定期举办华夏传播研究工作坊。目前，浙江大学传播研究所所长、浙江省传播学会会长邵培仁教授和暨南大学的姚锦云博士合作的《华夏传播理论》也即将面世。[①]

华夏传播学的建构主要在华夏传播史、华夏传播理论、华夏传播研究方法三方面发力。促进中西传播观念的对话是培养"华夏传播学"想象力的重要研究方式之一。厦门大学传播研究所积极推动《中庸》《论语》《庄子》《墨子》等中华文化元典与《对空言说》《传播的历史》等西方传播学经典进行学术对话，出版了《中庸的传播思想》，即将出版《论语的传播思想》《庄子的传播思想》等系列丛书，为传播学"中华学派"的建构奠定了扎实的学术基础。本章也将从华夏传播视角展开，以《庄子》和《对空言说》为文本，对比分析其对于交流困境理解的异同之处。

二、可行性分析

作为现当代传播观念史的集大成者，彼得斯与类传播时代的庄子（传播观念的源头之一）有何可比性呢？答案有四点。

第一，借鉴彼得斯梳理西方传播观念史的方式，从传播观念史的角度展开，挖掘《庄子》的传播思想。有关"交流"（communication）的传播理论在20世纪20年代才初见端倪，[②]那么彼得斯为何将传播的源头追溯至苏格拉底与耶稣呢？彼得斯给出了答案：在本书考察的人物中，几乎没有什么人想到什么传播理论。但从我们的时代位置回望，能够发现他们著作中原本不存在的东西，读出从未被写进去的意义。[③]"只有将传播领域作为一个开放领域进行思考，我们才能发现这个领域可能的模样"，[④]这对深入庄子的社会历史语境去理解庄子的传播思想具有参考意义。

第二，庄子的传播思想丰富，且与彼得斯在传播理论上具有同质性，彼得斯

---

① 谢清果：《传播学"中华学派"建构路径的前瞻性思考》，《新疆师范大学学报》（哲学社会科学版）2017年第6期第63—76页。

② 〔美〕彼得斯：《对空言说》，第16页。

③ 〔美〕彼得斯：《对空言说》，第296页。

④ 〔美〕彼得斯：《对空言说》，第51页。

关于"不同主体间关系"的界定显然更适合庄子的旨趣。① 鲁迅曾言：道家文化是中国文化之根，儒家文化也从中吸收发展了不少东西。庄子的传播思想丰富，具有可研究性。复旦大学邓建国也提出：彼得斯的交流观与中国古代的交流传播观念存在"暗合"。麦克卢汉在《理解媒介》中就引用过庄子中汉阴丈人的寓言（《庄子·天地篇》），来阐释技术变革的实现有赖于思维和评价模式的改变。

第三，为对空言说填补东方智慧。人类的沟通是永恒的命题。彼得斯以反传统的哲学视角探讨了古希腊苏格拉底、以色列耶稣、罗马帝国奥古斯丁、英国洛克及图灵、德国的梅斯梅尔及黑格尔、丹麦的克尔凯郭尔、美国的爱默生等多个不同国家的思想家的交流观点，唯独缺少东方智慧，他自己也在绪论和第六章里表示遗憾。中华文明有如此之多的智慧，西方却对此一无所知，所以他很遗憾，由于语言的不通，和对东方文化的不了解，没能融合东方智慧。

第四，以庄子为引，抛砖引玉。吴予敏认为我们"应借鉴彼得斯对传播观念史的研究方法，梳理中国的传播观念史。"我们为何不能从传播观念史的视角切入，逐代梳理东方哲学家们关于交流的观点，实现中国传播观念史的梳理呢？借鉴彼得斯的研究思路，从传播观念史的视角切入，深入挖掘古代先哲（从先秦一直到近现代，尤其是儒释道的思想）传播思想资源，建构中国传播理论，是实现传播学本土研究的重要途径。而本章就是立足于华夏传播视角，借鉴彼得斯的方法，去对比剖析庄子，做一个初步尝试。

总而言之，中西方传播学的土壤不同，将两者进行对比，有助于更好地实现传播学与中国社会的融合。传播学的先驱如施拉姆大都从西方的历史文化角度出发，尤其是从宗教入手研究传播学，如伊尼斯的《帝国与传播》《传播的偏向》，还有麦克卢汉等都具有深受宗教的影响。而中国显然不是这样的。1950 年左右传播理念传入中国，1978 改革开放后传播学大规模进入中国学界，"拿来主义"兴盛，学者大都在中国环境下对"使用与满足""把关人理论""议程设置"等理论进行实证研究，对西方经典传播理论进行中国本土化的验证。就产生了"西方理论，中国经验"的二元思维框架。② 学者胡翼青指出：这样不但无法创造中国的传播学理论，反而用中国经验验证扩充了西方理论案例库，强化西方的文化输出和话语霸权。

传播学科历史短暂，但传播哲学源远流长。汤因比的研究表明：中华文明是

---

① 姚锦云：《再论庄子传播思想与"接受主体性"——回应尹连根教授》，《国际新闻界》2019年第 2 期第 132—152 页。

② 胡翼青：《传播研究本土化路径的迷失——对"西方理论，中国经验"二元框架的历史反思》，《现代传播》（中国传媒大学学报）2011 年第 4 期第 34—39 页。

唯一延续至今的文明。[①] 传播学科的历史并不长，但传播观念却有着漫长的历史。要实现传播学的本土化，除了要博采众长，以开放的姿态学习西方传播理论，更应该回溯中华传统文化，整理中国古代的传播哲学。

三、创新点与难点分析

本章通过华夏文明与西方传播实践理论展开对话的方式，对比分析彼得斯和庄子对交流困境的理解的异同点，以期提供可以与西方传播理论对话的中国文本，助力华夏文明传播话语体系的构建。从庄子的传播观点入手，可以弥补《对空言说》未能融合中华文化的遗憾，同时又能通过中西对比的方式，挖掘中国传播观念史，为华夏传播学的发展添砖加瓦。

本章最大的创新点在于抛弃时间线索，转而将彼得斯传播观念史中涉及的人物及思想进行归类，归为交流失败的具体原因、交流目的转向、交流失败的解决方案三个门类。从导致交流失败的原因剖析，到转变交流的目的，再到寻求有效的大众传播以构建和谐社会，使彼得斯对交流的态度和思想脉络更加清晰。而之前有关彼得斯《对空言说》的论述（如殷晓蓉、黄旦等）大都以时间线索为顺序，简括彼得斯传播观念史的代表人物及观点，混合梳理交流失败的原因和出路。同时也兼及彼得斯在《奇云》一书提出的"媒介即自然"观点，探讨此观点与《庄子》思想的内在契合。

此外，明确提出撒播与对话融合的大众传播媒介、对交流对象的扩展分析、符号与唯心主义之间的关系分析、他者特性和齐物论的对比分析、庄子"通天下一气耳"的交流畅通思想都是本章的创新之处。

关于彼得斯与中国古代传播思想的对比研究，目前处在初始阶段。谢清果、杨芳、曹艳辉等从华夏传播视角切入，将《道德经》与《交流的无奈》进行对比，[②]通过研究其对于交流困境认知与解决方式的异同，[③]阐发对交流困境的理解和启发，认为他们都怀着乐观的态度来对待这种"交流的无奈"，但在超越交流无奈的方法上，却有着不同的解决方式。[④]

目前，彼得斯与庄子的传播思想对比研究还处于起步阶段，姚锦云等学者曾

---

① 〔英〕阿诺德·汤因比：《历史研究》，上海：上海人民出版社，2010年。

② 谢清果、杨芳：《老子对人际传播现象的独特思考——与〈交流的无奈——传播思想史〉比较的视角》，《成都大学学报》（社会科学版）2016年第4期第1—7页。

③ 谢清果、曹艳辉：《架构"交流的无奈"通向"人际的和谐"桥梁——论老子人际沟通的逆向思维》，《周口师范学院学报》2012年第1期第34—36页。

④ 谢清果、杨芳：《交流的无奈：老子与彼得斯的不谋而合》，《阜阳师范学院学报》（社会科学版）2016年第3期第1—5页。

提出庄子与彼得斯的可比性和相似之处，但将两者对比的文章目前还是一片空白。而庄子一书中含有丰富的传播思想，非语言传播、内向传播等都与彼得斯不谋而合，值得研究，但同时也面临缺乏文献资料的问题。

（作者简介：王婕，厦门大学新闻传播学院 2019 级研究生，研究方向：华夏传播研究；苏蕾，长安大学文学艺术与传播学院副教授；谢清果，厦门大学新闻传播学院教授，博士生导师，从事华夏文明传播与媒介学研究。）

第十七章　彼得斯对"交流失败"的审思

本章通过梳理彼得斯《对空言说》的传播观念史，分析"交流失败"的历史根源和具体的主客观障碍，得出彼得斯面对解决"交流失败"的出路：一是符号中介也可以进行有效的传播；二是正因交流失败促进了传播效果的研究，促进了大众传播媒介的发展。因而应当转变交流的目的，放弃人与人之间心灵的融合，转而拥抱个体之间的包容和理解，以期通过大众传播媒介去构建一个公正的社会。

第一节　交流为何必然失败？

哈佛医学院教授 Robert Waldinger 在 2017 年出版的哈佛公报（The Harvard Gazette）指出，"关系是一种形式的自我护理"。良好亲密的关系离不开有效的交流，但现实生活中，无效的、误解的、针锋相对的交流却是沟通的常态。对此，彼得斯提出了一个残忍的观点：交流必然走向失败。

一、交流失败的历史脉络

1938 年，哈佛大学成人发展研究开展了一项名为"The Grant & Glueck Study"的研究，81 年间，他们选择记录了 724 位男性一生的工作、阶层变动和幸福状况。研究意外发现人际关系对个人生活的重要影响：第一，社交关系对人类而言非常重要，与家庭、朋友、社区有更多社会联系的人更快乐，更健康，更长寿。而孤独的人不仅不快乐，寿命也更短，身体及大脑的衰退早于常人。第二，亲密关系的质量非常重要。坏的关系加剧对人的伤害。第三，良好的人际关系不仅保护我们的身体，而且还可以防止记忆力衰退。

良好亲密的关系离不开有效的交流。我们生活在宗教、工作和公共事务之中，也生活在交流中。人类内心的思绪和潜意识持续流动，一刻不停。但现实生活中，无效的、误解的、针锋相对的交流却是沟通的常态，加剧了人与人的对立和冲突。

面对交流失败的挫折，彼得斯提出了一个残忍的观点：交流必然走向失败。

他结合更加广泛的跨学科人文视角，梳理了"交流"问题的历史根源，[①] 总结如表
17–1 所示：

表 17–1："交流"困境的历史脉络

传播观念	代表人物	交流观点
对话：一对一的人际传播模式	苏格拉底	交流等同于（两人间）爱欲，追求紧密匹配的人际交流，实现心灵间的直接沟通。
撒播："有耳皆可听"的大众传播	耶稣	撒播是一种公平公正的传播交流方式。意义的收获取决于接收者的意愿和能力，更适合人类的民主政治和道德生活。
"道在肉身"的符号中介观念	奥古斯丁	符号是思想的容器和内在心灵的外在载体。交流的目的是建设一个人们能公正参与其中的充满爱心的生存环境。
个体本位的"唯我论"语言理论	洛克	感受只有变成语言才能交流，语言是交流的障碍。个体在语言生产中具有自主性，陷入"唯我论"和"传心术"两个极端。
物理化的唯心主义	梅斯梅尔	催眠术使"自我要么因自主而封闭，要么因开放而危险"。
传心术	迈尔斯	在心灵领域完成万有引力定律在物质领域完成的东西，实现物质和灵异世界的统一。
交流渠道的打通：技术决定论	克鲁克斯爵士	随着物理发展，克鲁克斯预测未来无须设备就可实现人与人的远距离交流。交流问题就成为如何调整频道接通心灵的技术问题。
带有世俗性和公共意义的"主体间性"	黑格尔	关注"主体间性"，交流既是主体问题，也是客体问题，交流的目的是为了建立一套富有活力的社会关系。人工物也具有精神。
唯物主义的中介化传播	马克思	货币资本的迫害使工人面临异化生存，造成"一切人对一切人"的战争。提倡灵魂的个性化融合，不因金钱、媒介而扭曲。

---

① 〔美〕彼得斯：《对空言说》，邓建国译，上海：上海译文出版社，2016 年。表 17-1 总结自《对空言说》全文，具体见书中第一、二、三、四、五、六章内容。

续表

传播观念	代表人物	交流观点
匿名观与 人类学转向	克尔凯郭尔	交流既是揭示，又是掩饰。失败的交流却促进了个人的进步。从唯物史论出发，坚持个体本位，实现生存方式的人类学转向。
豪猪似的 不可接触性	爱默生	认为唯心、唯物同样极端，承认"真实的他者特性"。强调生者与死者之间不可能接触。
唯心＋实用主义视角	霍肯	"存在性焦虑"：灵魂无法实现互相接触。但个体基于共同经验交流分享彼此的意识，互相包容。中介性传播也能富有成效。
唯心＋技术决定论的视角：生者幻象	库利	交流是"思想上的友谊，距离上的消除"，完全抛弃了身体的存在，转而拥抱"生者幻象"，构想了一个脱离身体的社会。
地外生命沟通	图灵	交流观念下的冒险：任何有智能迹象的"存在物"都有可能成为我们的接触对象。交流的问题关乎人类的信仰。

来源：本研究自制

二、交流失败的具体障碍

人的一生都处在交流之中，为何交流却总是失败呢？究竟有哪些具体的原因造成了交流的失败呢？纵观《对空言说》全文，可以总结为来自主观和客观两方面的障碍。客观上，有来自时间和空间的距离阻碍，主观上，则包括了符号的错误编码、解码以及个体经验的阻绝等原因。交流中存在的主客观障碍如表17-2、表17-3所示：[1]

表 17-2：交流失败的客观障碍

1	远距离导致身体的不可接触
2	交流之间长期的停顿，导致对话延迟甚至中断

其一，是指空间给交流带来的障碍。在身体的不可或缺性上，弗洛伊德、黑格尔、奥古斯丁都持着同样的观点：在交流中，身体的在场具有不可替代性。弗

① 〔美〕彼得斯：《对空言说》，邓建国译，上海：上海译文出版社，2016年。表17-2、表17-3总结自《对空言说》全文，具体见第一、二、三、四、五、六章内容。

洛伊德提出，任何"辅助器官"，都不能代替身体的缺席；[1]阿多诺提出人们在远距离的大众媒体的联系中存在幻觉和偏离，充满着微小的看不见的沟壑；[2]黑格尔认为交流既是主体问题，也是客体问题；[3]奥古斯丁则直接打出了"道在肉身"的符号中介旗号。[4]19世纪贝尔在首次接通电话时，他对华生说的第一句话就是："过来，我要你"，表达了对缺席的他人能够亲临现场的渴望。[5]

其二，则包含了时间和空间两个层面的障碍。交流双方的距离过远、信号的不对接、信件的迷失、回应的速度慢导致对话延迟乃至于中断。[6]最显而易见的例子就是未能成功到达交流对象的"死信"。

表 17-3：交流失败的主观障碍

3	符号的误读导致误解
4	个体之间经验、意识的阻断
5	交流作为掩饰手段，内容具有欺骗性
6	个体拒绝交流造成单向沟通
7	个体解读意愿和能力的限制
8	个体对信息的选择性接收和理解（推断解读）

3—8则是从个体层面出发，指出了个体层面存在的各种交流问题。俗言道"话不投机半句多"，个体交流的障碍包括对符号（语言、文字）的不当编码、错误解码；个体经验阻断对对方的同情（经验发生在别人身上，人很难感同身受）；出于各种目的的掩饰和谎言；沉默；个体解读意愿和能力的限制；对信息的选择性接收和推断解读等等。交流失败的一个重要原因，就是出于掩饰目的选择性部分披露甚至谎言。詹姆斯认为：我们人类的所有知识可能都是建筑在对各种欺骗行为的战略性隐瞒的基础上的。[7]

种种原因，致使人类无论采用哪种形式（语言、文字、图像、声音等），交流都注定存在不可逾越的沟壑，而且充满阴暗面。[8]于是，人们总是一边追求更好的交流，一边又保持着自我的边界；一边掩饰自我，又一边为了交流的难题而苦苦

① 〔美〕彼得斯：《对空言说》，第109页。
② 〔美〕彼得斯：《对空言说》，第322—323页。
③ 〔美〕彼得斯：《对空言说》，第164页。
④ 〔美〕彼得斯：《对空言说》，第101页。
⑤ 〔美〕彼得斯：《对空言说》，第262页。
⑥ 〔美〕彼得斯：《对空言说》，第245—247页。
⑦ 〔美〕彼得斯：《对空言说》，第380页。
⑧ 〔美〕彼得斯：《对空言说》，第382页。

思索：在现代世界里生存，人们必须要成为占卜师，对难以琢磨的他人左思右想，解读秘书的深意，理解上司领导的弦外之音，领会朋友爱人的轻声反讽抱怨背后的心理动机，捕捉政治政策和经济环境的人事变化，从细微的社会现象中判断未来发展的趋势……

　　而这些判断大多依靠个体人的观察和经验，符号的解读困扰着每个人。本雅明提出在组织传播方面广泛存在的问题：在办公室政治之中，一切讯息的源头都深藏不露。在官僚体制的迷宫中，我们如何判断某个符号究竟是我们自我的投射，还是他者的表达，是我们主观解读的结果，还是客观世界显现的规则？我们又如何知道，一个关键信息的意外获取是否会是有意的披露？[1] 如何与远近不同的人产生联系成为人们日常焦虑的内容。

　　随着科技的发展和媒介手段的不断进步，这种问题依然得不到解决。因而彼得斯认为，交流的难题是无解的，交流必然走向失败。但正是因为交流的失败，才推动传播学的发展，尤其是传播效果和传播策略的研究。交流失败正是推动交流观念形成的第一力量。[2] 交流问题既是哲学问题，也是道德问题、政治问题；对交流问题的思考是 20 世纪传播理论的关键。[3]

第二节　交流失败的出路

　　面对"交流失败"的无奈，彼得斯并没有陷入完全的悲观之中，他指出正是交流失败促进了传播效果的研究，并指出符号在传播中发挥的中介作用面对交流失败的难题，彼得斯转换思路，从交流的目的入手，放弃人与人之间心灵的融合，转而拥抱个体之间的包容和理解，以期通过大众传播媒介去构建一个公正的社会。

一、符号与传心术：富有成效的中介传播

　　符号作为交流的中介，贯穿了彼得斯观念史的始终，是决定交流效果的重要因素。如果按照符号因素划分的话，彼得斯的一整部传播观念史可以简单分为两个部分。一个部分是依靠符号表达意义的交流观，无论是语言、声音、还是图像，都是交流得以进行的一种符号中介。这里又可以一分为二：符号阻碍交流和符号促进交流两种观点。另一个部分则是不依靠任何中介的传心术，即追求灵魂的直

① 〔美〕彼得斯：《对空言说》，第 295 页。
② 〔美〕彼得斯：《对空言说》，第 9 页。
③ 〔美〕彼得斯：《对空言说》，第 332 页。

接接触。其关系图及代表人物如图 17-1 所示。[①]

图 17-1：基于个体本位的传播观念史分类

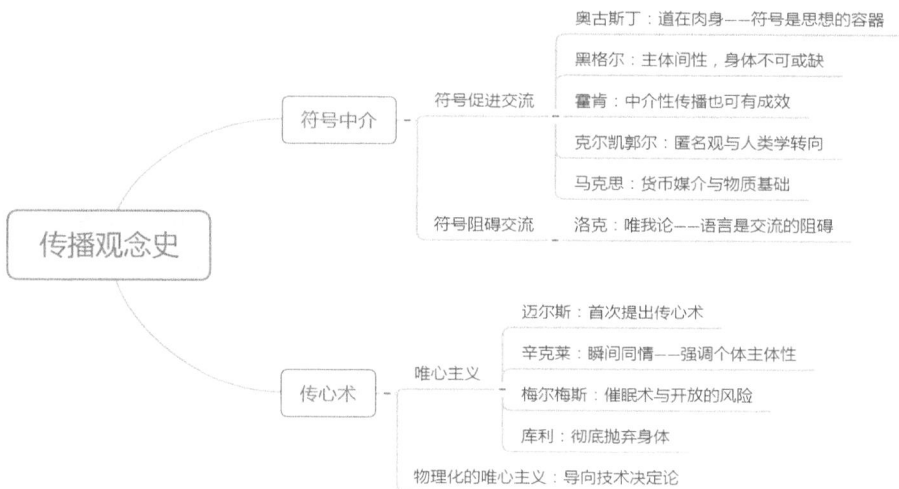

奥古斯丁：道在肉身——符号是思想的容器

黑格尔：主体间性，身体不可或缺

霍肯：中介性传播也可有成效

克尔凯郭尔：匿名观与人类学转向

马克思：货币媒介与物质基础

洛克：唯我论——语言是交流的阻碍

迈尔斯：首次提出传心术

辛克莱：瞬间同情——强调个体主体性

梅尔梅斯：催眠术与开放的风险

库利：彻底抛弃身体

物理化的唯心主义：导向技术决定论

来源：本研究自制

　　符号是传播学的基础。作为传播学的研究对象，信息是物质和精神内容的统一体。意义与符号相生相依。[②] 彼得斯结合传播技术的发展史，从苏格拉底的对空言说的实践开始，依次探讨了符号在语言传播和文字传播、电子传播中发挥的作用。[③] 最先受到关注的符号中介就是语言。人类使用的所有符号都可以被划分为非语言符号和语言符号两种。语言是一种典型的象征符体系。

　　洛克是立足个体本位的"唯我论"语言理论的代表。[④] 他认为人的感受只有变成语言才能交流出去。交流的障碍是语言本身。[⑤] 个体在语言生产中具有自主性，知识的基础建立在个人感知上。个体从世界中获取经验。语言使人成为社会动物，是社会关系的公共纽带。个体依靠交流获得对世界的共同理解。因而他认为交流

[①] 〔美〕彼得斯：《对空言说》，邓建国译，上海：上海译文出版社，2016 年。本图整理自《对空言说》第三、四、五、六章。

[②] 〔法〕巴尔特：《符号学原理》，北京：中国人民大学出版社，2007 年，第 5 页。

[③] 〔美〕彼得斯：《对空言说》，第 52—74 页。

[④] 〔美〕彼得斯：《对空言说》，第 122 页。

[⑤] 〔美〕彼得斯：《对空言说》，第 117 页。

的梦想在于人与人之间观念的复制。因而，洛克的思想产生了两个极端：一是依靠语言的交流注定失败，所以人人以自我的认知为中心，削弱了意义的公共性，陷入"唯我论"状态。二是不依靠语言而交流，"目击而道存"，即为意识一致的"传心术"。①

与洛克完全相反，奥古斯丁提出了"道在肉身"的符号中介观念。②他创造出"内在自我"的概念，认为思想藏在个体所独有的感觉之中，符号是思想的容器和内在心灵的外在载体。交流的目的是在两个不同的灵魂之间建立某种同一性（而黑格尔认为这不过是对人与人之间差异的短暂遏制③）。但是追求两个心灵的融合，就会产生问题：一是交流失败的绝望感；一是鄙视拒绝交流的人，彼此的"边界"得不到尊重。

奥古斯丁的"符号理论"，将词语分为肉体（声音字形）和灵魂（所指和能指）两部分。奥古斯丁以圣子的肉身之道做比喻：正如上帝本身是无相的，却以泥塑之身乔装成人的样子表现自我，以便堕世之人能够形象化地理解和感知道的存在一样，内在思想以语言文字为住所，以具象化的在场作为显圣手段，以人可以理解的形式去传达思想。④交流是不同内心之间的协调，而这种协调源自欲望的驱使，就连语言也是受激情所推动的，充分肯定了个体的主体性。

黑格尔则不仅意识到传播者的主体性，还发现了受传者的主体性，强调带有世俗性和公共意义的"主体间性"。⑤通过交流建立一个自由世界是黑格尔体系的全部目的。黑格尔是哲学分水岭，将关注点从"主体性"转到"主体间性"上。奥古斯丁认为我们是世界的匆匆过客，我们的生活不过是影视剧背景里的群众演员，是可以被忽视的。⑥与奥古斯丁不同，黑格尔认为离开了身体，精神就不可能存在。交流既是主体问题，也是客体问题。主体是与客体纠缠的主体，自我是与他者纠缠的自我，意义是公共而世俗的而不是仅存在于个体内心。

黑格尔认为人是没有内在的，自我的发现是在他者的陪伴之下发生的，人性的本质是要和他者求得一致，人有"达成共识"的冲动，我要依赖别人才能成为自我，从别人的身上看到自我，我即是他者。⑦这也是人际传播中"镜中我"的哲学来源。

①　〔美〕彼得斯：《对空言说》，第129页。
②　〔美〕彼得斯：《对空言说》，第98—99页。
③　〔美〕彼得斯：《对空言说》，第169页。
④　〔美〕彼得斯：《对空言说》，第101页。
⑤　〔美〕彼得斯：《对空言说》，第163页。
⑥　〔美〕彼得斯：《对空言说》，第164页。
⑦　〔美〕彼得斯：《对空言说》，第168—169页。

黑格尔认为人工制造物（比如文学影视作品）也具有智能，即符号脱离原作者之后仍然具有意义。[①] 对于这个问题同样也是文学问题：谁才是意义的主人？意义产生于读者的创造，作者的意图、文本本身、解读者圈子、公认的经典原则，还是读者与文本之间的互动？彼得斯指出这个问题是中介传播的问题，是关于交流的问题。是主体与客体以及符号之间的关系问题。[②] 也就是符号本身是否具有意义的问题。

笔者以为，一些伟大的文学作品，对非人类而言，不过是一些枯燥的符号，但却能使读者潸然泪下。离开作者，这些作品同样感人，作品的意义寄居于符号之中，意义的传达离不开受众的接收。互动发生于文本与读者之间。符号生产者带着灵魂去产生这些东西，之后被传播的符号已经脱离了生产者而拥有了独立灵魂去传播，已经脱离了生产者的控制，而交由读者受众去解读。

在奥古斯丁的眼里，交流是个体差异性的互动，交流的目的不在于清晰地表达自我，而是建设一个人们能够公正参与其中的充满爱心的生存环境的问题。黑格尔同样指出交流的目的是为了建立一套富有活力的社会关系、建立共同世界的一系列历史政治任务。由此可见，个体的社会化离不开人际交流：使个人适应社会，也服务于社会价值观和规范体系的构建。

完全以个体作为传播的本位，就会陷入唯心论的怪圈。符号的意义之争其实也是唯心论与唯物论的交锋。唯心主义认为：人是万物的尺度，一棵大树在森林里倒下发出的声音没有被人听到，就相当于没有发生过一样。同理，洛克提出：知识的基础建立在个人感知上。人人以自我认知为中心，陷入"唯我论"，因而交流注定失败。因而将交流的希望寄托于"目击而道存"的"传心术"。[③]

迈尔斯正式提出"传心术"的概念：不借助任何感官，实现从一个心灵到另一个心灵的直接传递。[④] 这使得交流兼具两方面含义：一是物理意义上的传输；二是社会意义的瞬间接通感知。辛克莱持有同样观点，传心术可以产生一种共同理解和瞬间同情的状态。[⑤] 但问题在于心灵的感知只是一种感觉，没有东西可以证明它确实存在，很容易使人产生怀疑，甚至在不明语境的情况下理解出错。

最接近于传心术的实践，也是最早的实践莫过于催眠术。梅斯梅尔的催眠术使得被催眠者与他人融为一体，实现双方思想感情的完全共享，但也潜藏着"个

---

① 〔美〕彼得斯：《对空言说》，第 172 页。
② 〔美〕彼得斯：《对空言说》，第 174 页。
③ 〔美〕彼得斯：《对空言说》，第 129 页。
④ 〔美〕彼得斯：《对空言说》，第 149 页。
⑤ 〔美〕彼得斯：《对空言说》，第 159 页。

体失去自我、屈从他人意志"的风险。① 从而形成了"自我要么因自主而封闭，要么因开放而危险"的僵局。在大众传播中，催眠术启发了"魔弹论"理论的出世，尤其是在二战中，成为政客通过广播、电视等对受众进行控制和劝说的工具。大众媒介通过不断重复、无处不在的宣传引导受众的潜意识。

库利将离形去骸的唯心主义交流理论推到了巅峰。他借用交通比喻，交流是"思想上的友谊，距离上的消除"，完全抛弃了身体的存在，转而拥抱"生者幻象"。② 他构想了一个脱离身体的社会。人是群体性动物，社会的形成有赖于人们的相聚。但人们的相聚本质上（关系的联结）以个人观念的形式在心灵里相聚。因此库利呼吁我们与易逝的、已死的、虚构的、历史的东西融为一体。社会是各种符号的流动。伴随着"镜中自我"（根据他人的判断形成对自我的观念）而来的是"镜中他者"。

库利从技术决定论的视角出发，他将媒介看作社会变革的推动力量。他指出唯物主义将人看作一堆肉，忽略了人们头脑中的想象是实实在在存在的东西。③ 个体的个性和人格存在于我们通过面部表情和声音无意识地相互交流的内容之中。

随着科学的发展，尤其是牛顿的万有引力定律和三大运动定律的突破引燃了人们对宇宙的无限想象。以太、流体、光波等概念进入人们的视线，于是人们猜想空间中存在一种超验的、看不见的智能——以太，将宇宙结为一体。④ 无线电的出现让人们开始想象：能否凭借一种看不见的、难以琢磨的物质连接，不需要中介，就能实现人与人之间的心灵接触呢？克鲁克斯爵士预测：未来无需任何设备就可以实现人与人的远距离交流。⑤ 故而交流的问题就成为技术问题：如何恰当地调整频道接通心灵，费希特称之为"物理化了的唯心主义"。

技术是被应用的科学，属于物质；但有趣的是，主观唯心主义总是导向武断的技术决定论。就像媒体发展中"技术为王"还是"内容为王"的一样，单纯只靠打通渠道的技术是解决不了人心和思想的问题的。简单地将交流问题转化为如何恰当地调整频道接通心灵的技术问题是走向了媒介技术决定论的深渊。

对于人类交流手段的进步，我们大可以报以积极的态度。但即便是实现了"传心术"的梦想，交流的难题就能迎刃而解吗？答案是否定的。霍肯指出了传心术的两个难点：一是瞬间无碍表达一切思想会使各种愚蠢和琐屑知识喷涌而出；二

①　〔美〕彼得斯：《对空言说》，第 130 页。
②　〔美〕彼得斯：《对空言说》，第 270 页。
③　〔美〕彼得斯：《对空言说》，第 269—274 页。
④　〔美〕彼得斯：《对空言说》，第 149 页。
⑤　〔美〕彼得斯：《对空言说》，第 370 页。

是信息验证和解释问题:谁发送了信息? 没有身体,思想就会像死信一样被误传。[①] 在传心术中同样存在信息的控制问题,存在特定信息、特定对象的选择问题,也存在隐私保护和拒绝交流等主动性的问题。

迈尔斯和辛克莱的观点过于强调个体的主体性,而忽视了受传者的个性,削弱了意义的公共性。[②] 霍肯同样从唯心主义的角度出发,发现了灵魂因无法实现互相接触而产生的"存在性焦虑":交流不过是个体为了摆脱孤独试图互相接触的努力。归根结底,交流源于我们对现实的想象,我们想象它有多真实,它就有多真实;想象它有多不真实,它就有多么不真实。[③]

霍肯深思:"有时,我会坐着,凝视一位同伴,思考我与他之间神秘的互相隔绝。为什么我看着你,只能看到你的墙壁(身体),而从来就看不见你呢?"循着实用主义的道路,霍肯找到了解决交流失败的传播方案:个体基于共同经验交流分享彼此的意识、互相包容,使中介性传播也能够富有成效。[④]

唯心主义造成了人与人之间森严的壁垒。克尔凯郭尔从唯物史观出发,提出匿名观,实现了人类生存方式的人类学转向。[⑤] 他认为人类一旦从剥削性的生产关系中被解放出来,就能够拥有改造一切的潜力。在克尔凯郭尔的眼中,交流不是为了更好地理解,而是为了策略性地传播。交流既是一种揭示方式,又是一种掩饰方式。出于各种传播目的,传播者采取对舆论的引导和抗拒、对反讽的运用等手段营造了一个虚假的世界。而一些高深的布道者常常在传播中把核心的东西借助寓言等形式隐藏起来,只有耐心而有悟性的接收者才能发觉其真正意图。[⑥] 掩饰加剧了交流的不可能性。就像《圣经》中的亚伯拉罕宁一样,宁可被儿子误解仇恨,也不愿让儿子知道,上帝竟然会要求父亲杀害自己的儿子。他主动选择不交流、被误解。[⑦]

克尔凯郭尔认为"媒介"意味着成倍地复制原本独特存在的东西。如果我们企图去修补"交流的失败",只会导致虚假和唠叨。而交流的失败本身却可以成为充满启示的丰富源泉。以人为本、从唯物史论出发,坚持个体本位,坚信无神论,马克思、黑格尔和克尔凯郭尔的理论标志着人类生存方式的人类学转向。[⑧]

---

① 〔美〕彼得斯:《对空言说》,第 268 页。
② 〔美〕彼得斯:《对空言说》,第 159 页。
③ 〔美〕彼得斯:《对空言说》,第 267 页。
④ 〔美〕彼得斯:《对空言说》,第 267 页。
⑤ 〔美〕彼得斯:《对空言说》,第 199 页。
⑥ 〔美〕彼得斯:《对空言说》,第 192 页。
⑦ 〔美〕彼得斯:《对空言说》,第 196 页。
⑧ 〔美〕彼得斯:《对空言说》,第 199 页。

对于当今社会中的交流失败，马克思交流视野更为犀利而独特：对资本主义病态的隐性诊断。马克思从唯物主义的中介化传播角度出发，马克思认为独特的个体的个性是参与集体生活的后果，而不是参与集体生活的出发点。[1]货币带来的剥削和矛盾，导致了无底线的贪婪占有，货币资本对人的迫害，使工人面临异化生存，成为劳动的工具，劳动者的身体已经不再属于他自己，他们的精神被异化力量榨干，造成现代交流失败的典型场景。[2]

货币作为大众媒介无论发挥何种杠杆作用，都是腐蚀性的，是造成文明社会充满"一切人对一切人"的战争的部分原因。利益冲突其实是交流失败的重要起因，而失败的交流加剧了冲突，以至于不可调和。马克思提倡灵魂的个性化融合，不因金钱、市场、媒介的扭曲机制而受到污染。[3]

许多人认为：只要让所有的人享有言说的途径、安全和自由，就可以当前在交流中出现的各种混乱轻易消除。马克思并不认同这种观点，他将之看作现代社会中的治疗性话语和技术性话语的自负。交流需要物质基础：正是符号和物质资源的不公正分配导致了交流失败。[4]面对交流的混乱，马克思给出的方案是首先对物质和文化生活进行重组。

通过传播观念史的梳理与比较，彼得斯使身处不同时代、观点相异的学者实现了传播观念的隔空对话，并将自己的观点暗藏其中。彼得斯肯定身体等符号在传播中发挥的作用，认为立足于唯物视野的中介性传播也能富有成效。

二、改变交流目的：构建公正的社会结构

麦克卢汉曾言：媒介是人体的延伸。在现代社会，广播、电视延伸了人的视觉和听觉，智能手机等移动终端的普及以及 VR 等技术手段的应用，使得人与人之间的交流跨越了时空的鸿沟。信息传播的手段和方式越来越多样、灵活，社交和生活也更加便捷，但交流的问题也随之更新换代。

现代技术压缩了时空，将流逝的时间通过影像声音保存下来。一是跨越时空广泛传播，二是人们跨越距离追求同步，从最初的电报到电话，再到电视、直播，从声音到图像到 VR、虚拟现实全方位感知，传播手段越来越丰富，实现了远距离的即时交互。

同样这意味着另一个平行世界的出现，似乎是虚拟世界，但又真实地存在于

---

① 〔美〕彼得斯：《对空言说》，第 175 页。
② 〔美〕彼得斯：《对空言说》，第 178 页。
③ 〔美〕彼得斯：《对空言说》，第 178 页。
④ 〔美〕彼得斯：《对空言说》，第 184 页。

另一空间的数字世界。人类生活的各种复制品居住在这里。人们借此能够脱离肉体而显示形象，比如电视荧屏形象，形成了"生者幻象"，[1] 似乎实现了跨越肉体的交流，但造成了："缺席的在场"，肉体不必出席。彼得斯提出了他的观点：新媒体号称使人更加接近，实际上却使人与人的交流更加难以实现。

由此可见，交流的失败并非源于媒介技术手段的落后，而是源自交流的目的本身。面对不可避免的交流失败，彼得斯提出了新的思路，那就是转变交流的目的，实现交流的意义，这也是彼得斯在悲观之中暗含的乐观态度。代表人物对"交流目的"的观点如表 17-4 所示：[2]

表 17-4：代表人物对"交流目的"的观点

代表人物	代表观点
詹姆斯	目的在于理解，而不是传递真相。不要奢求他人像我们自己看待自己那样看待自己，追求宽恕待人。
皮尔士	我们无法实现感同身受，但可以通过交流来弥补这一缺陷，实现互相爱护、公正而宽厚地对待彼此。
奥古斯丁	交流是个体差异性的互动，交流的目的不在于清晰地表达自我，二是建设一个人们能够公正参与其中的充满爱心的生存环境的问题。
黑格尔	交流的目的不是为了个体间的心灵融合，而是为了建立一套富有活力的社会关系，建立共同世界的一系列历史政治任务。

来源：本研究自制

詹姆斯和皮尔士都把交流失败的原因归于我与对方之间无法修补的分歧，但詹姆士提出的解决方案是学会宽容；[3] 而皮尔士则怀着乐观的态度，认为交流虽然不能直达心灵深处，但可以培养爱。[4] 奥古斯丁和黑格尔则纷纷将目光聚焦在交流的大众传播效应上，将交流的目标设定为建设一个公正而富有活力的社会关系的政治历史任务。

面对交流的失败，彼得斯悲观地指出：在交流中谋求精神满足是白费力气。

---

① 〔美〕彼得斯：《对空言说》，第 207 页。
② 本章总结自《对空言说》全文，具体内容见第二、三、四、五章节。
③ 〔美〕彼得斯：《对空言说》，第 381 页。
④ 〔美〕彼得斯：《对空言说》，第 383 页。

交流的失败常常出自责任义务和利益的冲突以及彼此之间耐心的缺乏。[①] 面对这种失败，他给出的建议是：在和别人打交道时，我们可以让自己先变得更加温文尔雅、善于应对，敏于观察。

但彼得斯并不悲观地看待交流的失败，他指出：关系的受阻驱动我们掌握更好的技巧与他人建立联系。人类的交流带着各种目的，这正是智慧的开端。[②] 这时，交流成为政治问题，公正交流是社会健全的标志。彼得斯将交流问题转向"我们对他者的共情能够走多深多远"，期望我们能尽可能欣然"按照他或她的独特面貌来看待每一个人"[③] 的交流问题。

（作者简介：王婕，厦门大学新闻传播学院 2019 级研究生，研究方向：华夏传播研究；苏蕾，长安大学文学艺术与传播学院副教授；谢清果，厦门大学新闻传播学院教授，博士生导师，从事华夏文明传播与媒介学研究。）

---

① 〔美〕彼得斯：《对空言说》，第 385 页。
② 〔美〕彼得斯：《对空言说》，第 384 页。
③ 〔美〕彼得斯：《对空言说》，第 332 页。

第十八章　对观彼得斯浅析庄子对"交流失败"的认知

　　《对空言说》通过对传播观念史的梳理树立了传播哲学的传统。但作为世界传播观念史的研究,《对空言说》缺乏中国经验和中国文化。对观彼得斯对交流失败的理解,借鉴彼得斯梳理传播观念的方法,分析庄子对交流的态度,发现庄子和彼得斯在交流失败的成因、障碍、解决方式上存在暗合。比如,他们都找到了交流中存在的时间、空间及个体局限性等障碍,都发现了语言符号给交流带来的限制等。面对"交流失败",庄子既提出了"以卮言为曼衍,以重言为真,以寓言为广"(《庄子·天下》)的三言传播技巧;又通过对符号(言)与意义(意)关系的剖析,指出"言不达意"的无奈和"得意忘言"的理想状态;还给出了"心斋""坐忘""以明""吾丧我"等一系列心态修养方案,主张去除是非偏见,以空明之心待人待物。

第一节　庄子对交流失败的感知

　　《庄子》中涉及大量的传播交流活动,广泛涵盖人内传播、人际传播、组织传播、大众传播等方方面面。尤其是在交流中存在的障碍、传播主体的被束缚、信息解码中个体偏见等局限带来的误解、语言等符号中介的传播效果等方面,庄子有着辩证、客观的认识。

　　《庄子》一书中蕴含着丰富的传播思想,直接探讨了诸如"曲士不可以语于道"①(《庄子·秋水》)的交流障碍、"得意而忘言"(《庄子·外物》)的符号与意义问题、"君子之交淡若水"(《庄子·山木》)的人际交往等一系列重要的传播议题。但这些传播大都是失败的,具体表现在个体层面的心灵的迷失、人与人之间冷漠

---

　　① 孙通海:《庄子》,北京:中华书局,2014年。本句引自《庄子·秋水》,后面对《庄子》原文的引用将直接在文中标注(《庄子·X篇》),不再脚注。

和不信任感的加剧、是非尊卑等级观念锁死人们的思想、诸子百家各言其说争辩不止、君臣之间难以有效沟通，最终上升到人心不稳、诸侯相攻、天下大乱的地步。

　　庄子对于交流的失败有着明确的认知，并直接在原文中多次论述其原因。与彼得斯相同，庄子对交流失败的理解也可以分为主观和客观障碍两部分。总结如表 18–1、18–2 所示：[①]

表 18–1：庄子眼中交流失败的客观障碍

1	"夏虫不可以语于冰者"的时间限制
2	"井蛙不可以语于海者"的空间限制（对应：远距离）

　　与彼得斯相同，庄子同样指出了时空限制对交流的阻碍作用。不同的是，在时空限制的层面，庄子更强调的是时空环境给个人经验带来的局限性；而彼得斯则注重时空给交流双方通信渠道带来的限制和不便。

　　在时间障碍上，彼得斯以死信为例，重点强调回应的速度问题，即交流的长期停顿、不及时的回信（反馈）对交流的阻碍。而庄子则侧重于生命长短和人生经验的层面。"夏虫不可以语于冰者"（《庄子·秋水》），是因为夏虫的生命只有一夏，对夏天的燥热体验阻碍了它们对冬天和寒冷的感知。于它们而言，冰雪是不存在的，世界永远是燥热的，因而无法与之交流它们所不能理解的东西，这受制于它们的生命跨度。在《庄子》中，这样的例子还有很多，如"朝菌不知晦朔，蟪蛄不知春秋"（《庄子·逍遥游》），他们的生存环境决定了他们既不能知道，也无法理解存在于自身生命时段以外的东西，因而，才有了"小年不及大年"的感慨。（《庄子·逍遥游》）

　　在空间层面上，彼得斯强调远距离沟通给交流带来的幻觉和偏移致使交流的失败，而庄子仍然在描绘空间因素给个体带来的认知局限。"井蛙不可以语于海"（《庄子·秋水》），是因为它长期身处狭小的水井之中，只能看见自己眼前的一角天空。进而言之，汇聚百溪之水的河伯原本洋洋自得于自我的宽广洪流，以为"天下之美为尽在己"（《庄子·秋水》）。直到见到浩瀚无边的北海才望洋兴叹，感慨自己"吾长见笑于大方之家"（《庄子·秋水》）。而真正浩瀚的北海却不自以为傲，反而自以为渺小，这正是广阔的空间视野所带来的认知。

　　从井蛙到河伯再到北海，他们的空间视野层层递进，视野狭窄的井蛙局限于

---

　　① 表 17–1、表 17–2 总结自《庄子》原文。

一口井，无法与北海交流，更无从理解大海的浩渺；而河伯聚百溪，千里奔波，有一定的视野，仍不免于自满。但也正因其空间的相对广阔，才有与北海交流的机会和反思自身的思维基础。

表18–2：庄子眼中交流失败的主观障碍

3	语言符号的限制（对应：符号的误读）
4	教育水平（对应：个体解读能力）
5	人的是非标准
6	人的劣根性（偏见，选择）

与主观障碍相对比，庄子在客观障碍的认识上与彼得斯更加趋近。语言符号的限制对应着彼得斯"符号误读带来误解"的观点。但庄子在语言与意义的关系上显然比彼得斯有着更加深刻的认知。一方面，在语言符号的运用层面，庄子提出"以卮言为曼衍，以重言为真，以寓言为广"（《庄子·天下》）的三言观，具体论述了提高语言传播效果的三种方式。另一方面，在言意之辩的层面构造出"不言""无言""忘言"的三层境界。

教育水平的限制与彼得斯"个体解读意愿和能力的限制"相对应。"曲士不可以语于道者，束于教也。"（《庄子·秋水》），教育水平的高低直接影响人的理解能力，进而影响交流的效果。

对"是非"的批判是庄子区别于其他思想家的重要特点之一，也是道家"齐物""无为"思想的认知基础。人们带着自己的成见，"以是其所非，而非其所是"《庄子·齐物论》，先入为主地否定与自我不相符合的观点。但"民湿寝则腰疾偏死，鳅然乎哉？"《庄子·齐物论》人们睡在潮湿的地方，就会患病甚至半身不遂，但泥鳅却不会这样。那么人和泥鳅究竟谁住的地方是最合适的呢？

庄子借寓言的方式表达了他的交流观点：所谓的是非、仁义不过是人为制定的标准，人们带着自身的认知局限排斥自己认知体系以外的言论和信息，这也是儒、墨诸子百家争论的来源之一。[①] 人的是非标准使得人们各说各话，互相排斥，进而导致了交流的失败。

孟子提出了"性善论"，荀子却认为"人性本恶"。庄子认为人性是在充斥着仁义、是非等观念的生存环境下受到了污染。庄子借渔夫的形象指出"人有八疵，事有四患"，指出了人的劣根性对人际交流的影响：

① 全冠军：《庄子传播思想研究》，《山东理工大学学报》（社会科学版）2011年第4期第93—100页。

"侫""谄""谀""谗""贼""慝""险""很""矜"等。(《庄子·渔父》)在不被理解和尊重的情况下,再三执拗着进谏忠言叫作善辩(不吐不快);揣摩别人的心意进行迎合叫作谄媚;不分是非随意顺人心思言论就是阿谀奉承;喜欢在背后说人坏话叫作谗言诋毁;离间亲友是陷害;故意称赞诈伪之事来败坏别人叫作奸邪;不分善恶地讨好对方以谋私利叫作阴险;执迷不悟,听了劝谏不仅不改过还要变本加厉叫作执拗;只承认别人对自己的认可,而否定别人中肯的意见,叫作自大。

在人际交往之中,出于种种目的,阿谀奉承、谗言诋毁、离间讨好随处可见,带着虚假面具下的沟通自然会导致交流的失败。

对观《对空言说》中关于交流失败原因的论述,庄子与彼得斯的观点有异曲同工之妙。但在表三之中,彼得斯的表述更多使用了传播术语,而表七中庄子对于交流失败的客观障碍的表达更为口语化,但基本内容有相叠之处。

而彼得斯则更加注重个体的主体性,比如"交流作为掩饰手段,内容具有欺骗性""个体拒绝交流造成单向沟通""个体之间经验""意识的阻断""个体对信息的选择性接收和理解(推断解读)"等原因都是从个体层面出发,强调个人的主动选择,指出了个体层面存在的各种交流问题。

庄子的特色在于对是非标准和人的劣根性的反思,由此引发出"齐物"的思想,这与彼得斯所强调的"他者特性"又有一定的相似性和重叠之处。而由此而引发出的彼得斯与庄子对"交流失败"解决路径的不同是其最大的差异之处。

第二节　庄子解决交流失败的方式

面对"交流失败",庄子既提出了"以卮言为曼衍,以重言为真,以寓言为广"(《庄子·天下》)的三言传播技巧;又通过对符号(言)与意义(意)关系的剖析,指出"言不达意"的无奈和"得意忘言"的理想状态;还给出了"心斋""坐忘""以明""吾丧我"等一系列心态修养方案。

一、三言观:提升传播效果的语言技巧

庄子和彼得斯都发现了语言符号给交流带来的限制。彼得斯看到了符号解读中的误解,而庄子看见了"言不达意"的无奈。

"语之所贵者,意也,意有所随。意之所随者,不可以言传也,而世因贵言传书",(《庄子·天道》)语言的可贵之处在于它的意义,而世俗之人却以承载语言的书籍为贵,以收藏书籍为乐,忽略了语言背后意义的本真。就像网红书店一样,

手捧书卷，拍几张岁月静好的图片，却未曾领略书中的风景，更别提体悟其思想。另一方面，"可以言论者，物之粗也；可以意致者，物之精也"，(《庄子·秋水》) 语言可以表达基础的思想，但思维层面的高深体悟，却无法用语言去传播。

"得之于手而应于心，口不能言，有数存焉于其间。臣不能以喻臣之子，臣之子亦不能受之于臣，是以行年七十而老斲轮。"(《庄子·天道》) 做车轮的轮扁做起车轮来得心应手。他知道如何恰到好处的把握每一道工序，技巧娴熟。其中的门道虽然无法用言语表达，但确实存在说不出口的技巧和心术，这心术，他甚至无法传给自己的儿子，以至于 70 多岁了还得亲自给帝王做车轮。"古之人与其不可传也死矣，然则君之所读者，古人之糟魄已夫。"(《庄子·天道》) 相类比之下，古时候的人和他不可言传的东西早已消逝了，他们留下的书籍也不过是意义的外显，而不是大道本身。而随着时势的改变，用语言表达的书籍终将会在脱离原先的情景之后被时代抛弃。因而轮扁指出桓公所读的古书是古人的糟粕。彼得斯在《对空言说》出版的中译版序中也强调了这一观点："试图将任何东西（无论他是转瞬即逝的还是恒久不变的）固定下来，或试图将思想的鲜活精灵凝固在纸墨之上，都是自不量力和空自徒劳的"，[①] 因而苏格拉底、孔子、耶稣这三位先哲均不约而同地放弃书写，而转向了口传身授。

对文字符号充满传播忧虑的庄子与《对空言说》中坚守对话观的苏格拉底颇有相似之处。苏格拉底出生于公元前 469 年，庄子出生于公元前 369 年，两人出生的时代相仿。苏格拉底对于对话观的坚持，主要体现在柏拉图所著《斐德罗篇》当中。苏格拉底认为离开了对话，也就使符号脱离了主体，文字、图像视频等媒介手段的发展"不仅影响信息交换渠道，而且还代替了人体本身"，[②] 这使得原作者失去了对信息的占有权，而对话可以弥补这种缺陷。对话信息大都是针对当下的情境而言，一旦离开具体的情景，脱离了作者，被文字等符号固化下来的信息就很容易受到人们的质疑和攻击。而对话则将意义的解释权和占有权牢牢抓在传播者手中，这里也体现出西方以传者为中心的传播观念。

虽然语言符号工具存在局限，但庄子与彼得斯又都肯定了语言传播的功能和效果。与彼得斯笔下的霍肯相似，[③] 庄子认为中介传播也能富有成效，并创造性地提出了"以卮言为曼衍，以重言为真，以寓言为广"(《庄子·天下》) 的三言观："卮言"，指跟随时代步伐的言论；"重言"指引用先代贤人的言论；"寓言"则指借事喻理。

---

① 〔美〕彼得斯：《对空言说》，"中译版序"，第 3 页。
② 〔美〕彼得斯：《对空言说》，第 54 页。
③ 〔美〕彼得斯：《对空言说》，第 268 页。

用"卮言"来叙述，随时更新，符合自然的变化；引用古代贤哲的"重言"来讲话，就会使人感觉真实可信；运用有所寄托的"寓言"来讲故事，可以使深奥的学理变得浅显易懂，有助于推广深刻的道理，启迪人的心智。而《庄子》全文本身也是运用三言观进行传播的一个样本。

三言观的运用重在提高语言符号的传播效果，对观彼得斯，也提到了语言的传播效果问题。尤其是在"重言"方面，彼得斯通过对苏格拉底、孔子、耶稣这三位先哲的传播活动的梳理发现，他们都选择口传身授，述而不作。包括《对空言说》本身也是这样，整理先贤的观点，引用其"重言"，述而不作，却将自己的态度和观点蕴藏其中。

此外，借以寓言的形式，庄子通过对"言""意"的关系思考，探讨了符号和意义的统一问题。谢清果在言意之辩的层面，根据得意忘言的程度提出"不言""无言""忘言"三层境界。[①]

不言，放弃语言，用别的方式去表达意义，是传播的方式之一。"夫知者不言，言者不知，故圣人行不言之教。"（《庄子·知北游》）不言是一种行动层面上的选择。文字语言能够给人点拨最基础的方向，但仅仅依靠言传文本是无法体悟大道的。道德的感知需要身体力行地去感悟修养，实践方能出真知。因而"天地有大美而不言，四时有明法而不议，万物有成理而不说。"（《庄子·知北游》）传播的终极目的在"意"不在"言"，人们可以多种方式去感知"意"，而不仅仅是语言传播。

无言则是指无须语言就能直接抵达意义的传播效果。"天机不张而五官皆备，此之谓天乐，无言而心说。"（《庄子·天运》）天籁之声无音无形，但其本身具备五音之本源精华，符合自然之道，虽然无法用言语描绘，但听者会感到不可名状的喜悦，这属于只能意会不能言传之物。此虽无言，却胜过有言，能使人直接感知意义所在。

忘言则重在论述语言的工具性，"蹄者所以在兔，得兔而忘蹄；言者所以在意，得意而忘言。"（《庄子·外物》）得意是忘言的基础。通过语言媒介达到目的之后，就应该抛弃语言，从本源上去感知意义，实现交流的融通。这与彼得斯笔下奥古斯丁的观点"符号是身体的容器"有异曲同工之妙。

在语言与意义的关系上，庄子显然比彼得斯有着更加深刻的认知。而在《对空言说》中，语言及身体符号时而必不可少，时而罪不可赦，两种观念截然相反，将符号中介发挥的作用简单对立。而庄子对语言的认知水平显然有所超越：从三

---

① 谢清果：《道家语言传播效果的求美旨趣》，《哲学动态》2008 年第 3 期第 25—29 页。

言观的技巧，到"得意忘言"境界的层层递进，庄子实现了中介传播技巧与交流目标的统一，符号和意义的统一。

二、心斋与坐忘：人际传播的技巧点拨

面对交流的失败，庄子对症下药，有针对性地提出以下几种方案。

第一，区分传播受众。针对交流过程中来自时间空间和教育水平等限制的阻碍，可以统一将之归类为自身经验的局限。因而，在交流之前，首先要考虑交流对象的身份特征与成长生活经验，将传播受众加以区分。

"井蛙不可以语于海""夏虫不可以语于冰""曲士不可以语于道者"，这就是对受众有认知前提下做出的交流判断。再比如面对暴戾的独裁君主，执着于反复劝谏就显得不合时宜，反而会丢失性命。这与苏格拉底、柏拉图提倡的对话观相像，都强调对传播对象的谨慎选择。但彼得斯并不这么认为，他更倾向于"凡是有耳的皆可听"的撒播模式。

第二，从受者个体层面出发，打破个人的局限性。最典型的例子莫过于《秋水》篇中的望洋兴叹的河伯了。"闻道百，以为莫己若"的河伯看到浩渺无崖的大海时，才发觉自我的渺小。"今尔出于崖涘，观于大海，乃知尔丑，尔将可与语大理矣。"（《庄子·秋水》）正是因为河伯走出了自我的地理空间，打破了空间上的限制，认知到自我的局限，北海才将他划入可以交谈的对象，才给他讲述大道之理。

河伯走出了个人本位的视角，走出了自己的一亩三分地，才能看见宽阔的大海，认知到自我的狭隘。然而，如果仅仅只是抱着游乐之心去广泛游历，未必能够打破个人的局限性。比地理空间局限更难以打破的是思维上的局限，而思维上的局限给交流带来的困难也是最大的。

河伯因百溪汇注而洋洋自得，而北海虽有千万江河汇聚，却不曾像河伯那样骄傲，这是因为他打破了个人思维的局限性，自知宇宙之中自我的渺小，"吾在天地之间，犹小石小木之在大山也"。（《庄子·秋水》）因而除了要走出去，跨越地理空间以外，打破个人的局限主要体现在思维层面，抛弃是非道德的世俗标准，抛弃个人成见，改变思维定式，才能突破自我。反之，就会落入"执而不化，外合而内不訾"（《庄子·人间世》）的境地，表面附和而内心抗拒，交流又怎能打动人心呢？

从这里也可以看出，庄子始终以接受者为传播的中心，以意义的解码效果为最高追求。彼得斯则始终注重于编码的方式：即选择何种方式以实现最大程度的传播效果，以传播者的传播方式为考虑的中心。庄子以受者为中心的传播模式与

彼得斯以传者为中心的传播模式形成鲜明对比。

除了改变交流的态度外，庄子还给出了实现交流的实用技巧。尤其是在《人间世》中，面对春秋战国背景下广泛存在的交流困境（特别是君臣之间的沟通），庄子集中给出了"心斋""安之若命""养中"等建议。

庄子借颜回之口提出了"端虚勉一""内直外曲""成而上比"三种沟通技巧。（《庄子·人间世》）即在内心保持原则和理想的同时，以谦卑之心保持外表恭顺，行为符合礼节。进谏忠言之时语言婉转，借古说今，以期实现与君王的沟通。

孔子则进一步提出"心斋"之法："若一志，无听之以耳而听之以心，无听之以心而听之以气。听止于耳，心止于符。气也者，虚而待物者也。唯道集虚。虚者，心斋也。"（《庄子·人间世》）心斋的真正含义在于去除名利智巧之心，以达到解心释神、莫然无魂的境地，如此才能在与君主交流的时候，察言观色，"入则鸣，不入则止"，不会因劝谏受阻（交流失败）而苦恼，更不会因追求名声而死谏。

坐忘与心斋相近，都强调去名除利，回归素朴。"堕肢体，黜聪明，离形去知，同于大通，此谓坐忘。"（《庄子·大宗师》）毁坏形体，泯灭聪明，摆脱形体和智能的束缚，与大道混同为一，如此方能无好恶之分，这就叫作坐忘。①

"欲是其所非而非其所是，则莫若以明。"（《庄子·齐物论》）"以明"是指去除抛弃是非和偏见、以事物本来的面貌去观照事物。以明、心斋与坐忘都是在强调个人的内修，是外向交流的前期准备和基础，也是庄子通达齐物境地、实现交流通畅的有效路径。

面对交流的失败，彼得斯转向交流目的的改变，而庄子反求诸己，追求在自我和谐的基础上，"独与天地精神往来，而不敖倪于万物，不谴是非，以与世俗处。"（《庄子·天下》）向内求是庄子区别于彼得斯的特别之处，这也体现了中国传统文化中一个独特而重要的观念：不假外物、反求诸己。

（作者简介：王婕，厦门大学新闻传播学院2019级研究生，研究方向：华夏传播研究；苏蕾，长安大学文学艺术与传播学院副教授；谢清果，厦门大学新闻传播学院教授，博士生导师，从事华夏文明传播与媒介学研究。）

① 方勇译注：《庄子》，北京：中华书局，2010年，第119—120页。

第十九章　彼得斯与庄子"交流失败"的对比结论

本章集中探讨了彼得斯和庄子对交流困境解决方案的异同点。彼得斯将交流的理想路径定义为在尊重"他者特性"的基础上，结合对话的优势，构建撒播的大众传播媒介；庄子则内向而求，主张抛弃是非、偏见，达到"万物齐一"的境界，与自然万物相通融。对比"齐物论"与"他者特性"的异同，发现内向而求是庄子区别于彼得斯的特别之处，这也体现了中国传统文化中一个独特而重要的观念：不假外物、反求诸己。

第一节　彼得斯与庄子"交流"观念的异同

在第三章中，通过梳理庄子对交流困境的感知、解决交流失败的方法，并与彼得斯进行对比分析，发现了彼得斯与庄子在交流观点上的异同之处，如表19-1所示：

表 19-1：彼得斯与庄子交流观点的异同之处

		庄子	彼得斯
交流障碍认知	相同	（1）时空障碍（具体含义上有所不同） （2）个人生活经验的局限性 （3）个体在交流中的主动选择（庄子：谄媚讨好诬陷行为；彼得斯：拒绝交流、主动选择被误解、交流的表演和欺骗性）	
	相异	以受者为中心	以传者为中心

续表

		庄子	彼得斯
符号认知	相同	中介传播也能富有成效	
	相异	（1）语言传播：形而下的建议：三言观；形而上的心态修养：心斋 （2）不言无言忘言，符号与意义的辩证认识	（1）大众传播的新出路：撒播与对话的融合 （2）身体在场的不可或缺性 （3）符号是意义的载体
交流对象	相同	跳出人类的视角，展开奇妙想象	
	相异	人与逝者、动物、自然的交流和沟通现象：想象、拟人的文学手法，缺乏现实科学依据	与人类自身、死者、动物、上帝、外星生命交流的可能：物理化的唯心主义
解决态度	相同	承认他者的不同，从他者的立场出发思考	
	相异	齐物论：万物齐一，内向而求，追求忘掉自我，与自然融为一体	他者特性：追求理解包容，传播的目的转向构建和谐社会的层面

来源：本研究自制

在对交流障碍的认知上，彼得斯和庄子都看到了时空和个人局限的限制，以及选择性听取传播的偏见。彼得斯指出交流具有掩饰欺骗性，而庄子则指出了人的谄媚、讨好、诬陷行为。

庄子还指出了教育的作用，进而反思交流失败的问题，认为其根本在于是非道德的虚伪，因而强烈批判是非，主张"绝圣弃智"，提倡齐物思想，体现了以受者为中心的交流模式。此外，内向而求的解决方式也是庄子的独到之处，这同时也是中华文化的独到之处，讲求万物皆备于我。总而言之，内向"坐忘"以"心斋"，外向"齐物"以"物化"，是庄子最大的特点。

彼得斯则体现了以传者为中心的传播模式。与齐物论相对应，彼得斯提出了他者特性，强调人与人之间的包容和理解，将交流传播的目的转向了构建和谐社会的层面。

在对语言中介符号的认知上，彼得斯和庄子都赞同中介传播也可以富有成效。彼得斯历数奥古斯丁、黑格尔、霍肯、克尔凯郭尔、马克思等人的中介观，梳理先哲对语言符号观念的观点，并剖析库利彻底抛弃身体中介的观点，表达了对符号中介的赞扬。彼得斯将奥古斯丁称为"现代交流观念的基础"，[①]肯定了"道在肉身""符号是思想的容器"[②]观念。在符号中介的运用上，庄子怀着同样的观点，并给出了"三言观""心斋""坐忘""端虚勉一"等具体交流技巧。除此以外，庄子又通过言意之辨对符号的认知进行了拔高，提出"不言""无言""忘言"的境界，指出符号的意义在于传达思想，超越符号本身去寻找意义才是交流的本旨所在，提倡得意而忘言。

庄子和彼得斯对交流障碍的认知比较、语言符号观念对比、受者中心（接受主体性）以及庄子"心斋坐忘"的具体分析参见第三章内容，本章将从传播主体、交流的解决方案两个方面比较分析彼得斯与庄子关于交流态度的暗合与分歧之处。

第二节　传播受众：潜在的交流对象

在交流的对象上，庄子和彼得斯不约而同地跳出了人类的视角，彼得斯提出了与逝者、动物、上帝、外星生命交流的可能，而在《庄子》中，则大量出现了人与逝者、动物、自然的交流和沟通现象。

庄子善用寓言，寓言中的猴子、蜩、学鸠、斥鷃、河伯等都可以开口与人类交流。一方面，在庄子的潜意识中，它们都是有灵气的，每一条河流，每一株草木，甚至一个干枯的骷髅都是有生命的，凡是存在的皆可以交流。另一方面，这是一种文学手法，像影子这一类东西可以与人交流，并非真的将它作为交流的对象，而是借用了拟人和想象的手法，来更好地表达思想罢了。

在交流的潜在对象方面，彼得斯的想象显然更加切合实际。在充斥着"生者幻象"的当下，彼得斯大胆地将交流的对象加以扩充，而不再局限于人类本身。

第一，生者与死者的交流。但在这里，彼得斯并不是完全意义上的唯心主义。在借助媒介手段的前提下，彼得斯与死者的交流实际上是去过去曾经存在过的生者的交流，与他留下的语言、形象、文本、图像做交流。人会死去，但是遗物永存。与死者对话，捕捉死者的意识，实际上是捕捉死者过去活着时留下的痕迹。然后运用诠释学对已经脱离特定历史背景的信号和文本进行解读。[③]詹姆斯和黑格尔都认同这一观点：与死者的接触更像用留声机放唱片，而不是用收音机听广播。

---

① 〔美〕彼得斯：《对空言说》，第 90 页。
② 〔美〕彼得斯：《对空言说》，第 105 页。
③ 〔美〕彼得斯：《对空言说》，第 215 页。

借助留声机，死者的声音就可以在他们缺席的情况下复活。①

这样就不难理解皮尔士的观点："只要给科学一百个世纪的时间，让他以几何级数发展，我们就会发现，亚里士多德声音的声波其实早已用某种形式记录下来了"，②通过这种方式可以实现与逝者亚里士多德的对话。

当然，彼得斯对与死者的交流实际上保持一种唯物的态度，并在此基础上，给出行动建议。他从爱默生那里，发现了生者与死者之间"豪猪似的不可接触性"。③生者与死者之间是不可能接触的。我们能做的就是从精神角度解读死者留下来的痕迹。人们的吊唁活动只是一种精神寄托，而非一种与死者的交流。交流不是与另一个人的接触，而是对宇宙信息的创造性阅读。对话是不可能的，但这个浩瀚的宇宙时时刻刻都在发布信息。所以应该从自我出发，寻求与自然的和谐相处。人的存在无须另一个"真实的他者"承认。感觉的主观性使其显得不可靠。爱默生因而提出实用主义结论：为实用论，我们总是必须行动，无论我们有什么认识论上的顾虑。

第二，人类与动物野兽、其他生命种类交流的可能性。④詹姆斯认为人类与其他生命（任何形态）建立联系的能力决定了我们的存亡续绝。交流的问题关乎人类的信仰。他将与地外生命的沟通看作在交流观念下的新奇冒险：任何有智能迹象的"存在物"都有可能成为我们的接触对象。

在此基础上，彼得斯阐述了人与动物的共情：我们被许多奇妙的智慧包围着：蜜蜂、鲸鱼、海豚……却还是那么孤独，无法交流。再比如中国文明中存在那么多聪明智慧，可西方却一无所知！我们尚且不知道利用人类自己的智慧，为什么要追求遥远的外星人的智慧呢？我们的障碍就是我们自身的认知局限性，使我们连自己的面孔都看不清。⑤

第三，人类与机器人等智能生命乃至与上帝接触的可能。人工智能的发展也备受世人的关注。《斐德罗篇》中将应对对话的能力作为智力的重要标志，现在显然是行不通了。随着深度学习的发展，人工智能可以自主学习，各种高效能、强学习能力的机器人主播、写稿、棋手等出现在人们的生活中。近年来的具有自主意识的或邪恶的机器人频频出现在电影中，使人们既感到危险又感到兴奋，这促使人们去思考和反思未来社会的科技形态和人类生活。⑥人工智能的日益精密，也

① 〔美〕彼得斯：《对空言说》，第 280 页。
② 〔美〕彼得斯：《对空言说》，第 237 页。
③ 〔美〕彼得斯：《对空言说》，第 223 页。
④ 〔美〕彼得斯：《对空言说》，第 348—354 页。
⑤ 〔美〕彼得斯：《对空言说》，第 368 页。
⑥ 〔美〕彼得斯：《对空言说》，第 336 页。

让我们反思，究竟该怎么界定人的边界？答案是身体的在场具有不可替代性。机器可以模仿人的智能，却无法学会人的脆弱。

宇宙之远在人类的认知之外。科学发现让人们看到了宇宙的浩瀚奇妙，它有自身的规则，而不是上帝的设计结果。我们的感官只能感知一部分存在，宇宙射线、高低于可见光、声波之外的部分都不在我们的感知范围之内。科学家已经用实证证实：我们确实浸润在各种智能的海洋中，对这些智能我们尚且不能充分认识。传心术或许只是猜想，但现在的脑电波已经被证实。未来充满无限可能。再比如国际研究项目：搜索地外智能（SETI）的进展也使人们期待着进入"宇宙的智能社区"。①

此外，"物理化了的唯心主义"也让彼得斯对人类之间的交流有了更多的想象空间：是否存在一种类似于以太的智能物质，可以直接连接实现人与人的心灵？虽然现代科学已经证明以太是不存在的东西，但同样也证明宇宙处于不断的自我交流之中。倘若机器物质能够实现互相接发信号，而人体不能呢？人类本身也当存在接发信号的可能性。很有可能只是我们还不知道该如何去调用，如何开启。

2019 年 4 月，西安交通大学的四名本科生学子研发出可以通过"意念"控制手臂活动的智能假肢，本质上是一种穿戴设备，通过机电环（对肌肉神经的控制）和脑电环（设备的关键，主要用于检测脑区活跃度以采集意念，大脑总控，决定是否实施行为）帮助残疾人或瘫痪患者自主行动。患有渐冻症而全身瘫痪的霍金，依靠眼动仪实现交流。脑电波已经开始在临床实践中大量应用。这些都是人体本身存在的能量。"无论我们将什么东西放置在一起，都可以让他们产生联系"倒是有一些现代"万物皆媒"和"物联网"的味道。先人的大胆猜想，可能是会被证伪的天马行空的想象，也可能是会被证实的对科技的预感。

第三节　交流路径：他者特性与齐物论

彼得斯将破解交流失败的理想路径定义为：在尊重"他者特性"的基础上，结合对话的优势，构建撒播的大众传播媒介。而庄子则提出：交流可以基于道而通畅。通过抛弃是非、偏见，在内心达到"万物齐一"的基础上，交流方能实现"通天下一气耳"的齐物之道。与彼得斯相对比，庄子内向而求。基于"齐物"境界而达到"交流通畅"既是庄子破解交流无奈的方法，也是庄子与彼得斯等人所

---

① 〔美〕彼得斯：《对空言说》，第 359 页。

代表的西方交流观念的关键差异。

一、他者特性：对话与撒播的融合

"speak into the air"源自《圣经·新约：哥林多前书》第14章第9节，原意是指对着空气说话，是说话人和听众之间的一种理想化的交流状态。在《对空言说》中，可以引申为三种具体含义：一可以将"对空言说"理解为一种毫无意义的徒劳之举，交流注定是失败的；二是本章开篇的源头：苏格拉底、耶稣都选择对空言说，任凭语言消逝而不肯著书立说的传播方式；三代表一种精神：即便白费功夫（说给了空气），也要坚持传播下去，坚持交流的信念。

纵观《对空言说》全书，其要旨在于解决"交流"的难题。彼得斯为交流失败找到的方法是放弃灵魂的融合，放弃心灵的交流，转而追寻彼此之间的理解关爱。"与我们分享这个世界的一切生灵都具有美好的他者特性，不必悲叹我们无力去发掘他们的内心世界。我们的任务是去认识这些生灵的他者特性，而不是按照我们的喜好和形象去改造他们。"①

"他者特性"最早由爱默生提出。在传心术出现之前，奥古斯丁和梅斯梅尔借用催眠术表达了实现灵魂直接接触的观点：灵魂超越肉体而存在，人与人可以通过精神电流共享实现彼此的接触。②爱默生反对这一观点，并指出唯心主义、唯物主义都太过于极端，它们否定了人和自然的血亲关系。爱默生进而萌发出世界具有"真实的他者特性"的思想。③

由此可见，面对交流的困境，彼得斯给出的根本路径是在尊重"他者特性"的基础上，谋求包容和理解，将交流的目标转化为通过更符合民主政治的大众传播方式去构建一个和谐公正有序的社会。因此，交流目标的实现就有赖于大众传播方式的选择。

这也就不难理解为什么对话与撒播的观念贯穿彼得斯《对空言说》的整部观念史了。彼得斯在第一章抛出了对话和撒播两种交流观念，在第二章对"对话观"追根溯源，第三章论述撒播观念，第四五章分析"对话"存在的问题，④本质上都是在探讨当下的大众媒介该采取何种方式进行传播的问题。根据《对空言说》原文，将"对话"与"撒播"的优劣分析如表19-2所示：

---

① 〔美〕彼得斯：《对空言说》，第47页。

② 〔美〕彼得斯：《对空言说》，第208页。

③ 〔美〕彼得斯：《对空言说》，第228页。

④ 邓建国：《传播学的反思与重建：再读 J.D. 彼得斯的〈对空言说：传播的观念史〉》，《国际新闻界》2017年第2期第151—173页。

表 19-2：对话与撒播的优劣分析

	形式	优势	劣势
对话	①一对一 ②面对面	①享有对意义的占有权 ②交流对象紧密匹配 ③人际关系的互惠平等	①选择性传播，缺乏公平 ②受众选择过窄，费时费力 ③潜在的霸权
撒播	一对多	①公平公正 ②实现最大程度传播效果 ③适合经营商业媒介	①符码对抗下意义曲解 ②受者匿名且不确定 ③隐私泄漏问题 ④缺乏互动、表演性质强

来源：本研究自制

古希腊哲学家苏格拉底推崇一对一的人际传播模式：对话。他将交流等同于（两个人之间的）爱欲，追求实现心灵间的直接沟通；文字及现代新媒介手段有复制功能，意味着放弃了文本意义的占有权。[①]苏格拉底追求紧密匹配的交流模式。他认为撒播不区分交流对象而假装对个体表示关爱，是一种批量化表达的"大众化的爱欲"，会使交流的本义发生扭曲。在苏格拉底的眼中，媒介不仅是一种渠道，更是一种人际关系。文字等传播手段使作者不必亲身在场，即"缺席的在场"，打破了人际交流的平等互惠，使关系松散。

对话观认为：人应该超越身体去实现灵魂的接触。彼得斯从奥古斯丁、洛克和招魂术中去寻找"对话"观念的历史根源，以诠释学和死信的比喻对"对话观"提出质疑，最后又借詹姆斯的灵异研究和广播电话中的交流怪象说明"对话"交流的失败必然性。[②]

而耶稣则秉持"有耳皆可听"的大众传播模式：撒播。"有耳听的，就应当听。"撒播是一种公平公正的传播交流方式。意义的收获取决于接收者的意愿和能力。信息接收者对信息的多样化解读可以使每个人听到他所想听的东西，实现最大程度上的个性化传播效果。[③]但编码和解码之间的意义差别是撒播最突出的问题。在现实生活中，传播者与受众之间意义的误解也频频上演，比如观念宣传和企业公关中的"高级黑"行为、电影电视剧在微博等平台上频发的争执和群嘲等，符码对抗往往会带来意义的曲解。

彼得斯借用黑格尔、马克思和克尔凯郭尔的观点深入阐述"撒播"的内涵。

① 〔美〕彼得斯：《对空言说》，第52—74页。
② 〔美〕彼得斯：《对空言说》，第275页。
③ 〔美〕彼得斯：《对空言说》，第75—77页。

听众是匿名的，即便互动缺失，也要撒播下去，让每个人自由接收他所需要的东西。撒播最大的问题在于接受对象的不确定和隐私的泄漏问题。如电话带有明显的撒播特征。当电话铃声一响，你就立即被拽到与陌生人"不明不白的相遇"之中。[①] 尤其是现代社会，各类诈骗、广告骚扰电话层出不穷，因而隐私保护问题成为人们关注的重点。

再比如死信代表着受阻失败的交流。"死信"比喻着失去渠道的符号会失去其意义，揭示出私人历史之不可读，代表着对撒播的抵制。[②] 康斯托克指出色情信件的危害；沃伦和布兰戴斯指出邮政私信被拦截和公开撒播引起隐私侵犯（后来的"隐私保护"问题至今都是热点，比如 Facebook 新媒体的隐私保护，尤其是互联网时代人人都在裸奔）；此外，信件成为污秽物品传播的工具，对青少年的产生恶劣影响。[③] 这表明，人与人之间的私密交流，一旦被记录和传播，就可能摆脱发信人和收信人的控制和影响，这也是中介化传播中传输和接收过程中面临的问题。[④]

对话与撒播的问题实质上是在思考什么样的交流形式更适合人类的民主政治和道德生活的问题。彼得斯尝试将对话和撒播的观点进行结合，以帮助克服其本身存在的问题。他小心翼翼地论述，以免落入为大众传播背书的境地。

图 19-1：撒播与对话的融合

来源：本研究自制

确立于 20 世纪 50 年代的大众传播关注的正是大众媒介相对于"面对面的交流"，即对话存在的不足：受众巨大、缺乏互动、非个性化的传播。[⑤] 而现在大众传播的这些不足已经成为商业媒介文化的命脉。商业媒介的编排、传播和发布，都是为了抓住受众，培养受众的使用习惯，吸引受众的注意力。大众媒介在传播

---

① 〔美〕彼得斯：《对空言说》，第 288 页。
② 〔美〕彼得斯：《对空言说》，第 241—250 页。
③ 〔美〕彼得斯：《对空言说》，第 248 页。
④ 〔美〕彼得斯：《对空言说》，第 257 页。
⑤ 〔美〕彼得斯：《对空言说》，第 314 页。

过程中，正因交流的失败经验而不断充分应用各类人际传播技巧。比如广播的互动、访谈节目的观众席设置、语气声调的掌控等。①

大众传播理论的政治性同样使人思考大众媒介营造社区的可能性。交流问题本身是个横跨众多领域的传播问题、信息问题、心理问题、社会问题等。事实上，在今天，人口流动频繁，乡土的瓦解，定居的减少，使得社区的功能下降，而网上则形成了诸如追星的饭圈、豆瓣小组等各式各样的圈层，有清晰的组织架构和成员管理，网络空间的安全成为现代社会秩序的重要一环。

彼得斯把弗洛伊德看作最有预见力的大众传播思想家。弗洛伊德预见到：两个人的人际交流因技术的发展而被延伸扩展到规模巨大的大众传播后会出现的种种问题。媒介无疑是人体的延伸。延伸了我们的视觉、听觉，跨越了时空的距离。清晰的音像代替了我们的记忆，但这并不意味着我们会幸福。反而增加了公众对媒体虚假广告的厌恶和担心。在电视、广播中，一个看似简单的动作，也可能是精心策划的表演，这就造成了远距离交流之中的虚假表演。交流技术的进步产生更多虚假掩饰信息，反而阻碍了交流。

需要注意的是，在现代大众传播中，单向传播并不是撒播本身的特质，比如广播的单向传输并非无法实现双向互动，而是大众媒介商业利益的主动选择，大众传播媒介技术的进步反而为交流设置了新的障碍。交流困境的根本问题并不是技术的问题，归根结底还是人的问题。

在彼得斯看来，对话存在着潜在的霸权风险，而单向的撒播反而是一种更友好、更高效、更冷静的选择。②但他并不全然否定对话的存在意义。面对大众传播中撒播的困境，彼得斯给出的方案是对话与撒播的融合："只有在稀罕而绝佳的场合，对话才能够兴起，撒播就是造就这种场合的基础"。③ 提倡对话场合的撒播，④ "与自我对话，与他者撒播"。

彼得斯发现苏格拉底、孔子、耶稣这三位先哲都选择了口传身授，述而不作。他们"充满信心，在其身后留下思想，任由他人去操心，这是他们作出的最具启发性的姿态：对意义占有的放弃。""他们殚精竭虑地选择传播什么和对谁传播，却放弃解读意义的控制权。这说明他们对广泛撒播的效果了然于胸。"⑤，这正是

① 〔美〕彼得斯：《对空言说》，第313页。
② 〔美〕彼得斯：《对空言说》，第48—89页。
③ 〔美〕彼得斯：《交流的无奈——传播思想史》，何道宽译，北京：华夏出版社，2003年，第52页。
④ 谢清果，杨芳：《老子对人际传播现象的独特思考——与〈交流的无奈——传播思想史〉比较的视角》，《成都大学学报（社会科学版）》2016年第4期第1—7页。
⑤ 〔美〕彼得斯：《对空言说》，"中译版序"，第4页。

对话与撒播的融合，像对话一样谨慎选择传播内容和传播对象，再采取撒播的形式将思想广泛撒播出去。

对话与撒播本就有相重之处，但两者的融合并非取其相同之处，而是融合其特别之处，图二中红色虚线选框部分即为大众传播的新出路。具体言之，就是针对不同的现实状况，采取不同的方案，以撒播为主，融合对话真诚、考虑受众等特性，以期实现与现代民主相呼应的大众传播。

二、融通自然的齐物思想：交流通畅

寻找彼得斯与庄子对交流困境的解决方案并分析比较其不同是本章的根本目的。对观彼得斯"撒播与对话相融合"的解决方案，庄子给出的解决方案是在"齐物"。齐物思想与彼得斯的他者特性有着相似之处，都强调抛弃自我的立场和偏见，以他人的视角去理解和包容他人，在此基础上，才能更好地交流，而不是自说自话，彼此误解。

除此之外，"齐物"思想更强调万物齐一的思想境界，主张内向明心见性，抛弃是非、死生、大小、贵贱、好坏的偏见，熄灭内心的欲望，在实现"吾丧我"的基础上，与天地大道通融为一。与彼得斯的"他者特性"相比，庄子的"齐物"思想毫不逊色，甚至更胜一筹。

齐物论与他者特性既有一定的重合性，又有它本身独特的意蕴。根据彼得斯与庄子对交流主体和客体关系的理解，可以将齐物论与他者特性统归于同一体系的不同层面，如图 19–2 所示。

图 19–2：齐物论与他者特性的关系模型

来源：本研究自制

　　底层：世俗状态下的交流模式。道德、好坏、是非的评判标准充斥人类社会。人们屈从于等级尊卑，地位、名声、工作，收入、权力的社会排序，给自己划定一个位置和形象，来确定自我的外在身份。此时的沟通和交流充满误解、欺骗、谎言、冷漠和无奈。

　　二层：尊重他者特性的交流模式，追求宽容和理解。彼得斯和庄子都认识到了交流存在的困境，转而放弃交流的幻想，拥抱人与人之间的理解和包容。主张跳出自我的一亩三分地，去除自我的偏见，从他人的角度思考问题。以爆红网络的流浪大师沈巍为例，我们不能因为他违背了人们对拾荒者的想象（落魄的乞丐却拥有一定的国学功底和一手好毛笔字）而盲目追捧他，将之奉为"大师"，而是应该站在他的角度上去思考人生选择背后的原因，剖析其捡垃圾行为是真洒脱还是无法与自我达成和解的无奈？将自我的有色眼镜强行套在他人身上不仅会导致交流的失败，甚至会招来反感和厌恶。他者特性的核心正在于此，放弃追求灵魂的统一，保持自我与他者的界限，去认识和理解外物的他者特性，而不是妄图按照自我的喜好和意愿去改造他们。

　　金字塔顶端：万物齐一的交流模式。在自然看来，帝王与百姓并无差别，忙碌与闲散并无差别，志向高远与平庸无能并无差别，这些都不过是人为的观念，对自然而言，并没有什么意义。"是以圣人和之以是非，而休乎天钧，是之谓两行"，（《庄子·齐物论》）混同是非，任凭自然，从自我和他者多方立场综合考察，才能看到事物的本质，才能读懂无言之言，才能了解大道的真正含义。总而言之，面对交流的失败，庄子主张抛弃是非对错观念，通过"心斋""坐忘""以明"等方式，去除仁义、是非、道德之分，清除内心的欲望和牵挂，为道日损以至于"吾丧我"，方能使本心复归于澄明淳朴，达到万物齐一的境地，灵魂与自然一统，与大道相融，自然得意而忘言。

　　齐物境界的实现包括思维和行为两个层面。"以道观之，物无贵贱；以物观之，自贵而相贱：以俗观之，贵贱不在己。"（《庄子·秋水》）以自然之道来观察，万物都是一样独特而平等的生物，并没有贵贱之分。从万物自身的角度看，往往以自身为贵，以彼此为贱。用世俗的眼光来看，贵贱的标准由权力和道德等外在事物支配着，人们往往身不由己地生活着。彼得斯也发现了这个现象，交流危机的出现源于 19 世纪。詹姆斯指出：人们将世界分为"我"和"非我"两个部分，造成了思想之间的决裂，这也正是交流中难以跨越的天堑。

　　世间万物本无所谓贵贱，自由而平等。但生命往往以自己为贵，以非我为贱。是非、职业、名声、社会价值链排序等偏见蒙蔽了人们的双眼，致使"喜怒哀乐，虑叹变慹，姚佚启态；乐出虚，蒸成菌。"（《庄子·齐物论》）人们时而欢喜，时而发怒，时而忧虑感伤，时而放纵轻狂，情感就好像菌菇从地下生发出来一样虚无，循环往复，交替出现。

那么应该如何解决这种交流的困局呢？彼得斯的答案是放弃交流的幻梦，舍弃自我的偏见，站在对方的立场上进行思考，这与庄子不谋而合。"物无非彼，物无非是。自彼则不见，自知则知之。"（《庄子·齐物论》）万事万物没有不是彼方的，也没有不是此方的。从彼方来观察此方则无法理解此方，从此方的角度考虑此方就能够了解此方了。阴阳一并产生一起存在，此与彼的概念也是既互相对立又相伴相生的。因而应当抛弃片面的立场，从宏观的全局角度去理解事物，"欲是其所非而非其所是，则莫若以明。"（《庄子·齐物论》）以空明的心境去考察事物的本源。

在认知层面上完成了自我的修养，进而才能在行动层面上有所改善。"鱼处水而生，人处水而死"，（《庄子·至乐》）明白鸟的习性，才能避免"以己养养鸟也，非以鸟养养鸟"的失误。体察他人的习性，从他人的立场出发，才能做到"以鸟养养鸟者，宜栖之深林，游之坛陆，浮之江湖"。（《庄子·至乐》）如此，在交流中，也就能减少彼此的误解，缓和彼此的个体经验带来的鸿沟，促进彼此的理解。

进而言之，庄子回归了交流的本质，考察了人的内心与外向的交流之间的关系。在日常生活中，大部分的语言交流本是无意义的闲话，但正是这些闲聊却常常引发争执乃至冲突。交流失败引起人们的误解、对立乃至仇恨，只是人类冲突的外在表现，其根源在于个体个性、性格、三观的不同，以及嫉妒、追求名利欲望等内在动机。因而面对交流失败，庄子提出内向交通，通过"坐忘""心斋""以明"等方式去除自我的偏见，让自己的心灵变得澄明。但真正实现内心的澄明却是非常不易的，这是一场与自我的斗争，需要意识到及主动克服内心的偏执固执、自以为是、刻板经验、波动的情绪等。在心态平稳的基础上，以平和之心与外界交流，外气不入于心，万物皆备于我，交流自然也就通泰了。

面对交流失败的无奈，庄子提出了交流通畅的思想：交流可以基于道而通畅。通过抛弃是非、偏见，在内心达到"万物齐一"的基础上，交流方能实现"通天下一气耳"的齐物之道。彼得斯将破解交流失败的理想路径定义为：在尊重"他者特性"的基础上，结合对话的优势，构建撒播的大众传播媒介。与彼得斯相对比，庄子内向而求，基于"齐物"境界而达到"交流通畅"既是庄子破解交流无奈的方法，也是庄子与彼得斯等人所代表的西方交流观念的关键差异。

庄子交流通畅的思想与当下媒介技术哲学方法论对"人"本身的关注具有启发意义。当代社会，媒介已经成为社会运作的原动力和硬件基础。传统的传播学侧重传播效果研究，尤其体现在各类传播媒介的应用上。随着技术更迭不断加快，传播理论很难出新。胡翼青指出：2017 年前后，中西方的传播学者不约而同地将关注点落在媒介技术本身，而不是其所衍生的产品上。媒介技术哲学的方法论成为思考传播学的主要方式，对媒介的研究回归到对"人"的研究上。

由此可以思考中国文化对西方传播学补充的可能性：人性的回归。传播研究集中在大众传播领域，如受众态度转变、心理影响、宣传力度与技巧等。公共舆论监督、政治理念及军事目的宣传、商业产品的促销成为交流研究重点，偏离了交流的根本目的：实现人与人之间的沟通和理解，忽视了人的心灵。庄子主张基于内心通达而实现与外界的交流通畅。内向修心是中华文化独有之处，儒释道皆如此，存在与西方传播学互补的可能。

（作者简介：王婕，厦门大学新闻传播学院 2019 级研究生，研究方向：华夏传播研究；苏蕾，长安大学文学艺术与传播学院副教授；谢清果，厦门大学新闻传播学院教授，博士生导师，从事华夏文明传播与媒介学研究。）

第二十章　媒介与自然：
彼得斯与《庄子》的媒介生态观

本章从媒介的角度试图重新理解彼得斯的"交流的无奈"，在彼得斯原先的设想之中，新技术的不断出现数次更新了"交流"的含义，媒介不仅仅只意味着传递信息，是我们社会生活的必备功能，更是我们生命存在的基础结构。从这样的观点出发，彼得斯进一步提出了"媒介即自然"的观点，他认为当新旧媒体不停地嵌入到我们的生活之中时，我们也应当将其视为一种不停调解的过程，这种过程实际上正是自然发展的过程，而这也与《庄子》之中对于自然的思想不谋而合，笔者进一步将其与《庄子》的思想进行比较，以寻找出彼得斯的媒介思想对于其研究的意义。

彼得斯对于交流（Communication）的观点令人玩味。人类的交流是一种没有保证的冒险，凭借符号建立联系的尝试，都是一场赌博，人与人之间存在着"无限遥远的距离"。[①] 人与人之间永远不存在完美的交流，正如阿多诺所说，尽管人们之间存在着让人羞愧的分歧，但唯一能超越这些分歧的就是从这种分歧获得快乐，这才是交流的思想境界。[②] 学界在总结彼得斯的传播思想时都曾用《对空言说》中的一句"手拉手而非心连心"来概括，[③] 认为交流并不是用来试图打破你我的界限，交流的快乐，不在于超越，而在于交流本身的圆满。[④] 如果我们是这么来理解彼得斯的话，那么在彼得斯所理解的交流与传播（communication）之中，就不仅仅只是你和我这样的主体与客体的问题，当交流不再打破你我之间的界限时，在

① 〔美〕约翰·彼得斯：《对空言说——传播观念史》，邓建国译，上海：上海译文出版社，2017年，第377—388页。
② 〔美〕约翰·彼得斯：《对空言说——传播观念史》，第47页。
③ 相关引用可参考黄旦：《手拉手还是心连心：什么是交流》，《读书》2014年第12期第73—80页；变动类：《传播思想史的"两条河流"》，《国际新闻界》2016年第6期第6—18页；马广军：《手拉手而非心连心——社交媒体环景下后真相时代的传播困境与启示》，《新闻界》2018年第7期第33—37页。
④ 黄旦：《手拉手还是心连心：什么是交流》，《读书》2014年第12期第73—80页。

主体与客体之间，就必然生成一种中介性的"第三者"，在彼得斯看来，这一"第三者"就是媒介。

从另一个侧面来看，人与人之间的交流之所以会出现如此障碍在某种程度上实际上也正是因为"第三者"所导致的，德布雷也曾经说过这样的一句话：数到"3"是最难的。① 如果我们只考虑人类的交流问题而不引入其他因素的话，其结果必然会走向叔本华所言的遍体鳞伤与反复折磨。② 交流问题从来都不是简单的人与人之间的问题，它更是人与自身所处环境之间的关系，在这一点上来说，《庄子》所说"昔者庄周梦为胡蝶，栩栩然胡蝶也，自喻适志与，不知周也。"③（《庄子·齐物论》）更适合用来表述这一观点，而这也是笔者将彼得斯的思想与《庄子》一书联结起来的关键。正如单波所说比较传播研究的使命是为了解释传播关系的存在和存在的传播关系，④ 我们应当去发现彼得斯的媒介思想之中与中国文化的相融性，并帮助我们实现"去蔽"。

彼得斯在后来的访谈之中自己也承认这一观点，他将媒介视为必需品、环境和各种数据处理器，是一种处于其他要素中间的元素。⑤ 那么这样一来，在彼得斯的传播研究之中植入媒介的视角就不成问题了。近几年来，学界对于媒介的研究已不仅止于传递信息的渠道这样简单的定义，"媒介"一词随着媒介学、媒介考古学、媒介化等新兴媒介形式的发展而被再度思考。既然"交流"已不仅仅是交流本身，而是从多种因素来去综合考量的整体，那么我们就有必要再对彼得斯及其"交流"思想做出超越"交流"的解读。本章正是以此为出发点，通过彼得斯的媒介思想以及与《庄子》的比较来重新认识他的"交流的无奈"。

第一节 基础结构——彼得斯交流思想的媒介因素

要讨论彼得斯对于媒介的观念，我们还是要回到书中，来看看他研究传播的起点。在 2009 年 4 月，《对空言说》出版十周年之际，彼得斯曾对该书的出版时

---

① 〔法〕雷吉斯·德布雷：《图像的生与死——西方观图史》，上海：华东师范大学出版社，2014年，第 323 页。

② 叔本华：《叔本华美学随笔》，上海：上海人民出版社，2004 年，第 169 页。

③ 孙通海：《庄子》，北京：中华书局，2014 年。本句引自《庄子·齐物论》，后面对《庄子》原文的引用将直接在文中标注（《庄子·X 篇》），不再脚注。

④ 单波：《去蔽：比较研究的出路》，《中国社会科学报》2019 年 7 月 23 日第 5 版。

⑤ 常江、何仁亿：《约翰·杜伦·彼得斯：传播研究应当超越经验——传播学的技术史视角与人文传统》，《新闻界》2018 年第 6 期第 4—24 页。

间做了说明，他认为"我这本书中涉及的人们对交流之治疗效果的热望似乎更属于 20 世纪，而不属于 21 世纪。"①既然彼得斯认为他的书属于 20 世纪，那到底 20 世纪有着什么不得不讨论的要素使得彼得斯非要去讨论传播呢？

　　按照彼得斯的想法，传播（或是交流）之所以会出现问题，它是自古以来就已经有了的问题，但又不成问题。正如亚里士多德所说的"人是会说话的动物"。但是直到 19 世纪的末期，人们才开始用"具有相互交流的能力"来给自己下定义，彼得斯也认为"传播"一词是 20 世纪出现的典型观念的一种。②彼得斯要去讨论"传播"的原因，其自认为是受了本雅明的影响，彼得斯指出每一种历史叙事都包含着一种建构原则即"永恒的现在"，③这一说法与意大利史学家克罗齐所言的"一切历史都是当代史"颇为相似，④刘海龙指出这二者之间的不同在于彼得斯更加注重于目的与结果，而克罗齐侧重于我们进入历史的方法，并认为二者在本质上完全不同。因此彼得斯笔下的传播思想史的重点不在于重建"历史"。而更加注重于探索和反思当下的传播。⑤在彼得斯的观念里，传播不仅是传递信息，更是人们生存的必要条件。

　　找到了彼得斯关注传播的原因在于彼时的当下，那么彼时的当下又是什么让他开始注意传播的呢？在他的新书《奇云》之中，他指出认为火灾、导航、日历、书籍或天象占卜，这些都是旧事物，而智能手机与谷歌中有非常多类似的功能。彼得斯所试图展示的是新事物并不新鲜，未来的种子早就蕴藏于过去之中。⑥因此彼得斯从事传播（或交流）研究的原因，按照他自己的话来说应该是媒介清除了现象背后的历史轨迹，⑦这也意味着媒介在祛除遮蔽的同时也产生了新的遮蔽。

　　而彼得斯则试图还原出这一轨迹，而这也正是彼得斯研究传播与媒介的起点，因此在书中，彼得斯数次强调了新技术的出现更新了"交流"的含义，⑧要想深究彼得斯对于交流的看法，还得从媒介开始谈起。

---

①　C.L Kane, J.D Perters, "Speaking Into the iPhone: An Interview With John Durham Peters, or, Ghostly Cessation for the Digital Age", Journal of Communication Inquiry, vol. 34（2010），pp. 119-133.

②　〔美〕约翰·彼得斯：《对空言说——传播观念史》，第 2 页。

③　〔美〕约翰·彼得斯：《对空言说——传播观念史》，第 2 页。

④　〔意〕贝奈戴托·克罗齐：《历史学的理论和实际》，北京：中华书局，1986 年，第 2 页。

⑤　刘海龙：《从传播到媒介：彼得斯与传播思想史研究的进路》，《新闻与传播评论》，2017 年秋冬卷，北京：中国传媒出版社，第 266—281 页。

⑥　常江、何仁亿：《约翰·杜伦·彼得斯：传播研究应当超越经验——传播学的技术史视角与人文传统》，《新闻界》2018 年第 6 期第 4—24 页。

⑦　常江、何仁亿：《约翰·杜伦·彼得斯：传播研究应当超越经验——传播学的技术史视角与人文传统》，《新闻界》2018 年第 6 期第 4—24 页。

⑧　〔美〕约翰·彼得斯：《对空言说——传播观念史》，第 2—4、201—215 页。

仔细深究在这之中的原因，毫无疑问是 19 至 20 世纪媒介革命的到来所引发的变革。这一种变革也使得人们真正开始思考媒介以及传播的意义，彼得斯所言"传播"一词兴起于 20 世纪，同样的媒介一词也是 15、16 世纪随着印刷术的发明而逐渐兴起的词汇，直到 19 世纪随着大众传播媒介的使用，media 一词才开始大范围地出现在大众的视野之中。而这一变革从 19 世纪一直持续到了当今互联网新媒体的兴起，彼得斯从某种程度上而言与麦克卢汉、沃尔特·翁或是尼尔·波兹曼的观点相差无几，他们都是从 19、20 世纪以降的科技革命所带来的媒介变革来思考交流的含义，这也就是为什么彼得斯在书写交流时是从对 10 世纪以前的交流进行讨论之后就直接跳至 18—19 世纪的原因。从这个角度而言，无疑媒介的变化以及选择对于彼得斯思考交流有着重要的意义，而这也正是媒介的重要性之所在。

阿克塞尔·霍耐特曾言，物化是一种失去的过程，在其中，原初的、正确的态度被次生的、错误的态度所取代；同时，它也是过程所导致之结果，亦即一种物化了的知觉或行为方式。① 海德格尔则认为技术是一种"去蔽"的存在，技术不仅仅是一种手段，还是一种展现"真理"的方式。② 肖巍指出这一认识的局限性在于技术的本质即座架在实现某种去蔽的同时却导致了更严重的遮蔽，阻塞了真理的澄明。近代人的一切都是技术架构出来的东西，而他却没有意识到自己的思维方式已完全为"座架"所操纵，他不肯倾听劝告和呼吁，不去思，也没有思③。而这一所谓技术的"座架"正是 19—20 世纪之后工业革命的产物，彼得斯在他的论述之中也直言"交流"（communication）是 20 世纪出现的各种典型观念的一种，只有到了现代社会，人们才会在面对面时却仍然觉得仿佛彼此间相距千里，进而担心如何才能"交流"。④ 毫无疑问，交流的问题在某种程度上而言正是媒介所带来的，正如他所理解的马克思那样（关于其对于马克思的理解是否准确我们还有待探讨），正是媒介作为一种中介，它不仅发生了异化和认知的迷雾，而且使得人们与自然、人们与自己生产出来的产品，与他人，与自我之间的面对面交流遭受扭曲和中断。⑤ 而这实际上是人类在发展史上所必需的面对的，同时也是为了实现全面的人性所必需的。⑥ 从这个层次上而言，所谓"交流的无奈"恰可能是彼得斯所

① 〔德〕阿克塞尔·霍耐特：《物化——承认理论探析》，上海：华东师范大学出版社，2018 年，第 83 页。

② Martin Heidegger, *The Question Concerning Technology and other essays*, New York: GARLAND PUBLISHING, INC. 1977, p.12.

③ 肖巍：《"技术"批判：海德格尔和庄子》，《复旦学报》（社会科学版）1999 年第 1 期第 53—59 页。

④ 〔美〕约翰·彼得斯：《对空言说——传播观念史》，第 2—3 页。

⑤ 〔美〕约翰·彼得斯：《对空言说——传播观念史》，第 184 页。

⑥ 〔美〕约翰·彼得斯：《对空言说——传播观念史》，第 184 页。

认为的人类发展之中所必须遇见的困难。

而这样的困难，毫无疑问是从媒介开始的，媒介所导致的是人与人交往的一种不确定性，彼得斯认为电子媒介复制并散布各种标记，想要再现人体的存在，但却补充并转化了 19 世纪的幽灵文化，[①] 这种所谓的幽灵文化，彼得斯用爱默生之口道出的是人与人之间豪猪似的不可接触性。[②] 媒介所带来的毫无疑问是一种不确定性，是一种完全不同于过往的文化，在这种过往之中，他认为交流时给予，也是接受，而且两者之间完全不需要协调，这也意味着他所谓的"交流的无奈"与"交流的完成"并不一定是一种相对的状态，在这里它强调的是我们自己是否具有一种"创造性阅读"的能力，[③] 从这里来说的话，所谓的"交流的无奈"更多指的是自我与自我之间的一种对话，亦即交流绝不是与另一个人的接触。[④] 在彼得斯看来，现代媒介所带来的交流危机源于人类自我意识的觉醒，正是人们之间的交流越来越困难使得我们必须重新认识并寻找到自我，因此，库利反复提及"镜中自我"，并认为"交流"和"个体之间的相互同步投射"没有区别，[⑤] 并认为这是一种已经泛化的，人体和地域在其中已经不再是重要的中介化交流。[⑥] 彼得斯在这里无疑是一种对于交流史的洞见，他从库利身上就已经看到了现代性交往之中超越时间和空间的因素。因此在彼得斯看来，所谓的交流不再是"自我"与他者之间的对话，而更是"自我"与"自我"之间的交流。从这里而言这里的"自我"在彼得斯看来应该具有两层意思，一层的自我应该是作为个体的自我，这里所指的是我们所有的人类，即所谓的"社会性他者"，[⑦] 而另外一层则指的是作为全人类的"自我"，即人类这一主体，彼得斯认为交流已经超越了人的形态，而单从人的交流来理解交流可能已不再是单一的理解交流的途径，因此这里的"认识你自己"不单是我们需要理解作为"社会性他者"的个体性自我，还应当理解作为人类的"自我"，在这个层面上而言，难度无疑是巨大的，正如《庄子》所说"不知周之梦为胡蝶与，胡蝶之梦为周与？周与胡蝶，则必有分矣。此之谓物化。"（《庄子·齐物论》）人类在理解自我上还有很漫长的路要走，"交流的无奈"在这里可能就是恰当的，尤其是当进入现代社会之后，在这里媒介无疑是一个很好的视角，正如彼得斯所说"媒介理论几乎没有任何准入门槛……作为生活在媒介环境中的

---

① 〔美〕约翰·彼得斯：《对空言说——传播观念史》，第 206 页。
② 〔美〕约翰·彼得斯：《对空言说——传播观念史》，第 227 页。
③ 〔美〕约翰·彼得斯：《对空言说——传播观念史》，第 227 页。
④ 〔美〕约翰·彼得斯：《对空言说——传播观念史》，第 227 页。
⑤ 〔美〕约翰·彼得斯：《对空言说——传播观念史》，第 273 页。
⑥ 〔美〕约翰·彼得斯：《对空言说——传播观念史》，第 274 页。
⑦ 〔美〕约翰·彼得斯：《对空言说——传播观念史》，第 330 页。

人，我认为每个人都是这样的生物，在最理想的状态下，媒介理论帮助我们更好地了解我们生活的基本环节。"①因此媒介不仅仅只意味着传递信息，是我们社会生活的必备功能，更是我们生命存在的基础结构。②

第二节　媒介即自然——彼得斯对于媒介的看法

有困难同样意味着有希望，媒介技术所带来的变革并不意味着人与人之间永远只存在着"心之壁"，存在着永远不可跨越的鸿沟，媒介技术所带来的变革如前所述并不是完全意味着人与人之间存在着无法交流的隔阂，也并不意味着心意相通一般的惺惺相惜，对于彼得斯来说，媒介研究应当更努力承担本体论中的基本角色，③这也意味着人类必须通过媒介更好地了解了自我之后，才能够增进交流的完美。

有意思的是彼得斯在其对空言说之中曾提及爱默生的"箭猪理论"，他在《对空言说》的注脚之中还曾提及"不知道爱默生是否读过叔本华的著作"，④叔本华在其《叔本华美学随笔》之中也提及箭猪为了取暖不得不把身体相互靠近，而又因为他们的硬刺而不得不离开对方，这些箭猪被这两种苦处反复折磨，直到他们终于找到一段恰好能够容忍对方的距离为止。⑤毫无疑问的是，叔本华在这里所针对的情形无疑是在人与人面对面之间的交往，在这段寓言的背后，叔本华还引用了在英国社交之中如果不保持一段距离，就会有人大喊"Keep your distance"的例子来作为解释。⑥按照彼得斯多年游历欧洲的经验，对于叔本华他应该也是相当熟悉，否则他也不会在《对空言说》的注释之中非常俏皮地加上一句"不知道爱默生是否读过叔本华的著作"。⑦

但之所以彼得斯会使用爱默生而不采用叔本华的论述，一方面具有彼得斯所

---

① 常江、何仁亿：《约翰·杜伦·彼得斯：传播研究应当超越经验——传播学的技术史视角与人文传统》，《新闻界》2018 年第 6 期第 4—24 页。

② John Durham Peters, The Marvelous Clouds: Towards a Philosophy of Elemental Media, Chicago: University of Chicago Press, 2015, p.14.

③ 常江、何仁亿：《约翰·杜伦·彼得斯：传播研究应当超越经验——传播学的技术史视角与人文传统》，《新闻界》2018 年第 6 期第 4—24 页。

④ 〔美〕约翰·彼得斯：《对空言说——传播观念史》，第 227 页。

⑤ 〔德〕叔本华：《叔本华美学随笔》，上海：上海人民出版社，2004 年，第 169 页。

⑥ 〔德〕叔本华：《叔本华美学随笔》，第 169 页。

⑦ 〔美〕约翰·彼得斯：《对空言说——传播观念史》，第 227 页。

谓"美国性"的一个标志，[①] 另一方面实际上在彼得斯的预想之中，媒介带来的也并非只有交流的隔阂。正如彼得斯所说，所有我们用于交流的媒介都是天生的（sky_born），[②] 媒介能够重新组织我们的身体和思想，并将自我的象征从身体中脱离开来，形成我们的思想并传递给他人。[③]

　　因此在彼得斯看来，媒介从来没有脱离人类自身，最重要的媒介还是人类自己的身体，它同时也是人类交流之中最基础的结构性媒介。[④] 彼得斯借用法国考古学界勒鲁瓦·高汉的技术人类学研究来说明实际上技术的进步，其本身就是人类身体进化的一种，[⑤] 这样做的实质就在于它将技术作为一种文化现象，更加关注的是技术与社会之间的关系，是更侧重于研究技术活动的人类学，[⑥] 他们认为技术并不是独立于人的生物、心理、社会等维度而存在的，而是与这些因素相互关联，共同构成了总体的人。根据这种技术也是社会行为的观念，勒鲁瓦·高汉进一步强调人体作为意念、力量、象征及行动的一种表达与来源的重要性，技术本身比起制造出的产品蕴含和传递着更加丰富的信息。[⑦] 彼得斯根据这一思想进一步提出人造和人工制品不是从我们身体结束的地方开始的，而应该把我们的身体想象成完全自然的，或是把技术想象成完全自然的外部。[⑧] 如此一来，我们的身体结构也就是历史的、文化的和技术的。[⑨]

　　正因为如此，媒介本身实际上并不是从外界用来促进交流的工具，其本身也就是交流的一部分，因此人类生态学本身也是一个技术事实，媒介的发展其本身也是人们为了更好交流而发展的历史。[⑩] 既然人们为了交流不停地发展处新的媒介，

① 叔本华：《叔本华美学随笔》，第 169 页。

② John Durham Peters, The Marvelous Clouds: Towards a Philosophy of Elemental Media, Chicago: University of Chicago Press, 2015, p.165.

③ John Durham Peters, The Marvelous Clouds: Towards a Philosophy of Elemental Media, Chicago: University of Chicago Press, 2015, p.266.

④ John Durham Peters, The Marvelous Clouds: Towards a Philosophy of Elemental Media, Chicago: University of Chicago Press, 2015, p.266.

⑤ John Durham Peters, The Marvelous Clouds: Towards a Philosophy of Elemental Media, Chicago: University of Chicago Press, 2015, p.267.

⑥ 王皓：《兴起中的技术人类学》，《东北大学学报》（社会科学版）2015 年第 5 期第 455—460 页。

⑦ 陈虹、沈辰：《石器研究中"操作链"的概念、内涵及应用》，《人类学研究》2009 年第 2 期第 201—214 页。

⑧ John Durham Peters, The Marvelous Clouds: Towards a Philosophy of Elemental Media, Chicago: University of Chicago Press, 2015, p.267.

⑨ John Durham Peters, The Marvelous Clouds: Towards a Philosophy of Elemental Media, Chicago: University of Chicago Press, 2015, p.267.

⑩ John Durham Peters, The Marvelous Clouds: Towards a Philosophy of Elemental Media, Chicago: University of Chicago Press, 2015, p.269.

不管是从最早身体上的手脚、身实际上意味着的是我们对于我们自己生活环境的改造，当新旧媒体不停地嵌入到我们的生活之中时，我们也应当将其视为一种不停调解的过程。^① 这种调节已不仅仅是人类社会之中的调解了，如果要将其视作交流的一部分，那不仅意味着媒介研究要在文化、社会、政治和经济研究方面要有所表现，这更意味着媒介本身也是一个包罗万象的词，彼得斯更是要将其推向"存在"。^② 这里彼得斯似乎力图想将自然科学研究与社会科学研究融合在一起，某种程度上而言，彼得斯的"媒介"已不仅仅是社会属性之上的媒介，而是"媒介"即自然。

如此一来，即便"交流"本身具有各种各样的无奈，但交流是生活之中必不可少的一部分，它是我们生命的一部分，也是自然之中的一部分，也正因为如此人们才会开始寻找与其他人相互联系的方式，也就是人们之间彼此的关爱，这也正是自然。^③ 从这里而言，彼得斯要比他人更重视"媒介"之为"自然"的现实，它正是人们交流的源泉。

第三节　从工具到自然——彼得斯媒介思想与《庄子》的不谋而合

当我们理解了彼得斯的媒介思想之后，回过头来我们再来看看彼得斯的媒介思想与《庄子》之间的关系，之所以二者会具有联系，我认为还是因为彼得斯自己也承认了他在研究之中不知不觉就走入了海德格尔讨论技术的轨道。^④ 而海德格尔在讨论现代技术对于人类的威胁时，也曾多次引用并提及老庄。我想后来彼得斯所提出的"媒介即自然"或多或少也是从此出发的吧。^⑤ 因此彼得斯的媒介思想或多或少也与《庄子》有所相关吧。

同样地，虽然海德格尔曾论述作为"座架"的技术如何遮蔽真理，但在其《流

① John Durham Peters, The Marvelous Clouds: Towards a Philosophy of Elemental Media, Chicago: University of Chicago Press, 2015, p.377.

② John Durham Peters, The Marvelous Clouds: Towards a Philosophy of Elemental Media, Chicago: University of Chicago Press, 2015, p.378-379.

③ 谢清果、杨芳:《交流的无奈：老子与彼得斯的不谋而合》,《阜阳师范学院学报》(社会科学版) 2016 年第 3 期第 1—5 页。

④ John Durham Peters, The Marvelous Clouds: Towards a Philosophy of Elemental Media, Chicago: University of Chicago Press, 2015, p.38.

⑤ John Durham Peters, The Marvelous Clouds: Towards a Philosophy of Elemental Media, Chicago: University of Chicago Press, 2015, p.46.

传的语言与技术的语言》一书之中，海德格尔也曾引用《庄子·逍遥游》之中庄子对惠子关于"大而无用"的论述，并认为"人对于无用者无需担忧。无用性的力量使他具有了不受侵犯和长存的能力。因此以有用性的标准来衡量无用者是错误的。此无用者正是通过不让自己依从于人而获得了它的自身之大和决定性的力量"，① 借此张祥龙进一步指出海德格尔的"无用乃是物或事情的意义"表面上针对的是应对座架化或体制化无用的意义，另一方面它也意味着"不受侵犯和长存的能力"，它使得物或事情具有原本的，自身的而非功利的、役于座架的广大伸长的意义。② 由此一来人也就是"诗意地栖居在这片大地之上"。③ 从这里而言，自然无疑给对抗技术带来了一种强大的力量，也就是所谓的"合于桑林之舞，乃中经首之会。"（《庄子·养生主》）也就是"不徐不疾，得之于手而应于心。"（《庄子·天道》）技术的出现极大地改变了自然，媒介也同样如此，但在这之中，媒介与自然并不是相对而言，我们要深刻认识到的是媒介与自然的同一性，这也就是所谓的"技术批判决不意味着那个本质在于构架的技术将被废除，技术不会被打倒，也不会被终止"。④ 他所产生的效果正如勒儒瓦·高汉所说的那样是一个"操作链"的效应，而技术本身也成为社会、文化的一部分，也就是"自然"的一部分。这样的我们才能够正视媒介，将其作为我们现实生活之中的一部分，而不是将其作为"座架"来进行理解，交流的完成，实际上也正意味着人与媒介之间交流的完成。

　　从这个意义上而言，彼得斯在其新作《奇云》之中也是更进了一步，人与人之间"交流的无奈"不仅仅只是因为如同叔本华所说的"箭猪原理"，是相互伤害并取得一个合适的距离，人类的媒介其实本身就如同"箭猪"的刺那样，是原本就附着于人之上的不可缺少之物。而人与人之间的交流，媒介本身就是"自然"。

　　进一步而言，就连到了现在的大众媒体也是如此的普遍和基本，它们很好地融入媒介作为环境的漫长传统之中。⑤ "水行莫如用舟，而路行莫如用车"很好地诠释了媒介之于现代的含义（《庄子·天运》），而在这里的器具，它本身不应是《庄子》之中所说的"当是时也，民结绳而用之，甘其服，美其食，乐其俗，安其居，邻国相望，鸡犬之声相闻，民治老死而不相往来。若此之时，则治至已。"这

---

① 张祥龙：《海德格尔思想与中国天道》，北京：中国人民大学出版社，2010 年，第 345 页。
② 张祥龙：《技术、道术与家——海德格尔批判现代技术本质的意义及局限》，《现代哲学》2016 年第 5 期第 56—65 页。
③ 张祥龙：《海德格尔思想与中国天道》，北京：中国人民大学出版社，2010 年，第 341 页。
④ Martin Heidegger, The Question Concerning Technology and other essays, New York: GARLAND PUBLISHING, 1977, p.38.
⑤ John Durham Peters, The Marvelous Clouds: Towards a Philosophy of Elemental Media, Chicago: University of Chicago Press, 2015, p.48.

样朴素而返古的生活。(《庄子·胠箧》)所谓的自然应是与人类社会一同进步的自然,《庄子》在此强调的应是其所处时代所向往的"自然"。同样地,技术的进步与不同媒介的产生应当也是这种"自然"的一部分。

既是"自然",媒介本身也就有了它受限于社会、文化的特性,是自然与文化的综合体。① 这也就是《庄子》所谓的"井蛙不可以语于海者,拘于虚也;夏虫不可以语于冰者,拘于时也;曲士不可以语于道者,束于教也。"(《庄子·秋水》)如果我们依然以庄子所处的时代的"老死不相往来"的"自然"来要求当下的媒介与当下的交往,其显然也不是庄子所想要的,彼得斯与庄子所共同向往的"自然"应是与当下的社会环境与自然环境所相适应的"自然",所以同样的,媒介也是如此,它应当是"彷徨与尘垢之外,逍遥于无事之业。"(《庄子·达生》)

综上所述,如果我们从《庄子》的角度去彼得斯之于媒介的看法之后,我们也应当重新理解其"交流的无奈",如果"媒介即自然"的话,那么"交流的无奈"也正如同自然之中一般是非常常见的现象,因为在自然之中,有成功必然就会有失败。彼得斯的这一做法最重要的意义是在于重新发现了媒介与交流的意义,他们至此再也不是脱离于人类自身而单独存在的事物,而是与人类一同发展而来的,从这里而言,彼得斯提倡从海德格尔的"存在"(being)的角度来取理解媒介与交流就具有了一种完全不同的意义,而这也为我们重新理解人类的交流与媒介的关系提供了一个新的方向。

(作者简介:杜恺健,中国人民大学新闻学院博士后,博士毕业于厦门大学新闻传播学院传播学专业,主要研究方向为华夏传播,传播思想史。)

---

① John Durham Peters, The Marvelous Clouds: Towards a Philosophy of Elemental Media, Chicago: University of Chicago Press, 2015, p.49.

篇尾语

综上所述，本篇通过华夏文明与西方传播理论展开对话的方式，对比分析彼得斯和庄子对交流困境的理解的异同点，以期提供可以与西方传播理论对话的中国文本。

之前有关彼得斯《对空言说》（旧译本为《交流的无奈》）的论述（如殷晓蓉、黄旦等）大都以时间线索为顺序，简要概括彼得斯传播观念史的代表人物及主要观点，混合梳理交流失败的原因和出路。本篇的创新之处在于抛弃时间线索，转而将彼得斯传播观念史中涉及的人物及思想进行归类，归为交流失败的具体原因、交流目的转向、交流失败的解决方案三个门类。从导致交流失败的原因剖析，到转变交流的目的，再到寻求有效的大众传播以构建和谐社会，层层递进，彼得斯对交流的态度和思想脉络更加清晰。此外，明确提出撒播与对话的融合的大众传播媒介、对交流对象的扩展分析、符号与唯心主义之间的关系分析也是本篇的创新之处。

在庄子与彼得斯的对比方面，从第十七章开始，借鉴彼得斯对传播观念的梳理方式，同样从交流失败的具体原因、交流目的转向、交流失败的解决方案三个层面展开对比叙述。在第十九章总结其异同，并着重讨论了他们对于解决交流失败出路的方案异同，即由"他者特性"导向"对话与撒融合"的大众传播（彼得斯）与内向"心斋"以抛弃是非偏见最终通达"齐物"境界（庄子）的异同。第二十章则关注彼得斯在《奇云》一书提出的"媒介即自然"的观点，由此切入，探讨了彼得斯与《庄子》一书在"媒介即自然"思想上的契合。

彼得斯对传播观念史的研究具有启发意义：我们为何不能从传播观念史的视角切入，去逐代梳理东方哲学家们关于交流的观点和思想，实现中国传播观念史的梳理呢？不仅是传播学，我们还可以梳理是非、等级、天人、国家等众多其他学科的观念，而这对于我们更好地理解和把握中国社会心理具有强烈的现实意义。通过梳理，也可以为解决贫富差距等旷古持久的问题，打开新的思路。

附　录

行贤不自贤——《庄子》的贤人观研究

王婕　谢清果*

摘要：本文以《庄子》原文为文本，通过文本分析，勾勒出《庄子》中融通自然的贤人形象，进而描绘出贤人"行贤而去自贤"的精神追求。文本分析发现，孔子是《庄子》中出场最多的人物，庄子对"贤"的论述是基于儒家贤文化观念的基础而展开的。结合儒家"贤"的内涵对比分析庄子对贤人的态度，发现庄子既有"尚贤尊贤""举贤授能"等对贤人的赞同之处，也有对贤人"贼天下"批判和反思。庄子既肯定贤人的社会功能和价值追求，又批判贤能给人带来的名利枷锁以及催生的欺世盗名行为。庄子给出的解决方案是圣贤相一、无用圣贤，即圣贤治世，却不自以为圣贤，不劳累自我，不刻意"尚"贤以免百姓争名，天下无为而达治之至。

一、贤文化的起源及内涵

贤，繁体字写作"賢"，其偏旁部首为"贝"，中国古代使用贝壳作为流通货币，因而"贝"代表着财富，"贤"代表着财富多的人。《庄子·徐无鬼》言："以

---

* 王婕（1997—），女，山西长治人，厦门大学新闻传播学院 2019 级研究生，研究方向为华夏传播研究；谢清果（1975—），男，福建莆田人，哲学博士，厦门大学新闻传播学院教授，博士生导师，从事华夏文明传播与媒介学研究。

财分人谓之贤"。"贤"的字源演变历史如图一所示：①

钟鼎文	钟鼎文	楚系简帛	秦系简牍	传抄古文字	繁体字	简体字
西周中期	战国晚期	先秦	秦代	汉代以后	（楷书）	（楷书）

图一："贤"的字源演变历史

　　说文解字将"贤"解释为："多才也。从贝臤声。胡田切"，②贤本意为多财，后来被引申为"多"的含义。清代段玉裁注："贤本多财之偁。引伸之凡多皆曰贤。人偁贤能、因习其引伸之义而废其本义矣。传曰。贤、劳也。谓事多而劳也。"如《诗·小雅·北山》中"大夫不均，我从事独贤"，即为事务劳烦、劳苦之意。再如《孟子》"我独贤劳也"、《虞初新志·姜贞毅先生传》中"明年，巡抚南直隶朱公大典疏表公贤劳"均为此意。"贤"还有尊重赏识之意，③如《礼记·礼运》"以贤勇智，以功为己"。

　　"贤"在中国具有特殊的意蕴，占据着重要的社会和政治地位，贤文化的发展贯穿整部中国史。新华字典将"贤"定义为"有道德的，有才能的"，④比如贤明、贤德、贤能、贤良、贤惠、贤淑、贤哲、圣贤等。此外，"贤"还可以表示一种敬称。在《三国演义》中，刘表临死时将儿子托孤给刘备，并说："我子无才，恐不能承父业。我死之后，贤弟可自领荆州。"刘备泣拜曰："备当竭力以辅贤侄"。使用"贤"来表示敬称时，多指行辈较低的人。如《三国演义》吕布投刘备，称刘备为"贤弟"，非但未能使刘备感到被尊重，反而激怒张飞与其冲突。

　　"贤"在中国古代政治中具有特殊的政治含义，与国家的兴旺发达息息相关。如诸葛亮《出师表》言"亲贤臣，远小人，此先汉所以兴隆也；亲小人，远贤臣，

---

　　① 钟鼎文，亦称铭文或金文，铸刻于青铜器上的文字。初始于商朝中期，盛于西周；楚系简帛，是迄今所见最早成体系的毛笔书迹，简帛指竹简与帛书，古代中国人书写所用的主要材料，直到六朝时期才完全被纸代替；秦系简牍指古代书写有文字的竹片或木片。竹制的叫竹简，木制的叫木牍，合称简牍；传抄古文字指汉以后历代辗转抄写的先秦文字。

　　② 说文解字，http://www.shuowen.org/view/3927? pinyin=xian，2019 年 6 月 19 日。

　　③ 《古汉语常用字字典》，北京：商务印书馆，2012 年第八版，第 414 页。

　　④ 在线新华字典，http://xh.5156edu.com/html3/10521.html，2019 年 6 月 19 日。

此后汉所以倾颓也。""贤"也常常与"圣"连用,表示一种理想人格,与中国古代"修身齐家治国平天下"的人生理想相契合。

圣贤治世,贤良安邦,乡贤则是基层管理的基本方案,选贤任能是维护社会公平,保障民生和阶层流通的重要手段,以经世致用为特征的贤文化则是中华文化的根基之一,早已内化为中国人的潜在性格,在全中国形成了"敬老尊贤""敬贤礼士"的社会风气;"君圣臣贤""贤妻良母""孝子贤孙"的理想人格;"成贤作圣"的价值理念;"求贤若渴""礼贤下士""招贤纳士""推贤让能""任人唯贤""任贤使能"的政治追求以及"贤良方正"等传统美德。

二、贤人尚志:《庄子》中的贤人形象

说起"贤文化",人们首先会想到"见贤思齐焉,见不贤而内自省也"(《论语·里仁》)的孔子及其儒家,很少会有人想到主张"清静无为"的道家,尤其是主张"绝圣弃智"的庄子。但事实上,儒道并非背道而驰。儒家的很多观念在《庄子》中也可以找到痕迹。先秦时代百家争鸣,儒、道、墨等各家同扎根于华夏文化,从各自的角度衍生其学说,互补互生。贤圣的修养目标虽由儒家提出,但在历史的发展中得到了儒道两家的认同,成为中华文化价值观的主流。

(一)融通自然:贤人的存在方式

《庄子》中是否包含"贤文化"?如果包含的话,庄子又对其报以何种态度?庄子如何看待贤人?要想回答这些问题,首先要深入《庄子》文本。在《庄子》一书中,"贤"字共出现了39次,包括"尚贤""尊贤""称贤"等多种行为及"贤者""贤人"等概念。庄子对于"贤人"显然是有明确认知的。

本文采用文本分析法,以《庄子》原文为研究文本,以"贤"为关键字,提取相关语句共计39处,整理《庄子》中有关"贤"的论述按先后顺序整理如表一所示:①

---

① 本表整理自《庄子》原文。

表一：《庄子》中有关"贤"的论述汇总

	文本内容	关键词	篇目	人物
1	且苟为悦贤而恶不肖，恶用而求有以异？	悦贤	内·人间世	仲尼
2	久与贤人处，则无过。	贤人	内·德充符	申徒嘉
3	死生存亡，穷达贫富，贤与不肖，毁誉、饥渴、寒暑，是事之变，命之行也。	贤	内·德充符	仲尼
4	天时，非贤也；	贤	内·大宗师	原文
5	同则无好也，化则无常也。而果其贤乎！	贤	内·大宗师	仲尼
6	今遂至使民延颈举踵曰"某所有贤者"，赢粮而趣之……则是上好知之过也。	贤者	外·胠箧	原文
7	故贤者伏处大山嵁岩之下，而万乘之君忧栗乎庙堂之上。	贤者	外·在宥	原文
8	至德之世，不尚贤，不使能；	尚贤	外·天地	赤张满稽
9	宗庙尚亲，朝廷尚尊，乡党尚齿，行事尚贤，大道之序也。	尚贤	外·天道	原文
10	赏罚已明而愚知处宜，贵贱履位，仁贤不肖袭情，必分其能，必由其名。	仁贤	外·天道	原文
11	吾闻子北方之贤者也，子亦得道乎？	贤者	外·天运	老聃
12	廉士重名，贤人尚志，圣人贵精。	贤人	外·刻意	庄子
13	贤则谋，不肖则欺。	贤	外·山木	庄子
14	吾敬鬼尊贤，亲而行之，无须臾离居，然不免于患。	尊贤	外·山木	鲁侯
15	君子不为盗，贤人不为窃。	贤人	外·山木	仲尼
16 17	行贤而去自贤之行，安往而不爱哉？	行贤	外·山木	阳子
18	今以畏垒之细民而窃窃欲俎豆予于贤人之闲，我其杓之人邪？	贤人	杂·庚桑楚	庚桑子
19	尊贤授能，先善与利，自古尧舜以然	尊贤授能	杂·庚桑楚	庚桑子弟子
20	举贤则民相轧，任知则民相盗。	举贤	杂·庚桑楚	庚桑子
21 22 23	以德分人谓之圣，以财分人谓之贤。以贤临人，未有得人者也；以贤下人，未有得人者也。	贤	杂·徐无鬼	管仲
24	狗不以善吠为良，人不以善言为贤	贤	杂·徐无鬼	仲尼
25 26	夫尧知贤人之利天下也，而不知其贼天下也，夫唯外乎贤者知之矣。	贤人	杂·徐无鬼	许由

	文本内容	关键词	篇目	人物
27	尧闻舜之贤，举之童土之地，曰冀得其来之泽。	贤	杂·徐无鬼	原文
28 29	贤人所以駴世，圣人未尝过而问焉；君子所以駴国，贤人未尝过而问焉。	贤人	杂·外物	庄子
30	世之所谓贤士，伯夷、叔齐辞孤竹之君，而饿死于首阳之山，骨肉不葬。	贤士	杂·盗跖	盗跖
31 32	穷美究埶，至人之所不得逮，贤人之所不能及，侠人之勇力而不为威强，秉人之知谋以为明察，因人之德以为贤良，非享国而严若君父。	贤人	杂·盗跖	无足
33	此皆就其利，辞其害，而天下称贤焉，则可以有之，彼非以兴名誉也。	称贤	杂·盗跖	知和
34	诸侯之剑，以知勇士为锋，以清廉士为锷，以贤良士为脊，以忠圣士为镡	贤良士	杂·说剑	庄子
35	遇长不敬，失礼也；见贤不尊，不仁也。	尊贤	杂·渔父	孔子
36	天下大乱，贤圣不明，道德不一，天下多得一察焉以自好。	贤圣	杂·天下	原文
37	謑髁无任，而笑天下之尚贤也	尚贤	杂·天下	原文
38	无用贤圣，夫块不失道。	贤圣	杂·天下	原文
39	然惠施之口谈，自以为最贤	贤	杂·天下	原文

　　为规避断章取义之嫌，此处39处文本并不作深入解释，而是将之放入《庄子》上下文语境之中，进而归类于贤人的功能分析（具体见第三章）中。比如庚桑楚的弟子言："尊贤授能，先善与利，自古尧舜以然"（《庄子·庚桑楚》），此处虽然提出了"尊贤授能"，但结合原文可知，其弟子是作为反面人物出现的，康桑楚（代表庄子）在此处并不认同这一做法。因而这一块内容既可以佐证天下存在"尊贤授能"的传统和风气，同时又是庄子反对"尊贤授能"的例证。

　　由表可知，"贤"在《庄子》中共出现了39次，其中原文论述10处，引用他人之言29处，其中直接引孔子语6次；引庄子语5次；引管仲语3次；引庚桑子及其弟子语3次；引阳子、许由、无足语各2次；引知和、申徒嘉、赤张满稽、老聃、鲁侯、盗跖语各1次。综上可知，孔子被引用的次数最多。

　　由此可见，贤文化与儒家的渊源颇深。孔子出生于春秋末期，庄子生于战国时代，他们对古老的华夏文明都有所继承和发扬，郭金艳在前辈庄学研究的基础上，通过对《庄子》一书中的孔子形象进行分析，指出孔子的儒家学说深受庄子及道家思想的影响。① 鲁迅也认为儒家文化从道家中汲取了很多养分。南怀瑾则指出儒释道三家本相通。

"同则无好也，化则无常也。而果其贤乎！"（《庄子·大宗师》）这是孔子对颜回的评价。颜回达到了"堕肢体，黜聪明，离形去知，同于大通"（《庄子·大宗师》）的"坐忘"境地，孔子对此十分惊喜：与万物混同一体就没有偏爱，与万物一起变化就没有偏执，你果真成为贤人了！南怀瑾认为《大宗师》篇的主旨即为以出世心做入世之事，即内圣外王之旨。② "坐忘"与"吾丧我""心斋"相似，都是庄子主张的忘怀自我的内圣之道。颜回通过坐忘同自然融为一体，被孔子称赞为贤人，庄子也对坐忘成贤加以记录和肯定，可见，庄子眼中的贤人即为融通自然之人。

融通自然并不仅仅等于顺应天时。"故乐通物，非圣人也；有亲，非仁也；天时，非贤也；利害不通，非君子也；行名失己，非士也；亡身不真，非役人也。"（《庄子·大宗师》）有心和外界交往就不是圣人；有亲疏之分就不是仁人；揣度天时，就不是贤人。"圣人""贤""君子""士"，这一系列的否定显然是针对儒家观念而言的。子思言"上律天时"，孟子言"得天时"，都讲求顺应五行阴阳而行事。但揣度天时本身就是一种计较，谋求超越天地甚至主宰天地，心智被外物所诱，再加天时流转本身就存在潜在的变数危险，就不能顺其自然地与天地间万事万物共同生长，便算不上贤者。反向观之，则可证明庄子眼中的贤人即为融通自然之人。

由此可见，庄子对贤文化的论述是基于儒家贤文化观念的基础而展开的，其中既有肯定和采纳之处，也有批判和反思之处。就如同"大盗窃国，圣人之法并窃之"一般，庄子既肯定贤人的社会功能和价值追求，又批判贤能给人带来的名利枷锁以及催生的欺世盗名行为。因而主张圣人不自以为圣、知智谋而不智谋，而贤人也不自以为贤。自以为贤则不是真贤。

（二）行贤而去自贤：贤人的精神追求

庄子眼中的贤人有着怎样的精神追求？又以怎样的社会地位而存在呢？

在行为层面上，"君子不为盗，贤人不为窃。"（《庄子·山木》）贪财盗物必自弃，纵欲放情必自毁，假仁盗信必自欺，欺世盗名必自害。盗窃不仅仅指偷抢财物，还包括名声。孔子认为人很难以拒绝来自别人的利益引诱，而贤人能够保持头脑清醒，明白利禄并非自己所固有，而不过是机遇的附赠罢了。因而不谋求外

① 郭金艳：《〈庄子〉中的孔子及其弟子形象研究》，博士学位论文，安徽大学，2014 年。
② 南怀瑾：《庄子諵譁》（下），北京：东方出版社，2017 年，第 96 页。

物之利。

人类的生活总是离不开物质基础，"有心"的偷盗容易被发现，但对客观世界的物质取用则是"不假思索"的"无心"之为。"鸟莫知于鹢鹂，目之所不宜处，不给视，虽落其实，弃之而走。其畏人也，而袭诸人间，社稷存焉尔。"（《庄子·山木》）燕子经过不宜停留的地方，即便嘴中的食物掉落了，也会扔下飞走。[①]它对人保持警惕却又将鸟巢建在人的房梁上，这就是"袭诸人间"。贤人也是如此，面对世俗的"人益"，既要坚持自己的骨性和本性，又要入世存乎社稷。由此阐明"无受天损易，无受人益难"的现实矛盾，这既是孔子的儒家思想，也符合道家及庄派的观点，可见儒道的互补相通性。

庄子以尧、舜、善卷、许由为"贤人"代表，论述了贤的真正内涵在于不求贤。"尧、舜为帝而雍，非仁天下也，不以美害生也；善卷、许由得帝而不受，非虚辞让也，不以事害己。此皆就其利，辞其害，而天下称贤焉，则可以有之，彼非以兴名誉也。"（《庄子·盗跖》）尧与舜在称帝之前一再推让帝位，并非是故意作秀，而是不希望帝位伤害自己的本性；善卷和许由弃帝位而不受，并非虚假推辞，而是不想让政务劳累自己的身心。他们趋利避害，却被天下所"称贤"。贤人之名，他们当之无愧，但他们并非为了得到贤名才那样做。

在庄子看来，真正的贤者不仅不求贤名，而且对他们而言，"贤"本身就是一个不该被区分的概念，有了区分就会产生偏执，进而引发欺世盗名的行为。"死生存亡，穷达贫富，贤与不肖，毁誉、饥渴、寒暑，是事之变，命之行也。"（《庄子·德充符》）贤人的一举一动自然符合大道，而不自以为贤，不将之命名为贤，只看作是自然的本性。

贤与不肖，不过是人们头脑中的偏见。人们固然期待实现圣贤的理想人格，期待形成尚贤、称贤、尊贤的社会风气，但不能因此而将人归类，给人贴上"贤与不肖"的标签，戴着有色眼镜去看待人。因果相随，每个人的行为背后都暗藏着来自其天性、习惯和生存环境的影响，看似随机的、主动的选择却可能是无意识的、身不由己的行为。因而，对外物的了解，需要深入其本质，而不是划分类别，盲目崇拜和歧视。

贤人不自以为贤，放下偏执与万物通融，达到贤人境界，自然而然就会散发人格魅力，进而产生被人尊敬的功效。民心复归淳朴而不觉，一切水到渠成，而无需刻意地尊贤。"弟子记之！行贤而去自贤之行，安往而不爱哉？"（《庄子·山木》）品德美好而能忘掉自己美好品德的人，走到哪里不会受到人们的敬爱呢！这

---

① 孙通海：《庄子》，北京：中华书局，2014年，第231页。

与《韩非子》中"行贤而去自贤之心，焉往而不美？"的观点颇为相近，做贤德之事却不自以为贤，还有什么事情办不好呢？

"才全而德不形"的哀骀就是贤人的典型代表。《南华通》言："才，自其贱于天者而言；德，自其成于己者而言。浑朴不斫曰全。深藏不露曰不形。"哀骀它"恶骇天下"，相貌丑陋地让天下人震惊。但凡是与他接触的人，无一不受其感化，卫君甚至主动将国家交付于他。这正是因为哀骀它的才智完美无缺，道德不显露在外，这也正是贤人内涵的表现。

劝谏文化在《庄子》中占据着重要地位，贤人概念与中国古代政治生活息息相关。与"恶人"哀骀它以"才全而德不形"感化天下相对比的是，颜回"端虚勉一""内直外曲""成而上比"的劝谏方案；孔子"心斋""听之以气""虚而待物""知其不可奈何而安之若命"的修养方案。

总而言之，贤人之贤正在于其忘怀自我，行贤而不自贤。"众人重利，廉士重名，贤人尚志，圣人贵精。"（《庄子·刻意》）贤人崇尚志向：身处尘世而精神不亏不损，没有什么杂念能够混入心中。纯粹而素朴，则无往而不利，《说剑》篇就是庄子在实现贤人理想人格状态下，将劝谏技巧加以实践的案例。

三、贤人的功能分析

通过剖析庄子对贤人的认识和态度，进而可以得出庄子对"贤"的认知和态度。《庄子》一书中孔子（仲尼）之名共出现146次，是出场次数最多的人物。孔子是"知其无可奈何而安之若命"的典型代表，明知天下无道，却还是挺身而出，庄子对孔子实际上抱着一种悲叹的欣赏态度。深入剖析《庄子》一文中"贤"的具体内涵，可知庄子眼中的"贤"与孔儒之"贤"内涵有相同之处，都赞同尊贤尚贤是净化社会风气的良策。但庄子对"贤人"抱着审慎批判的态度。既肯定贤人对社会发展的重要性，也警示世人避免"大盗窃国，仁义之法并窃之"的悲剧，告诫人们应当细察"贤人"的本质，"行贤而不自贤"，进而实现贤圣相一（个体层面）、无用圣贤（社会层面）的大同状态。

（一）尊贤尚贤：社会风气教化方案

大道之行有其本身存在的秩序，遵循自然之道的秩序就能够得道。圣人对天下的治理就是对天地、四时秩序的象法。"宗庙尚亲，朝廷尚尊，乡党尚齿，行事尚贤，大道之序也。"（《庄子·天道》）宗庙尊重血缘关系亲的，朝廷尊重爵位高的，乡村尊重年龄大的，做事情尊重有才能的人，这些都是自然之道的秩序。而"行事尚贤"就是提倡尊重贤人的社会风气。

尊贤是个人修养的基本内容。"夫遇长不敬，失礼也；见贤不尊，不仁也。"（《庄子·渔父》）遇到长者不恭敬是失礼。遇到贤者不尊重是不仁义。孔子对渔父的尊重引发了弟子的不满，弟子仲由认为捕鱼之人不值得如此尊重，而在孔子眼中，渔父对于大道心有所得，如果不是道德完美的至人，如何能使人谦下呢？他对渔父的尊重并非源于其职业，而是因为渔父是一名贤者。而渔父就是庄子眼中知智谋而不智谋、尚贤而不张扬、求圣而不自我标榜的圣贤人物。

社会养成尊贤尚贤的风气，那么人民就会受到感化。"久与贤人处，则无过。"（《庄子·德充符》）这里的贤人是指"知不可奈何而安之若命"的伯昏无人，长期与贤人相处，个人也会发现并改正自己的错误，这是贤人的社会功效。

庄子还引用了彭蒙、田骈、慎到的例子，回应世人对圣贤的诘难："謑髁无任，而笑天下之尚贤也，纵脱无行而非天下之大圣。椎拍輐断，与物宛转，舍是与非，苟可以免。不师知虑，不知前后，魏然而已矣。"（《庄子·天下》）慎到、田骈、彭蒙懈怠随缘，不任职事，反而嘲笑人间世"尚贤"的文化氛围；他们放纵洒脱，不修德行，却非难天下的圣人。他们虽然达到了混同是非、明哲保身的避祸境地，却完全的消极避世而无所担当。在庄子看来，他们并非得道之人。可见，庄子本身是肯定"尚贤"风气给社会所带来的教化功能的。

（二）举贤授能：古代政府治理手段

中国自古以来就有圣贤治世的传统。"且夫尊贤授能，先善与利，自古尧、舜以然。"（《庄子·庚桑楚》）尊重贤人，重用能人，赏善施利，自古尧、舜就是这样。在中央层面上，君主圣明、贤良安邦是政府治理的理想状态。在乡村层面上，乡贤文化在中国古代小农经济背景下的社会基层治理中发挥着主导作用，是乡土中国的重要组成部分。

"赏罚已明而愚知处宜，贵贱履位，仁贤不肖袭情，必分其能，必由其名。"（《庄子·天道》）古代明白大道的人，首先要明白自然规律，其次是道德，其次是仁义，其次是职分官守，其次是事物的形体名称，再其次是因材任使，再其次是推究考迁，再其次是分是非，最后才是赏罚。赏罚分明，愚笨的、聪明的、尊贵的、卑贱的、仁义贤能的、不成才的人物都能根据其本性各得其所，各尽其用。如此，按照自然本性侍奉君主、养育百姓、治理国家，就能无为而天下太平了。无论是贤人还是不肖之人，关键在于顺其性而为，最终目的在于实现天下太平。

贤文化的最终目的指向大同社会的构建。彼得斯将希望寄于以商业化资本为命脉的大众传播媒介，希望通过撒播的大众传播媒介建立一套富有活力的社会关系，完成建立共同世界的一系列历史政治任务。①而中国则将政治治理的具体路径落在了选贤任能上。姚锦云指出："无论是作为思想的孔子——荀子'正名'说，还是作为制度的礼乐，以及作为文化的服饰、建筑，都承载着'符号建构政治和伦理秩序'这样的功能。"②

比如孔子对颜回的劝说"且苟为悦贤而恶不肖，恶用而求有以异？"（《庄子·人间世》）颜回想要劝谏暴虐昏庸的卫君，孔子劝说：如果卫君真的亲近贤士，疏远厌恶不肖之人，又何必你去说服呢？这从反面验证了"悦贤"的价值取向和贤能对国家治理的政治功能。

国家的兴旺在于是否得贤人辅佐。"以德分人谓之圣，以财分人谓之贤。以贤临人，未有得人者也；以贤下人，未有得人者也。"（《庄子·徐无鬼》）管仲病危，齐桓公问政：应该把国家托付给谁？作为道家的代表人物，管仲答：隰朋还可以。他对上能忘怀权位（能不顾虑权位为君主思考），对下不区分尊卑贵贱，用道德感化人，称得上圣；以钱财分给人，称得上贤。用贤良的态度礼待他人，则能获得人心。如此，贤人得到任用，国家则可安定。由此可见，庄子也肯定贤人在国家事务中的重要作用和举贤授能给国家带来的好处。

（三）贤圣相一：感化天下的帝王术

"天下大乱，贤圣不明，道德不一，天下多得一察焉以自好。"（《庄子·天下》）三皇时期人心淳朴，天下太平。从三皇五帝时代开始，君王以仁义礼法治国，埋下了天下大乱的祸根。春秋战国时代，天下大乱，圣贤的学说不再显明于世，道德标准也出现分歧。诸子百家各执己见，虽然各有所适用，却都割裂了天地的和美，离析了万物的常理。"贤圣不明"既是指君主昏昧臣子机巧，也是对世风日下，人心不古的感慨。这直接导致了"内圣外王之道，闇而不明，郁而不发"，古人的道术被世人所割毁。

"内圣外王"是儒家思想的核心，是个人修养和兼济天下的最高追求，但它实际上最先由庄子在《天下》篇提出。在秦汉之前，儒、道所论述的"道"是同一个大道，儒道本相通。庄子并非主张避世归隐，从他对田蒙、慎到的批评可见一斑。

圣与贤常常连用，合称圣贤，指品德高尚、才智超凡之人，也可看作是圣君贤臣的合称。韩愈《进学解》："方今圣贤相逢，治具毕张。"龚炜《巢林笔谈续编》

① 〔美〕彼得斯：《对空言说——传播的观念史》，上海：上海译文出版社，2016年，第174页。
② 姚锦云：《用"问题意识"观照"内在理路"——评谢清果新作〈华夏文明与传播学本土化研究〉》，载谢清果主编：《华夏传播研究》（第一辑），北京：中国传媒大学出版社，2018年，第270页。

卷上："圣贤相遭，君臣契合，足令千载下感激欲涕也。"这里的圣贤就是圣君贤臣相合之意，君圣臣贤，则天下可安。

庄子对"贤"的论述，既包括尊贤尚贤的社会风尚，也包括对贤人产生的社会弊端的揭露和批判，进而阐发出圣贤相一的思想。圣贤相一，包括两层含义。

第一，圣贤相配共治天下则国家可安。"诸侯之剑，以知勇士为锋，以清廉士为锷，以贤良士为脊，以忠圣士为镡，以豪桀士为夹。"（《庄子·说剑》）用智勇之士作为剑锋，用清廉之士作为剑刃，用贤良之士作为剑背，用忠诚之士作为剑环，用豪杰之士作为剑把。就能够顺和民意而安定四方。这就是能使四海之内顺服于君主命令的诸侯之剑。

第二，圣贤指一种理想人格。"吾闻子北方之贤者也，子亦得道乎？"（《庄子·天运》）老子称孔子为北方贤者，然而虽为贤者，孔子仍没能领悟大道。在道家看来，孔子是贤者的代表。孔子从制度、礼数、阴阳角度寻求大道而未果，说明大道不可传受。仅仅靠"贤"，是无法领悟大道的。怨恨、恩惠、获取、施与、诤谏、教化、生养、杀戮是端正百姓的八种工具，但只有能够遵循自然变化规律而无所滞塞的贤人，才能运用它。"无用贤圣，夫块不失道。"（《庄子·天下》）这里将贤圣同论，指代同一种理想人格。圣贤相一，却不自我标榜，像天地一般育化万物，才能感化天下。

（四）无用圣贤：治之至的实现路径

"吾敬鬼尊贤，亲而行之，无须臾离居，然不免于患，吾是以忧。"（《庄子·山木》）鲁国之君学习先王的道德，继承大业，敬奉鬼神，尊重贤人，却还是不免于灾祸，并为此而忧愁。尊贤尚贤却还是不免于患，其出路何在呢？市南子给出的解决办法是"虚己以游世"。也可以将之引申为无用圣贤的无为之治。

"夫尧知贤人之利天下也，而不知其贼天下也。"（《庄子·徐无鬼》）无用圣贤的思想看起来与尚贤、尊贤、举贤的主张背道而驰，实则不然。无用圣贤是庄子对儒式"圣贤"的辩证批判和深入思考，其根本目的在于通达大道，以阐明内圣外王之学。

庄子对贤的反思可以体现在个人和社会两个层面上。在个人层面上，贤对人的伤害主要有两点：

第一，帝王作为治理天下的圣贤，需要牺牲自我的自由和身体。"尧闻舜之贤，举之童土之地，曰冀得其来之泽。"（《庄子·徐无鬼》）舜为了治理天下，腰弯背驼，劳苦疲惫。

第二，贤名迷惑人心，使人偏离自然的本性，重名轻死。《朱子家训》言："读书志在圣贤，非徒科第；为官心存君国，岂计身家？"在中国历史上，不乏舍生取义、死谏之士。他们的骨气固然值得敬佩，但为名而死就是迷失自我本性了。"世之所谓贤士，伯夷、叔齐，伯夷、叔齐辞孤竹之君，而饿死于首阳之山，骨肉不葬。鲍焦饰行非世，抱木而死。申徒狄谏而不听，负石自投于河，为鱼鳖所食。介子推至忠也，自割其股以食文公，文公后背之，子推怒而去，抱木而燔死。尾生与女子期于梁下，女子不来，水至不去，抱梁柱而死。此六子者，无异于磔犬、流豕、操瓢而乞者，皆离名轻死，不念本养寿命者也。"（《庄子·盗跖》）庄子借盗跖之言对儒家孔子的圣贤观念发起批判：伯夷、叔齐、鲍焦、申徒狄、介子推、尾生这六个人都是重名轻死，不顾生命根本的人。他们的死亡完全是可以避免的，但为了贤名，他们固执地选择了死亡。

总而言之，庄子具有浓厚的人文关怀，主张先保养自我的生命，内圣而后再为国出力。这与儒家的"位卑未敢忘忧国"显然是矛盾的，也是儒道"贤文化"观念的分歧所在。

如同庄子主张"绝圣弃智"一般，庄子对贤人的批判同样集中在贤人对社会的反面引导上，贤人给社会带来的负面影响可以总结为两个方面：

一是欺世盗名者风生水起，大盗窃国，仁义之法并窃之。而真正的贤者被隐没，甚至被暗算。"合则离，成则毁，廉则挫，尊则议，有为则亏，贤则谋，不肖则欺，胡可得而必乎哉？"（《庄子·山木》）庄子感慨：有团圆就有分离，有成功就有毁坏，清廉则被压制，尊贵则被非议，有作为则被压损，有贤能则被暗算，没出息则被欺侮。要想免于荣辱祸福的悲喜，则要进入清静无为的大道境界。"故贤者伏处大山嵁岩之下，而万乘之君忧栗乎庙堂之上。"（《庄子·在宥》）世道混乱，满目囚犯，贤者隐遁在高山深岩之下，而君主忧虑于朝廷之上。"夫尧知贤人之利天下也，而不知其贼天下也，夫唯外乎贤者知之矣。"（《庄子·徐无鬼》）啮缺询问许由逃避尧的原因。许由说：真正仁义的人并不多，但利用仁义投机取巧、钻营获利的人却很多。如此，（假仁假义）仁义不仅本身没有诚意，还被贪婪如禽兽的人借为诈骗作恶的工具。尧知道贤人对天下的好处，却不知贤人也会祸害天下，只有忘怀贤圣的人才能够明白这个道理。

二是崇尚智巧，使万民竞争，天下大乱。"今遂至使民延颈举踵曰'某所有贤者'，赢粮而趣之，则内弃其亲而外去其主之事，足迹接乎诸侯之境，车轨结乎千里之外，则是上好知之过也。"（《庄子·胠箧》）当人们听闻某处有贤人之时，对内遗弃双亲，对外抛弃君主，蜂拥着前去投奔贤人，这是君主喜好智巧的过错。天下昏乱，罪过就在于崇尚智巧。"举贤则民相轧，任知则民相盗。"（《庄子·庚桑楚》）推举贤能之人，就会使百姓相互倾轧；任用智能之人，就会使百姓相互欺诈。这些方法，使百姓不再淳厚，转而谋求私利，这才诱发了弑父弑君、抢劫偷盗之事。

从后世的角度出发，笔者以为圣贤思想同样带来了社会教育与价值取向问题。圣贤思想深深扎根于中国的仕宦群体，读书的目标直接导向做官，"立功立德立言"三不朽成为配套的评价标准，在全社会形成了"万般皆下品，唯有读书高"的社会氛围。而秦汉之后的儒士主要的谋生手段就是幕僚及做官。读书直接导向升官的风气影响了中国千年来的文化教育，也滋生了八股文、升官发财的教育导向等一系列社会问题。

面对贤人给个人和社会带来的问题，庄子得出的结论是"至德之世，不尚贤，不使能。"(《庄子·天地》)"不尚贤"针对的是"尚"而非"贤"。在个人层面上，"行贤而去自贤"；在社会层面上，"推贤"而不"尚贤"，方能使百姓行为端正却不知何为道义，相亲相爱却不知何为仁爱，诚实无欺却不自以为忠信，互帮互助出于习性而不觉其为恩惠。就如同知智谋而不智谋一般，无用圣贤意在无为而自圣贤，圣贤而不自以为圣贤，不自我标榜而使百姓争竞，这就是无用圣贤的真正内涵。

四、结语：中华文化的未来可能

贤文化是建构政治和伦理秩序的符号之一。"要理解中国人的社会互动，就必须理解中国人经常调用的传统思想资源"，通过对庄子"贤"观念的梳理，可以发现儒道相汇相异之处，也可以帮助我们结合历史经验，谋求当代的政治出路，推动社会文化和秩序的完善和发展。

世界四大文明古国中，中国文明是唯一未曾中断过的文明，中华大一统文明是高度可持续文明的典范。[1] 而中国的力量正在于融合，而维系融合的力量正在于儒道传统的文化逻辑。贤文化的理念和实践正是维系中国自先秦两千余年来历史发展的精神纽带之一。而古老的东方文化将给世界带来"政治统一与和平的命运"的希望。[2] 在当代，中国的肩上担负着时代的历史使命：人类命运共同体的建构将为世界的和平可持续发展带来曙光。而这样的政治实践背后离不开"大一统""礼""贤"等文化逻辑支撑，这也是我们研究传统文化的意义所在。

---

① 毛峰：《诞生与绵延的奥秘——中华文明的传播内核与传播特质》，谢清果主编：《华夏传播研究》，北京：中国传媒大学出版社，2018年，第一辑，第17—18页。
② 汤因比：《东西文化议论集》上册，北京：经济日报出版社，1997年，第276—285页。

天宗德本——试析庄子的"圣王之道"

王婕　　谢清果 *

摘要：通过新榜词频统计《庄子》全篇出现最多的三个名词：道；天下；圣人，得出其中心在于圣人治理天下的大道，即内圣外王之道。梳理隐逸思想、"圣人之过"与"圣王"思想的悖论，分析得出：庄子所反对的圣人，是作为国家统治工具的圣人；是名为仁义，实为阴谋的帝王权术；是违背人性的高不可及的说理教化。进而勾勒出庄子眼中知智谋而不智谋的"圣人"形象，得出圣王之道的终极指向：通过绝圣弃知、无为而治的方式，将圣王相统一，最终实现圣治。

引　言

自清末国运衰落以来，中国刮起了一股西学东渐之风，甚至一度全盘否定具有数千年底蕴的传统文化。现代工业文明带来了奴隶制的废除、男女地位的平等、信息媒体的发达等一系列进步，但同样也滋生了环境污染、恐怖主义、人与人的不信任感、拜金等社会及心理问题。①

当下以欲望、金钱、物质享受为导向的文明，使得阶层、是非、社会价值链排序等偏见蒙蔽了人们的双眼。早在千年之前，庄子（约公元前369年—公元前286年）就对这种情况作出预见："其寐也魂交，其觉也形开，与接为构，日以心

＊　作者简介：王婕，女，1997年生，文学硕士，厦门大学新闻传播学院2019级研究生；谢清果，男，福建莆田人，哲学博士，厦门大学新闻传播学院教授，博士生导师，从事华夏文明传播与话语权研究。

①　洪胜构：《庄子思想的未来价值》，《人文杂志》2007年第6期第86—91页。

斗。"(《齐物论》)人们即便是在睡觉的时候,心神也不得安宁,整日与外界交涉纠缠,钩心斗角,以至于喜怒无常,失去了生命存在的本真意义。①

庄子思想之中蕴含着解决现代文明的难题及社会弊端的办法。庄子主张通过个人层面的修养身心及社会层面的"绝圣弃智"而达到"无为以救世"的目的。②作为道家典着,《庄子》又称《南华经》。"内圣外王"一词最早出现在《庄子》一书中,"内圣外王"之道也是庄子全篇的要旨所在。③

中国的道统始于伏羲(生卒不详,约为旧石器时代中晚期。中华民族人文始祖之一),由担任帝师的史官主管传承工作。春秋时,老子(约公元前571年—公元前471年)就是王室的史官,是道统的集大成者。但由于时局不稳,王子朝(生日不详,卒于公元前505年)带着记载大道的周室典籍奔楚,进而官学崩溃,周室典籍流落民间,诸子分别继承了部分道术,如孔子(公元前551年—公元前479年)收集到《易经》《尚书》《诗经》等,春秋战国诸子百家因而兴起。④甚至有人认为周室典籍中最为纯粹的三皇之道流传到了庄子手中。诸侯们都希望能将"圣法"并窃之,因而庄子需要掩盖自己得到书籍的事实以避祸。但他又不想中断道术传承,故而以隐晦的写法来传承道术,寄希望于后人,能透过其天马行空的文字理解背后的古圣至道。孔子是庄子一书中出现最多的人物。⑤郭金艳在前辈庄学研究的基础上,通过对《庄子》书中的孔子形象进行分析,指出孔子的儒家学说深受庄子及道家思想的影响。⑥

然而,隐逸、逍遥游世及抵制圣人的思想与"圣王"要旨似乎背道而驰。

刘梅认为《庄子》代表着中国隐逸文化的成熟,对中国后世的隐逸文化传统产生了重要影响。⑦而这种隐逸文化是以庄子为代表的文人在政治权力残酷斗争下艰难求生的结果。⑧因而庄子的中心在于呼吁人们远离政治,向内而求,观照自身,达到"物化"的境地。超越生死才是庄子哲学的终极指向。⑨

---

① 孙通海:《庄子》,北京:中华书局,2014年,第13页。
② 罗彦民:《救世:庄子"无为"思想的终极目标》,《船山学刊》2008年第2期第114—117页。
③ 洪佳景、李咏吟:《从"一"与"裂"之争看"内圣外王"——〈庄子·天下篇〉主旨探析》,《厦门大学学报》(哲学社会科学版)2014年第3期第83—89页。
④ 王红旗:《两千五百年过去了——中国人为什么不寻找周室典籍?》,《文史杂志》1999年第3期第14—16页。
⑤ 邵汉明:《论〈庄子〉中的孔子》,《中国哲学史》2009年第4期第25—33页。
⑥ 郭金艳:《〈庄子〉中的孔子及其弟子形象研究》,硕士学位论文,安徽大学,2014年。
⑦ 刘梅、肖中云:《试论庄子哲学中的隐逸思想》,《求索》2005年第7期第124—125页。
⑧ 王国胜:《试论庄子对隐士思想的传承和递进》,《江西社会科学》2006年第2期第135—138页。
⑨ 谢青松、赵娟:《"吾丧我"与"庄周梦蝶"——从〈齐物论〉看庄子对"我是谁"的终极追问》,《云南社会科学》2018年第6期第75—79页。

颜世安（1956 年—）认为社会生活的黑暗和生命的脆弱使庄子认为人生是痛苦的，而且这种痛苦无法摆脱。这种痛苦意识使他产生了隐世及游世思想，[①] 这种游世态度实际上带着对世界和生存环境的冷嘲和敌意，是不肯与现实达成和解的一种偏执状态。[②]

在社会治理上，庄子主张"绝圣弃智"。刘挺生认为庄子的"不治"思想是走了极端，彻底否定了人的社会性，因而虚无缥缈。[③] 张松辉则认为庄子有自己的政治理想。庄子主张无为，但也看重权谋。庄子反对有偏私、有目的的仁义、智慧，却赞同将刑、礼、德等结合起来治理国家。[④]

关于《庄子》"内圣外王"的思想，学者以《天下》篇讨论为多。陈仁仁（1975 年—）认为庄子对"内圣外王"的认识是基于诸子百家对"内圣外王之道"的认识偏差而得到的。[⑤] 通过社会性、自然性和超自然性的三重间架理论体系的宏观探析，陈水德提出《庄子》与儒法相通，诸子百家是大道的一体多面，其主旨在于"内圣外王之道"。[⑥]

本文认为，庄子的中心思想在于"圣王之道"，即实现天下大治的大道。之前学者对"内圣外王"的考察大都通过对《天下》篇的单独分析完成，且重点在于论述外王而轻视内圣。但笔者以为，《庄子》全篇层层递进，无论是隐逸、无为、还是绝圣弃智，本质上都是庄子修身、治世的手段，其核心要旨在于阐发"圣王之道"。这个"圣王"，不仅是指"内圣外王""玄圣素王"，还指上古时期"圣王"一体的状态。

总而言之，本文以《庄子》文本为研究对象，通过内容分析法，在统计词频的基础上加以分析，对隐逸逍遥游世思想、抵制圣人思想与圣王之道的两组悖论加以解释，以论证《庄子》的主旨为"圣王之道"。通过对《庄子》全篇的梳理，勾勒圣人形象，寻找实现"圣王之道"的途径，以期为现代问题提供可能的解决方案。

---

① 颜世安：《论庄子的人生痛苦意识》，《江苏社会科学》1998 年第 4 期第 90—95 页。
② 颜世安：《论庄子的游世思想》，《南京大学学报》（哲学社会科学版）1999 年第 2 期第 63—74 页。
③ 刘挺生、刘芳：《大顺群生 不治天下——〈庄子〉治安思想》，《河北师范大学学报》（哲学社会科学版）1998 年第 4 期第 137—141 页。
④ 张松辉：《评庄子的无为与权谋并重的政治观》，《孔子研究》1995 年第 3 期第 42—49 页。
⑤ 陈仁仁：《〈庄子·天下篇〉"内圣外王"思想的提出及其认识论意义》，《湖南大学学报》（社会科学版）第 1 期 2011 年第 115—119 页。
⑥ 陈水德：《庄子思想三重间架论》，《西北大学学报》（哲学社会科学版）2002 年第 3 期第 80—83 页。

一、词频分析：道、天下与圣人

《庄子》散文语言生动壮美，行文"意出尘外，怪生笔端"（刘熙载），想象奇特，善用比喻、夸张、寓言，充满浪漫色彩。在传播学中，诉诸幽默、采用图像、诉诸性感和重复强调是四种有效的说服手段。采用寓言的形式，以幽默的笔风深入浅出地阐释大道要旨正是《庄子》传播的典型特色。

利用新榜词云对《庄子》全文做文本词频分析，获得前一百的热词，整理如图一所示：

图一:《庄子》原文统计词云

其中"天下"重复出现287次，"圣人"重复出现113次。除去无实在意义的动词（如不能、不知）及人名（如孔子、老子）等，排名前五的实义名词如下表一所示：

表一:《庄子》关键字词频统计表

词汇	词频	排名
天下	287	1
圣人	113	2
万物	102	3
天地	94	4
无为	70	5

由于新榜词频统计不涵盖一个字的字词，经过计算，"道"字在《庄子》全文共出现354次。故而，《庄子》全篇，出现最多的三个名词为：道（354次）；天下（287次）；圣人（113次）。（此外，"为"出现1008次、"圣"160次等，但由于其或为助词，或具体含义模糊，故舍弃不计）

"天下"多代表被治理的对象，可以引申为"王道"。如"故尝试论之，自三代以下者，天下莫不以物易其性矣。小人则以身殉利，士则以身殉名，大夫则以身殉家，圣人则以身殉天下。（《骈拇》）"这里的"天下"就是指国家和百姓。从这个角度看，《庄子》的主要内容可以总结为：圣王之道。

二、隐逸、游世与圣王的悖论

（一）无所用天下的逍遥归隐

《庄子》一书中反复强调其隐逸、游世及避祸的思想，这与庄子的圣王之道看起来背道而驰。庄子追求逍遥于天地之间，不仅不愿意治理天下，就连举世公认的治理天下的圣人，他都不屑一顾。他认为：真正通达大道的人，哪怕将天下拱手让于他，他都不乐于接受，治理天下在他看来并不是什么好差事，也不是他所追求的目标。

比如尧（公元前2408年—公元前2290年）想把天下让给许由（生卒年不详），许由却推辞说"予无所用天下为"，不愿接受。再如有着"治天下之民，平海内之政"功绩的尧"往见四子藐姑射之山，汾水之阳，窅然丧其天下焉。"在得道之人面前，即便功绩如尧，也觉得怅然若失。（《逍遥游》）可见，在庄子眼中，治世的功绩在得道者面前是多么不值一提。

归隐自然的隐逸思想最为集中的表达体现在《让王》篇。在《让王》篇中，尧以天下让许由、子州支父，舜让天下于子州支伯、善卷、石户之农、北人无择，汤让天下于瞀光，结果全部遭到了拒绝；许由、子州支父、子州支伯、善卷、石户之农、北人无择、瞀光等人都是通达大道的人，他们都乐于"逍遥于天地之间"，而不愿因治理天下而损伤自己的身体和生命。再如颜阖拒绝了国君的拜访；列子拒绝了国君的奖赏，他们连官职都不想要，只想隐匿于世俗之中保全性命，不求闻达于诸侯，具有浓浓的避祸思想。

在这种隐逸避祸思想的影响下，远离政治，向内而求，通过"坐忘"等方式实现"物化"，以通达生死、逍遥游世，甚至修道成仙成为庄子的最高追求。因而，刘梅评价《庄子》代表着中国隐逸文化的成熟。这与志在治理天下的"圣王之道"显然构成悖论。

（二）归隐的三重原因及其目的

庄子无疑是提倡归隐游世的，但细究其归隐行为，却是事出有因，这与春秋战国天下混乱的时代背景息息相关。通过对《让王》篇的分析整理，可以看出庄子提倡归隐的三重原因。

第一，并不是讨厌做君主，而是担忧心智劳累损伤自己的身体。"君固愁身伤生以忧戚不得也"（《让王》），这是身体方面的担忧。

第二，并不是不想做官，而是不愿迎合世俗、屈身他人，结党营私，假借仁义之名做不义之事，张扬华贵的车马来显摆自己，"夫希世而行，比周而友，学以为人，教以为己，仁义之慝，舆马之饰，宪不忍为也"（《让王》），这是世俗方面的担忧。

第三，是非绊足，名利拘身，患得患失的心绪会背离大道，"知足者不以利自累也，审自得者失之而不惧；行修于内者无位而不怍"（《让王》），这是内心层面的担忧。

面对重重挑战，庄子给出的策略是："吾闻古之士，遭治世不避其任，遇乱世不为苟存。今天下暗，周德衰，其并乎周以涂吾身也，不如避之以絜吾行。"（《让王》）与其玷污自身，还不如避开它保持高洁的品行。而归隐避世的前提条件是天下昏暗，道德微衰。

由此可见，庄子的避世是不得已而为之。而隐归所要达到的逍遥游世境界正是实现"内圣"的境界。出于以上三种原因，得道之人不愿意治理天下，但这并不意味着他们无法治理天下。庄子指出："帝王之功，圣人之余事也，非所以完身养生也"，帝王之业，不过是圣人业余做的小事罢了，而修养身性，还需靠感悟大道。故而需先内圣，而后在合适的时代背景下成王，以实现"圣王"统一的目的。

三、圣人之过与圣王的悖论

（一）圣人之过：对圣人的极端抵制

要深入理解庄子的圣王之道，首先要理解庄子的圣人观。《庄子》全篇共计6次明确提出"圣人之过"，尤其是在外篇《骈拇》《马蹄》《胠箧》和《在宥》四章中，庄子对"圣人"进行了大量批判。最后得出了绝圣弃智的结论。对圣人的极端抵制是庄子思想的一大特色。在抵制圣人的同时，又怎么会期盼出现圣人治世的景象呢？这显然与圣王思想形成悖论。按照时间顺序梳理圣人出现前后，天下时局的变化，庄子对"圣人之过"的态度也就清晰了。

上古时代，"夫赫胥氏之时，民居不知所为，行不知所之，含哺而熙，鼓腹而游，民能以此矣。"（《马蹄》）人们安居不知所为，悠然不知所往，生活安逸自在。

天下败坏的开端，其主要原因就在于圣人、仁义、礼乐的兴起。"及至圣人，屈折礼乐以匡天下之形，县跂仁义以慰天下之心，而民乃始踶跂好知，争归于利，不可止也。此亦圣人之过也。"（《马蹄》）道德的衰落是圣人的第一大过。"失道而后德，失德而后仁，失仁而后义，失义而后礼。礼者，道之华而乱之首也。"道德衰，后有仁义伦理；伦理衰，之后有法律。圣人阐明仁义，推行礼乐，表面上看起来是好事，实际上却激发了人们的攀比之心和机巧之心，助推了道德的衰落。"枝于仁者，擢德塞性以收名声，使天下簧鼓以奉不及之法非乎？"（《骈拇》）使天下人喧嚷着去奉守不可能做到的礼法，做不到就会产生怀疑；而强制要求则会产生以欺骗的手段蒙混过关的行为。而且"目之于明也殆，耳之于聪也殆，心之于殉也殆"（《徐无鬼》），当人们把聪明和智慧看作自己的宝贝，才不断地引发争盗杀戮事件，这不是很可悲吗？"毁道德以为仁义，圣人之过也。"（《马蹄》）而圣人、仁义、礼乐的兴起就发端于三皇五帝时代。

黄帝治国，民心尚且淳朴；自尧治天下，人们有了偏爱之心；到了舜的时代，人人相互竞争；大禹治国时，人们已经有了是非、对错的观念。"三皇、五帝之治天下，名曰治之，而乱莫甚焉。"（《天运》）三皇五帝的治国，逐渐使人民工于心计、智谋，致使儒墨各派崛起。名义虽为治理，实则乱了天下。由此观之，在庄子看来，春秋战国时代的百家争鸣更像是一场文化的衰退、政治的衰退，古道由此失落，各家言说纷争。人心思变，天下混乱是圣人的第二大过。

大道的丢失体现在个人层面，是指民心不再淳朴，"善人不得圣人之道不立，跖不得圣人之道不行；天下之善人少而不善人多，则圣人之利天下也少而害天下也多"（《胠箧》）；在诸侯层面，则是大盗窃国，"所盗者岂独其国邪？并与其圣知之法而盗之"，仁义、圣知之法沦落为大盗窃国的理论依据和统治工具。大盗兴起、圣人沦为统治工具是圣人的第三大过。

无论是平民百姓，还是士大夫、诸侯，"天下莫不以物易其性"。"小人殉财，君子殉名。其所以变其情，易其性，则异矣；乃至于弃其所为而殉其所不为，则一也。"（《盗跖》）在庄子看来，正如君子为名而死与小人为利而亡是一样的，夏桀的暴政与尧舜的禅让行为并无高下之分，都是心有所执，以物役己的表现。不知保全自我的天性和身体，却执着于追求身外的名、利、权、势，这是圣人之过所导致的精神沦丧。

通过对"圣人之过"的分析，庄子得出结论："圣人不死，大盗不止"（《胠箧》）解决的方法就是绝圣弃知，方能天下大治。对于圣人治理天下所产生的后果，庄子做出悲观预计："大乱之本，必生于尧、舜之间，其末存乎千世之后。千世之后，其必有人与人相食者也。"（《庚桑楚》）发端于尧舜的祸端最终将祸乱千世，乃至于发展到人吃人的地步。

（二）庄子眼中的真假圣人

经过文本分析，"圣"字在《庄子》中共出现了 149 次，其中圣人占了 113 次，"圣人"无疑是《庄子》一书中的一个重要形象。庄子对"圣人"的态度却时而加以批判，甚至于鄙视，时而却又推崇备至，认为圣人"原天地之美而达万物之理。"（《知北游》）这两种截然相反的态度，使得庄子的圣人观扑朔迷离，自相矛盾。

通过数据统计，在出现的 113 次"圣人"中，"圣人"词性为褒义（圣人是得道高人）47 次；贬义（圣人是祸乱天下的根源）17 次；被引用提及（即老聃、孔子等人的对话中提到圣人）49 次，其中褒义 44 次，贬义 5 次。（注：使用"否定词＋圣人"来表达一个人不是圣人，计入褒义。如盗跖讽刺孔子"子自谓才士圣人邪！"，虽然是讽刺孔子德行不够，但"圣人"一词本身表达的是褒义）

总而言之，褒义词性共 91 次，占比 80.5%；贬义词性 22 次，占比 19.5%。由此可见，庄子对"圣人"总体是持赞许态度的。

通过对"圣人之过"的分析，可知庄子也期盼时代出现圣人，以实现国家的圣治。但在圣人的具体内涵上，他所反对的圣人，是作为国家统治工具的圣人；是名为仁义，实为阴谋的帝王权术；是违背人性的高不可及的说理教化。这种圣人，通过自我标榜的方式赚取名声、统治权，实则是祸害天下的假圣人。而真正的圣人通达天地，行的是不言之教，顺万物而治，不标榜自我，不求名于天下，不自以为圣。

四、圣人实现"圣治"的途径：圣王之道

（一）庄子与诸子百家：大道源于一

要了解庄子眼中的圣治景象，首先要了解庄子本身达到的高度。

《天下》篇言：庄子"独与天地精神往来，而不敖倪于万物，不谴是非，以与世俗处。"在那个时代，人世众生都对天地造物者保怀敬畏之心，连孔子都主张"敬鬼神而远之"，而庄子已经达到"上与造物者游，而下与外死生、无终始者为友"的境界。

鲁迅（1881年—1936年）评价《庄子》为先秦诸子的最高成就，认为《庄子》散文"汪洋辟阖，仪态万方，晚周诸子之作，莫能先也。"在《天下》篇，庄子也以批判审视的客观态度对诸子百家进行了分析，认为"后世之学者，不幸不见天地之纯，古人之大体，道术将为天下裂"。那么庄子欣赏哪些人呢？利用新榜对原文中出现的人名做词频分析，结果如表二所示：

表二：《庄子》人名词频统计表

词汇	词频	排名
夫子	97	1
孔子	85	2
庄子	81	3
仲尼	61	4
老聃	46	5
子贡	26	6
惠子	26	6
老子	22	8

夫子是指有大学问的人，在文中多代指孔子，有时也代指老庄等人，故忽略不计。仲尼与孔子同指一人，共出现146次，排名第一。由此可知孔子在《庄子》一书中的重要性。

南怀瑾（1918年—2012年）认为：孔子的修养与道家、佛家都是相通的，都是关乎"内圣外王"的学问。三皇时期人人淳朴，天下太平。到了三皇五帝时代，君王以仁义礼法治国，埋下了天下大乱的祸根。春秋战国时代，时局动荡，官学崩溃，传统的圣王道术开始流落至民间，各方传承者竞相争鸣，"众人辩之以相示"。（《齐物论》）

天下的混乱致使"贤圣不明，道德不一，天下多得一察焉以自好。譬如耳目鼻口，皆有所明，不能相通。"（《天下》）这就像百家技艺，各有所长，但从根本上背离了大道的本质，而追求偏执一方的方术。这也是内圣外王之道隐而不发的根本原因。

因而在秦汉之前，儒、道所论述的"道"是同一个大道。而庄子的道术，继承的是老子道术中纯之又纯的三皇之道。从本质来看，《庄子》本就是"以此退居而闲游，江海山林之士服；以此进为而抚世，则功大名显而天下一也"的"玄圣素王之道"。(《天道》)

（二）内圣：圣人应具有的四重质量

内圣是实现圣王之道的基础。要想治理天下，圣人首先应该端正自己的身心，"夫圣人之治也，治外乎？正而后行，确乎能其事者而已矣。"先端正自己，才能感化他人。那么圣人应该拥有怎样的品德？

混沌素朴是圣人的第一重质量。《刻意》篇将人世治理与天地化育相类比，给出了"圣人之德"的定义："若夫不刻意而高，无仁义而修，无功名而治，无江海而闲，不道引而寿，无不忘也，无不有也，澹然无极而众美从之，此天地之道，圣人之德也。"具有大德的人，抱朴归真，保养自己的身体，立身大道，"恬淡寂漠"，随着万物的变化而变化，"其生也天行，死也物化"。恬淡、寂漠、虚无、无为是天地的准则与道德的根本，圣人息心于此。

第二，圣人混同是非，任凭自然，通晓万物齐一的道理。如此才能做到"藏金于山，藏珠于渊；不利货财，不近贵富；不乐寿，不哀夭；不荣通，不丑穷；寿夭俱忘，穷通不足言矣。不拘一世之利以为己私分，不以王天下为己处显。"(《天地》)不贪财；不求富；不以长寿为乐；不以夭折为悲；不以显达为荣；不以穷困为辱，不把称王天下看作自己的荣耀。

万物都在消亡、生息、充盈和虚空之中不断变幻，这就是自然的规律。在"万物一"的基础上，圣人才能忘却生死、人情，才能去偏私，不争是非，顺应天道，达到无情的地步。于个人而言，无情，方能"安时而处顺，哀乐不能入也"(《大宗师》)；忘情，方能"敬之而不喜，侮之而不怒"，与自然之气相和谐。如此，才能解开"倒悬"之苦，达到自我解脱。

第三，圣人以"濡弱谦下、为天下谷"的态度，效法天地，推行无为之治，就像天地一样"天德而出宁，日月照而四时行，若昼夜之有经，云行而雨施矣"，功成而弗居。进而达到"明王之治，功盖天下而似不自己，化贷万物而民弗恃，有莫举名，使物自喜，立乎不测，而游于无有者也。"像天地一样育化万物，而不居功，"泽及天下，而不知其谁氏。"(《徐无鬼》)。

第四，圣人知智谋而不用智谋，不得已而后动，"知谋不用"而达"治之至"。不得已而后动是圣人保全自身的方式。"圣人踌躇以兴事，以每成功。"(《外物》)

不以言辞求显达；不以施恩求回报，不以殉身留清名，故而不得已而后动。

总而言之，"以天为宗，以德为本，以道为门，兆于变化，谓之圣人。"（《天下》）在庄子眼中，真正的"圣人"把天地自然当作万物主宰；将德行当作立身的根本；视大道为修养身心的途径；精通于阴阳气运的变化，达到了与天地共生、与万物齐一的逍遥境界。如此，可以达到"明王"的境地，取法天地，调和万物，功成而弗居。"圣有所生，王有所成，皆源于一"，当圣王相统，达到内圣外王的境界，方能成为天下之"大圣"。

（三）无为：实现圣治的圣王之道

在《天下》篇，庄子首次提出"内圣外王之道"，但并没有加以解释，而是点明它正处在"暗而不明，郁而不发，天下之人各为其所欲焉以自为方"的状态。这与当时的时代背景息息相关。春秋战国以来，周王室越来越衰退，诸侯不断火并兼并，而普通百姓则汲汲于利益。社会之上，大盗窃国，"夫名利之大者，几在无耻而信"（《盗跖》）。在精神层面上，"以富为是者，不能让禄；以显为是者，不能让名；亲权者，不能与人柄"，财、权、势一旦握在手中，人们便舍不得让出；因担忧而心惊战栗；因丢失而伤心悲痛，忘记了生命本身。（《天运》）

人们不惜耗费健康和生命去无休止地追求财富，等到疾病缠身、祸患降临时再想要舍钱保命，却来不及了。庄子因此借知和的语言，指出"天下之至害"：乱、苦、疾、辱、忧、畏。（《盗跖》）天下失去秩序，诸侯混战不断，民心追求智巧财富，诸子百家趁机立说崛起，纷争不断。

庄子认为：这种失序源于朴素纯真本性的迷失，而仁义、是非、礼乐、奖赏、刑法这类用来治理天下的工具，就是造成本性迷失的源头。"荣辱立，然后睹所病；货财聚，然后睹所争"，正是荣辱观念的确立和货物的累积造成了竞争，困扰着人们的身心，以至于不能安于本分。而当政者隐匿事情的真相，愚弄无知的百姓，用"大为难而罪不敢，重为任而罚不胜，远其涂而诛不至"的方式去压榨奴役百姓，就会致使民力枯竭。百姓能力不足就会被逼作伪、欺骗；财力不足就会引发偷盗之事。（《则阳》）

因此，庄子认为解决纷争、治理天下的关键就在于"绝圣弃智"。"知为孽，约为胶，德为接，工为商。圣人不谋，恶用知？"（《德充符》）智巧是灾孽，约法是禁锢，治理天下就是祸乱天下的根源，因而圣人用不着去谋划，哪里需要智慧呢？"天地有大美而不言，四时有明法而不议，万物有成理而不说。"（《知北游》）圣人应当效法天地，顺着四时之法、万物之理和百姓的本性自然而然地去治理天下，"知谋不用"而天下复归淳朴。顺应自然的规律，顺应人民的本性，就能使之

复归淳朴；而"乱天之经，逆物之情"会导致"玄天弗成"。(《在宥》)

实现绝圣弃智的核心措施是无为而治。无为而治首先就要抛弃荣辱、道德、仁义、礼法、是非等观念。用过高的道德去管束百姓，百姓做不到就会怀疑、甚至推翻它，因而要合理把握推行的度，使政策的名称符合实际，义理适合人们的习性，才能"条达而福持"。此外，抛弃这些观念并不意味着完全否定其作用，而是抛弃这些概念："圣人观于天而不助，成于德而不累，出于道而不谋，会于仁而不恃，薄于义而不积，应于礼而不讳，接于事而不辞，齐于法而不乱，恃于民而不轻，因于物而不去。"(《在宥》)采用无为的做法，使言行合乎仁义而不自知，顺着万物之性来施行道德。这样就能达到"若性之自为，而民不知其所由然"(《天地》)的境界。

在抛弃荣辱、道德、仁义、礼法、是非等观念的基础上，如果再做到"官施而不失其宜，拔举而不失其能，毕见其情事而行其所为，行言自为而天下化"(《天地》)，政令适宜、人才使用得当、无心化人而天下大治，就可以称得上"圣治"了。

总而言之，无为并非是指什么都不做为，而是不以个人意志进行统治，而是顺应人性自然制定政策，抛弃是非、仁义等观念，不树立榜样以减少机巧智谋之心，使天下复归淳朴，这才是真正的圣王之道。而真正的圣人不把自己当圣人，与万物齐一。治理天下对他来说不过是业余小事，而他耗费心神治理天下是不得已而为之。他承顺天道，天下没有人能够用智谋伤害他，故而圣人能够知谋不用而治天下。但圣人不以治天下为己功，却始终以修身养性为第一要务，功成而弗居。这就是圣王一体的最佳状态。

五、结　语

"君乎，牧乎，固哉！丘也，与女皆梦也；予谓女梦，亦梦也。是其言也，其名为吊诡。万世之后，而一遇大圣知其解者，是旦暮遇之也。"(《齐物论》)人生如同一场真实的幻梦，人们醉生其中，屈从于社会价值、阶层身份、财富权势的社会排序，相互竞争，心智被"君乎，牧乎"的等级尊卑锁死，本末倒置，忘却了生命存在的本真。

如何应用圣王之道，实现圣治，既是圣人的难题，也是我们这个时代的难题。庄子受限于战国时代权谋诡诈的社会环境，无力改变现实，寄希望于"万世之后，而一遇大圣知其解者"，能读懂其文字背后的玄秘，解决社会难题。《推背图》中言："好把旧书多读到，义言一出现英明"；《马前课》言："拯患救难，是唯圣人"，传统预言书似乎也预示着中国传统文化将会给现代文明难题的解决带来契机。

而庄子的圣王之治无疑为社会的发展提供了一种新思路。在庄子看来，推动历史发展的既不是伟大的杰出人物，也不仅仅是人民群众，而是天道本身的运行，万物自有定数。然而，历史上的君王，无论是昏君还是明君，大部分要么乐于安享荣华；要么是激进的理想主义者、大改革者；或是对酷爱权力的阴谋论、权力争夺者。而庄子眼中的圣人最大的特色就是顺应天道，无为而治，知智谋而不智谋。

参考文献

中文文献：

艾智、罗安宪：《圣人之学的探索》，《哲学研究》2000 年第 6 期。

〔美〕安东尼·吉登斯：《社会学方法的新规则——一种对解释社会学的建设性批判》，田佑中等译，北京：社会科学文献出版社，2003 年。

安育苗：《论庄子的言语策略》，《青海师范大学学报》（哲学社会科学版）2014年第 3 期。

〔意〕贝奈戴托·克罗奇：《历史学的理论和实际》，北京：中华书局，1986 年。

〔美〕彼得斯：《对空言说——传播的观念史》，上海：上海译文出版社，2016年。

〔美〕彼得斯：《交流的无奈——传播思想史》，何道宽译，北京：华夏出版社，2003 年。

卜宪群：《信息渠道的通塞：从宋代"言路"看制度文化》，《中国社会科学》2018 年第 12 期。

蔡锦瑜、叶铁桥：《〈庄子〉的传播学思想初探》，《湖南大学学报》（社会科学版）2006 年第 4 期。

常江、何仁亿：《约翰·杜伦·彼得斯：传播研究应当超越经验——传播学的技术史视角与人文传统》，《新闻界》2018 年第 6 期。

晁福林：《试析庄子的"情性"观》，《中州学刊》2002 年第 3 期。

陈鼓应、蒋丽梅：《庄子导读及译注》，北京：中信出版社，2013 年。

陈鼓应：《庄子今注今译（上册）》，北京：商务印书馆，2012 年。

陈鼓应：《庄子论情：无情、任情与安情》，《哲学研究》2014 年第 4 期。

陈鼓应：《庄子浅说》，北京：生活·读书·新知三联书店，2014 年。

陈虹、沈辰：《石器研究中"操作链"的概念、内涵及应用》，《人类学研究》2009 年第 2 期。

陈静：《"吾丧我"——庄子〈齐物论〉解读》，《哲学研究》2001 年第 5 期。

陈力丹、陈俊妮：《论人内传播》，《当代传播》2010 年第 1 期。

陈力丹：《关于传播学研究的几点意见》，《国际新闻界》2002 年第 2 期。

陈力丹：《新闻传播学：学科的分化、整合与研究方法创新》，《现代传播》2011 年第 4 期。

陈力丹：《自我传播的渠道与方式》，《东南传播》2015 年第 9 期。

陈力丹：《自我传播与自我传播的前提》，《东南传播》2015 年第 8 期。

陈蒲清：《寓言传》，长沙：岳麓书社出版社，2014 年。

陈仁仁：《〈庄子·天下篇〉"内圣外王"思想的提出及其认识论意义》，《湖南大学学报》（社会科学版）2011 年第 1 期。

陈少明：《"庖丁解牛"申论》，《哲学研究》，2016 年第 11 期。

陈书录：《直致任真率情而往——试谈〈庄子〉的审美情感论》，《学术月刊》1986 年第 5 期。

陈水德：《庄子思想三重间架论》，《西北大学学报》（哲学社会科学版）2002 年第 3 期。

陈水云：《"士"与战国时期的传播艺术》，《中南民族学院学报》2001 年第 1 期。

陈雪军：《语默不二：默即语和语即默——儒释道的语言传播理论研究之禅宗篇》，《中国传媒报告》2014 年第 1 期。

陈寅恪：《金明馆丛稿二编》，北京：三联书店，2015 年。

陈寅恪：《论韩愈》，《历史研究》1954 年第 2 期。

程颢：《答横渠张子厚先生书》，《二程集》，北京：中华书局，2004 年。

崔宜明：《生存与智慧——庄子哲学的现代阐释》，上海：上海人民出版社，1996 年。

邓建国：《传播学的反思与重建：再读 J.D. 彼得斯的〈对空言说：传播的观念史〉》，《国际新闻界》2017 年第 2 期。

方东美：《原始儒家道家哲学》，台北：黎明文化事业股份有限公司，2004 年。

方东美：《中国哲学精神及其发展》，北京：中华书局，2012 年。

方立天：《慧能创立禅宗与佛教中国化》，《哲学研究》2007 年第 4 期。

方立天《性净自悟——慧能〈坛经〉的心性论》，《哲学研究》1994 年第 5 期。

方勇、陆永品：《庄子诠评（增订新版）》，成都：巴蜀书社，2007 年。

方勇评注：《庄子》，北京：商务印书馆，2018 年。

费孝通：《反思·对话·文化自觉》，《北京大学学报》（哲学社会科学版）1997 年第 3 期。

冯友兰：《中国哲学史》，上海：华东师范大学出版社，2000 年。

冯友兰：《庄子的主观唯心主义体系：道家哲学向唯心主义的进一步的发展》，胡道静编：《十家论庄》，上海：上海人民出版社，2004 年。

傅伟勋：《从西方哲学到禅佛教》，北京：生活·读书·新知三联书店，1989 年。

葛兆光：《中国思想史（第二版）》第一卷，上海：复旦大学出版社，2013 年。

公木：《先秦寓言概论》，济南：齐鲁书社，1984 年。

顾文炳：《庄子思维模式新论》，上海：上海社会科学院出版社，1993 年。

关绍箕：《中国传播思想史》，台湾：正中书局，2000 年。

郭景萍：《情感社会学：理论·历史·现实》，上海：上海三联书店，2008 年。

郭沫若：《青铜时代》，北京：科学出版社，1957 年。

郭庆藩：《庄子集释》（上），王孝鱼点校，北京：中华书局，2004 年。

郭象注：《庄子（第一册，全三册）》，北京：中华书局，2018 年。

郭旭东：《甲骨文中的求年、受年卜辞》，《农业考古》2006 年第 1 期。

郭志坤：《先秦诸子宣传思想论稿》，福建：福建人民出版社，1985 年。

过常宝：《先秦寓言源流及其修辞功能》，《中国文学研究》2007 年第 3 期。

韩林合：《虚已以游世：〈庄子〉哲学研究》，北京：北京大学出版社，2006 年。

韩婴：《韩诗外传·卷四》，许维遹校释：《韩诗外传集释》，北京：中华书局，1980 年。

何庆良：《先秦诸子传播思想研究》，博士学位论文，中国人民大学，1993 年。

何秋红：《我国传播学研究"想象力"的缺失与重构》，《新闻记者》，2014 年第 2 期。

何善周：《庄子研究》，北京：中华书局，2016 年。

洪胜构：《庄子思想的未来价值》，《人文杂志》2007 年第 6 期。

胡河宁：《中国组织传播研究源起、脉络与发展》，《新闻与传播研究》2008 年第 6 期。

胡翼青，张婧妍：《重新发现"媒介"：学科视角的建构与知识型转变——2018 年中国传播研究综述》，《编辑之友》2019 年第 2 期。

胡翼青：《传播研究本土化路径的迷失——对"西方理论，中国经验"二元框架的历史反思》，《现代传播》（中国传媒大学学报）2011 年第 4 期。

胡翼青：《重塑传播研究范式：何以可能与何以可为》，《现代传播》（中国传媒大学学报）2016 年第 1 期。

黄旦：《手拉手还是心连心：什么是交流？》，《读书》2004 年第 12 期。

黄星民：《华夏传播研究刍议》，《新闻与传播研究》2002 年 4 期。

金观涛、刘青峰：《中国思想史十讲》，北京：法律出版社，2015 年。

金冠军、戴元光主编：《中国传播思想史（古代卷）》，上海：上海交通大学出版社，2005 年。

雷黎明：《楚系简帛"心部字族"与先民的思维观念意识》，《理论月刊》2017 年第 5 期。

〔英〕雷蒙·威廉斯：《现代悲剧》，丁尔苏译，南京：译林出版社，2007 年。

李本亮：《浅论战国辩士劝谏中的公共关系技巧》，《江西社会科学》1998 年第 11 期。

李彬、刘海龙：《20 世纪以来中国传播学发展历程回顾》，《现代传播（中国传媒大学学报）》2016 年第 1 期。

李彬：《反思：传播研究本土化的困惑》，《现代传播》1995 年第 6 期。

李彬：《重思中国传播学》，《当代传播》2015 年第 4 期。

李大华：《自然与自由：庄子哲学研究》，北京：商务印书馆，2013 年。

李红：《庄子的"吾丧我"：主体趋近世界的路径》，《西北师大学报》（社会科学版）2019 年第 2 期。

李金铨、张磊：《以历史为经，以世界为纬——中国国际传播研究的想象力》，《国际传播》2016 年第 1 期。

李金铨主编：《报人报国》，香港：香港中文大学出版社，2013 年。

李金铨主编：《文人论政》，桂林：广西师范大学出版社，2008 年。

李敬一：《中国传播史论》，武汉：武汉大学出版社，2003 年。

李振刚：《生命的哲学——〈庄子〉文本的另一种解读》，北京：中华书局，2009 年。

李智：《在"理论"与"经验"之间——对中国传播研究二元路径的再思考》，《国际新闻界》2011 年第 9 期。

梁启超：《保教非所以尊孔论》，《新民丛报》第 2 号，1902 年 2 月 23 日。

梁徐宁：《论庄子的语言观》，《社会科学辑刊》2000 年第 4 期。

林希逸：《庄子鬳斋口义校注》，周启成校注，北京：中华书局，1997 年。

刘海龙：《传播研究本土化的两个维度》，《现代传播》2011 年第 9 期。

刘海龙：《从传播到媒介：彼得斯与传播思想史研究的进路》，《新闻与传播评论》，北京：中国传媒出版社，2017 年秋冬卷。

刘海龙：《从受众研究看"传播学本土化"话语》，《国际新闻界》2008 年第 7 期。

刘能、吴苏：《再论作为学术运动的社会学本土化》，《济南大学学报》（社会科学版）2019 年第 1 期。

刘挺生，刘芳：《大顺群生不治天下——〈庄子〉治安思想》，《河北师范大学学报》（哲学社会科学版）1998 年第 4 期。

刘文英、曹田玉：《梦与中国文化》，北京：人民出版社，2003 年。

刘文英：《孟子的良知说与道德潜意识》，《国际儒学研究》第 10 辑，北京：国际文化出版公司，2000 年。

刘文英：《庄子蝴蝶梦的新解读》，《文史哲》2003 年第 5 期。

刘笑敢：《庄子哲学及其演变（修订版）》，北京：中国人民大学出版社，2010 年。

刘泽华：《士人与社会（先秦卷）》，天津：天津人民出原社，1988 年。

刘泽民：《庄子的语言观》，《兰州大学学报》1995 年第 1 期。

刘泽民：《庄子情感理论探溯》，《益阳师专学报》1991 年第 1 期。

楼宇烈：《老子道德经注校释》，北京：中华书局，2008 年。

楼宇烈：《王弼集校释》，北京：中华书局，1980 年。

鲁文禅：《从观念转变看传播学的发展——评〈对空言说：传播的观念史〉》，《中国高校科技》2018 年第 12 期。

〔美〕罗杰斯：《传播学史》，殷晓蓉译，上海：上海译文出版社，2002 年。

〔美〕罗洛·梅：《人的自我寻求》，郭本禹、方红译，北京：中国人民大学出版社，2008 年。

罗勉道：《南华真经循本》，《道藏》第 16 册，上海：上海古籍出版社，1996 年。

罗彦民：《救世：庄子"无为"思想的终极目标》，《船山学刊》2008 年第 2 期。

吕艺：《庄子"缘情"思想发微》，《北京大学学报》（哲学社会科学版）1987 年第 5 期。

〔奥地利〕马丁·布伯：《我与你》，陈维纲译，北京：商务印书馆，2015 年。

马荟苓、王爱敏：《从弗洛伊德的精神分析解读庄周梦蝶》，《湖南第一师范学报》2010 年第 5 期。

〔法〕马克·布洛赫：《为历史学辩护》，张和声、程郁译，北京：中国人民大学出版社，2006 年。

马其昶：《庄子故》，钱穆：《庄子纂笺》，北京：九州出版社，2011 年。

〔美〕迈克尔·舒德森：《新闻学不是一个学科——历史、常识祛魅与非中心化》，常江、何仁亿译，《新闻界》2018 年第 1 期。

蒙培元：《中国哲学主体思维》，北京：人民出版社出版，1997 年。

闵惠泉：《从传播的角度看庄子的语言艺术》，《现代传播》（北京广播学院学报）1998 年第 4 期。

牟宗三：《才性与玄理》，桂林：广西师范大学出版社，2006 年。

牟宗三：《老子〈道德经〉讲演录（九）》，《鹅湖月刊》1986 年第 6 期。

牟宗三：《中国近代思想家文库·牟宗三卷》，北京：中国人民大学出版社，2015 年。

那薇：《庄子的无心之言与海德格尔对语言的诠释》，《福建师范大学学报》（哲学社会科学版）2004 年第 5 期。

南怀瑾：《庄子諵譁》（上），上海：上海人民出版社，2007 年。

南怀瑾：《庄子諵譁》（下），北京：东方出版社，2017 年。

〔美〕诺尔曼·丹森：《情感论》，魏中军等译，沈阳：辽宁人民出版社，1989 年。

潘世东：《语言哲学视野下的庄子和德里达之比较》，《解放军外国语学院学报》2002 年第 1 期。

濮琦琳：《"庄子梦"阐释与接受研究》，硕士学位论文，华东师范大学，2016 年。

钱穆：《从中国历史来看中国民族性及中国文化》，北京：九州出版社，2011 年。

钱穆：《庄老通辨》，北京：九州出版社，2011 年。

乔长路：《中国人生哲学——先秦诸子的价值观念和处世美德》，北京：中国人民大学出版社，1990 年。

〔美〕乔治·赫伯特·米德：《心灵、自我和社会》，霍桂桓译，南京：译林出版社，2005 年。

裘锡圭：《文字学概要》（修订本），北京：商务印书馆，2013 年。

桑兵：《历史的本色：晚晴民国的政治、社会与文化》，桂林：广西师范大学出版社，2016 年。

桑兵：《学术江湖：晚晴民国的学人与学风》，桂林：广西师范大学出版社，2017 年。

邵汉明：《论〈庄子〉中的孔子》，《中国哲学史》2009 年第 4 期。

邵培仁、姚锦云：《传播受体论：庄子、慧能与王阳明的"接受主体性"》，《新闻与传播研究》2014 年第 10 期。

邵培仁、姚锦云：《返本开新：从 20 世纪中西学术交流看传播学本土化》，《广州大学学报》（社会科学版）2016 年第 5 期。

邵培仁、姚锦云：《传播理论的胚胎：华夏传播十大观念》，《浙江学刊》2016年第 1 期。

邵培仁、姚锦云：《传播模式论：〈论语〉的核心传播模式与儒家传播思维》，《浙江大学学报》（人文社会科学版）2014 年第 4 期。

邵培仁、姚锦云：《寻根主义：华人本土传播理论的建构》，《新疆师范大学学报》（哲学社会科学版）2013 年第 4 期。

邵培仁：《传播学本土化研究的回顾与前瞻》，《杭州师范学院学报》1999 年第 4 期。

邵培仁：《当代传播学视野中的中国传统信息接受观》，《中国传媒报告》2004年第 6 期。

邵培仁主编：《艺术传播学》，南京：南京大学出版社，1992 年。

司马迁：《史记·仲尼弟子列传》，北京：北京时代华文书局，2014 年。

〔美〕斯蒂芬·李特约翰：《人类传播理论》，史安斌译，北京：清华大学出版社，2004 年。

〔德〕斯特·卡西尔：《人论》，甘阳译，上海：上海译文出版社，2003 年。

苏东水：《东方管理学》，上海：复旦大学出版社，2005 年。

孙通海：《庄子》，北京：中华书局，2014 年。

孙旭培：《传播学研究中国化的一个硕果——〈华夏传播论〉评介》，《现代传播》1997 年第 4 期。

孙旭培主编：《华夏传播论》，北京：人民出版社，1997 年。

汤因比：《东西文化议论集》上册，北京：经济日报出版社，1997 年。

汤用彤：《隋唐佛教史稿》，北京：北京大学出版社，2010 年。

仝冠军：《先秦诸子传播思想研究》，北京：中国书籍出版社，2014 年。

汪琪、沈清松、罗文辉：《华人传播理论：从头打造或逐步融合》，《新闻学研究》（台北），2002 年。

王博：《庄子哲学》，北京：北京大学出版社，2013 年。

王琛：《试论〈庄子〉的传播观念》，《深圳大学学报》（人文社会科学版）2007年第 4 期。

王景琳：《庄子对寓言艺术的贡献》，《北京大学学报》（哲学社会科学版）1986年第 1 期。

王楠：《庄子哲学》，北京：北京大学出版社，2003 年。

王宁：《社会学本土化议题：争辩、症结与出路》，《社会学研究》2017 年第 5期。

王叔岷：《先秦道法思想讲稿》，北京：中华书局，2007年。

王叔岷：《庄学管窥》，北京：中华书局，2007年。

王婷：《华夏传播研究的历史回眸与书写范式的求索——从评介〈华夏传播学引论〉讲起》，《东南传播》2019年第3期。

王先谦：《荀子集释》，上海：世界书局，1935年。

王先谦：《庄子》，方勇校点，上海：上海古籍出版社，2013年。

王长风：《浅议老庄语言观对当代新闻传播学的启示》，《浙江大学学报》（人文社会科学版）2013年第1期。

韦政通：《中国思想史》（上），长春：吉林出版集团，2009年。

〔瑞士〕维蕾娜·卡斯特：《梦：潜意识的神秘语言》，王青燕、俞丹译，北京：国际文化出版公司，2008年。

〔瑞士〕维蕾娜·卡斯特《依然故我》，刘沁卉译，北京：国际文化出版公司，2008年。

〔英〕维特根斯坦：《逻辑哲学论》，贺绍甲译，北京：商务印书馆，2009年。

闻一多：《古典新义·庄于》，《闻一多全集（二）》，北京：生活·读书·新知三联书店，1982年。

闻一多：《闻一多全集（二）》，北京：生活·读书·新知三联书店，1982年。

吴景星、姜飞：《"传—受"博弈过程的本土化诠释——中国道家"可传而不可受"思想对传播研究的启示》，《新闻与传播研究》2009年第4期。

吴宓：《吴宓日记（第2册）》，北京：三联书店，1998年。

吴予敏：《"重构中国传播学"的时代场景和学术取向》，《国际新闻界》2018年第2期。

吴予敏：《从"礼治"到"法治"：传的观念》，余也鲁等编著：《从零开始：首届海峡两岸中国传统文化中传的探索座谈会论文集》，厦门：厦门大学出版社，1994年。

吴予敏：《无形的网络——从传播学角度看中国的传统文化》，北京：国际文化出版公司，1988年。

吴予敏：《中国传播观念史研究的进路与方法》，《新闻与传播研究》2008年第3期。

萧平、张磊：《近三十年来道家情感哲学研究述评》，《怀化学院学报》2018年第7期。

谢清果、曹艳辉：《架构"交流的无奈"通向"人际的和谐"桥梁——论老子人际沟通的逆向思维》，《周口师范学院学报》2012年第1期。

谢清果、祁菲菲：《华夏传播理论的内涵、特征及其未来展望》，《今传媒》2017 年第 1 期。

谢清果、杨芳：《交流的无奈：老子与彼得斯的不谋而合》，《阜阳师范学院学报》（社会科学版）2016 年第 3 期。

谢清果：《传播学"中华学派"建构路径的前瞻性思考》，《新疆师范大学学报》（哲学社会科学版）2017 年第 6 期。

谢清果：《道家语言传播效果的求美旨趣》，《哲学动态》2008 年第 3 期。

谢清果：《华夏传播研究的前史、外史及其开端》，《中外新闻传播学文摘》2016 年总第 35 期。

谢清果：《老子"玄同"思想体系与人类命运共同体的建构方略》，《中原文化研究》2018 年第 1 期。

谢清果：《内向传播的视阈下老子的自我观探析》，《国际新闻界》2011 年第 6 期。

谢清果：《自我与超我的蝶变——内向传播视角下的庄子之梦新探》，《诸子学刊》2019 年第 17 辑。

谢宇：《走出中国社会学本土化讨论的误区》，《社会学研究》2018 年第 2 期。

徐复观：《游心太玄》，刘桂荣编，北京大学出版社，2009 年。

徐红：《甲骨文中的给予动词研究》，《古籍整理研究学刊》2017 年第 6 期。

许抄珍：《论"道"的表达与〈庄子〉寓言的关系》，《北京印刷学院学报》2018 年第 10 期。

许慎撰：《说文解字》，北京：中华书局，1963 年。

严耕望：《治史三书》，上海：上海人民出版社，2011 年。

颜世安：《论庄子的人生痛苦意识》，《江苏社会科学》1998 年第 4 期。

颜世安：《论庄子的游世思想》，《南京大学学报》（哲学社会科学版）1999 年第 2 期。

杨伯峻：《春秋左传注（修订本）》，北京：中华书局，2009 年。

杨伯峻：《列子集释》，北京：中华书局，1979 年。

杨国荣：《庄子的思想世界》，北京：北京大学出版社，2006 年。

杨国枢、黄光国等：《华人本土心理学》（上册），重庆：重庆大学出版社，2008 年。

杨惠、戴海波：《对传播研究本土化中"中国经验"的批判分析》，《编辑之友》2016 年第 11 期。

杨建民：《中国梦文化史》，福州：福建教育出版社，1997 年。

杨树达：《杨树达文集之四·古书疑义举例续补》，上海：上海古籍出版社，1991 年。

杨永军：《论我国"传播学本土化"的理论构建》，《学术论坛》2005 年第 3 期。

姚锦云、邵培仁：《华夏传播理论建构试探：从"传播的传递观"到"传播的接受观"》，《浙江社会科学》2018 年第 8 期。

姚锦云：《用"问题意识"观照"内在理路"——评谢清果新作〈华夏文明与传播学本土化研究〉》，载谢清果主编：《华夏传播研究》（第一辑），北京：中国传媒大学出版社，2018 年。

姚锦云：《再论庄子传播思想与"接受主体性"——回应尹连根教授》，《国际新闻界》2019 年第 2 期。

叶维廉：《叶维廉文集（第 1 卷）》，合肥：安徽教育出版社，2002 年。

殷晓蓉：《"交流"语境下的传播思想史——解读彼得斯的〈交流的无奈〉》，《复旦学报》（社会科学版）2008 年第 3 期。

尹连根：《审慎对〈庄子〉进行传播学层面的"本土化"——与邵培仁、姚锦云两位老师商榷》，《国际新闻界》2017 年第 5 期。

应星、吴飞、赵晓力、沈原：《重新认识中国社会学的思想传统》，《社会学研究》2006 年第 4 期。

应星：《"气"与中国乡土本色的社会行动》，《社会学研究》2010 年第 5 期。

余英时：《论士衡史》，上海：上海文艺出版社，1999 年。

余英时：《论天人之际：中国古代思想起源试探》，北京：中华书局，2014 年。

余英时：《中国思想传统的现代诠释》，南京：江苏人民出版社，1989 年。

詹石窗：《道教和谐观与人类整体生存》，《中国宗教》2006 年第 7 期。

张灏：《幽暗意识与民主传统》，《张灏自选集》，上海：上海教育出版社，2002 年。

张辉：《〈庄子〉"无情"说发微》，《长江大学学报》（社会科学版）2016 年第 4 期。

张节末：《先秦的情感观念》，《文艺研究》1998 年第 4 期。

张京华：《庄子哲学中的本体论思想》，《商丘师范学院学报》2006 年第 1 期。

张默生：《庄子新释》，北京：新世界出版社，2007 年。

张松辉：《评庄子的无为与权谋并重的政治观》，《孔子研究》1995 年第 3 期。

张涛甫：《新闻传播理论的结构性贫困》，《新闻记者》2014 年第 9 期。

张宪：《宗教信仰的认知分析》，〔意〕洛伦佐·玛格纳尼、李平主编：《认知视野中的哲学探究》，广州：广东人民出版社，2006 年。

张祥龙：《海德格尔思想与中国天道》，北京：中国人民大学出版社，2010 年。

张祥龙：《技术、道术与家——海德格尔批判现代技术本质的意义及局限》，《现代哲学》2016 年第 5 期。

张咏华：《中国传播学研究迈向本土化 / 中国化过程的脉络——从 14 次中国传播学大会的角度》，《新闻记者》2019 年第 1 期。

张玉法：《先秦的传播活动及其影响》，台北：台湾商务印书馆，1993 年。

赵诚：《甲骨文简明词典——卜辞分类读本》，北京：中华书局，2009 年。

赵奎英：《"道不可言"与"境生象外"——庄子语言哲学及其对意境论的影响》，《山东师范大学学报》（人文社会科学版）2007 年 3 期。

赵长征：《〈诗经〉与先秦两汉劝谏文化》，《北京科技大学学报》（社会科学版）2008 年第 1 期。

郑开：《庄子哲学讲记》，南宁：广西人民出版社，2016 年。

止庵：《樗下读庄》，北京：东方出版社，1999 年。

钟元：《为"传播研究中国化"开展协作》，《新闻与传播研究》1994 年第 1 期。

周与沉：《身体：思想与修行》，北京：中国社会科学出版社，2005 年。

朱传誉：《先秦传播事业概要》，台北：台湾商务印书馆，1970 年。

朱传誉：《先秦庸宋明清传播事业论集》，台北：台湾商务印书馆，1988 年。

朱俊晓：《杨树达"施受同辞"浅析》，《辽东学院学报》2006 年第 3 期。

朱熹：《四书章句集注》，北京：中华书局，1983 年。

祝建华：《精确化、理论化、本土化：20 年受众研究心得谈》，《新闻与传播研究》2001 年第 4 期。

祝建华：《中文传播研究之理论化与本土化：以受众及媒介效果的整合理论为例》，《新闻学研究》（台北）2001 年第 68 期。

钱穆：《庄子纂笺》，北京：三联书店，2014 年。

庄万寿：《庄子语言符号与"副墨之子"章之解析》，陈鼓应主编，《道家文化研究》第 5 辑，上海：上海古籍出版社，1994 年。

邹利斌，孙江波：《在"本土化"与"自主性"之间——从"传播研究本土化"到"传播理论的本土贡献"的若干思考》，《国际新闻界》2011 年第 12 期。

邹蕴：《〈齐物论〉中的"梦"与"觉"释义》，《北京大学学报（哲学社会科学版)》2016 年第 2 期。

外文文献：

Ang，Ien，Living Room Wars：Rethinking Media Audiences for AP ost modern

World, London: Rout ledge, 1995.

Ang, Ien, Watching Dallas: Soap Opera and the Melod ramatic Imagination, London: Rout ledge, 1985.

Benjamin, Walter, The Work of Artin the Age of Mechanical Reproduction, London: Penguin, 1994.

C.L Kane,J.D Perters, "Speaking Into the iPhone: An Interview With John Durham Peters, or, Ghostly Cessation for the Digital Age", Journal of Communication Inquiry, vol.34, 2010.

Clifford Geertz: The inter pretation of cultures: selected essays, New York: Basic Books, 1973.

Derek.Vaillant, "Speaking into the Air: A History of the Idea of Communication (review)", Technology and Culture, 2000.

Donnar.R.Vocate.intrapersonal communication: Differentvoice, different minds,Psychology Press, 1994.

Hall, Stuart, Encoding and Decoding in the Television Discourse, Birmingham: Centre for Contemporary Cultural Studies, 1973.

Han nan, J, "Philosophical Profiles in the Theory of Communication.", Peter Lang Pub Incorporated, 2013.

Institutional source so intellectual poverty in communication research. John Durham Peters. Communication Reports. 1986.

John Durham Peters, The Marvelous Clouds:Towards a Philosophy of Elemental Media, Chicago:University of Chicago Press, 2015.

John Durham Peters, Speaking into the Air: A History of the Idea of Communication, Chicago: University of Chicago Press, 2001.

Kuang-mingWu,The Butterfly as Companion, NY: State University of New York Press, 1990.

Leach, E.R, Custom, Lawand Terrorist Violence, Edinburgh: Edinburgh University Press, 1977.

MartinHeidegger,The Question Concerning Technology and other essays, New York: GARLAND PUBLISHING, 1977.

Martin Heidegger, The Question Concerning Technology and other essays, New York: GARLAND PUBLISHING, INC.1977.

Morley, David, The Nation wide Audience. London: British Film Institute,

1980.

Mosco，Vincent，The political economy of communication（2nded），London：Sage，2009.

Peters，John Durham：Speaking into the air：a history of the idea of the communication，Chicago：The University of Chicago Press，1999.

Peters，The marvelous clouds：toward aphilosophy of elemental media，Chicago：University Of Chicago Press，2015.

Robert EAllinson，Chuang-Tzu for Spiritual Transformation：An Analysis of the Inner Chapters，NY：State University of New York Press，1989.

Schudson，M.，&Hearst，"The Psychology of Literacy/ Speaking into the Air（Book Review）"，Lingua Franca：The Review of Academic Life，vol.11，no.8，2001.

Tim Crook，"Book Review—John Durham Peters，Speaking into the Air：A History of the Idea of Communication"，Journal of Radio & Audio Media，2001.